- 二十一世纪"双一流"建设系列精品规划教材
- 国家级重点学科会计学系列教材

公司财务

（第三版）

GONGSI CAIWU

主　编　　郑亚光　　饶翠华

西南财经大学出版社

中国·成都

图书在版编目(CIP)数据

公司财务/郑亚光,饶翠华主编. —3 版. —成都:西南财经大学出版社,
2019. 12
ISBN 978-7-5504-3716-6

Ⅰ.①公… Ⅱ.①郑…②饶… Ⅲ.①公司—财务管理 Ⅳ.①F276.6

中国版本图书馆 CIP 数据核字(2018)第 216690 号

公司财务(第三版)

主编 郑亚光 饶翠华

责任编辑:王琳

责任校对:王琴

封面设计:墨创文化 张姗姗

责任印制:朱曼丽

出版发行	西南财经大学出版社(四川省成都市光华村街 55 号)
网 址	http://www.bookcj.com
电子邮件	bookcj@foxmail.com
邮政编码	610074
电 话	028-87353785
照 排	四川胜翔数码印务设计有限公司
印 刷	郫县犀浦印刷厂
成品尺寸	185mm×260mm
印 张	24
字 数	526 千字
版 次	2019 年 12 月第 3 版
印 次	2019 年 12 月第 1 次印刷
印 数	1— 3000 册
书 号	ISBN 978-7-5504-3716-6
定 价	49.80 元

第三版前言

公司财务是现代工商管理的必备知识。在新时代中国特色社会主义现代化建设中,伴随着经济环境变化和信息技术、大数据、人工智能快速发展,公司的财务人员需要具备优秀的职业素质——包括良好的职业道德和扎实的专业基础,公司的其他管理人员也需要学习财务知识。本书以经济学为理论基础,以资本市场为环境背景,以现代公司制企业为研究对象,系统介绍公司财务的基本理论、方法和技术。

本书在学习和借鉴国内外财务管理和公司理财著作的基础上,紧密结合财务管理理论研究和实践的最新发展动向,结合作者近年来进行教学研究的体会,系统地介绍公司财务管理的基本理论、基本方法和技术。第三版在第二版基础上进行了部分修订,全书共八章:第一章为总论,介绍和研究财务在企业管理中的地位作用和公司财务管理的对象、目标、假设、原则、程序、环境等基本理论;第二章到第六章介绍和研究公司财务资源合理配置和有效使用的决策问题,包括投资、融资和收益分配;第七章和第八章介绍和研究公司财务管理的主要程序方法,包括财务分析评价、财务预算和财务控制。

本书可作为高等院校经济、管理类本科专业和工商管理类硕士"公司理财"课程的教材,也适合企业财务经理和其他从事管理、金融、财税工作的实务工作者阅读参考。

本书在编写过程中参阅了大量相关文献和研究成果,并得到西南财经大学出版社的大力支持,在此表示衷心的感谢。

郑亚光　饶翠华

2019 年 12 月

目　录

第一章
公司财务总论

本书以现代公司制企业作为研究对象,讲授公司财务的理论、方法和技术。本章从公司财务在企业经营管理中的地位和作用入手,讲述公司财务的研究对象,公司财务的目标、假设、原则、程序方法和理财环境。

第一节　公司财务在企业中的地位和作用

一、企业的概念、特征和构成要素

（一）企业的概念

企业是指依法设立并营运,以营利为目的,从事某种事业经营的自负盈亏、独立核算的社会经济组织。企业的性质是一个历史的范畴,人们对企业性质的认识决定于不同时代背景下的企业特征。古典经济学认为,企业是经济运行中的主体,企业本质是一个生产函数,决定于价格、产出、费用等变量,在生产技术、投入和产出的竞争市场价格给定情况下,厂商按利润最大化原则对投入产出水平进行选择;制度经济学否定交易费用为零的古典假设,将交易成本作为经济主体行为的约束条件纳入分析框架,并将古典经济学注重对人与自然(资源配置)关系的研究扩展到人与人的关系(契约关系)剖析,从个人交易行为的角度理解企业,认为企业本质上是人与人之间产权交易的一种合作组织,是一系列契约的联结点,企业行为是博弈的结果;组织行为学是从人的行为以及与人有关的管理资源、知识能力、组织资本多个视角阐述企业边界,将企业作为一个生产单位来研究,注重分析企业的生产功能,提出技术、知识、管理是决定企业长期发展的核心要素,认为企业本质上是一种人格化装置,是生产运营获取运用知识和组织资本的有效制度。

（二）企业的特征

要全面完整地理解企业的含义需要把握企业以下几个方面的特征:

(1)依法设立和营运。履行一定的法律程序,取得法律规定的企业组织形式,是企业经营的前提。企业在营运过程中,还必须遵守国家的法律规范,合法经营,实现企业目标。

（2）以营利为目的。营利一词的内涵包括三个层次。首先是要生存,即保持持续经营能力。企业在经营过程中,通过向社会提供产品和劳务取得收入,补偿生产经营过程中的各种耗费,良好的经营效率是企业生存的必要条件;同时,企业还要合理安排资金,保持健康的财务状况,降低债务支付不能的风险,健康的财务状况和较高的财务效率是企业生存的充分条件。其次是要发展,企业在激烈的市场竞争中要实现企业营运战略和现实目标,都要求企业不断更新观念,保持和增强竞争能力,实现企业的适度增长。企业发展可以通过扩大规模,提高劳动生产率,更新改造设备,企业并购运作等各种方法实现,但不管外延的增长还是内涵的增长,也不管是实现专业化经营还是多元化发展,企业根据国家经济政策、产业发展规模和企业自身资源,合理保持适度增长,是企业实现营利目的的要求和体现。最后是要获利,获利即盈利,通过合理安排资产结构和资本结构,获取企业可持续的利润和现金流,是企业设立和营运的必然归宿和最终目的。以营利为目的是企业这种社会组织有别于其他社会组织,如政府机关、政党、社会团体的本质特征。

（3）从事某种事业的经营。企业营利的实现前提是要向社会提供产品或劳务:制造业通过采购原料,加工产品对外销售;商品流通业通过采购商品实现销售;服务业通过专业化服务向社会提供劳务。企业通过向社会提供产品或劳务满足社会大众对物质文明和精神文明的需求,是企业取得收入的源泉,也是企业实现社会责任的体现。

（4）自负盈亏,独立核算。自负盈亏指企业是独立的财务主体而非财政主体。所谓财务主体是指从事本金经营的利益主体,一般应有三个基本特征:一是所提供的产品和劳务的商品化;二是以追求经济效益最大化为目标;三是财务责任的自负性,即企业自行对经营的效率和财务成果承担责任和享受权利。独立核算是指企业是独立的会计主体,在现行会计准则和会计制度的规范下,运用会计技术进行财务信息的生成和披露,为相关利益主体提供对决策有用的信息,反映受托经管责任。

（5）企业是社会经济组织。作为一种组织,企业有自己的组织形态和结构,有自己的机构和工作程序要求;作为一种经济组织,企业以追求经济效益最大化为目标;作为一种社会经济组织,企业是微观经济活动的基本单位,是国民经济的细胞,在实现经济效益最大化的同时必须履行其社会责任,追求经济效益、社会效益、生态效益等综合效益的最大化。

（三）企业的构成要素

企业有不同分类,不同类型的企业内部结构也有差异,但企业的构成要素基本相同。其基本要素有:

（1）人、财、物等生产要素。企业目标的实现有赖于企业的生产和经营活动,企业的生产经营活动是人、财、物等生产要素的动态结合过程。财产物资等财务资本是企业生产经营的物资基础;人是生产中最活跃的因素,人力资本是企业生产经营的重要资本。

（2）经营管理组织。企业是将生产要素有机结合,并使之良好运转的有机体。因此,企业必须有一个具有计划、生产、协调、控制功能的管理组织机构,将生产要素有机结合并使之良好运转。

(3)信息。信息是反映企业生产经营情况、市场营销状况、人力资源状况、企业财务状况的数据和资料,是联系企业各项活动的媒介,是构成企业管理系统的要素。有效的管理决策离不开充分适当、相关可靠的信息支持。

二、企业的分类和组织结构

(一)企业的分类

企业是社会经济生活中最具活力的细胞,形式多样,情况复杂,依据不同的标准,可将企业分成不同的类型。

(1)按企业的经济性质分类,目前在我国可将企业分为国有企业、民营企业和混合所有制企业等。这种分类有很强的中国特色,除可明确企业财产所有权的归属外,还能使国家对不同经济性质的企业进行监管。

(2)按企业的经营范围和业务特征分类,可将企业分为制造加工企业、农副产品企业、商品流通企业、交通运输企业、金融保险企业、邮电通信企业、建筑安装企业、其他服务企业等。这种划分有利于经济统计,为国家制定经济政策提供信息,便于国家对国民经济进行宏观管理。

(3)按企业的所有制形式和产权特征分类,可将企业分为独资企业、合伙企业和公司制企业。

①独资企业。它是指一个人拥有并独立经营的企业,又称为业主制,是最简单的企业形式。独资企业以自然人身份参与经济活动,以出资人的合法财产对企业债务承担无限责任。独资企业规模一般较小,结构简单,很难得到大量的投资进行大规模的经济活动,存续时间有限。

②合伙企业。它是由两个或两个以上的自然人按照书面协议共同出资经营、共同拥有的企业形式。合伙企业与独资企业一样,不具备法人地位,业主对企业债务承担无限连带责任,合伙企业也属于古典企业模型,但已经有了股份制萌芽。

③公司制企业。公司是依照法律组建并登记的企业法人,公司的产权分属股东,股东以出资额为限对公司债务承担有限责任。公司是一种资合组织,可以脱离其所有者而具有独立生命。公司有两种基本形式:有限责任公司和股份有限公司。两者在出资人、注册资金、组织机构等方面有一定差异,本书不作详细介绍,可参阅《中华人民共和国公司法》(下称《公司法》)。本书以股份有限公司作为研究对象讲授企业理财的理论、方法和技术。

(二)企业的组织结构

企业的组织结构是指为实现企业目标,通过设置各级行政组织和各类职能部门,规定它们各自的责权利,协调各部门内部与相互间的分工和协作,谋求企业整体活动高效率的一种管理体系。企业组织结构形式多样,主要有一元化结构、事业部制和控

3

股公司制三种形式。

1. 一元化结构

一元化结构是集中的、按职能划分下属部门的制度,简称 U 型结构(unitary structure)。这种体制高度集权于最高领导层,内部按职能划分为若干部门,而这些部门相对独立、权力较小。

2. 事业部制

事业部制(multidivisional structure)是根据市场经济内在的合理联系,按产品、业务或地区划分,把公司所属工厂组成各个事业部,实行集中指导下的分散经营的组织形式。

事业部的规模介于总公司和工厂之间,相当于分公司。每个事业部都是实现企业目标的基本经营单位,实行独立经营、独立核算、自负盈亏,统一管理其产品、业务或地区的产、供、销等全部活动。企业最高管理机构只保留人事、财务控制、价格幅度、监督等权力,并利用利润等指标对事业部进行考核。事业部长直属于企业执行总经理或委员会,受企业本部长期计划预算的监督,负有完成利润计划的责任;事业部长统一领导所辖的事业部,可以得到企业本部各职能部门和参谋部门的协助并进行必要的联系和协调。实行事业部制,有利于培养全才型的管理者,有利于调动各级人员的积极性,使企业总经理摆脱各种具体业务的束缚,着重对企业的重大事项进行决策。

3. 控股公司制

控股公司(holding company)亦称持股公司或股权公司,指拥有其他公司的股票或证券,有能力控制其他公司决策的公司组织形式。控股公司有两种形式,一种是纯粹控股公司,另一种是混合控股公司。纯粹控股公司只从事股票控制而不经营其他业务;混合控股公司既从事股票控制又经营其他的实际业务。

控股公司主要是通过收买其他公司的股票,向其他公司投资入股,或建立新公司等办法来掌握其相当比例的权益资本,实现其控制意图。与企业兼并等办法相比,控股公司参与制的方式花费较少,能快速实现资本集中,能享有子公司的优势而无需承担子公司的债务,因而在西方有很大发展。

控股公司一般要掌握一个主要股份公司的股票控制权,并以其为"母公司"去掌握和控制众多的"子公司""孙公司",从而形成一个以"母公司"为核心的金字塔式控制体系。由于现代公司股权的日益分散化,控股公司一般只需掌握 30% ~ 40% 的股权,甚至 20% 左右或更少,就能控制其他公司。

三、财务在企业管理系统中的地位和作用

(一)企业管理系统的构成

系统是指由相互联系、相互作用的若干要素构成的具有特定功能的整体。企业有了资本、组织和信息,就能进行经济活动,从而产生企业经营管理,形成管理系统。不同的企业可能有不同的管理系统,但对典型的加工制造企业而言,企业的管理系统至

少包括:生产管理系统、营销管理系统、人力资源管理系统和财务管理系统。虽然不同的国家在不同历史时期、不同的公司在不同的生命进化阶段,企业管理的重点不同,财务管理的作用不同,但公司财务是企业管理的重要组成部分,在企业管理系统中发挥重要作用。

在大多数西方国家的中等规模和大型企业中,最高财务主管是分管财务的副总裁(Chief Financial Officer,CFO),他主持制定财务政策和公司规划,并对公司总体管理有重要影响,因而最有希望升任总裁。会计长(controller)和财务长(treasurer)直接对其负责。其中,会计长(总会计师)负责企业内部会计和审计;财务长(财务总监)负责管理现金和有价证券,管理筹资和信贷部。有时,风险管理、保险、办公室管理、兼并与收购活动、法律事务以及制定规章制度等也是财务部门的职责。图1-1显示了一个典型企业中财务管理的构成。

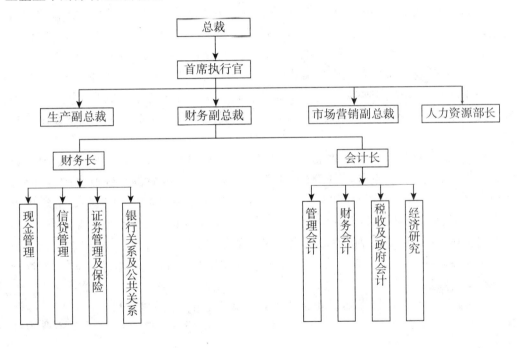

图1-1　典型企业中财务管理的构成

由于大多数资本投资项目都与产品开发、生产和市场营销紧密相关,因此这些部门的负责人都要参与相关投资项目的分析和规划。一般地,CFO及其下属的财务长、会计长负责组织和控制资本预算过程,在这一系列过程中,高级财务人员起着广泛的、非正式的影响作用。

由于重大财务决策的重要性,最终的决策通常由董事会做出。例如,只有董事会才有权决定和宣布股利分配方案,批准重大投资计划以及决定公开发行债券或股票等。对于一些中小投资项目,董事会通常将决策权下授,但重大投资项目却几乎从不下授。因此,从表面看,财务经理的许多权力是非正式的,例如财务经理通常既不制定资本投资策略,也不做出有关重大资本支出的决定,但他要为最终决策进行准备,因而对此有重大影响。因为各项建议是通过财务部门汇集、分析和报告给董事会的;在董事会审议过程中,高级财务人员可以再次提出建议,并对审议过程发挥相当大的推动作用。

此外,财务部门在履行其职能时,还起着从其他部门收集信息并转达给更高管理部门的渠道作用。

总之,公司财务在企业管理中居于重要地位,也历来备受最高管理者的关注。

(二)财务经理是具有发展前途和挑战性的职业

随着管理的现代化、科学化,财务管理和财务决策已成为公司的重要工作内容和研究方向。这主要表现在:①公司已从传统的例程管理转向决策管理,并把重点放在了诸如风险、机会成本的分析上;②在国际经济交往日益频繁、跨国经营业务日益增多的情况下,公司已十分重视国际范围内的财务决策;③公司已把越来越多的精力放在与财务决策有关的诸如通货膨胀、税收、利率的期限结构、资本结构和外汇风险等问题的研究上;④随着公司财务理论和实践的不断发展以及新技术、新方法的不断涌现,公司财务工作日益复杂,需要大量运用新理论、新技术、新方法。总之,公司财务为财务经理提供了施展才能的广阔天地,同时也对他们提出了更高的要求。这表现在以下几方面:

(1)熟悉国民经济目标和政策,熟悉宏观经济环境和法律、金融市场等外部环境。

(2)掌握现代公司财务学的理论、知识和方法。不仅要懂得筹资方案的选择、筹资成本的估算和最佳筹资时间的确定,而且要懂得风险、资本结构和税收对筹资决策的影响;不仅要懂得最佳投资时间的选择、投资机会成本的核定和投资收益的预测,而且要懂得衡量投资决策好坏的标准、投资风险的估计以及影响投资决策的因素等;不仅要懂得筹资决策与投资决策的关系,而且要懂得股利分配和投资决策对筹资和投资的影响等。

(3)了解企业专业技术知识和企业管理知识,具有广泛的知识和技能,如掌握经济学、会计学专业知识,熟练运用计算机的能力以及接受新知识的能力,并具有优秀的决策能力和丰富的经验等。

总之,财务经理应是精明的决策者,是诊断公司财务状况症结的能手,是设计切实可行的理财方案的专家。在实践中,公司财务是一项系统工程,需要组织和驾驭这一过程的财务经理必须具有足够的组织、协调能力和高度的责任心与忠诚度。因此,财务经理是一项极具挑战性的工作,而正由于此,它也极具发展前途。

第二节 公司财务的对象和内容

一、资金、资本、资产

(一)资金

资金是指国民经济中各种财产物资价值的货币表现。在社会再生产过程中,资金的实质是再生产过程中运动着的价值。国民经济体系中社会资金可分为两个基本的大类,即本金和基金。本金是各类经济组织和社会公众为生产经营活动而垫支的资金,具有增值性和周转性的特征,其经营主体是财务主体,以追求经济效益最大化为目标;基金主要指国家行政组织和非企业化的事业单位为实现其社会职能而筹集和运用的公共资金,具有一次收支性和无偿性的特征,基金的行为主体是财政主体,以追求社会价值最大化为目标。

本金和基金是国民经济中既相区别又紧密联系的两类资金,共同构成一定时点上的社会资金。两者的主要区别是:①本金的物质内容是各种生产要素,在生产经营活动中以各种经营性资产的形态表现;基金的物质内容是各种社会消费品,如行政管理用房屋、建筑物、交通工具、办公用品和其他消费品。②本金运动是循环周转式的运动,在运动过程中,通过向社会提供商品性产品和劳务而实现保值增值;基金运动是一收一支式的运动,在运动过程中,通过有效使用向社会提供公共产品而实现社会价值最大化的目标。③本金运动中形成的经济关系主要为本金所有者、经营者、债权人等利益相关集团的委托代理关系、产权关系和收益分配关系;基金运动中形成的经济关系主要表现为中央政府和地方政府之间、国家社会行政事业管理单位之间以及行政事业单位与各经济组织之间的分配关系,它不属于产权关系,而是属于对一部分国民收入的再分配关系。本金和基金两者又有着密切的联系,主要表现为:①两者互为前提。一方面,基金的形成来源于国民收入的再分配,而国民收入的创造依赖于本金的收入和收益的实现,本金运动是基金运动的基础;另一方面,本金活动需要基金主体提供社会稳定、秩序良好、外部经济等公共产品,基金运动是本金运动的条件。②两者相互制约。一定时点上社会资金总量是一定的,本金和基金数量规模此消彼长。本金和基金对立统一的关系要求本金、基金运动保持合理的比例结构,同时要求遵循两类资金运动的规律,一方面加强政府的宏观调控,另一方面尊重企业的经营自主权。企业的资金运动就是本金运动,本书以后所讲的资金,如不特别说明,都是指本金。

(二)资本

资本是资金的来源,是被事先垫支的能够在运动中不断增加的资金。垫支,意味着企业的经济活动需要先投入才能正常运行,同时所投入的资金本身不会随生产经营中的物质消耗而耗损,而是按消耗的多少转入成本费用,随着企业收入的取得而得以收回和保持。来源,意味着企业经营之前或经营过程中需向相关利益主体融通资金,从股东手中取得的是权益资本,从债权人手中取得的是债务资本。资金来源表明企业的权益关系。

资本具有稀缺性、垫支性和增值性的特性,在这些基本特性中,稀缺性是资本的外在属性,增值性是资本的内在属性,垫支性是资本的运行特性。

（三）资产

资产,是资本运用的结果,是资本的特定对象物。企业对所取得资本的运用,就会形成企业所拥有或控制的各种形态的资产,如流动资产、固定资产、无形资产以及其他资产。这些资产构成了资本的对应物。随着企业对货币资产的使用,资本价值由货币形态转化为存货、设备等形态,而后又通过产品的销售、应收账款的收回,还原为货币形态。

公司财务所界定的资产,具有如下特征:

（1）收益性。资产能够带来未来的经济利益,这种经济利益最终表现为能够给资产的持有者带来现金流入量。收益性是对资产最本质的要求,只有具有获取收益能力的资源才能成为资产,正是因为具有收益能力,资产才具有经济价值。

（2）效用性。资产具有一定的用途,能够为持有者所利用。资产效用性有两层含义:一是指自然属性方面的有用性,即资产具有一定的使用价值,可以作为企业的劳动对象或劳动手段,或成为生产经营的能力和条件;二是指经济属性方面的有用性,即资产是资本的存在形态,通过资产的耗用,创造新的使用价值,带来经济价值的增值。使用价值是资产效用性的自然表现,收益能力是资产效用性的经济表现。

（3）权利性。资产代表着一系列财产权利的集合,凭借财产权利能够获取经济利益。资产不一定都是以物质形态存在的,有些资产的存在形态是非物质形态,如应收款项、有价证券等。资产效用性的根本要求是能够获取经济利益,而不在于资产是以物质还是非物质形态而存在。资产效用性是资产收益性的前提,而取得资产的财产权利,则是资产效用性的前提。所以,公司财务中认定资产的内涵不是其物质形态,而是资产的权利拥有。

（4）可控性。可控性是指资产能够为持有者所控制。可控性是资产权利性的进一步延伸,归纳为对资产的实际控制管理权。资产经济利益来自于对资产的运用而不是对资产的所有,对资产的控制比对资产的所有更为广泛,拥有资产实际控制权比拥有资产所有权更为重要。凭借资产的控制权,能够支配资产的具体运行和转换过程,对资产进行具体运用和管理,谋取资产经济利益。反过来说,拥有资产的所有权而不能实际控制资产的运行,则只能凭借所有权分享资产经济利益。

资金、资本和资产是一组相互联系又相互区别的概念。资金、资本和资产用于描述和反映企业再生产过程中的价值运动:资金是价值的一般形态,资本是资金的来源,资产是资金的占用。企业资金来源等于资金占用,即资产=资本=债务资本+权益资本。公司财务把资金作为研究对象:一是研究资金运动,即合理配置和有效使用公司资金;二是研究资金运动反映的财务关系,即合理设计财务制度和管理机制结构,妥善处理和协调各相关利益集团的经济关系。

二、资金运动

在企业生产经营过程中,资本投放形成资产,资产在运用中其价值形态和物资形态不断发生变化,由一种资产形态转化为另一种资产形态,周而复始不断循环,形成企业的资金运动。资金运动是企业再生产过程的价值方面,以价值形式综合反映企业的再生产过程。企业的资金运动,构成企业经济活动的一个独立方面,具有自己的运动规律,这就是企业的财务活动。

（一）资金运动和现金流转

1. 资金运动的含义和内容

在 $G—W \cdots P \cdots W' \quad G'$ 的资金运动过程中:$G—W$,由货币资金向商品资金的转化,反映了生产要素商品的购进。在这一过程中,企业运用货币资金购买原材料等各种劳动对象商品,机器设备等各种劳动资料商品,形成产品生产的物质准备;$W \cdots P \cdots W'$,是商品资金向商品资金的转化,反映了生产要素商品的投放和消耗。在这一过程中,企业将所购进的物质商品与劳动力商品相结合,将这些生产要素合理地配置起来,投入到产品生产过程中去,生产出具有新价值的物质商品。在这一过程中,商品资金转化为生产资金,继而再转化为商品资金,产生了价值增值。$W'—G'$,由商品资金向货币资金的转化,反映了物质商品的销售。在这一过程中,通过产品的销售,凝结在产品中的商品价值得到实现,重要的是新创造的价值得到实现。在完成产品销售的同时,资金要还原到货币形态,才完成企业资金运动的全部过程。

在企业的再生产过程中,从货币资金开始,经过若干阶段又回到货币形态的价值形态运动过程,称为资金的循环。企业资金周而复始不断重复的循环过程,称为资金的周转。在企业资金循环与周转过程中,起点是垫支的货币资金;用货币购买原材料,转化为储备资金;原材料投入生产加工,转化为生产资金;产品生产完工,转化为成品资金;产成品销售取得应收账款,转化为结算资金;应收账款收回,转化为货币资金,回到原始货币形态。如此一系列的资金转化过程构成了企业资金循环与周转的具体环节,形成了资金在企业生产经营过程中的具体形态。在企业资金运动中,以某一种资金形态开始,再回到这一资金形态,构成了这个资金形态的一个完整循环,如从货币资金到货币资金、从生产资金到生产资金等,资金循环的具体过程则构成了资金的流转。

2. 现金流转的含义和内容

现金,是企业生产经营活动的出发点,也是各种资金原始和终极的形态。现金流转是资金流转最基本的形式。企业生产经营活动中的现金流转有多种方式:有的现金用于购买原材料,原材料经过加工成为产成品,产成品出售后又变回现金;有的现金用于购买机器设备等固定资产,这些资产在使用中逐渐磨损,其磨损价值进入产品的成本,通过直接与企业当期营业和非营业收入相配比,还原到现金形态。

现金流转中,现金的使用或者形成了各种非现金资产,或者直接构成了各类成本费用,最终都要通过销售收入的取得而收回现金。从现金垫支到现金收回,所经历的时间不超过一个会计期间的流转,称为现金的短期循环;所经历的时间需要在一个会计期间以上的流转,称为现金的长期循环。短期循环把现金转化为流动资产,完成现金→流动资产→现金这一循环过程;长期循环从现金的取得开始,到现金的回收并向权益人分配,完成权益与负债融资→现金→固定资产和流动资产→商品和劳务→现金→分配这一循环过程。在企业生产经营过程中现金流转的过程如图1-2所示。

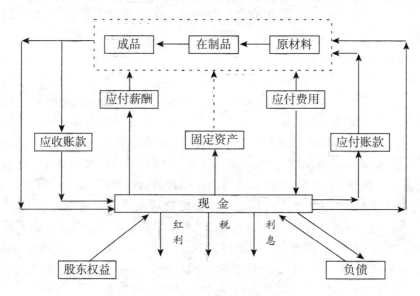

图 1-2 现金流转图

图 1-2 形象地表述了现金的流转状况。以制造业公司为例,图 1-2 中,"现金"库相当于蓄水池的作用。箭头向外表明现金的流出,箭头指向"现金"库表明现金的流入。短期循环的过程始于现金,周转的第一步是取得原材料,然后加工成制成品,再将制成品出售后直接转为现金或应收款。在应收款的情况下,公司经过收款使其转为现金。公司在原材料转换为产成品的过程中,会发生营业费用,包括薪酬、利息、管理等现金费用,这是现金的流出,此后,公司若能将产成品售出,那么存货数将减少,而应收账款和现金将增加,同时取得一定利润。但在实现制成品售出的过程中,需要公司支出销售费用,这也是现金流出。由于公司现金收支在数目和时间上的不平衡,公司需要从别的渠道筹措资金以恢复现金收支的平衡,这些渠道主要有长期、短期借款及股东资金的注入。

除了流动资产外,公司拥有的大多数固定资产也被包含在转变成现金的过程中,这些资产的价值由于它们用于生产而被耗减,这部分被耗减的价值,定期冲减当期收益,公司希望通过产品销售来补偿这笔费用,这笔费用就是折旧费。因为固定资产不是被立即消耗掉的,其折旧费用是分摊在多年产品销售上的,所以固定资产转变为现金的过程需要多年才能完成。折旧费不是现金支出，但从利润中扣除了，所以它构成现金的来源。

公司刚开始的时候，是靠发行股票或借债筹集现金，其中短期负债一般支持短期循环，长期负债和股东权益支持长期循环。除定期支付利息以外，最后不定期要支出现金偿还负债本金，还要定期支付股东红利等。

3. 影响现金流转的因素

如果企业的现金流入量与流出量无论在数量上还是在时间上都能恰好匹配的话，企业财务主管的工作会大大简化。如某企业，它的原料供应商给它提供了数额为10 000元的30天信用，该企业生产过程需耗用20天时间，销售和货款回收耗用了10天时间，在月底时该企业收进了12 000元。它这样恰好可以用收进的款项支付那10 000元的应付货款，并实现盈利2 000元。但上面描述的情况通常不过是一种假想而已，实际中有很多因素会影响企业的现金周转，如供应商商业信用的时间跨度，应收账款回收情况，生产过程耗用时间等。下面对一些常见影响因素作简单讨论。

（1）企业盈利状况。利润是企业的一项重要资金来源，也是企业借款得以按时偿还的根本保证。盈利企业若不是在积极扩张时，会有现金不断积累的趋势，财务主管的责任是为这些多余的现金寻找出路。企业可能会决定增加股利的支付、偿还借款、投资购买有价证券，这些现象在一些成熟行业是屡见不鲜的。但企业若是处于亏损状态时，财务主管的日子就不会好过了。如果企业所处行业是资本密集度高的行业，如航空、铁路业等，企业亏损时，虽然短期内其现金余额不会衰减，但终有一天会面临固定资产需要重置却无足够资金的困境，这种情况的不断延续最终将会使企业破产。对于那些不能以高于补偿现金支付费用的价格出售其商品的亏损企业，它们的财务主管会发现他们无法筹集到足够资金来维持企业生存，因为可能的贷款人看不出企业如何能从经营中取得现金来偿还他们的贷款，将不愿冒风险投入更多资金。

（2）企业的流动资产、流动负债变化情况。企业即使盈利很多，仍会出现现金困难，原因之一是把盈利变成了流动资产，如增加存货、增加应收款等，也可能是把盈利用来减少流动负债等。要注意，流动资产的增加或流动负债的减少都占用现金，而流动资产的减少和流动负债的增加都会使现金增多。

（3）企业扩张速度。即使对于盈利较好的企业，如果企业扩张速度过快，也会出现企业现金周转困难的情况。随着企业经营规模的迅速扩大，不仅企业的存货、应收账款、营业费用增加，而且还伴随着固定资产扩大，这往往是大宗现金开支，会增加企业扩张阶段的现金需要，并加重了财务主管的任务。他不仅要继续维持企业目前经营收支的平衡，同时还需筹集资金满足项目扩张需要，并努力使这种需要控制在他曾预计的生产销售水平下可获得的现金水平内。对于迅速扩张企业，财务主管可能会要求股东增资，建议减少股利支付，增加长期贷款，力图削减存货水平，加速应收账款回收等。

（4）企业经营的季节性波动。这种波动可能是销售的季节性波动或是原材料采购的季节性波动。企业销售呈季节性波动时,在销售淡季,因销货少,相应存货和应收款也减少,企业的现金周转水平下降;在销售旺季,因为存货和应收款的快速增长,企业可能出现现金不足,但随着货款的回收,在旺季过后又会积累过剩现金。有些行业的企业采购属于季节性模式,例如,卷烟公司需要在几个月内购进足够全年使用的烟叶,这使得企业原材料存货大幅上升,现金余额减少,而随着销售的进行,现金余额又会不断增长。

(二)企业资金的特点

从企业资金的内容与运动过程,可以进一步考察企业资金的特点。

1. 企业资金的物质性

从资金所有者投入的资金形态看是资本,但从运用形态看却表现为企业的各种资产,其中大部分以财产物资形态存在,一部分以暂时闲置的货币形态存在,只有对外长期投资才长期以货币形态存在。资金在这里表现为过去已经生产出来,现在继续用于生产流通的一部分社会物质资源,是社会再生产进行的物质条件,这就是资金的物质性。否认资金物质性,仅把资金视作开展经济核算的货币统一尺度的资金"外壳论"观点是不对的。

2. 企业资金的周转性

资金是为形成企业内部生产经营要素与外部投资所垫支的货币,资金重新收回后,继续用作下一个生产经营与对外投资过程的垫支。资金的垫支—收回—再垫支—再收回这一不断反复循环的过程,即为资金的周转。资金收回要以费用支出补偿为前提,只有企业生产经营与对外投资能保本或盈利时,资金周转才能顺畅进行。只强调财务为生产经营活动提供资金,不强调资金的全额收回,忽视资金的周转性是片面的生产观点,对社会经济发展是有害的。

3. 企业资金的增值性

垫支资金的全额收回,是投资者的最低要求。在市场经济条件下,企业作为一级投资主体,无论对内投资进行生产经营活动,还是对外进行投资活动,其基本动机都是为了盈利,即原垫支资金全额收回后,还要带来一个新增加的价值量,其货币表现就是企业净利润。投资者追逐利润的动机,是资金增值的必要性;资金增值的可能性却在于再生产过程中劳动者为社会创造的新增价值量的客观存在,马克思关于剩余价值的理论是说明资金增值性的理论依据。只强调资金物质性与周转性,忽视资金增值性的观点,应当摒弃。

资金的物质性、周转性和增值性是相互联系的,不可分割。

(三)企业资金运动规律

企业资金运动是以企业宏观经济环境为条件,以企业经济活动为基础进行的。企业资金运动在与宏观和微观经济条件的联系中呈现出若干规律性。

1. 企业资金运动与社会资金运动相结合

企业资金运动同社会各方面的经济活动密切联系,因此,企业资金运动与社会资金运动存在相互依存、相互制约的一致性。一方面,企业资金运动是社会资金运动的基础。企业资金运动的顺利进行,保证了商品价值的形成与尽快实现,为社会资金运动的顺畅进行和规模的扩大奠定了基础。只有企业收入增长,经济效益提高,财政收入才能增长,银行贷款才能及时归还,保险资金才能足额上交。另一方面,社会资金运动的规模和结构,又反过来制约企业资金运动的规模和结构。财政、信贷资金的增长为企业资金的增长提供了条件;财政、信贷资金分配于固定资金投资和增加流动资金的比例,直接影响着企业固定资金和流动资金的结构变动。保险资金的筹集与分配,对保证企业资金正常运动,防止意外中断也有积极作用。

企业资金运动和社会资金运动又存在一定的背离。例如,当国民经济资金总量一定时,企业资金占用量与社会资金占用量存在此增彼减的关系;当企业向证券市场筹集资金用于投资或内部积累资金时,或自行冲减财产损失时(股份公司减股),企业资金发生增减,而社会资金却不一定会发生增减;企业占用应缴未缴款的时间拉长,归还银行贷款的期限延长,引起社会占用资金时间缩短等。

企业资金运动和社会资金运动的一致性,导源于市场经济条件下国家宏观调控的职能。国家作为国民经济的社会行政管理者有权运用各种经济杠杆(如财政、信贷、保险等),参与社会产品与国民收入的分配与再分配,从而引起资金在企业与社会有关资金部门之间发生各种形式的对流。企业资金运动和社会资金运动的背离性,源于企业作为自主经营、自负盈亏的经济法人地位。企业为了独立进行生产经营活动,不仅要从社会资金部门筹借资金,还要从税后利润中自行积累一部分资金,引起企业资金单独增减变动。这一规律,决定着企业财务既与财政、信贷、保险相联系,又与它们相区别、相互独立而存在。这一方面要求企业资金和财政资金、信贷资金、保险资金相互综合平衡,要求国家加强对企业资金的宏观调控;另一方面,国家也应尊重企业自主经营的财权,维护企业的正当利益,不能乱加干预。

2. 资金运动与物资运动相结合

企业生产经营过程,是物资运动和资金运动的统一,物资运动和资金运动存在着一致性。首先,物资运动是资金运动的基础,物资运动的存在,一般来说决定了资金运动的存在。这是由于商品使用价值是价值的物质承担者,一定量的资金总是依附于一定数量的物资而存在的,由于材料物资的购销、固定资金的购建与增减变动,引起资金的投入、收回和形态变化。物资运动状况的好坏,基本上决定着资金运动状况的好坏。只有材料物资采购及时、储存合理、销售迅速,才能使企业资金周转加速;否则,就会出现资金运动受阻,周转不灵。物资运动规模在客观上有可能扩大才会对企业资金运动规模的扩大提出要求。其次,资金运动又反映着物资运动,并反过来制约物资运动的规模和结构。这是由于企业货币资金作为购买手段和支付手段,它的筹集常常是先于物资的取得,成为物资运动的前导。企业资金的分配比例,也就制约各种生产经营要素(如材料物资、设备、劳动力等)的形成与结构。企业资金运动规模的扩大,反过来成为物资运动规模的扩大好坏的灵敏反应器。通过资金运动状况的检查与分析,可以揭示物资运动在供、产、销各环节存在的问题,从而合理进行物资管理与使用,提高企业经济效益。

企业资金运动和物资运动又存在一定的背离,两者会因各种原因在时间先后和数量变动上显示出不一致性。从企业内部生产经营活动考察,由于商业信用手段的广泛利用,当采用合法的赊销、预付方式时,常出现物资运动先于或后于资金运动;由于固定资金价值转移与实物更新的时间上的分离,会出现资金运动在一定时间脱离物资运动的现象;企业净利润的分配,从企业来看是有资金运动而无物资运动;由于各种主客观原因而发生财产物资损失,财务上未作处理时,就会出现虚有资金而无物资的现象。从企业参与资金市场活动考察,是单纯的货币资金筹集或投资活动,有资金运动而无物资运动。资金运动与物资运动的背离,是公司财务作为一项独立的职能管理而存在的客观依据之一。公司财务通过合理利用各种背离,趋利避害,发挥独立的职能作用。

企业资金运动与物资运动的一致性,是由于商品使用价值和价值的统一性所决定的;两者的背离性,是由于价值具有相对独立运动的特点所决定的。这一规律,要求财务组织既要贯彻"发展经济、保障供给"的方针,保证企业生产经营与对外投资活动的资金需要,又要厉行节约,合理调度资金,发挥财务对生产经营和对外投资活动的调节与控制作用,充分利用货币资源,全面提高企业经济效益。

3. 资金运动的并存继起性

资金运动是各种资金形态各自循环的统一,各种资金在空间上总是同时并列地处于它们各个不同的阶段上,以不同的资金占用形态表现出来,这就是资金运动的并存性。比如,当一部分资金完成了一次循环而处于货币资金形态上时,另一部分资金可能开始了它们的循环而处于生产资金形态。由于资金运动的并存性,在同一时刻才能同时进行各种不同的生产经营活动。

当各种资金形态在空间上同时并存时,每一种资金又都处于它们的循环运动当中,依次由上一个阶段过渡到下一个阶段。各种资金形态都必须依次通过循环的各个阶段,由一种形态依次转化为下一个形态,这就是资金运动的继起性。由于资金运动的继起性,企业的生产过程、流通过程才不会中断。

资金形态的并存性和继起性是辩证统一的关系,各种资金形态的并存性是不同资金形态继起性的结果,如果相继转化受到阻碍,资金的并存性就会受到影响和破坏。同样,资金运动的继起性也要以各种资金形态同时并存为条件,没有资金形态的合理配置,资金运动依次转化就不可能实现。

资金运动并存继起性的规律,要求企业财务既要根据生产经营活动的需要不断筹集和投放资金,又要根据生产经营的阶段性按各种资金形态的结构及其变化来合理投放、配置和使用资金。加快资金周转速度,促进资金顺利流转,减少资金积压和沉淀,是资金运动并存继起性对公司财务的根本要求。

4. 资金运动内部的平衡协调性

由于资金运动与物资运动具有依存结合性,资金运动具有并存继起性,使得企业资金运动成了一种复杂的经济机制。资金运动能否顺利进行并取得良好的效益,要受到这个机制内部各个构成部分之间是否平衡协调的制约。

从资金来源看,借入资金与自有资金之间、长期资金与短期资金之间、原始资本金和后续积累资金之间,都要有恰当的比例关系,才能保证生产经营不同时点、不同阶段的资金需要,才能满足稳定性和临时性的资金需求,才能协调好筹资成本与筹资风险的关系。

从资金运用看,对内投资与对外投资之间、长期资产与流动资产之间、流动资产内部货币资产与结算资产和存货资产之间,也要有恰当的比例关系,才能保证生产经营活动的正常开展,才能满足正常性和临时性的经营需要,才能协调好经营收益与经营风险的关系。

资金运用与资金来源之间,也存在着许多的协调平衡关系,如流动资产与流动负债之间的协调平衡、速动资产与流动负债之间的协调平衡、货币资产与短期信贷之间的协调平衡、长期资产与权益资本之间的协调平衡等。资金运用与资金来源之间的协调平衡,来自于减少资金闲置的要求,来自于保持合理财务状况的要求,来自于经营风险与筹资风险配合的要求。

资金运动内部的平衡协调性,是企业生产经营要素之间、生产经营各环节之间彼此配合的客观要求决定的,也是资金运动各种规律性及其对理财的要求决定的。

三、财务关系

企业资金运动,表面是财务资源的增减变动,而本质上反映了不同利益主体之间的经济关系。这些利益主体包括企业的股东、经营管理当局、债权人、政府部门、员工和其他社会公众等,不同的利益主体虽然都关注企业的经济管理和资金运动,但其目标并不完全一致,构成了错综复杂的利益冲突。企业的财务关系就是相关利益主体之间的经济利益关系。企业主要的财务关系包括以下利益主体之间的财务关系:

(一)股东和经营管理者之间的财务关系

如果公司的经营管理者不是拥有公司全部股权,就有可能出现代理问题。在所有权和经营权分离之后,股东的目标是股东财富最大化,千方百计要求经营者以最大努力去实现这个目标,但经营管理者并不自觉地这么想,他们通常的目标是:

(1)报酬,包括物质和非物质的,如工资、奖金,职位消费,荣誉和社会地位等;

(2)增加闲暇;

(3)避免风险。

经营管理者努力工作可能得不到与之相应的报酬,他们没有必要为提高公司股价而去冒险。因为股价上涨的好处将归于股东,而一旦失败,经营管理者的"身价"将下跌,因此可能招致损失(如报酬减少或者被解雇)。因此,经营管理者多是力图避免风险,常常放弃获利机会好但风险高的投资机会。所有者则不同,他们总是希望经营管理者全心全意为股东服务,站在股东的立场上进行决策。

如果一个企业是由业主自己经营管理,那么这位既是所有者又是经营者的利益主体就会千方百计努力经营,以增加自己的财富。但如果他与别人合伙或者向别人出售部分股份,那么马上就会产生潜在的利益冲突。例如,他可能就不愿再全力以赴地工作以增加股东的财富,因为这些财富中只有一部分是属于他的;或者他会给自己高工资和丰裕的待遇,因为这些成本有一部分会落到其他股东身上。因此,委托人(外部股东)和代理人(经营管理者)双方潜在的利益冲突构成了一种典型的代理问题。

股东和经营管理者之间另一种潜在的冲突是杠杆收购(leveraged buyout)——指经营管理者用借款购买公司发行在外的股份的行为。通常采取以下三步:①筹借信贷资金。②向股东发出购买要求,收购外部股东手中的股份。③将公司据为己有。

此类收购在证券市场上并不罕见。一旦经营管理者心里有了收购的念头,几乎肯定会发生潜在的利益冲突。如果经营管理者(通常是个集团)决定采取杠杆收购,那么在收购之前,股价越低对他们越有利。由于经营管理者掌握本企业的第一手信息,他们最知晓本企业的价值。尽管别的集团可能也会参与竞价收购,但经营管理者总能以低于公司股票实际价值的价格收购股票。这损害了股东的利益,构成了股东与经营者之间的另一种代理问题。

为了保证经营管理者能为股东的利益而努力工作,公司必须花费代价。这些代价被称为代理成本。这主要包括:①监督经营管理者行为的花费;②调整公司组织结构,以限制经营管理者的行为偏离组织目标的花费;③因为经营管理者不是业主而可能不及时采取行动而失去赚钱的机会造成的机会成本。

关于如何解决代理问题有两个极端的方法。一是只把公司的股票作为经营管理者的报酬,这样,经营管理者就会为提高股价而努力工作,这时代理成本非常低,但很少有经营者愿意接受这样的条件。另外一个极端是业主密切监督经营管理者的一举一动,这种做法不仅代价高昂,而且通常并不可行。最佳的解决办法存在于两者之间,既把经营者的报酬与公司业绩联系起来,又有适当的监督,这要求加强内部控制和审计。

协调股东与经营管理者之间的代理关系的机制通常有如下三方面:

1. 解雇的威胁

直到最近,大公司的经营管理者被解雇的可能性微乎其微,它几乎不引起经营管理者的担心。这是因为大多数的股东都很分散,而经营管理者也掌握着很多代表权,因此,这些分散的股东很难形成合力,将经理从错误的道路上拉回来,或者解雇他们。但是,随着股权逐渐集中到一些大的机构(如基金)手中,它们就有资格委派人员进入董事会,从而对公司经营产生显著的影响。在这种情况下,经营管理者要么被迫改弦易辙,要么被解雇。

2. 被接管的威胁

当一个公司因管理不善而使其股票价格低于预期的合理价位时,它很有可能被强行收购(敌意收购)。一旦公司被接管,经营管理者通常会被解雇,即使侥幸留任,也会丧失很大的权力。因此,经营管理者为了个人利益极有可能会采取措施来提高股价,以制止敌意收购。虽然从股东角度来看,提高股价是有利的,但有时经营管理者采取饮鸩止渴的做法,则对公司有害。

3. 协调经营管理者的动机(激励)

现在,公司越来越多地将经营管理者的报酬与公司的业绩联系起来。理论研究也表明,这样会激励经营者采取符合公司最大利益的行为。通常有两种方式:

(1)经理股票择购权(executive stock options)。这指允许经营者在将来某一时间以某一价格购买公司的股票。如果到时候股票市价高于择购权的执行价格,经营者就会获利。公司采用这种办法是相信它会促使经营者采取措施提高股价。这种办法20世纪五六十年代在美国十分盛行。但是如果股票市场整体不景气,股价就并不必然反映公司的业绩,而且股价也不是经营者所能直接控制的,因此择购权往往不能奏效(因为如果到约定时间股价低于执行价格,择购权将一文不值)。实践表明,单纯以经理股票择购权进行激励的效果并不理想。

(2)绩效股份(performance shares)。它是基于公司绩效(以每股市价、每股盈余、资产报酬率、权益净利率等指标来衡量)而给予经理人员的股份。通常是预先规定一定的业绩指标,或者要求高出正常利润率很多的盈利率,作为实施该种方式的补偿。

(二)股东与债权人的财务关系

股东(通过经营管理当局)与债权人之间也有委托与代理关系。债权人将资金贷给企业,其目标是到期收回本金并取得规定的利息收入,而公司借款的目的是用它扩大经营,获取更大收益,两者的目标并不一致。债权人事先知道借出资金是有风险的,通常要考虑以下4个方面因素,并把它们相应纳入利率之中:

(1)公司现有资产的风险;

(2)公司预期增量资产的风险;

(3)公司现存资本结构;

(4)预期未来资本结构的变化。

这些因素决定了公司现金流量的风险和债务的安全性,所以相应决定了借款人应获得的报酬即借款利率。

但是,借款合同一旦成为事实,资金到了公司手中,债权人就可能失去了控制权。股东可能为了自己的利益通过经营者而伤害债权人的利益,常用的方式有:

(1)股东不经债权人同意,擅自决定投资于比债权人预期风险要高的新项目。因为风险加大,旧债贬值。如果高风险的计划侥幸成功,超额的利润全部归股东享有,债权人只能得到固定的利息;如果计划失败,公司无力偿债,债权人将与股东共同承担由此造成的损失。尽管破产法规定,债权人先于股东分配破产财产,但多数情况下,破产财产不足以偿债,债权人会招致损失。

(2)股东为了提高公司的利润,不征得债权人同意而发行新债,使旧债价值下跌,使债权人遭受损失。这是因为发行新债后,公司负债比例加大,公司破产的可能性加大。如果企业破产,旧债权人将和新债权人共同分配破产财产,使旧债风险加大,价值下降。

为了防止其利益受到损害,债权人除了寻求立法保护(如破产时优先接管,优先于股东分配剩余财产等)外,通常采取以下措施:

(1)在借款合同中加入限制性条款,如规定资金的用途,规定不得发行新债或者限制发行新债的规模、条件等。

(2)如发现公司有剥夺其财产的意图,拒绝进一步合作(拒绝提供新的借款或提前收回借款),或者要求高出正常利率很多的高额利率,作为这种风险的补偿。

因此,如果公司试图损害债权人的利益,要么失去与信贷市场的联系,要么承受高额利率负担。无论哪种情形,对公司都是不利的。为了实现公司目标,公司必须与债权人和睦相处,恪守借款合同。

与此相类似,公司(经营者)也要与雇员、顾客、供应者和社区搞好关系,任何不良的企图,都将招致相关利益者的反对和约束,从而对公司整体不利。

(三)公司之间的财务关系

经济社会中的各类企业,都是独立的经济法人。这些经营组织之间,会由于生产经营活动而相互交换商品、提供劳务与商业信用。本企业与其他经营组织,包括与本企业购销有关的其他企业、本企业与银行等金融组织机构之间,要发生购销业务引起的货款收支结算关系、资金拆借引起的资金借贷关系等财务关系。如果经济组织之间相互发生投资与受资的财务活动,则还有资本让渡与收益分配的财务关系。

(四)公司内部的财务关系

一个公司内部的财务关系,既包括公司内部各单位的财务关系,也包括公司与员工之间的财务关系。公司内部的财务关系,集中表现为内部各单位之间资金合作的权债关系、内部结算关系和利益分配关系。特别是实行内部经济核算制的公司,各内部单位要发生产品内部转移价格的协定、成本费用定额和资金占用定额的核定、投资权限和经营权限的分割、内部经济利益的分配等一系列关于权责利的财务关系。公司与员工之间的财务关系,也属于公司内部财务关系的范围,主要包括依据资本经营权聘任员工并确认权责利关系,依据聘任合同分配劳动成果。

(五)公司与社会行政事务组织之间的财务关系

企业既是一个经济组织,也是一个社会组织,必然与社会行政事务组织发生各种经济关系。社会行政事务组织包括工商管理机构、税务机构、行业业务主管机构等,税务机构是与企业相关的社会行政事务管理组织的典型代表。企业作为一个经营组织,占用各种社会资源,必然要接受社会行政事务机构的管理,并以缴纳各种税金和非税收性财政支出履行对社会应尽的各种义务。公司与社会行政事务组织之间的财务关系,主要表现为企业收入的分配关系,如缴纳税款和税款返还、缴纳管理费和行政罚金等。

四、公司财务的内容

公司财务的主要内容是投资决策、筹资决策和收益分配三项。

(一)投资决策

投资是指以收回现金并取得收益为目的而发生的现金流出。例如购买政府公债、购买企业股票和债券,购置设备、兴建工厂、开办商店、增加新产品等,企业都要发生货币性流出,并期望取得更多的现金流入。企业的投资决策,按不同的标准可以分为以下类型:

1. 直接投资和间接投资

直接投资是指把资金直接投放于生产经营性资产,以便获取利润的投资。例如购置设备、兴建工厂、开办商店等。

间接投资又称证券投资,是指把资金投放于金融性资产,以便获取股利或者利息收入的投资。例如购买政府公债、购买企业债券和公司股票等。

这两种投资决策所使用的一般性概念虽然相同,但决策的具体方法却很不一样。证券投资只能通过证券分析与评价,从证券市场中选择企业需要的股票和债券,并组成投资组合。作为行动方案的投资组合,不是事先创造的,而是通过证券分析得出的。直接投资要事先创造一个或几个备选方案,通过对这些方案的分析和评价,从中选择足够满意的行动方案。

2. 长期投资和短期投资

长期投资是指影响所及超过一年的投资。例如购买设备、建造厂房等。长期投资又称资本性投资。用于股票和债券的长期投资,在必要时可以出售变现,而较难以改变的是生产经营性的固定资产投资,所以,有时长期投资专指固定资产投资。

短期投资是指影响所及不超过一年的投资,如对应收账款、存货、短期有价证券的投资。短期投资又称为流动资产投资或营运资产投资。

长期投资和短期投资的决策方法有所区别。由于长期投资涉及的时间长、风险大,决策分析时更重视货币的时间价值和投资风险价值的计量。

(二)筹资决策

筹资是指筹集资金。例如企业发行股票、发行债券、借款、赊购、租赁等都属于筹资。

筹资决策要解决的问题是如何取得企业所需要的资金,包括向谁、在什么时候、筹集多少资金。筹资决策和投资、股利分配有密切关系,筹资的数量多少要考虑投资需要,在利润分配时加大留存收益可减少从外部筹资。筹资决策的关键是决定各种资金来源在总资金中所占的比重,即确定资本结构,以使筹资风险和筹资成本相配合。可供企业选择的资金来源有许多,我国习惯上称"资金渠道",按不同的标志分为:

1. 权益资金和债务资金

权益资金是指企业股东提供的资金。它不需要归还,筹资的风险小,但股东期望的报酬率高。

债务资金是指债权人提供的资金,它要按期归还,有一定的风险,但债权人要求的报酬率比权益资金低。

所谓资本结构,主要是指权益资金和债务资金的比例关系。一般说来,完全通过权益资金筹资是不明智的,不能得到负债经营的好处;但负债的比例大则风险也大,企业随时可能陷入财务危机。筹资决策的一个重要内容就是确定最佳资本结构。

2. 长期资金和短期资金

长期资金是指企业可长期使用的资金,包括权益资金和长期负债。权益资金不需要归还,企业可以长期使用,属于长期资金;此外,长期借款也属于长期资金。

短期资金一般是指一年内要归还的短期债务。一般来说,短期资金的筹集主要解决临时的资金需要,例如在生产经营旺季需要的资金比较多,可借入短期借款,度过生产经营旺季则归还。

长期资金和短期资金的筹资速度、筹资成本、筹资风险以及借款企业所受的限制均有所区别。

(三)收益分配

收益分配是指在公司赚取的净利润中,有多少作为股利发放给股东,有多少留在公司作为再投资使用。从公司角度看,外部融资交易成本很高,而将利润形成留存收益,无需支付融资费用,但过低的股利支付可能引起股东的不满,从而引起股票市场供给的变动,导致股价下跌;同样,过高的股利支付将影响公司再投资能力,甚至失去投资机会,引起未来收益的减少,也可能导致股价下跌。

股利政策受多种因素制约,公司必须根据企业的实际确定最佳股利政策,收益分配实际上是企业内部融资问题,但因其重要性,单独提出来作为公司财务的一项独立内容。

五、公司财务的概念

财务是再生产过程中客观存在的资金运动及其所体现的经济利益关系。公司财务是基于企业再生产过程中客观存在的财务活动和财务关系而产生的,是企业组织财务活动,处理财务关系的经济管理工作。具体而言,公司财务是为实现理财目标,在企业再生产过程中对资金的融通、投放、收益分配进行预测、决策、计划(预算)、分析和控制,核心是对资金及其运动进行有效管理。这一定义从公司财务的目标、内容、程序方法等方面对公司财务的概念作了描述性说明。公司财务学是研究微观经济组织资源配置和有效使用的科学,从经济学的角度研究是财务经济学,从管理学的角度研究是财务管理学。在西方,这门学科通常被称为公司理财,在我国通常被称为财务管理,本书取名《公司财务》,意在体现企业财务既需要经济理论特别是微观经济学的知识作为其基础理论指导,又需要管理学特别是现代管理学的技术方法作为其方法理论支撑,还需要财务会计学、金融市场学等相关学科的知识为基础。

第三节 公司财务的目标

公司财务目标,是指公司财务管理系统所要达到和实现的最终目的。不同的财务目标,会产生不同的财务运行机制。科学地确定理财目标,对优化财务行为、实现财务资源的合理配置和有效使用,对合理安排财务制度、妥善处理和协调财务关系,具有重要意义。

一、公司财务目标的特征

公司财务目标是对公司财务工作的科学组织和对资源配置和使用所要达到的具体标准,是公司财务行为的导向。确定合理的财务目标,需要充分理解公司财务目标的基本特征,财务目标的基本特征有:

1. 财务目标的稳定性和变动性

财务目标取决于企业目标,是在一定的理财环境下,根据企业经营方式和要求确定的。一般而言,理财环境和企业目标具有相对稳定性,因此,财务目标也是相对稳定的。财务目标的稳定性,并不意味着财务目标一成不变,由于公司财务要根据企业目标和内外环境的变化不断调整自己的财务行为,使之适应各种内、外生变量的要求,因此,必须根据变化的情况不断调整企业的近期、中期和长期的财务目标,使企业财务目标既有前瞻性,又有连续性。

2. 财务目标的整体性和层次性

公司财务系统作为一个整体,具有整体目标,公司财务系统由若干要素构成,每一要素又具有自身的分目标,因此,财务目标具有整体性和层次性的特征。公司财务的整体目标又称财务总目标,是指全部财务活动和处理财务关系所要实现的最终目标,具有概括性、综合性和指导性的特征。公司财务目标的层次性,从不同的决策主体角度,可分为所有者的财务目标,经营者的财务目标,财务经理的财务目标;从公司财务的决策内容角度,可分为融资目标、投资目标、收益分配目标。财务总目标决定了财务分目标,财务分目标体现了财务总目标的要求。

3. 财务目标的可度量性和可操作性

公司财务是以价值为手段的综合管理工作,可计量性是财务目标的基本特征,财务目标必然以可度量的形式表述。公司财务总目标是企业价值最大化,投资目标是收益最大和风险最小。价值、收益和风险都是可度量的指标。财务目标的另一个显著特点是它的可操作性,在总目标确实后,按不同的责任中心分解落实具体指标,在实施过程中进行监控并进行分析考核,使财务目标得以实现。

二、公司财务的总目标

公司财务的总目标受经济发展水平、经济管理体制和企业目标的影响，在不同历史时期以不同的指标反映。概括而言，人们对财务总目标的观点主要有：利润最大化、每股收益最大化、股东财富最大化和公司价值最大化。

1. 利润最大化

这种观点认为，利润代表了资产利用程度的高低和经济效益的大小，直接反映经营者的经营业绩，公司财务的目标是要追求公司利润的最大化。利润最大化观点来自于经济学理论，西方许多经济学家都是以利润最大化来分析和评价企业行为和业绩的，如亚当·斯密、大卫·李嘉图等经济学家，都认为企业的目标是利润最大化。20世纪50年代以前，西方财务理论界大都认为以利润最大化作为财务目标是公司财务的最佳选择。

以利润最大化作为公司财务目标的优势在于：①利润是公司在一定期间内全部收入和全部耗费的差额，能够反映当期的经营业绩，便于衡量和考核财务管理的绩效；②公司是以营利为目的的经济组织，利润最大化财务目标符合公司管理的根本要求；③利润是满足业主投资收益的基本来源，也是公司补充资本积累的基本来源，利润最大化对股东和公司都是有利的。

以利润最大化作为公司财务目标存在以下局限：①利润作为一个绝对数指标，没有考虑所获利润与投入资本的关系，难以判断资本的利用效率；②利润指标过于通用，利润最大化并不能有针对性地反映财务管理工作的业绩，难以反映财务管理的特殊要求和特点，因为通过公司管理的其他专项职能管理，最终也都会以增加公司利润为统一的目的；③利润只是一个结果性指标，而不是一个结构性指标，无法反映公司的财务状况；④利润只是当期的经营业绩，是已完成事项的成果，并不能代表公司未来的发展潜力，利润最大化没有考虑利润发生的时间及其所面临的风险，不能有效地指导财务决策，这样就会使财务决策带有短期行为的倾向，即只顾实现目前的最大利润，而不顾公司的长远发展；⑤利润只是会计核算的账面数额，受会计原则和会计政策的人为影响，利润操纵变得可能。

2. 每股收益最大化

每股收益也称为每股盈余，是税后净利润与普通股股数的比率。这种观点认为，股份代表了资本所有者对公司所拥有的资本权利份额，每股收益反映了股东原始资本在公司中的运用效率，公司理财的目标是要追求股东每股收益的最大化。

以每股收益最大化作为公司财务目标的优势在于：①每股收益是相对数指标，便于在不同资本规模的公司之间进行对比；②每股收益以股东在公司中的原始投资额作为基数，在没有增发股份追加投资和每年进行利润留存的情况下，每股收益应当是逐年提高的，通过每股收益指标，能够衡量不同时期的股东资本运用效率；③每股收益在一定程度上考虑了股东投资者的利益。

以每股收益最大化作为公司财务目标存在以下局限：①每股收益同样是已完成事项的成果，并不能代表公司未来的发展潜力，每股收益最大化同样没有考虑每股收益取得的时间及其所面临的风险；②每股收益同样没有体现出作为价值综合管理的财务管理的特殊要求和特点，也同样不能反映公司的财务状况；③每股收益指标同样受会计核算的影响；④每股收益指标考虑了股东作为资本投资者的利益要求，但没有考虑债权人作为资本投资者的利益要求。

3. 股东财富最大化

按照委托代理理论，公司的实质就是由一系列委托代理关系组成的合同契约关系。公司的资本是股东提供的，公司日常财务工作由受托的经营者负责处理，基于委托代理关系，经营者承担着受托的财产经营责任，经营者应当最大限度地谋求股东的利益，提高资本报酬水平，增加股东在公司投资上所带来的财富。

这种观点认为，股东财富不是指股东在公司中所拥有的净资产账面数额，而是资本市场上的市场价值，股东财富由其所拥有的股票数量和股票市场价格两方面来决定，在股票数量既定时，股东财富最大化直接表现为股票价格最大化。

以股东财富最大化作为公司财务目标的优势在于：①通过市场来评价财务管理工作的业绩，具有客观性；②股票市场价格受预期每股收益的影响，反映资本获利能力，并且能够通过资本市场把这种获利能力与社会资本比较；③市场对股票价值的评价，包含着市场投资主体对该股票未来创造价值的共同预期，反映未来获取资本报酬所包含的风险；④由于股票价格包含着投资者对未来获利的预期，股东财富最大化在一定程度上能够克服公司在追求利润上的短期行为，因为预期未来的利润对股票价格会产生重要的影响。

以股东财富最大化作为公司财务目标存在以下局限：①它只适合上市公司，而非上市公司很难有比较公允客观的股票市场价格；②股票价格受多种因素影响，不仅包括公司的业绩，还包括外部社会经济环境因素，这些并非都是公司所能控制的，把不可控因素引入理财目标是不合理的；③它过于强调股东的利益，而对公司其他利益关系人的重视不够。

4. 公司价值最大化

公司价值是指公司的公允市场价值，而非其账面价值。公司的公允市场价值是它可以为投资人带来的现金流量的现值。这些现金流量是所有资产联合起来运用的结果，而不是资产分别出售获得的现金流量。

公司价值 $V = \sum_{t=1}^{n} \dfrac{NCF_t}{(1+r)^t}$

式中：n 为公司的年限；NCF_t 为 t 年的现金流量；r 为包含了预计现金流量风险的折现率，一般用公司综合资本成本 Kw 表示。

公司的价值来自公司资产的整体，公司价值是公司全部资产的市场价值，包括股票市场价值和债务市场价值之和。公司价值最大化观点与股东财富最大化基本是类似的:它们都反映了投资者对公司的未来预期;它们都以资产价值作为判断公司价值的依据;它们都以资产的市场价值而不是账面价值作为判断标准。两者不同的是,股东财富最大化考虑的是公司净资产的市场价值,公司价值最大化考虑的是公司总资产的市场价值。考虑债权人的利益是适当的,因为公司未来可能因满足股东要求而加大负债比率,虽然权益资本价值会随之提高,但由于偿债的财务风险加大,债权人可能对公司提出更高的报酬率作为风险补偿,会降低对公司价值的评价。不论是公司价值最大化还是股东财富最大化,都面临着一个最大的局限性,即如果缺乏一个公平合理的有效市场,包括资本市场和资产产权评估市场,公司资产的市场价值是难以获得的。

本书采用公司价值最大化的财务目标观点。

三、财务管理目标实现的影响因素

根据前面分析,公司价值的理论模型中,分子 NCF_t 代表公司的未来经济利益,分母 r 或 Kw 代表公司的资本成本。公司资产获取现金流量的能力取决于公司的经营绩效,即资产的合理配置和有效使用。经营绩效可以资产利润率来体现,资产利润率取决于公司资产获取收入的能力和收入获取利润的能力,即资产周转率和销售利润率;公司资本成本取决于公司的财务政策,即资本的构成和比例,财务政策包括营运资金融通政策,长期资金融资政策和股利分配政策。进一步的分析将在本书相关章节论述。

第四节 公司财务的假设和原则

一、公司财务假设

公司财务是在一定的理财环境下进行的,由于公司财务环境的复杂性和多变性,必须对财务活动运行和财务关系处理的前提和制约条件加以抽象和归纳,形成公司财务假设。假设是人们根据特定环境和已有知识所提出的、具有一定事实依据的假定或判断,是进一步研究问题的基本前提。公司财务假设是在特定的理财环境下,根据财务活动和财务关系的内在规律,针对未知的或者无法论证的财务现象,所作出的公认的假定或判断。公司财务假设所代表的先决前提和制约条件是客观的,但人们对这些前提和条件的认识是主观判断的。尽管假设带有强烈的主观意识,但它们是被公认的,进而成了逻辑推理的前提,成为公司财务实务的基础。

(一)财务主体假设

财务主体假设,是指公司财务只为特定单位或个人的财务活动服务。财务主体假设,是对财务工作的空间范围所做的限定。有了财务主体假设,才能将一个主体的财务活动同另外一个主体的财务活动区分开来,才能判断某一主体的经营业绩和财务状况。

财务主体也称为理财主体,是有完整的资金流转过程,独立进行财务活动、处理财务关系的单位或个人。财务主体应具备以下条件:①独立的经济利益;②独立的财产权利;③有自己能控制的资金以及相应的资金流转过程。有经济行为的法律主体不一定是财务主体,财务主体一定是法律主体。财务主体,一定要有独立的经济利益,并承担相应的经济责任,从这一点出发,财务主体比会计主体的要求更为严格。为了核算的需要,企业内部某个特定的部分能够成为会计主体,但这个部分如果没有独立的财权和完整的资金流转过程,则不是一个财务主体。

(二)持续经营假设

持续经营假设,是指在可以预期的将来,企业将保持良好的经营效率和健康的财务状况,在市场竞争中不会因为经营的失败或财务的失败而丧失生存能力。持续经营假设是对公司财务所作出的时间无限性假设。由于公司财务绩效要求定期反映,因此,持续经营假设还内含了财务分期假设,即把公司无限期的经营时间人为地划分为不同的财务期间,如财务年度、季度、月度等。

(三)理性理财假设

理性理财假设,是指理财行为是理性的,在众多的备选方案中,理性的行为会选择最有利的方案。由于理性理财假设,人们对每一项财务事项都会衡量其代价和利益,并且会选择对自己最有利的行动。理性理财假设,是对财务人员行为趋向所做的限定。有了理性理财假设,才能构建财务规划、财务控制和财务分析等公司财务工具。

理性理财的第一个表现是指理财是一种有目的的行为,即企业的理财活动都有一定的目标。当然,理性是相对的,在不同的时期、不同的理财环境中,理财的目标和目的是不同的,按某种理财目标看起来是理性的行为,在另一种理财目标下可能又是不理性的。

理性理财的第二个表现是指理财人员会选择最佳方案。公司财务人员要通过比较、判断、分析等手段,从若干个方案中选择一个有利于公司财务目标实现的最佳方案。

理性理财的第三个表现是当理财人员发现正在执行的方案有错误时,都会及时采取措施进行纠正,以使损失降至最低。

(四)有效市场假设

有效市场假设,是指公司财务所依据的资本市场是健全和有效的,没有人能够通过投机行为获取非正常的超额报酬。有效市场假设,是对公司财务行为环境所做的限定。有了有效市场假设,才能通过资本市场的反应来判断财务行为的合理性。

最初提出有效市场假设的是美国财务学者珐玛(Fama Nelson)。珐玛将市场有效性划分为三类:①弱式效率市场。投资者只能根据所有历史信息预计未来价格,没有投资者能够以历史信息为基础而赚取超额报酬。②次强式效率市场。投资者能根据所有目前的公开信息预计未来价格,没有投资者能够以公开信息为基础而赚取超额报酬。③强式效率市场。投资者能根据所有公开和非公开的信息预计未来价格,没有投资者能够赚取超额报酬。

资本市场是资本商品交易的场所和交换关系的总和。而从理财角度看,企业本身就是一个典型意义上的资本商品,即企业是资本所有者让渡资本使用权的结果。在资本市场上,企业产权频繁交易的结果会产生一个均衡的公允价格,反映着资本现实的和潜在的所有者对企业价值的估计,反映着对资本使用者即企业经营者管理业绩的评价。同时,资本市场又是企业重要的理财环境,是企业财务投资和筹资的场所。因此,市场的有效性,决定了能否通过资本市场判断管理业绩,找到财务决策的理性结果以及判断投资者对企业的期望和要求。

二、公司财务原则

公司财务原则,也称理财原则,是指人们对财务活动共同的、理性的认识。它是联系理论与实务的纽带,公司财务理论是从科学角度对公司财务进行研究的成果,通常包括假设、概念、原理和原则等,公司财务实务是指人们在公司财务工作中使用的原则、程序和方法,理财原则是公司财务理论和实务的结合部分。

理财原则具有以下特征:①理财原则是财务假设、概念和原理的推论。它们是经过论证的、合乎逻辑的结论,具有理性认识的特征。②理财原则必须符合大量观察和事实,被多数人所接受。财务理论有不同的流派和争论,甚至存在完全相反的理论,而原则不同,它们被现实反复证明并被多数人接受,具有共同认识的特征。③理财原则是财务交易和财务决策的基础。公司财务实务是应用性的,"应用"是指理财原则的应用。④理财原则为解决新的问题提供指引。已经开发出来的、被广泛应用的程序和方法,只能解决常规问题,当问题不符合任何既定程序和方法时,原则为解决新问题提供预先的感性认识,指导人们寻找解决问题的方法。⑤原则不一定在任何情况下都绝对正确。原则的正确性与应用环境有关,在一般情况下它是正确的,而在特殊情况下不一定正确。对于如何概括理财原则,人们的认识不完全相同。道格拉斯·R. 爱默瑞和约翰·D. 芬尼特的观点具有代表性,他们将理财原则概括为三类,共 12 条。

(一)有关竞争环境的原则

有关竞争环境的原则,是对资本市场中人的行为规律的基本认识。

1. 自利行为原则

自利行为原则是指人们在进行决策时按照自己的财务利益行事,在其他条件相同的情况下人们会选择对自己经济利益最大的行动。自利行为原则的依据是理性的经济人假设。自利行为原则假设企业决策人对企业目标具有合理的认识程度,并且对如何达到目标具有合理的理解,在这种假设情况下,企业会采取对自己最有利的行动。自利行为原则并不认为钱是任何人生活中最重要的东西,或者说钱可以代表一切,问题在于商业交易的目的是获利,在从事商业交易时人们总是为了自身的利益做出选择和决定,否则他们就不必从事商业交易。自利行为原则也并不认为钱以外的东西都是不重要的,而是说在"其他条件相同时",所有财务交易集团都会选择对自己经济利益最大的行动。

自利行为原则的一个重要应用是委托—代理理论。根据该理论,企业应是各种自利的人的集合。如果企业只有业主一个人,他的行为将十分明确和统一。如果企业是一个大型的公司,情况就变得非常复杂,因为利益关系人之间存在冲突。一个公司涉及的利益关系人包括普通股东、优先股东、债券持有者、银行、短期债权人、政府、社会公众、经理人员、员工、客户、供应商、社区等,这些人或集团,都是按自利行为原则行事的,企业和各种利益关系人之间的关系,大部分属于委托代理关系。这种相互依赖又相互冲突的利益关系,需要通过"契约"来协调。

自利行为原则的另一个应用是机会成本的概念。当一个人采取某个行动时,必然是从自利原则出发而放弃了其他行动方案,采用一个方案而放弃其他方案的最大净收益是被采用方案的机会成本,也称择机代价。机会成本的概念有分歧,计算也经常会遇到困难,但是人们都不否认机会成本是在决策时不能不考虑的重要问题。

2. 双方交易原则

双方交易原则是指每一项交易都至少存在两方,在一方根据自己的经济利益决策时,另一方也会按照自己的经济利益决策行动,并且对方和你一样聪明、勤奋和富有创造力,因此你决策时要正确预见对方的反应。

双方交易原则的建立依据是商业交易至少有两方、交易是"零和博弈"以及各方都是自利的。每一项交易都有一个买方和一个卖方,这是不争的事实。无论是买方市场还是卖方市场,在已经成为事实的交易中,买进的资产和卖出的资产总是一样多。既然买入的总量与卖出的总量一样多,那么一方的获利只能以另一方的付出为基础。高价使购买人受损而卖方受益;低价使购买人受益而卖方受损,一方得到的与另一方失去的一样多,从总体上看双方收益之和等于零,故称为"零和博弈"。在"零和博弈"中,双方都按自利行为原则行事,谁都想获利而不是吃亏,那么,为什么还会成交呢?这与事实上人们的信息不对称有关。买卖双方由于信息不对称,因而对金融证券产生不同的预期,不同的预期导致了证券买卖,高估股票价值的人买进,低估股票价值的人卖出。直到市场价格达到他们一致的预期时交易停止。因此,在决策时不仅要考虑自利行为原则,还要使对方有利,否则交易就无法实现。除非对方不自利或者很愚蠢,不知道自己的利益是什么,然而,这样估计商业对手本身就不明智。

双方交易原则要求在理解财务交易时不能"以我为中心",在谋求自身利益的同时要注意对方的存在,以及对方也在遵循自利行为原则行事。这条原则要求我们不要总是"自以为是",错误认为自己优于对手。例如,收购公司的经理经常声称他们可以更好地管理目标公司,从而提高它的价值,因此出高价购进目标公司。实际上,他们不仅低估了目标公司管理当局的能力,更重要的是他们低估了市场的评价能力。这些人以为自己比市场高明,发现了被市场低估的公司。但实践表明,一家公司决定收购另一家公司的时候,多数情况下收购公司的股价不是提高而是降低了,这说明收购公司的出价过高,降低了本公司的价值。

双方交易原则还要求在理解财务交易时要注意税收的影响。由于税收的存在，一些交易表现为"非零和博弈"。政府是不请自来的交易第三方，凡是交易政府都要从中收取税金。减少政府的税收，交易双方都可以受益。合理纳税就是寻求减少政府税收的合法交易形式。

3. 信号传递原则

信号传递原则，是指行动可以传递信息，并且比公司的声明更有说服力。信号传递原则是自利行为原则的延伸。由于人们或公司是遵循自利行为原则的，所以一项资产的买进能暗示出该资产"物有所值"，买进的行为提供了有关决策者对未来的预期或计划的信息。信号传递原则要求根据公司的行为判断它未来的收益状况。例如，一个经常用配股的办法找股东要钱的公司，很可能自身产生现金能力较差；一个大量购买国库券的公司，很可能缺少净现值为正数的投资机会；内部持股人出售股份，常常是公司盈利能力恶化的重要信号。特别是在公司的宣告(包括它的财务报表)与其行动不一致时，行动通常比语言更具说服力，这就是通常所说的"不但要听其言，更要观其行"。

信号传递原则要求公司在决策时不仅要考虑行动方案本身，还要考虑该项行动可能给人们传达的信息。在资本市场上，每个人都在利用他人交易的信息，因此应考虑交易的信息效应。例如，把一件商品的价格降至难以置信的程度时，人们就会认为它的质量不好，它本来就不值钱；又如，一个会计师事务所从简陋的办公室迁入豪华的写字楼会向客户传达收费高、服务质量高、值得信赖的信息。在决定降价或迁址时，不仅要考虑决策本身的收益和成本，还要考虑信息效应的收益和成本。

4. 引导原则

引导原则是指当所有办法都失败时，寻找一个可以信赖的榜样作为自己的引导。所谓"当所有办法都失败"，是指我们的理解力存在局限，不知道如何做对自己更有利；或者寻找最准确答案的成本过高，以至于不值得把问题完全搞清楚。在这种情况下，不要继续坚持采用正式的决策分析程序，包括收集信息、建立备选方案、采用模型评价方案等，而是直接模仿成功榜样或者大多数人的做法。例如，你在一个自己从未到过的城市寻找一个就餐的饭馆，没必要或者没时间调查每个饭馆的有关信息，你应当找一个顾客较多的饭馆去就餐，不要去顾客很少的地方，或许那里不是价格很贵就是服务很差。

引导原则是行动传递信号原则的一种运用。很多人去这家饭馆就餐的事实，意味着很多人对它的评价不错。承认行动传递信号，就必然承认引导原则。

不要把引导原则混同于"盲目模仿"。它只在两种情况下适用：一是理解存在局限，认识能力有限，找不到最优的决策办法；二是寻找最优方案的成本过高。在这种情况下，跟随值得信任的人或者大多数人才是有利的。引导原则不会帮你找到最好的方案，却常常可以使你避免采取最差的行动。它是一个次优化准则，其最好结果是得出近似最优的结论，最差的结果是模仿了别人的错误。

引导原则的一个重要应用，是行业标准概念。例如，资本结构的选择问题，理论不能提供公司最优资本结构的实用化模型。观察本行业成功企业的资本结构,或者多数企业的资本结构,不要与它们的水平偏离太远,就成了资本结构决策的一种简便、有效的方法。再例如,对一项房地产的估价,如果系统的估价方法成本过高,不如观察一下近期类似房地产的成交价格。

引导原则的另一个重要应用就是"自由跟庄"概念。一个"领头人"花费资源得出一个最佳的行动方案,其他"追随者"通过模仿节约了信息处理成本。有时领头人甚至成了"烈士",而追随者却成了"成功人士"。《中华人民共和国专利法》和《中华人民共和国著作权法》是在知识产权领域中保护领头人的法律,强制追随者向领头人付费,以避免自由跟庄的影响。许多小股民经常跟随"庄家"或机构投资者,以节约信息成本,当然"庄家"也会利用自由跟庄现象,进行恶意炒作,掠夺小股民。因此,各国的证券监管机构都禁止操纵股价的恶意炒作,以维持证券市场的公平性。

(二)有关创造价值的原则

有关创造价值的原则,是人们对增加企业财富的基本规律的认识。

1. 有价值的创意原则

有价值的创意原则,是指新创意能获得额外报酬。波特竞争理论认为,企业的竞争优势可以分为经营奇异和成本领先两方面。经营奇异,是指产品本身、销售、营销渠道等客户广泛重视的方面在产业内独树一帜。任何独树一帜都来源于新的创意,创造和保持经营奇异性的企业,如果其产品溢价超过了为产品的独特性而附加的成本,它就能获得高于平均水平的利润。正是许多新产品的发明,使得发明人和生产企业变得非常富有。

有价值的创意原则主要应用于直接投资项目。一个项目依靠什么取得正的净现值? 它必须是一个有创意的投资项目。重复过去的投资项目或者别人的已有做法,最多只能取得平均的报酬率,维持而不是增加股东财富。新的创意迟早要被别人效仿,失去原有的优势,因此创新的优势都是暂时的,企业长期的竞争优势只有通过一系列的短期优势才能维持。只有不断创新,才能维持经营的奇异性并不断增加股东财富。有价值的创意原则还应用于经营和销售活动,例如连锁经营方式的创意。

2. 比较优势原则

比较优势原则是指专长能创造价值。在市场上要想赚钱,必须发挥你的专长。迈克尔·乔丹的专长是打篮球,若他改行去打棒球就违背了比较优势原则。没有比较优势的人很难取得超出平均水平的收入;没有比较优势的企业很难增加股东财富。

比较优势原则的依据是分工理论。让每一个人去做最适合他做的工作,让每一个企业生产最适合它生产的产品,社会的经济效率才会提高。比较优势原则的一个应用是"人尽其才、物尽其用"。在有效的市场中,你不必要求自己什么都能做得最好,但要知道谁能做得最好。对于某一件事情,如果有人比你自己做得更好,就支付报酬让他代你去做。同时,你去做比别人做得更好的事情,让别人给你支付报酬。如果每个人都去做能够做得最好的事情,每项工作就找到了最称职的人,就会产生经济效率。

每个企业要做自己能做的最好的事情，一个国家的效率就提高了。国际贸易的基础，就是每个国家生产它最能有效生产的产品和劳务，这样可以使每个国家都受益。比较优势原则的另一个应用是优势互补。一方有某种优势，如独特的生产技术，另一方有其他优势，如杰出的销售网络，两者结合可以使各自的优势快速融合，并形成新的优势。公司应把精力放在自己的比较优势上，并力图形成、维持和巩固自己的比较优势。

3. 期权原则

期权是指不附带义务的权利，它是有经济价值的。期权原则是指在估价时要考虑期权的价值。

期权概念最初产生于金融期权交易，它是指所有者（期权购买人）能够要求出票人（期权出售者）履行期权合同上载明的交易，而出票人不能要求所有者做任何事情。在财务上，一个明确的期权合约经常是指按照预先约定的价格买卖一项资产的权利。

广义的期权不限于财务合约，任何不附带义务的权利都属于期权。许多资产都存在隐含的期权。例如，一个企业可以决定某个资产出售或者不出售，如果价格不令人满意就什么事也不做，如果价格令人满意就出售。这种选择权是广泛存在的。一个投资项目，本来预期有正的净现值，因此被采纳并实施了，上马以后发现它并没有原来设想的那么好，决策人不会让事情按原计划一直发展下去，而会决定方案下马或者修改方案，使损失减少到最低。这种后续的选择权是有价值的，它增加了项目的净现值。在评价项目时就应考虑到后续选择权是否存在以及它的价值有多大。有时一项资产附带的期权比该资产本身更有价值。

4. 净增效益原则

净增效益原则是指财务决策建立在净增效益的基础上，一项决策的价值取决于它和替代方案相比所增加的净收益。

一项决策的优劣，是与其他可替代方案（包括维持现状而不采取行动）相比较而言的。如果一个方案的净收益大于替代方案，我们就认为它是一个比替代方案好的决策，其价值是增加的净收益。在财务决策中净收益通常用现金流量计量。一个方案的净收益是指该方案现金流入减去现金流出的差额，也称为现金流量净额。一个方案的现金流入是指该方案引起的现金流入量的增加额；一个方案的现金流出是指该方案引起的现金流出量的增加额。"方案引起的增加额"，是指这些现金流量依存于特定方案，如果不采纳该方案就不会发生这些现金流入和流出。

净增效益原则的应用领域之一是差额分析法，也就是在分析投资方案时只分析它们有区别的部分，而省略其相同的部分。净增效益原则初看似乎很容易理解，但实际贯彻起来需要非常清醒的头脑，需要周密地考察方案对企业现金流量总额的直接和间接影响。例如，一项新产品投产的决策引起的现金流量，不仅包括新设备投资，还包括动用企业现有非货币资源对现金流量的影响；不仅包括固定资产投资，还包括需要追加的营运资金；不仅包括新产品的销售收入，还包括对现有产品销售积极或消极的影响；不仅包括产品直接引起的现金流入和流出，还包括对公司税务负担的影响等。

　　净增效益原则的另一个应用是沉没成本。沉没成本是指已经发生、不会被以后决策改变的成本。沉没成本与将要采纳的决策无关,因此在分析决策方案时应将其排除。

　　(三) 有关财务交易的原则

　　有关财务交易的原则,是人们对于财务交易基本规律的认识。

　　1. 风险—报酬权衡原则

　　风险—报酬权衡原则是指风险和报酬之间存在一个对等关系,投资人必须对报酬和风险做出权衡,为追求较高报酬而承担较大风险,或者为减少风险而接受较低的报酬。所谓"对等关系",是指高收益的投资机会必然伴随巨大风险,风险小的投资机会必然只有较低的收益。在财务交易中,当其他一切条件相同时,人们倾向于高报酬和低风险。如果两个投资机会除了报酬不同以外,其他条件(包括风险)都相同,人们会选择报酬较高的投资机会,这是自利行为原则所决定的。如果两个投资机会除了风险不同以外,其他条件(包括报酬)都相同,人们会选择风险小的投资机会,这是风险厌恶决定的。所谓"风险厌恶"是指人们普遍厌恶风险,认为风险是不利的事情。肯定的 1 元钱,其经济价值要大于不肯定的 1 元钱。

　　人们都倾向于高报酬和低风险,而且都按照他们自己的经济利益行事,那么竞争结果就产生了风险和报酬之间的权衡。你不可能在低风险的同时获取高报酬,因为这是每个人都想得到的。即使你最先发现了这样的机会并率先行动,别人也会迅速跟进,竞争会使报酬率降至与风险相当的水平。

　　如果你想有一个获得巨大的收益的机会,你就必须冒可能遭受巨大损失的风险,每一个市场参与者都在他的风险和报酬之间作权衡。有的人偏好高风险、高报酬,有的人偏好低风险、低报酬,但是每个人都要求风险与报酬对等,不会去冒没有价值的风险。

　　2. 投资分散化原则

　　投资分散化原则,是指不要把全部财富投资于一个对象,而要分散投资。

　　投资分散化原则的理论依据是投资组合理论。马科维茨的投资组合理论认为,若干种证券组成的投资组合,其收益是这些证券收益的加权平均数,但其风险要小于这些证券加权平均风险,所以投资组合能降低风险。

　　如果一个人把他的全部财富投资于一家公司,这家公司破产了,他就失去了全部财富,如果他投资于 10 家公司,只有 10 家公司全部破产,他才会失去全部财富。10 家公司全部破产的概率,比一家公司破产的概率要小得多,所以投资分散化可以减低风险。

　　分散化原则具有普遍意义,不仅适用于证券投资,公司各项决策都应注意分散化原则。在有能力时,公司不应当把全部投资集中于个别项目、个别产品和个别行业;不应当把销售集中于少数客户;不应当使资源供应集中于个别供应商;重要的事情不要依赖一个人完成,重要的决策不要由一个人做出。凡是有风险的事项,都要贯彻分散化原则,以降低风险。

3. 资本市场有效原则

资本市场是指证券买卖的市场。资本市场有效原则,是指在资本市场上频繁交易的金融资产的市场价格反映了所有可获得的信息,而且面对新信息完全能迅速地做出调整。资本市场有效原则要求理财时重视市场对企业的估价。资本市场是企业的一面镜子,又是企业行为的校正器。股价可以综合反映公司的业绩,弄虚作假、人为改变会计方法对于企业价值的提高毫无用处。一些公司把巨大的精力和智慧放在报告信息的操纵上,通过"创造性会计处理"来提高报告利润,企图用财务报表给使用人制造幻觉,这在有效市场中是无济于事的。用资产置换、关联交易操纵利润,只能得逞于一时,最终会付出代价,甚至导致公司破产。市场对公司的评价降低时,应分析公司的行为是否出了问题并设法改进,而不应设法欺骗市场。

市场有效性原则要求理财时慎重使用金融工具。如果资本市场是有效的,购买或出售金融工具的交易的净现值就为零。公司作为从资本市场上取得资金的一方,不要企图通过筹资获取正的净现值(增加股东财富),而应当靠生产经营性投资增加股东财富。公司的生产经营性投资带来的竞争,是在少数公司之间展开的(相对于资本市场而言),竞争不充分,一个公司因为它有专利权、专有技术、良好的商誉、较大的市场份额等相对优势,可以在某些直接投资中取得正的净现值。资本市场与商品市场不同,其竞争程度高、交易规模大、交易费用低、资产具有同质性,其有效性比商品市场要高得多。所有需要资本的公司都在寻找资本成本低的资金来源,机会均等的竞争使财务交易基本上是公平交易。在资本市场上,只能获得与投资风险相称的报酬,也就是与资本成本相同的报酬,不会增加股东财富。

4. 货币时间价值原则

货币时间价值原则,是指在进行财务计量时要考虑货币时间价值因素。"货币的时间价值"是指货币在没有风险条件下经过一定时间的投资和再投资所增加的价值。

货币具有时间价值是一种普遍的客观经济现象。要想让投资人把钱拿出来,市场必须给他们一定的报酬。这种报酬包括两部分:一部分是时间价值即无风险投资的投资报酬;另一部分是风险价值即因为有风险而附加的投资报酬。

货币时间价值原则的首要应用是现值概念。现在的 1 元货币比将来的 1 元货币经济价值大,不同时间的货币价值不能直接加减运算,通常要把不同时间的货币价值折算到"现在"时点,然后进行运算或比较。把不同时点的货币折算为"现在"时点的过程,称为"折现",折现使用的百分率称为"折现率",折现后的价值称为"现值"。财务估价中,广泛使用现值计量资产的价值。货币时间价值的另一个重要应用是"早收晚付"。

第五节 公司财务的程序和方法

为了实现公司价值最大化目标,合理配置并有效使用资金,对公司资金进行有效管理,公司财务工作通常要根据一定的步骤和程序进行,这就是公司财务的程序和方法,公司财务的程序和方法包括财务预测、财务决策、财务计划、财务分析和财务控制等。

一、财务预测

财务预测是指利用公司过去的财务活动信息,结合市场变动情况,对公司未来财务活动的发展趋势做出科学的预计和测量。财务预测的任务是:通过测算公司财务数据指标,为公司决策提供科学依据;通过测算公司财务收支变动情况,确定公司未来的经营目标;通过测算各项定额和标准,为编制计划、分解计划指标提供依据。财务预测的内容涉及公司资金运动的全过程,一般包括流动资产需要量的预测、固定资产需要量的预测、成本费用预测、销售收入预测、利润总额与分配预测,以及有关长短期投资预测等。

财务预测是按一定的程序进行的,其一般程序是:

(1)明确预测目标。为了达到预测的效果,必须根据决策的需要,针对不同的预测对象,确定财务预测的目标。

(2)搜集整理资料。根据预测目标和预测对象,有针对性地搜集有关资料,检查资料的可靠性、完整性和典型性,排除偶发因素对资料的影响,还要对各项资料进行必要的归类、汇总和调整,使资料符合预测需要。

(3)建立预测模型。找出影响预测对象的一般因素及其相互关系,建立相应的预测模型,对预测对象的发展趋势和水平进行定量的描述,以此获得预测结果。

(4)分析预测结果。为了使预测结果符合预期要求,在定量分析的基础上,还需要对定量预测的结果进行必要的定性分析和论证,做出必要的调整。这样就可以获得精确度较高的预测资料,为决策提供依据。

财务预测的方法包括定性预测方法和定量预测方法两大类。定性预测方法是由熟悉情况和业务的专职人员,根据过去的经验和专业知识,各自进行分析、判断,提出初步预测意见,然后通过一定的形式(如座谈会、讨论会、咨询调查、征求意见等)进行综合,作为预测未来的依据。定量预测方法主要依据历史的和现实的资料,建立数学模型,进行定量预测。常用的财务预测模型有因果关系预测模型、时间序列预测模型、回归分析预测模型等。以上两类预测法并不是相互排斥的,在进行预测时,应当将它们结合起来,互相补充,以便提高预测的质量。本书将重点讨论融资需求预测的问题。

二、财务决策

财务决策是指财务人员在财务目标的总要求下,通过运用专门的方法,从各种备选方案中选择最佳方案的过程。财务决策在实质上是决定财务目标和实施方案的选优过程。财务决策是在财务预测基础上进行的,它又是财务计划的前提。

财务决策的内容非常广泛,一般包括筹资决策、投资决策、股利决策和其他决策。筹资决策主要解决如何以最小的资本成本取得公司所需要的资本,并保持合理的资本结构,包括确定筹资渠道和方式、筹资数量与时间、筹资结构比例关系等;投资决策主要解决投资对象、投资数量、投资时间、投资方式和投资结构的优化选择问题;股利决策主要解决股利的合理分配问题,包括确定股利支付比率、支付时间、支付方式等;其他决策包括公司兼并与收购决策、公司破产与重整决策等。

财务决策的基本程序是:

(1)确定决策目标。以预测数据为基础,结合公司总体经营的部署和国家宏观经济的要求,从公司实际出发,确定决策期内公司需要实现的财务目标。

(2)提出实施方案。以确定的财务目标为主,考虑市场可能的变化,结合公司内外有关财务和其他经济活动资料以及调查研究材料,设计出实现财务目标的各种实施方案。

(3)评价选择方案。通过对各种可行实施方案的分析论证、对比研究,主要是对各方案的经济效益的分析研究,运用合适的决策方法,做出最优财务决策。

财务决策的技术方法有确定性决策方法、不确定性决策方法和风险决策方法三类。净现值法、内含报酬率法等,也都是常用的决策方法。

三、财务计划(预算)

财务计划是组织公司财务活动的纲领。编制财务计划就是将决策提出的目标和选定的方案形成各种主要计划指标,拟定保证计划指标完成的具体措施,协调各项计划指标之间的相互关系,编制各项财务计划的过程。财务计划也是落实公司经营目标和保证措施的重要工具。

公司编制的财务计划主要包括筹资计划、投资计划、流动资产及其周转计划、成本费用计划、销售收入计划、利润和分配计划等。财务计划的编制要做到科学性、先进性,力求反映公司的实际和客观经济规律的要求。

财务计划的一般程序是:

(1)制定计划指标。按照公司供产销的条件和生产能力,运用科学方法,对决策提供的目标进行因素分析,确定对其有影响的多种因素,按照效益原则,制定出一系列主要计划指标。

(2)提出保证措施。其内容主要是合理安排公司人财物,使之与公司目标的要求相适应。

（3）具体编制计划。以公司经营目标为中心，以平均先进定额为基础，计算出公司计划期内资本占用、成本费用、收入、利润等各项指标，并检查各项计划指标是否相互衔接、协调和平衡。

在公司实践中，财务计划常常以财务预算的形式表现出来。财务预算是一系列专门反映公司在未来一定预算期内预计财务状况、经营成果以及现金收支等价值指标的各种预算的总称。财务预算是公司全面预算体系重要组成部分。本书将专章讨论全面预算管理的问题。

四、财务控制

财务计划的执行依靠财务控制。财务控制就是依据财务计划目标，按照一定的程序和方式，发现实际偏差与纠正偏差，确保公司及其内部机构和人员全面实现财务计划目标的过程。在公司经济控制系统中，财务控制是一种连续性、系统性和综合性最强的控制，也是公司财务经常进行的工作。

财务控制按不同角度有不同分类，从而形成不同的控制内容、控制方式和控制方法。

按控制的时间不同财务控制分为事前控制、事中控制和事后控制。事前控制是指在财务活动尚未发生前所进行的控制，如事前的申报审批制度；事中控制是指在财务活动过程中所进行的控制，如按财务计划的要求监督计划的执行过程；事后控制是指对财务活动过程的结果进行考核和奖惩。

按控制的依据不同财务控制分为预算控制和制度控制。预算控制是以财务预算为依据对预算执行主体的财务收支活动所进行的控制；制度控制是以公司内部规章制度为依据进行的控制。前者具有激励性，后者具有防护性。

按控制的对象不同财务控制分为收支控制和现金控制。收支控制是对公司和各责任单位的财务收支活动所进行的控制，控制的目的是增加收入，降低成本；现金控制是对公司和责任单位的现金流入和现金流出活动所进行的控制。由于会计采用权责发生制，导致利润不等于现金净流入，所以有必要对现金单独控制。

财务控制是由确定控制目标、建立控制系统、信息传递和反馈、纠正实际偏差所组成的一个完整的控制体系：

（1）确定控制目标。财务控制目标一般按财务计划指标确定，对于一些综合性的财务控制目标应当按照责任单位或个人进行分解，使之能够成为可以具体掌握的可控目标。

（2）建立控制系统。即按照责任制度的要求，落实财务控制目标的责任单位和个人，形成从上到下、从左到右的纵横交错的控制组织。

（3）信息传递与反馈。这是一个双向流动的信息系统，它不仅能够自下而上反馈财务计划的执行情况，也能够自上而下传递调整财务计划偏差的要求。

（4）纠正实际偏差。即根据信息反馈，及时发现实际脱离计划的情况，分析原因，采取措施加以纠正,以保证财务计划的完成。

本书将从内部控制制度、标准成本控制、责任中心业绩评价三方面的内容专章讨论财务控制的问题。

五、财务分析

财务分析是以公司会计报表信息为主要依据,运用专门的分析方法,对公司财务状况和经营成果进行解释和评价,以便于投资者、债权人、管理者以及其他信息使用者做出正确的经济决策。

财务分析主体不同,分析目的也就不同。债权人主要关心公司的资产负债水平和偿债能力以了解公司的偿债能力和财务风险,据以做出是否继续持有公司债权的决策;投资者主要关心公司的盈利能力和资本保值增值能力以了解公司的盈利状况,评价公司受托经管责任及其履行情况,据以做出是否继续投资的决策;公司管理者关注公司经营活动和财务活动的一切方面以了解公司运转是否正常,公司经营前景如何,公司有无资本潜力可挖,据以做出是否借款、是否投资、是否扩大生产经营规模以及是否调整公司经营战略等决策;国家和社会主要关注公司的贡献水平以了解公司对国家和社会的贡献水平,如公司上缴税金的情况、社会积累的情况,据以制定宏观经济调控政策,保持国民经济的良性运行。一般而言,财务分析的内容主要是:

1. 偿债能力分析

公司偿债能力分析包括短期偿债能力分析和长期偿债能力分析。短期偿债能力分析主要分析公司债务能否及时偿还。长期偿债能力分析主要分析公司资产对债务本金的支持程度和对债务利息的偿付能力。

2. 营运能力分析

营运能力分析既要从资产周转的角度来评价公司经营活动量的大小和资产利用效率的高低,又要从资产结构的角度来分析公司资产构成的合理性。

3. 盈利能力分析

盈利能力分析主要分析公司营业活动和投资活动产生收益的能力,包括公司盈利水平分析、社会贡献能力分析、资本保值增值能力分析以及上市公司税后利润分析。

4. 综合财务能力分析

从总体上分析公司的综合财务实力,评价公司各项财务活动的相互联系和协调情况,揭示公司经济活动中的优势和薄弱环节,指明改进公司工作的主要方向。

财务分析常用的方法有对比分析法、因素分析法、趋势分析法和比率分析法,依据的资料主要是公司编制的财务报告。

基于财务分析的重要性,本书将专章讨论财务分析的理论、技术和方法。

第六节　公司财务环境

公司财务环境又称理财环境,是指对公司财务活动和公司财务关系产生影响作用的公司内外各种条件的统称。公司的财务活动在相当程度上受理财环境制约。只有在理财环境的各种因素作用下实现财务活动的协调平衡,公司才能生存和发展。本节主要讨论对公司财务影响比较大的经济环境、法律环境和金融市场环境。

一、经济环境

影响公司财务的经济环境因素主要有经济体制、经济周期、经济政策、通货膨胀等。

(一)经济体制

经济体制是指制定并执行经济决策的各种机制的总和。经济体制涉及三方面内容:①决策的层次结构安排,即集权与分权的程度;②处理和提供经济信息、调节经济体制内不同单位的机制,即计划与市场的协同作用;③确定经济目标并诱导人们实现经济目标的激励机制。以上三个方面都影响理财活动。首先,从集权与分权的程度看,计划经济下,国家统筹企业资本、统一投资、统负盈亏,企业利润统一上缴,亏损全部由国家补贴,企业作为一个独立的核算单位实际上并没有自主的财权,这时的财务管理内容比较简单、方法比较单一。市场经济下,公司成为"自主经营、自负盈亏"的经济实体,有独立的经营权,同时也有独立的财权。公司可以根据自身发展的需要,合理确定资本需要量,然后到市场上筹集,再把筹集到的资本投放到效益高的项目上,最后将收益根据需要和可能进行分配,保证公司自始至终根据自身条件和外部环境变化,做出各种财务决策并组织实施,因此,公司财务的内容丰富,方法也复杂多样。其次,从计划与市场协同作用看,计划经济下的资源配置根据计划指令进行,市场经济下的资源配置根据市场信息进行,所以,市场经济下,公司财务有更多的机会和更大的能动作用。最后,从激励机制看,激励的方式、手段和力度影响财务利益分配,进而影响企业员工包括财务人员的积极性。

(二)经济周期

周期是人所共知的现象,西方财务学者曾探讨了经济周期中的经营理财策略,现择其要点归纳如表1-1所示。

表 1-1　　　　　　　　　　　经济周期中的经营理财策略

复　苏	繁　荣	衰　退	萧　条
增加厂房设备	扩充厂房设备	停止扩张	建立投资标准
实行长期租赁	继续建立存货	出售多余设备	保持市场份额
建立存货	提高价格	停产不利产品	缩减管理费用
引入新产品	开展营销规划	停止长期采购	放弃次要利益
增加劳动力	增加劳动力	削减存货	削减存货
		停止扩招雇员	裁减雇员

　　我国的经济发展与运行也呈现出其特有的周期特征,过去曾经历过若干次从投资膨胀、生产高涨到控制投资、紧缩银根和正常发展的过程。公司的筹资、投资和资产运营等理财活动都要受这种经济波动的影响,比如在治理紧缩时期,社会资金十分短缺,利率上涨,会使公司的筹资困难,甚至影响到正常生产经营活动。此外,由于国际经济交流与合作的发展,西方的经济周期影响也不同程度地波及我国。

　　(三)经济政策

　　经济政策是国家进行宏观经济调控的重要手段。国家的产业政策、金融政策、财税政策对公司的筹资、投资和收益分配活动都会产生重要影响。例如,金融政策中的货币发行量、信贷规模会影响公司的资本结构和投资项目的选择,价格政策会影响资本的投向、投资回收期及预期收益。

　　公司财务人员应当深刻领会国家的经济政策,研究经济政策的调整对财务管理活动可能造成的影响,避免"启动不灵刹车灵"的现象。例如,如果企业能够及时地领会某项经济政策,把握住投资机会,就会得到国家的优惠条件。同时,国家的经济政策往往是长期性的,最初的投资者可以在较长时期内享受国家经济政策对投资带来的效益。

　　(四)通货膨胀

　　通货膨胀一般被定义为:在纸币流通的条件下,由于纸币的流通量超过商品流通中的实际需要量而引起的货币贬值以及与之相伴生的一般物价水平采取不同形式(公开的或隐蔽的)持续普遍上涨的现象,或者说,一般物价水平的一贯的和可以觉察到的增长。其基本特征一是物价变动的方向是上升的,二是物价增长的幅度达到一定的程度。

　　通货膨胀犹如一个影子,始终伴随着现代经济的发展,也是困扰公司管理人士的重要因素。通货膨胀不仅对消费者不利,对公司的财务活动的影响更为严重。大规模的通货膨胀会引起资本占用的迅速增加;通货膨胀会引起利率的上升,增加公司筹资成本;通货膨胀时期有价证券的价格不断下降,给筹资带来较大的困难;通货膨胀会引起利润的虚增,造成公司的资本流失。

　　为了减轻通货膨胀对公司造成的不利影响,财务人员应当采取措施予以防范。在通货膨胀初期,货币面临着贬值的风险,公司可以加大投资以实现资本保值,与客户签订长期购货合同减少物价上涨造成的损失,举借长期负债保持资本成本的相对稳定;

在通货膨胀持续期,可以采用偏紧的信用政策,减少公司债权,通过调整财务政策防止和减少资本流失等。

二、法律环境

法律环境是指约束公司经济活动的各种法律、法规和规章制度。公司的理财活动,都必须遵守有关的法律规范,否则就要受到法律的制裁。对公司理财活动有影响的法律规范很多,主要有以下四方面。

(一)公司组织法规

公司组织必须依法成立。组建不同的公司,要依照不同的法律规范。在我国,这些法规包括《公司法》《中华人民共和国全民所有制工业企业法》《中华人民共和国个人独资企业法》《中华人民共和国合伙企业法》《中华人民共和国外资企业法》《中华人民共和国中外合资经营企业法》《中华人民共和国中外合作经营企业法》等。

这些法规既是公司的组织法,又是公司的行为法。例如,《公司法》对公司的设立条件和程序都有明确规定,包括股东人数、法人资本的最低限额、资本筹集方式等。《公司法》还对公司生产经营的主要方面做出了规定,包括股票的发行和交易、债券的发行和转让、利润分配等。公司一旦成立,其主要的活动,包括公司财务活动,都要按照《公司法》的规定来进行,因此它是公司财务重要的强制性规范。其他类型的企业也要按照相应的法律规范进行财务活动。

(二)税收法规

国家税收法规是公司财务的重要外部环境。税收是国家以政权为依托进行的一种特殊分配方式,依法纳税是每个纳税人的义务。税收是国家财政收入的重要保证,也对公司理财,特别是利润分配有着重要影响。从公司来看,税务负担是公司的现金流出,公司总是希望减少税务负担。但税务负担的减少只能靠财务决策时的精心安排和筹划,而不允许在纳税义务已经发生时去偷税漏税,因此,精通税法、对公司财务主管人员有着重要意义。公司财务的重要任务之一就是进行精心筹划,在依法经营、照章纳税的前提下,合理降低税务负担。

(三)财务会计法规

我国的财务会计法规主要包括《中华人民共和国会计法》(下称《会计法》)《企业会计准则》《企业财务通则》等。

《会计法》在我国会计法规体系中处于最高层次,居于核心地位,是制定其他会计法规的基本依据。我国《会计法》于1985年1月21日第六届全国人大常委会第九次会议通过,自1985年5月1日起施行。为适应我国社会主义市场经济发展和深化改革的需要,于1993年12月对《会计法》进行了修订。1999年10月,第九届全国人大常委会第十二次会议通过了《会计法》的重新修订。新修订的《会计法》与以前相比,重点强调了单位负责人对会计工作的责任,加大了打假力度,法律条文更加科学、规范。

会计准则是我国会计核算工作的基本规范,对会计核算原则和业务处理方法做出了规定。它以《会计法》为指导,同时又驾驭会计制度,是会计制度制定的依据。它对公司的会计核算行为发挥间接的规范作用。

企业财务通则是各类企业进行财务活动、实施公司财务的基本规范。它对以下问题做出了规定:①建立资本金制度;②固定资产的折旧;③成本的开支范围;④利润分配。其主要内容包括总则、资金筹集、流动资产、固定资产、无形资产、递延资产和其他资产、对外投资、成本和费用、营业收入、利润及其分配、外币业务、公司清算、财务报告与财务评价、附则等。

(四)证券法律制度

证券法律制度是确认和调整在证券管理、发行与交易过程中各主体的地位、权利与义务关系的法律规范。《中华人民共和国证券法》与《中华人民共和国公司法》中关于股票发行、转让及上市的规定,国务院发布的行政法规以及若干地方性法规为主,辅之以证券委、证监会等证券管理机关发布的大量行政规章,再加上证券交易所的自律性规则,构成了我国当前的证券法律体系。

除了上述法规之外,与公司财务有关的其他经济法规还有许多,包括各种结算法规、合同法规等,公司财务人员应熟悉这些法规,遵从法律的规定。

三、金融市场环境

公司投资和经营活动的资金来源,除了自有资金以外,主要从金融市场上取得。如果没有金融机构和金融市场,单纯依靠自身积累,很可能会因为资金不足而延误或失去良好的投资机会,这对现代市场经济条件下的公司来说是不可想象的。金融市场的变化对公司理财有着十分重要的影响。

(一)金融市场的含义和类别

1. 金融市场的概念和特征

金融市场是指资金融通的场所及其关系的总和。在进行资金融通时,资金需求方一般要向资金供应方出具书面文件(信用工具,也称金融工具),所以,金融市场也可以看成买卖金融工具的场所及其买卖关系的总和。金融市场的概念包括两层意义:一是指资金融通的场所,这是狭义的金融市场;另一方面包括与融通资金相关利益主体的经济关系以及协调这些关系的市场规则、市场规范、市场机制等无形的方面,这是广义的金融市场。

(1)金融市场的特征。①交易对象是资金即现金;②金融市场是公开市场,买卖双方自由竞价,交易条件完全依据供需关系;③不包括超乎经济关系的私人关系,反对幕后交易;④大部分是抽象的、无形的。

(2)金融市场的构成要素。一般认为,金融市场由投资者、筹资者、金融工具和中介机构组成。投资者是现金的付出者,即金融工具的购买者;筹资者是现金的流入者,即金融工具的出售者;金融工具具有多种形式,而且在不断发展中,诸如债券、股票、期货、期权等衍生工具;银行和非银行金融机构,是金融市场的中介机构,是连接筹资人和投资人的桥梁。

2. 金融市场的分类

就狭义的金融市场而言,依据不同标准可分为如下几类:

(1)按所买卖的金融工具的偿还期限来分,可分为短期金融市场和长期金融市场。

短期金融市场也称为货币市场,是指所买卖的金融工具偿还期在一年以内的金融市场,包括一年内的借贷、银行承兑汇票、商业票据、可转让存单、国库券、同业拆借、期货交易和黄金买卖等,特点是偿还期短、流动性好、风险较小。长期金融市场也称为资本市场,是指买卖的金融工具偿还期在一年以上的金融市场,包括股票、政府公债、公司债券、金融债券等。

(2)按金融工具发行顺序划分,可分为初级市场和二级市场。初级市场也称发行市场或一级市场,指新发行金融工具的买卖市场;二级市场也称流通市场,指已发行的金融工具转手买卖的市场。

(3)按交割的时间划分为现货市场和期货市场。现货市场是指买卖双方成交后,当场或几天之内买方付款、卖方交出证券的交易市场。期货市场是指买卖双方成交后,在双方约定的未来某一特定的时日才交割的交易市场。

(4)按交易的直接对象分为同业拆借市场、国债市场、公司债券市场、股票市场、金融期货市场等。

(二)金融机构

凡是在融资活动中居于中介地位,并且发行间接证券的机构就是金融机构,也称金融中介。它首先把间接证券出售给需要融出资金的机构或个人,然后用资金购买需要融入资金单位的直接证券,从而实现资金的融通。区分一个机构是否为金融机构的标志是发行间接证券与否。所谓间接证券是指债务人通过金融媒介向债权人融资,由金融中介发行的证券;而直接证券是指债务人不通过金融媒介,直接向债权人筹资而发行的证券。

按照传统的分类方法,金融机构可分为以下几类:

(1)中央银行。中央银行居于整个金融机构体系的核心,它制定金融政策,发行货币,对其他金融机构进行监管。

(2)商业银行。商业银行是以经营存贷款业务为主、为公司提供各种金融服务的、以营利为目的的综合性金融机构。现代商业银行的特点是经营范围广泛,几乎无所不包。

(3)专业银行。专业银行指专门经营特定金融业务的一类商业银行。它不经营所有银行业务,只集中经营指定范围内的业务,提供专门服务。一般包括:①储蓄银行,专门办理居民储蓄业务。②开发银行,专门为经济开发提供贷款。国际性的开发银行有世界银行,区域性的开发银行有亚洲开发银行等,各国一般也有自己的开发银

41

行,名称各异。③其他专业银行,如工业银行、农业银行、进出口银行、土地银行等,是专门为某一产业或行业、部门服务的金融机构,多数属于长期放款,资金主要来源于发行债券或吸收定期存款。

(4)非银行金融机构,主要包括:①保险公司,分为财产保险、人寿保险、灾害保险、涉外保险和再保险等。②财务公司,多数经营耐用物品租赁业务和分期付款,接受定期存款,大的财务公司还经营债券的承销与发行、财务咨询等。③信托业,信托指接受他人的信任和委托,代为经营财产和办理经济事务的一种经济行为。主要业务有信托财产管理、信托款项的营运、代理业务和投资基金等。④信用合作社,是一种储蓄性合作组织,采用社员入股方式筹资。⑤邮政储蓄,其目的是利用遍布各地的邮政网点吸收小额储蓄。⑥退休基金,以退休养老金为资金来源,投资于股票和债券。

另外,按金融机构是否可接受存款可分为存款性金融机构和非存款性金融机构。前者包括商业银行、投资银行、储蓄银行、财务公司、信用合作社以及邮政储蓄组织;后者包括保险机构、信托机构和开发银行等。

(三)我国的金融机构体系

1. 中国人民银行

其主要职责是制定和实施货币政策,保持货币币值稳定;依法对金融机构进行监督管理;维持金融业的合法、稳健运行;维护支付和清算系统的正常运行;持有、管理、经营国家外汇储备和黄金储备;代理国库和其他与政府有关的金融业务;代表政府从事有关的国际金融活动。

2. 国有商业银行

国有商业银行包括中国工商银行、中国农业银行、中国银行和中国建设银行。在建立之初,各专业银行分别在自己的专业领域内开展不同的业务,业务范围泾渭分明。改革开放以后,各专业银行逐步扩大了业务范围,并增加了新的金融业务品种,业务开始相互交叉。自1994年起,我国进一步深化金融体制改革,各专业银行原经营的政策性业务与商业性业务分离,政策性业务由新成立的国家政策性银行办理,专业银行逐步向商业银行转轨。国有独资商业银行已基本完成股份制改造。

3. 政策性银行

政策性银行是指由政府设立,以贯彻国家产业政策、区域发展政策为目的,不以营利为目的的金融机构。政策性银行不面向公众吸收存款;其资本主要由政府拨付,服务领域主要是对国民经济发展和社会稳定有重大意义,而商业银行出于营利目的不愿介入的领域。政策性银行资金也必须有偿使用。

(1)中国进出口银行,注册资本33.8亿元,主要任务是执行国家产业政策和外贸政策,为扩大我国公司机电产品和成套设备等资本性货物出口提供政策性金融支持。

(2)国家开发银行,注册资本500亿元,主要任务是筹集和引导社会资金支持国家基础设施、基础产业和支柱产业大中型基本建设和技术改造等政策性项目及其配套工程的建设,从来源上对固定资产投资总量进行控制和调节,优化投资结构,提高投资效益。

（3）中国农业发展银行，注册资本 200 亿元，主要任务是执行国家农业政策，支持农业企业发展。

4. 其他银行

改革开放以后（主要是 1987 年以后）新成立了一些银行，大多为股份制的综合性银行，主要有交通银行（重组）、中信实业银行、招商银行、深圳发展银行、广东发展银行、兴业银行、中国光大银行、华夏银行、浦东发展银行、中国民生银行等。外国的一些银行也在我国设立了分支机构或代表处。

5. 非银行金融机构

非银行金融机构主要有保险公司、信托投资公司、证券公司、财务公司、金融租赁公司等，由于种类繁多，功能各异，这里不再介绍。

（四）公司财务与金融市场

金融市场对于公司理财活动具有重要影响，这表现在以下几方面：

（1）金融市场是公司筹资和间接投资的场所，在现代市场经济条件下具有举足轻重的地位，对公司理财活动起着直接的制约和调节作用。它可以调剂资金供求，公司可以通过金融市场实现长短期资金的相互转化。

（2）金融市场为公司理财提供有意义的信息，是公司进行生产经营和财务决策的重要依据。例如，金融市场上利率的变化反映了资金的供求状况；有价证券市场的行情反映了投资者对公司经营状况和赢利水平及前景的评价。

（3）金融市场为公司理财提供各种金融服务，为公司理财活动提供了极大便利。

第二章
财务估价

公司财务以公司价值最大化为目标,需要每一项决策都有助于增加公司价值。为了判断每项决策对公司价值的影响,必须计量价值。因此,财务估价是公司财务的核心问题,几乎涉及每一项财务决策。财务估价是指对一项资本品价值的估计。"资本品"可能是股票、债券等金融资产,也可能是生产线等实物资产,甚至可能是一个企业。"价值"是指资产的内在价值,或者称为经济价值,是指用适当的折现率计算的资产预期未来现金流量的现值,是资本品的理论价值。在强式有效市场条件下资本品的内在价值通过市场价值得到完整、充分反映,此时的市场价值也是资本品的公允市场价值。财务估价的基本方法是折现现金流量法,该方法涉及三个基本的财务观念:时间价值、现金流量和风险价值。本章介绍公允市场价值的概念、资金的时间价值和风险价值、证券估价和证券投资理论。

第一节 公允市场价值

一、公允市场价值的含义

财务估价的目的是确定一个资本品的公允市场价值。所谓"公允市场价值",是指在公平的交易中,熟悉情况的双方,自愿进行资产交换或债务清偿的金额。资本品是能带来未来经济利益的资源,经济利益是资本品能带来的现金流入。由于不同时间的现金流不等价,需要通过折现处理,因此,资本品的公允市场价值就是未来现金流入的现值。它与资产的会计价值、现行市场价值和清算价值既有联系,也有区别。

二、公允市场价值与会计价值

会计价值是指资产、负债和所有者权益的账面价值。它以交易为基础,主要使用历史成本计量。例如,某项资产以10 000万元的价格购入,该价格客观地计量了资产的价值,并且有原始凭证支持,会计师将它记入账簿。过了几年,由于技术更新,该资产的市场价值已经大大低于10 000万元,或者由于通货膨胀其价值已远高于最初的购入价格,记录在账面上的历史成交价格与现实的市场价值已经毫不相关,会计师仍然不修改他的记录。会计师只有在资产需要反映价值转化（折旧或摊销）和价值贬损（资产减值）时，才修改资产价值的记录。

　　会计师选择历史成本而舍弃现行市场价值的理由有两点：①历史成本具有客观性，可以重复验证，而这正是现行市场价值所缺乏的。会计师以及审计师的职业地位需要客观性的支持。②如果说历史成本与投资人的决策不相关，那么现行市场价值也同样可能与投资人决策不相关。投资人购买股票的目的是获取未来收益，而不是公司资产的价值。公司的资产不是被出售，而是被使用并在产生未来收益的过程中消耗殆尽。与投资人决策相关的信息，是资产在使用中可以带来的未来收益，而不是其现行市场价值。财务报告采用历史成本报告资产价值，其符合逻辑的结果之一是否认持续收益和股权成本，只承认已实现收益和已发生费用。

　　会计规范的制定者，出于某种原因，要求会计师在一定程度上使用市场价值计价，但是效果并不好。美国财务会计准则委员会（FASB）要求对市场交易活跃的资产和负债使用现行市场价值计价，引起很大争议。我国在企业会计对公允价值计量也只是合理稳健的应用，只是对金融资产和金融资产同质资产在后续计量首选公允价值模式。其实，会计报表数据的真正缺点，主要不是没有采纳现实价格，而在于没有关注未来。会计准则的制定者不仅很少考虑现有资产可能产生的未来收益，而且把许多影响未来收益的资产和负债项目从报表中排除。表外的资产包括良好的管理、商誉、忠诚的顾客、先进的技术等；表外的负债包括未决诉讼、过时的生产线、低劣的管理等。

　　历史成本计价也受到很多批评。①制定经营或投资决策必须以现实的和未来的信息为依据，历史成本会计提供的信息是面向过去的，与管理人员、投资人和债权人的决策缺乏相关性；②历史成本不能反映企业真实的财务状况，资产的报告价值是未分配的历史成本（或剩余部分），并不是可以支配的资产或可以抵偿债务的资产；③现实中的历史成本计价会计缺乏方法上的一致性，其货币性资产不按历史成本反映，非货币性资产在使用历史成本计价时也有很多例外，所以历史成本会计是各种计价方法的混合，不能为经营和投资决策提供有用的信息；④历史成本计价缺乏时间上的一致性，资产负债表把不同会计期的资产购置价格混合在一起，使之缺乏明确的经济意义。因此，财务估计通常不使用历史购进价格，只有在其他方法无法获得恰当的数据时才将其作为质量不高的替代品。

　　按照公允市场价值计价，也称未来现金流量计价。从交易属性上看，公允市场价值计价属于产出计价类型；从时间属性上看，公允市场价值计价属于未来价格。公允市场价值计价有以下特点：未来现金流量现值面向的是未来，而不是历史或现在，符合决策面向未来的时间属性。经济学家认为，未来现金流量的现值是资产的一项最基本的属性，是资产的经济价值。只有公允市场价值计价才符合作为价值评估的目的。

三、公允市场价值与现时市场价值

　　现时市场价值是指一项资本品在交易市场上的价格，它是买卖双方竞价后产生的双方都能接受的价格。现时市场价值是指以现行市场价格计量的资本品价值,它可能是公允的,也可能是不公允的。要区分资本品的现时市场价值与公允市场价值。

首先,作为交易对象的资本品,通常没有完善的市场。单项资产或证券,可能有交易市场,但市场并不完善;而作为整体的企业,不管上市公司还是非上市公司,可能没有交易市场或市场更不完善。

其次,以整体的企业为对象的交易双方,存在比较严重的信息不对称,人们对企业的预期会有很大差距,成交的价格不一定是公允的。

再次,市场价格是经常变动的,人们不知道哪一个价格是公允的;

最后,财务估价的目的之一是寻找被低估的资本品,也就是价格低于价值的资本品。如果用现时市价作为资本品的估价,则资本品价值与价格相等,我们什么有意义的信息也得不到。

可见,如果市场是有效的,即所有资本品在任何时候的价格都反映了公开可得的信息,则公允市场价值与现行市场价值应当相等。如果市场不是完全有效的,一项资本品的公允市场价值与现行市场价值会在一段时间里不相等。投资者估计一种资本品的公允市场价值,并与现行市场价值进行比较,如果公允市场价值高于现行市场价值,则认为资本品被市场低估了价值,会决定买进。投资者购进被低估的资本品,会使资本品价格上升,回归到资本品的公允市场价值。市场越有效,现行市场价值向公允市场价值的回归越迅速。

四、公允市场价值与清算价值

清算价值是指企业清算时一项资产单独拍卖产生的价格。清算价值以将进行清算为假设情景,而公允市场价值以持续经营为假设情景,这是两者的主要区别。清算价值是在"迫售"状态下预计的现金流入,由于不一定会找到最需要的买主,通常会低于正常交易的价格。清算价值的估计,总是针对每一项资产单独进行的,即使涉及多项资产也要分别进行估价;而公允市场价值的估计,在涉及相互关联的多项资产时,需要从整体上估计其现金流量并进行估价。两者的类似性在于它们都以未来现金流入为基础。

第二节　货币的时间价值

货币的时间价值是现代公司财务的基础观念之一,因其非常重要并且涉及所有理财活动,有人称之为理财的"第一原则"。公司在投资于某项目时,至少要取得社会平均的利润率,否则不如投资于另外的项目或另外的行业。因此,货币的时间价值成为财务估价最基本的原则。

一、货币时间价值的概念

货币时间价值是指在没有风险的前提下货币经过一段时期的有效使用增加的价

值,也称资金的时间价值。西方经济学家对货币时间价值的理解往往是和消费心理因素联系在一起的。他们认为,投资者进行投资就必须推迟消费,对投资者推迟消费的耐心应该给予回报,这种回报的量与推迟的时间成正比,即推迟的时间越长,回报就越多,单位时间的这种回报与投资的百分比,就是时间价值。

要深入理解货币时间价值的概念,必须考察货币时间价值形成的条件、形成的来源以及它的假设前提。

1. 货币时间价值形成的条件

货币要具有时间价值必须具有一定的条件,这就是要把货币有目的地进行投资,即作为资金投入生产经营过程才能形成时间价值。货币时间价值是在生产经营中产生的,正如马克思指出"作为资本的货币的流通本身就是有目的,因为只有在这个不断更新的运动中才有价值增值"[1]。"如果把它从流通中取出来,那它就凝固为贮藏货币,即使藏到世界末日,也不会增加分毫。"[2]从货币时间价值形成的条件可以看到增强投资的目的性、有效使用资金、加速资金周转是提高资金时间价值的重要途径。

2. 货币时间价值形成的来源

货币时间价值真正的来源是什么呢? 是纯粹时间的恩赐? 是延迟消费的赋予? 都不是。它实质上是工人创造的剩余价值的一部分。在发达的商品经济条件下,资本流通的基本性质规定了以价值增值为特征的资本运动是永无止境的,因此准确的资本流通公式是 G—W—G′,其中 G′=G+△G,即原来预付的货币额 G 加上一个增值的货币额△G。马克思把这个增值的货币额△G 叫作剩余价值。价值的增值过程就是剩余价值的生产过程,即超过"一定点"而延长了的价值形成过程。所以,货币时间价值形成的真实来源是劳动创造的剩余价值的一部分。

3. 货币时间价值概念的假设前提

货币时间价值有两种表现形式:一种是绝对数,即时间价值额;另一种是相对数,即时间价值率。时间价值率与银行存款利率、各种债券利率以及股票的股利率虽然都属于投资报酬率的不同表现形式,但它们之间是有区别的,只有在不考虑通货膨胀和没有风险的条件下,它们才会相等。因此,货币时间价值概念是以没有通货膨胀、没有风险作为其假设前提的。

二、货币时间价值的计算

(一)复利终值和现值

复利是计算利息的一种方法。按照这种方法,每经过一个计息期,要将所生利息加入本金再计利息,逐期滚算,俗称"利滚利"。这里所说的计息期,是指相邻两次计息的时间间隔,如年、月、日等。除非特别指明,本书计息期为 1 年。

---

[1] 马克思,恩格斯. 马克思恩格斯全集:第 23 卷[M]. 北京:人民出版社,1975:173-174.
[2] 马克思,恩格斯. 马克思恩格斯全集:第 23 卷[M]. 北京:人民出版社,1975:173.

1. 复利终值

例 2-1　某人将 10 000 元投资于一项事业,年报酬率为 10%,经过 1 年时间的到期终值金额为:

$$S = P \cdot (1+i)$$
$$= 10\ 000 \times (1+10\%)$$
$$= 11\ 000 (元)$$

上式中:S 指终值,包括本金与利息;P 指初始投资,即本金或现值;i 指利率。

第 n 年的期终金额为:

$$S = P(1+i)^n$$

上式是计算复利终值的一般公式,其中的 $(1+i)^n$ 被称为复利终值系数或 1 元的复利终值,用符号 $(S/P, i, n)$ 表示。例如,$(S/P, 10\%, 5)$ 表示利率为 10% 的 5 期复利终值的系数。为了便于计算,可编制"复利终值系数表"(见本书附表一)备用。该表的第一行是利率 i,第一列是计息期数 n,相应的 $(1+i)^n$ 值在其纵横相交处。通过该表可查出,$(S/P, 10\%, 5)$ 为 1.610 5,在时间价值为 10% 的情况下,现在的 1 元和 5 年后的 1.610 5 元在经济上是等效的,根据这个系数可以把现值换算成终值。

该表的作用不仅在于已知 i 和 n 时查找 1 元的复利终值,而且可在已知 1 元复利终值和 n 时查找 i,或已知 1 元复利终值和 i 时查找 n。

例 2-2　某人有 1 000 元,拟投入报酬率为 10% 的投资机会,经过多少年才可使现有货币增加 5 倍?

$$(1+10\%)^n = 5$$
$$(S/P, 10\%, n) = 5$$

查"复利终值系数表",在 $i=10\%$ 的项下寻找 5,最接近的值为:

$$(S/P, 10\%, 16) = 4.595\ 0$$
$$(S/P, 10\%, 17) = 5.054\ 5$$

根据相似三角形的几何原理用插值法可得:

$$(5-4.595\ 0)/(5.054\ 5-4.595\ 0) = (n-16)/(17-16)$$

$$n = 16.88\ 年$$

即 16.88 年后可使现有货币增加 5 倍。

2. 复利现值

复利现值是复利终值的对称概念,指未来一定时间的特定资金按复利计算的现在价值,或者说是为取得将来一定本利和而现在所需要的本金。

复利现值计算,是指已知 S、i、n 时,求 P。

通过复利终值计算已知:$S = P \cdot (1+i)^n$

所以:$P = S \cdot (1+i)^{-n}$

上式中的 $(1+i)^{-n}$ 是把终值折算为现值的系数,称复利现值系数,或称 1 元的复利现值,用符号 $(P/S, i, n)$ 来表示,例如,$(P/S, 10\%, 5)$ 表示利率为 10% 时 5 期的复利现值系数。为了便于计算,可编制"复利现值系数表"(见本书附表二)。该表的使用方法与"复利终值系数表"相同。

例2-3 某人拟在5年后获得本利和100 000元,假设投资报酬率为10%,他现在应投入多少元?

$$P = S \cdot (P/S, i, n)$$
$$= 100\ 000 \times (P/S, 10\%, 5)$$
$$= 100\ 000 \times 0.621$$
$$= 62\ 100(元)$$

答案是某人应投入62 100元。

3. 复利息

本金P的n期复利息:

$$I = S - P$$

例2-4 本金10 000元,投资5年,利率8%,每年复利一次,其本利和与复利息是:

$$S = 10\ 000 \times (1+8\%)^5$$
$$= 10\ 000 \times 1.469$$
$$= 14\ 690(元)$$

$$I = 14\ 690 - 10\ 000 = 4\ 690(元)$$

4. 名义利率与实际利率

复利的计算期不一定总是1年,有可能是季度、月或日。当利息在1年内要复利几次时,给出的年利率叫作名义利率。当利息在1年内要复利而且只复利1次时,给出的年利率叫作实际利率。

例2-5 本金10 000元,投资5年,年利率8%,每季度复利一次,则:

每季度利率=8%÷4=2%

复利次数=5×4=20

$$S = 10\ 000 \times (1+2\%)^{20}$$
$$= 10\ 000 \times 1.486$$
$$= 14\ 860(元)$$

$$i = 14\ 860 - 10\ 000 = 4\ 860(元)$$

当1年内复利几次时,实际的利息要比名义利率计算的利息高。例2-5的利息比前例要多170元(4860-4690)。例2-5的实际利率高于8%,可用下述方法计算:

$$(1+i)^5 = 1.486$$
$$(S/P, i, 5) = 1.486$$

查表得:

$$(S/P, 8\%, 5) = 1.469$$
$$(S/P, 9\%, 5) = 1.538$$

用插值法求得实际年利率：

$$\frac{1.538-1.469}{9\%-8\%}=\frac{1.486-1.469}{i-8\%}$$

$$i=8.24\%$$

实际利率和名义利率之间的关系是：

$$i=(1+\frac{r}{M})^M-1$$

式中：r 指名义利率；M 指每年复利次数；i 指实际利率。

将例 2-5 数据代入：

$$i=(1+\frac{r}{M})^M-1$$

$$=(1+\frac{8\%}{4})^M-1$$

$$=1.0824-1$$

$$=8.24\%$$

$$S=10\ 000\times(1+8.24\%)^5$$

$$=10\ 000\times1.486$$

$$=14\ 860(元)$$

（二）普通年金终值和现值

年金是指等额、定期的系列收支。例如，分期付款赊购、分期偿还贷款、发放养老金、分期支付工程款、每年相同的销售收入等，都属于年金收付形式。年金的形式有普通年金、预付年金、递延年金和永续年金四种。

普通年金又称后付年金，是指各期期末收付的年金。普通的收付形式见图 2-1。横线代表时间的延续，用数字标出各期的序号；竖线的位置表示支付的时刻，竖线下端数字表示支付的金额。

$$i=10\%,n=3$$

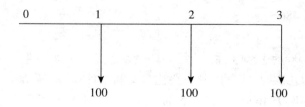

图 2-1　普通年金支付形式

普通年金终值是指其最后一次支付时的本利和，它是 n 次支付的复利终值之和。例如，按图 2-1 的数据，其第三期末的普通年金终值可计算见图 2-2。

在第一期末的 100 元，应赚得 2 期的利息，因此，到第三期末其值为 121 元；在第

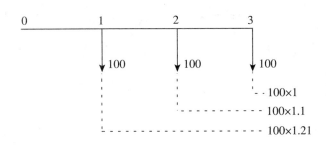

图2-2 普通年金终值

二期末的 100 元,应赚得 1 期的利息,因此,到第三期末其值为 110 元;第三期末的 100 元,没有计息,其价值是 100 元,整个年金终值 331 元。

如果年金的期数很多,用上述方法计算终值显然相当繁琐,由于每年支付额相等,折算终值的系数又是有规律的,所以,可找出简单的计算方法。

设每次的支付金额为 A,利率为 i,期数为 n,则按复利计算的普通年金终值 S 为:

$$S = \sum_{i=1}^{n} A(1+i)^{n-1} = A + A(1+i) + A(1+i)^2 + \cdots + A(1+i)^{n-1}$$

等式两边同乘 $(1+i)$:

$$(1+i)S = A(1+i) + A(1+i)^2 + A(1+i)^3 + \cdots + A(1+i)^n$$

上述两式相减:

$$(1+i)S - S = A(1+i)^n - A$$

$$S = A \cdot \frac{(1+i)^n - 1}{i}$$

$\dfrac{(1+i)^n - 1}{i}$ 是普通年金为 1 元、利率为 i、经过 n 期的年金终值,记作 $(S/A, i, n)$。

可据此编制"年金终值系数表"(见本书附表三),以供查阅。

2. 偿债基金

偿债基金是指为使年金终值达到既定金额每年应支付的金额。

例2-6 拟在 5 年后还清 100 000 元债务,从现在起每年等额投资一笔款项,假设投资报酬率 10%,每年需要投入多少元?

由于有复利因素,不必每年投入 20 000 元(100 000÷5),只要投入较少的金额,5 年后本利和即达到 100 000 元,可用以清偿债务。

$$S = A \cdot \frac{(1+i)^n - 1}{i}$$

可知:

$$A = S \cdot \frac{i}{(1+i)^n - 1}$$

式中的 $\dfrac{i}{(1+i)^n-1}$ 是普通年金终值系数的倒数,称偿债基金系数,记作 $(A/S,i,n)$。它可以把普通年金终值折算为每年需要支付的金额。偿债基金系数可根据普通年金终值系数求倒数确定。

将例2-6有关数据代入上式:

$$A = 100\ 000 \times \dfrac{1}{(S/A,10\%,5)}$$

$$= 100\ 000 \times \dfrac{1}{6.105} = 16\ 380(元)$$

有一种折旧方法,称为偿债基金法,其理论依据是"折旧的目的是保持简单再生产"。为在若干年后购置设备,并不需要每年提存设备的原值与使用年限计算的算术平均数,由于利息不断增加,每年只需提存较少的数额即按偿债基金提取折旧,即可在使用期满时得到设备原值。偿债基金法的年折旧额就是偿债基金系数乘以固定资产原值。

3. 普通年金现值

普通年金现值,是指为在每期期末取得相等金额的款项,现在需要投入的金额。

例2-7 某人出国3年,请你代付房租,每年年末付租金10 000元,设市场利率10%,他应当现在给你在银行存入多少钱?

这个问题可以表述为:请计算 $i=10\%$,$n=3$,$A=10\ 000$ 元之年终付款的现在等效值是多少?

设年金现值为 P,则:

$$P = 10\ 000 \times (1+10\%)^{-1} + 10\ 000 \times (1+10\%)^{-2} + 10\ 000 \times (1+10\%)^{-3}$$

$$= 100\ 000 \times 0.909\ 1 + 10\ 000 \times 0.826\ 4 + 10\ 000 \times 0.751\ 3$$

$$-10\ 000 \times (0.909 + 0.826\ 4 + 0.751\ 3)$$

$$= 10\ 000 \times 2.486\ 8$$

$$= 24\ 868(元)$$

计算普通年金现值的一般公式:

$$P = \sum_{t=1}^{n} A(1+i)^{-t} = A(1+i)^{-1} + A(1+i)^{-2} + \cdots + A(1+i)^{-n}$$

等式两边同乘 $(1+i)$:

$$P(1+i) = A + A(1+i)^{-1} + A(1+i)^{-2} + \cdots + A(1+i)^{-(n-1)}$$

后式减前式:

$$P(1+i) - P = A - A(1+i)^{-n}$$

$$P = A \cdot \dfrac{1-(1+i)^{-n}}{i}$$

$\dfrac{1-(1+i)^{-n}}{i}$ 是普通年金为1元,利率为 i,经过 n 期的年金现值,记作 $(P/A,i,n)$,可

据此编制"年金现值系数表"(见本书附表四),以供查阅。

根据例 2-7 数据计算:

$P = A \cdot (P/A, i, n) = 10\ 000 \times (P/A, 10\%, 3)$

查表:$(P/A, 10\%, 3) = 2.487$

$P = 10\ 000 \times 2.487 = 24\ 870$(元)

例 2-8 假设以 10% 的利率借款 200 000 元,投资于某个寿命为 10 年的项目,每年至少要收回多少现金才是有利的?

据普通年金现值的计算公式可知:

$$P = A \cdot (P/A, i, n)$$

$$= A \cdot \frac{1-(1+i)^{-n}}{i}$$

$$A = P \cdot \frac{i}{1-(1+i)^{-n}}$$

$$= 200\ 000 \times \frac{10\%}{1-(1+10\%)^{-10}}$$

$$= 200\ 000 \times 0.162\ 7$$

$$= 32\ 540\ (\text{元})$$

因此,每年至少要收回现金 32 540 元,才能还清货款本利。

上述计算过程中的 $\frac{i}{1-(1+i)^{-n}}$ 是普通年金现值系数的倒数,它可以把普通年金现值折算为年金,称投资回收系数。

(三)预付年金终值和现值

预付年金是指每期期初支付的年金,又称即付年金或先付年金。预付年金支付形式见图 2-3。

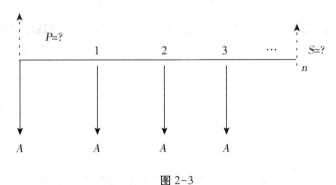

图 2-3

53

1. 预付年金终值的计算

预付年金终值的计算公式为：

$$S=A(1+i)+A(1+i)^2+\cdots+A(1+i)^n=\sum_{t=1}^{n}A(1+i)^t$$

式中各项为等比数列，首项为 $A(1+i)$，公比为 $(1+i)$，根据等比数列的求和公式：

$$S=\frac{A(1+i)\cdot[1-(1+i)^n]}{1-(1+i)}$$

$$=A\cdot[\frac{(1+i)^{n+1}-1}{i}-1]$$

式中的 $[\frac{(1+i)^{n+1}-1}{i}-1]$ 是预付年金终值系数，或称1元的预付年金终值。它和

普通年终值系数 $[\frac{(1+i)^n-1}{i}]$ 相比，期数加1，而系数减1，可记作 $[(s/a,i,n+1)-1]$，并

可利用"年金终值系数表"查得 $(n+1)$ 期的值，减去1得出1元预付年金终值。

例2-9　$A=2\,000$ 元，$i=8\%$，$n=6$ 的预付年金终值是多少？

$$S=A\cdot[(S/A,i,n+1)-1]$$

$$=2\,000\times[(S/A,8\%,6+1)-1]$$

查"年金终值系数表"：

$$(S/A,8\%,7)=8.923$$

$$S=2\,000\times(8.923-1)$$

$$=15\,846(元)$$

2. 预付年金现值的计算

预付年金现值的计算公式：

$$P=\sum_{t=0}^{n-1}A(1+i)^{-t}=A+A(1+i)^{-1}+A(1+i)^{-2}+\cdots+A(1+i)^{-(n-1)}$$

式中各项为等比数列，首项是 A，公比是 $(1+i)^{-1}$，根据等比数列求和公式：

$$P=A\cdot\frac{[1-(1+i)^{-n}]}{1-(1+i)^{-1}}$$

$$=A\cdot\frac{[1-(1+i)^{-n}](1+i)}{i}$$

$$=A\cdot[\frac{1-(1+i)^{-(n-1)}}{i}+1]$$

式中的 $[\frac{1-(1+i)^{-(n-1)}}{i}+1]$ 是预付年金现值系数，或称1元的预付年金现值。它和

普通年金现值系数相比，期数要减1，而系数要加1，可记作 $[(P/A,i,n-1)+1]$。可利

用"年金现值系数表"查行 $(n-1)$ 期的值，然后加1，得出1元的预付年金现值。

例2-10　6年分期付款购物，每年初付 20\,000 元，设银行利率为 10\%，该项分期

付款相当于一次现金支付的购价是多少?

$$P = A \cdot \left[(P/A,i,n-1) + 1 \right]$$
$$= 20\ 000 \times \left[(P/A,10\%,5) + 1 \right]$$
$$= 20\ 000 \times (3.791 + 1)$$
$$= 95\ 820(元)$$

(四)递延年金

递延年金是指第一次支付发生在第二期或第二期以后的年金。递延年金的支付形式见图2-4。从图中可以看出,前三期没有发生支付。一般用 m 表示递延期数,本例的 $m=3$。第一次支付在第四期期末,连续支付4次,即 $n=4$。

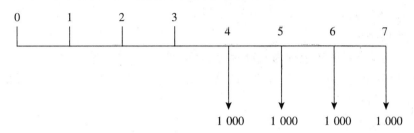

图 2-4　递延年金的支付形式

递延年金终值的计算方法和普通年金终值类似:

$$S = A \cdot (S/A,i,n)$$
$$= 1\ 000 \times (S/A,10\%,4)$$
$$= 1\ 000 \times 4.641$$
$$= 4\ 641(元)$$

递延年金的现值计算方法有两种:

第一种方法,是把递延年金视为 n 期普通年金,求出递延期末的现值,然后再将现值调整到第一期初(图2-4中的0的位置)。

$$P_3 = A \cdot (P/A,i,n)$$
$$= 1\ 000 \times (P/A,10\%,4)$$
$$= 1\ 000 \times 3.170$$
$$= 3\ 170(元)$$
$$P_0 = P_3 \cdot (1+i)^{-m}$$
$$= 3\ 170 \times (1+10\%)^{-3}$$
$$= 3\ 170 \times 0.751\ 3$$
$$= 2\ 381.6(元)$$

第二种方法,是假设递延期中也进行支付,先求出 $m+n$ 期的年金现值,然后,扣除实际并未支付的递延期 m 的年金现值,即可得出最终结果。

$$P_{(m+n)} = 1\ 000 \times (P/A,i,m+n)$$

$$= 1\,000 \times (P/A, 10\%, 3+4)$$
$$= 1\,000 \times 4.868$$
$$= 4\,868(元)$$
$$P_{(m)} = 1\,000 \times (P/A, i, m)$$
$$= 1\,000 \times (P/A, 10\%, 3)$$
$$= 1\,000 \times 2.487$$
$$= 2\,487(元)$$
$$P_{(A)} = P_{(m+n)} - P_{(m)}$$
$$= 4\,868 - 2\,487$$
$$= 2\,381(元)$$

（五）永续年金

无限期定额支付的年金称为永续年金。例如现实中的存本取息。永续年金没有终止时间，也就没有终值。永续年金的现值可以通过普通年金的计算公式导出：

$$P = A \cdot \frac{1 - (1+i)^{-n}}{i}$$

当 $n \to \infty$ 时，$(1+i)^{-n}$ 的极限为零，故上式可写成：

$$P = A \cdot \frac{1}{i}$$

例 2-11 拟建立一项永久性的奖学金，每年计划颁发 10 000 元奖金。若利率为 10%，现在应存入多少钱？

$$P = 10\,000 \times \frac{1}{10\%}$$
$$= 100\,000(元)$$

三、货币时间价值计算工具

由于按照前面介绍的货币时间价值计算方法手工计算，工作量较大且准确率不高，在实际操作中，人们通常采用货币时间价值系数表、财务计算器和 Excel 财务函数等工具来完成货币时间价值的计算工作。

常用的货币时间价值系数表包括复利终值系数表、复利现值系数表、年金终值系数表和年金现值系数表，对应不同的年限和利率有不同的系数，方便查阅。但是该方法只是一个近似的计算，特别是对于表中未包含的利率，通常采用内插法计算，使计算的准确度降低。

财务计算器的出现，取代了烦琐的复利和现值公式的计算，且目前开发出的财务计算器的种类越来越多，目前使用较多的财务计算器型号有 HP-12C Platinum、HP 10BII 和 HP 17BII+。

Excel 作为专业的电子表格处理软件，具有一定的复杂性。要在财务管理中熟练地应用其各种分析方法和分析工具,要求使用者必须具备相当的计算机知识和财会专业知识。其强大的数据处理和数据分析功能,可以很好地满足现代财务管理的要求,相比起以上两种方法,通过不同的财务函数的应用,Excel 的功能更强大,扩展性更好,学习和应用起来也更加系统。接下来介绍几种资金的时间价值函数来说明如何利用 Excel 计算货币的时间价值。

1. 年金终值函数 FV

在 Excel 中,可以用 FV 函数计算年金终值。语法结构为 FV(rate,nper,pmt,pv,type)。其中各项的含义为:rate 为各期利率,是一个固定值。nper 为总投资(或贷款)期,即该项投资(或贷款)的付款期总数。pmt 为各期所应付给(或得到)的金额,其数值在整个年金期间(或投资期内)保持不变,通常 pmt 包括本金和利息,但不包括其他费用及税款。如果忽略 pmt,则必须包括 pv 函数。pv 为现值,即从该项投资(或贷款)开始计算时已经入账的款项,或一系列未来付款当前值的累积和,也称为本金。如果省略 pv,则假设其值为零,并且必须包括 pmt 参数。type 为数字 0 或 1,用以制定各期的付款时间是在期初还是期末。0 表示在期末,1 表示在期初。如果省略 type,则假设其值为零。

在所有参数中,现金流出的款项表示为负数,现金流入的款项表示为正数。

例 2-12 某项投资的投资期为 10 年,每年投资 500 万元,年投资回报率为 10%,每年年末支付。使用 Excel 函数计算该项目终值。

在 Excel 工作表中输入各项目名称及相应的数据,选定 F2 单元格,在其中输入公式"FV=(A2,B2,C2,D2,E2)",按回车键后,结果显示如图 2-5 所示。

F2			fx	=FV(A2,B2,C2,D2,E2)	
	A	B	C	D	E	F
1	年利率	总投资期	每期付款额	现值	支付时间	终值
2	10%	10	-500		0	￥7,968.71

图 2-5 年金终值函数 FV 计算图

2. 年金现值函数 PV

在 Excel 中,可以用 PV 函数计算年金现值。语法结构为 PV(rate,nper,pmt,fv,type)。其中,rate、nper、pmt、fv、type 等各参数含义及要求同上。

例 2-13 某项投资的投资期为 10 年,每年投资 500 万元,年投资回报率为 10%,每期年末支付。使用 Excel 函数计算该项目现值。

在 Excel 工作表中输入各项目名称及相应的数据,选定 F2 单元格,在其中输入公式"PV=(A2,B2,C2,D2,E2)",按回车键后,结果显示如图 2-6 所示。

3. 年金中的利息函数 IPMT

在已知期数、利率及现值或终值的条件下,可以用 Excel 中的 IPMT 函数计算返回年金处理的每期固定付款每期所含的利息。语法结构为 IPMT(rate,per,nper,pmt,pv,

57

F2		f_x	=PV(A2,B2,C2,D2,E2)		
	A	B	C	D	E	F
1	年利率	总投资期	每期付款额	终值	支付时间	现值
2	10%	10	-500		0	￥3,072.28

图 2-6 年金现值函数 PV

fv),rate、nper、fv、type 等各参数含义及要求同上。per 用于计算器利息数额的期次,必须在 1~nper 之间。pv 为现值,即从该项投资(或贷款)开始计算时已经入账的款项,或一系列未来付款当前值的累积和,也称为本金。

例 2-14　某项投资的投资期为 10 年,每年投资 500 万元,投资项目的现值为 3 072.28 万元,年投资回报率为 10%,每期年末支付。使用 Excel 函数计算该项目第一年的利息额。

在 Excel 工作表中输入各项目名称及相应的数据,选定 F2 单元格,在其中输入公式"IPMT=(A2,1,B2,E2)",按回车键后,结果显示如图 2-7 所示。

F2		f_x	=IPMT(A2,1,B2,E2)		
	A	B	C	D	E	F
1	年利率	总投资期	每期付款额	支付时间	现值	第一期利息
2	10%	10	-500	0	3072.28	￥-307.23

图 2-7 年金中的利息函数 IPMT

4. 年金中的本金函数 PPMT

在已知期数、利率及现值或终值的条件下,应用 Excel 中的 PPMT 函数可以求得返回年金处理的每期固定付款所含的本金。语法结构为 PPMT(rate,per,nper,pv,fv,type)。语法结构中各参数的要求同上。

例 2-15　某项投资的投资期为 10 年,投资项目现值为 3 072.28 万元,年投资回报率为 10%,每期年末支付。使用 Excel 函数计算该项目第一年支付的本金。

在 Excel 工作表中输入各项目名称及相应的数据,选定 F2 单元格,在其中输入公式"PPMT=(A2,1,B2,E2)",按回车键后,结果显示如图 2-8 所示。

F2		f_x	=PPMT(A2,1,B2,E2)		
	A	B	C	D	E	F
1	年利率	总投资期	每期付款额	支付时间	现值	第一年支付本金
2	10%	10	-500	0	3072.28	￥-192.77

图 2-8 年金中的本金函数 PPMT

5. 利率函数 RATE

在已知期数、期付款金额和现值的情况下,可以用 Excel 中的利率函数 RATE() 计算返回年金的每期利率。利率函数的语法结构为 RATE(nper, pmt, pv, fv, type, guess),语法结构中的 nper、pmt、pv、fv、type 等各参数含义及要求同上。guess 为预期利率(估计值)。如果省略预期利率,则假设该值为 10%。

例 2-16 某投资项目现值为 3 072.28,总投资期为 10 年,每期年末支付,每年支付款项为 500 万元。使用 Excel 函数计算该项目的年利率。

在 Excel 工作表中输入各项目名称及相应的数据,选定 A2 单元格,在其中输入公式"RATE=(B2,C2,F2,E2)",按回车键后,结果显示如图 2-9 所示。

	A2	▼	fx	=RATE(B2,C2,F2,E2)	
	A	B	C	D	E	F
1	年利率	总投资期	每期付款额	终值	支付时间	现值
2	10%	10	-500		0	¥3,072.28

图 2-9 利率函数 RATE

第三节 风险与报酬

本节主要讨论风险和报酬的关系,目的是解决估价时如何确定折现率的问题。从增加公司价值的目标来看,折现率应当根据投资者要求的必要报酬率来确定。实证研究表明,必要报酬率的高低取决于投资的风险,风险越大要求的必要报酬率越高。不同风险的投资,需要使用不同的折现率。

一、风险的含义

(一)风险的概念

风险是一个非常重要的财务概念。任何决策都有风险,这使得风险观念在理财中具有普遍意义。"风险"一词,在生活中使用越来越频繁,人们在不同意义上使用"风险"一词。由于许多人在讨论财务问题时,常常把"风险"一词作为日常用语来使用,并由此引起许多误解,因此有必要强调区分日常用语和财务管理中风险的不同含义。风险和其他科学概念一样,是反映客观事物本质属性的思维形态,是科学研究的成果,最简单的定义是:"风险是发生财务损失的可能性"。发生损失的可能性越大,资产的风险越大。它可以用不同结果出现的概率来描述。这个定义非常接近日常生活中使用的普通概念,主要强调风险可能带来的损失。而在对风险进行深入研究以后人们发现,风险不仅可以带来超出预期的损失,也可能带来超出预期的收益。于是,出现了一个更正式的定义:"风险是预期结果的不确定性"。风险不仅包括负面效应的不确定性,还包括正面效应的不确定性。新的定义要求区分风险和危险。危险专指负面效应,是损失发生及其程度的不确定性。人们对于危险,需要识别、衡量、防范和控制,即对危险进行管理。例如保险活动就是针对危险的,是集合同类危险聚集资金,对特定危险的后果提供经济保障的一种财务转移机制。风险的概念比危险广泛,危险只是风险的一部分,风险的另一部分即正面效应,可以称为"机会"。人们对于机会,需要识别、衡量、选择和获取,理财活动不仅要管理危险,还要识别、衡量、选择和获取增加企业价值的机会。风险的新概念,反映了人们对财务现象更深刻的认识,也就是危险与机会并存。

在投资组合理论出现之后,人们认识到投资多样化可以降低风险。当增加投资组合中资产的种类时,组合的风险将不断降低,而收益仍然是个别资产收益的加权平均值;当投资组合中的资产多样化到一定程度后,唯一剩下的风险是系统风险。系统风险是没有有效的方法可以消除的、影响所有资产的风险,它来自于整个经济系统,是影响公司经营的普遍因素。投资者必须承担系统风险并可以获得相应的投资回报。

在资本资产定价理论出现以后,单项资产的系统风险计量问题得到解决。如果投资者选择一项资产并把它加入已有的投资组合中,那么该资产的风险完全取决于它如何影响投资组合收益的波动性。因此,一项资产最佳的风险度量,是其收益率变化对市场投资组合收益率变化的敏感程度,或者说是一项资产对投资组合风险的贡献,或者说是指该资产收益率与市场组合收益率之间的相关性。衡量这种相关性的指标,被称为贝塔系数。

理解风险概念及其演进时,不要忘记财务管理创造"风险"这一专业概念的目的。不断精确定义风险概念是为了明确风险和收益之间的权衡关系,并在此基础上给风险定价。

在使用风险概念时,不要混淆投资对象本身固有的风险和投资人需要承担的风险。投资对象是指一项资产,在资本市场理论中经常用"证券"一词代表任何投资对象。投资对象的风险具有客观性。例如,无论企业还是个人,投资于国库券其收益的不确定性较小,投资于股票收益的不确定性大得多。这种不确定性是客观存在的,不以投资人的意志为转移。因此,我们才可以用客观尺度来计量投资对象的风险。财务管理主要研究企业单项资产的风险。一个股东可以投资于一个企业,也可以投资于多个企业。由于投资分散化可以降低风险,作为股东个人所承担的风险,是可以选择的,是主观决定的。在什么时间、投资于什么样的资产,各投资多少,风险是不一样的。

(二) 风险的种类

从外部投资主体的角度考虑,风险分为系统风险和公司特有风险两大类别。

1. 系统风险

系统风险是指那些影响所有公司的因素引起的风险。例如,战争、经济衰退、通货膨胀、高利率等发生意外的、非预期的变动,对许多资产都会有影响。例如,各种股票处于同一经济系统之中,它们的价格变动有趋同性,多数股票的报酬率在一定程度上正相关:经济繁荣时多数股票的价格都上涨,经济衰退时多数股票的价格下跌,尽管涨跌的幅度各股票有区别,但是多数股票的变动方向是一致的。所以,不管投资多样化有多充分,也不可能消除全部风险,即使购买的是全部股票的市场组合。由于系统风险是影响整个资本市场的风险,所以也称"市场风险",又由于系统风险没有有效的方法消除,所以也称"不可分散风险"。系统风险具体可分为利率风险、再投资风险和购买力风险。利率风险是由于市场利率上升而使资产价格普遍下跌的可能性;再投资风险是由于市场利率下降而造成的无法通过投资实现预期收益的可能性;购买力风险是由于通货膨胀使货币购买力下降而造成的真实报酬下降的可能性。

2. 公司特有风险

公司特有风险是指发生于个别公司的特有事件造成的风险。例如,一家公司的工人罢工、新产品开发失败、失去重要的销售合同、诉讼失败,或者宣告发现新矿藏、取得一个重要合同等。这类事件是非预期的、随机发生的,它只影响一个或少数公司,不会对整个市场产生太大影响。这种风险可以通过多样化投资来分散,即发生于一家公司的不利事件可以被其他公司的有利事件所抵消,因此也称"非系统风险"或"可分散风险"。

公司特有风险具体分为经营风险和财务风险,各个公司的经营风险和财务风险的大小都是不同的。

经营风险,即盈利风险,是由于特定公司经营政策导致的资产收益的变动。它主要有:①市场销售。市场要求、市场价格等的不确定,尤其是竞争使供产销不稳定,加大风险。②生产成本。原料的供应和价格、工人和机器的生产率、工作的工资和资金都是不肯定因素,因而产生成本上升利润下降的风险。③生产技术。设备事故、产品发生质量问题、新技术的出现引起资产贬值等产生风险。④其他因素。如外部商品市场的竞争因素,如经济不景气、通货膨胀的特定影响、有协作关系的企业没有履行合同等产生的风险。

财务风险是由于特定公司财务政策导致的净资产收益的变动,即筹资风险。举债将加大企业的财务风险,例如,A公司现有权益资本20亿元,当公司经营年景好时盈利3亿元,权益资本报酬率达到15%;公司经营年景差时将亏损2亿元,权益资本投酬率变为负10%。假定公司估计明年经营年景好,资本报酬率能够保持15%的水平,现准备再借入债务资本20亿元(利息率10%),预期盈利6亿元(15%×40亿元),付息后剩余盈利4亿元,权益资本报酬率将上升为20%,提高了股东的权益资本报酬率。但是,如果借款后碰上的是坏年景,企业付息前将亏损4亿元(-10%×40亿元),付息2亿元后损失6亿元,股东的权益资本报酬率将会是-30%,这就是负债经营的风险所在。举债加大了企业财务风险。如果不负债,企业全部使用股东的资本,那么该企业就没有财务风险,只有经营风险。经营风险肯定会存在的,因为获得盈利是不确定性的。

二、风险的衡量

风险的衡量,需要使用概率和统计方法。

1. 概率

在经济活动中,某一事件在相同的条件下可能发生也可能不发生,这类事件称为随机事件。概率就是用来表示随机事件发生可能性大小的数值。通常,把必然发生的事件的概率定为1,把不可能发生的事件的概率定为0。一般随机事件的概率是介于0与1之间的一个数,概率越大就表示该事件发生的可能性越大。

例2-17 M公司有两个投资机会。A投资机会是一个高科技项目,该领域竞争很激烈,如果经济发展迅速并且该项目搞得好,取得较大市场占有率,利润会很大。否则,利润很小甚至亏本。B项目是一个老产品并且是必需品,销售前景可以准确预测出来。假设未来的经济情况只有繁荣、正常、衰退三种,有关的概率分布和预期报酬率见表2-1:

表2-1 公司未来经济情况表

经济情况	发生概率	A项目预期报酬	B项目预期报酬
繁荣	0.3	90%	20%
正常	0.4	15%	15%
衰退	0.3	−60%	10%
合计	1.0		

在这里,概率表示每一种经济情况出现的可能性,也就是各种不同预期报酬率出现的可能性。例如,未来经济情况出现繁荣的可能性有0.3。假如这种情况真的出现,A项目可获得高达90%的报酬率,这也就是说,采纳A项目获利90%的可能性是0.3,当然,报酬率作为一种随机变量,受多种因素的影响。我们这里为了简化,假设其他因素都相同,只有经济情况一个因素影响报酬率。

2. 离散型分布和连续型分布

如果随机变量(如报酬率)只取有限个值,并且对应于这些值有确定的概率,则称随机变量是离散型分布。前面所举例子就属于离散型分布,它有三个值,见图2-10。

实际上,出现的经济情况远不只三种,有无数可能的情况会出现。如果对每种情况都赋予一个概率,并分别测定其报酬率,则可用连续型分布描述,见图2-11。

从图2-11可以看到,我们给出例子的报酬率呈正态分布,其主要特征是曲线为对称的钟形。并非所有问题都是正态分布,但按照统计学的理论,不论总体分布是正态分布还是非正态分布,当样本很大时,其样本平均数都呈正态分布。一般说来,如果被研究的变量受独立的大量偶然因素的影响,并且每个因素在总影响中占很小部分,那么这个总影响所引起的数量的变化就近似服从正态分布。所以,正态分布在统计上被广泛使用。

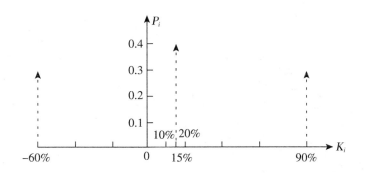

图 2-10   A 项目概率分布

3. 预期值

随机变量的各个取值,以相应的概率为权数的加权平均数,叫作随机变量的预期值(数学期望或均值)。它反映随机变量的平均化。

$$报酬率的预期值（\bar{k}） = \sum_{i=1}^{N} (p_i \cdot k_i)$$

式中:P_i 为第 i 种结果出现的概率;K_i 为第 i 种结果出现后的预期报酬率;N 为所有可能结果的数目。

据此计算:

预算报酬率($\bar{k}_A$) = 0.3 × 90% + 0.4 × 15% + 0.3 × (−60%) = 15%

预期报酬率($\bar{k}_B$) = 0.3 × 20% + 0.4 × 15% + 0.3 × 10% = 15%

两者的预期报酬率相同,但其概率分布不同(见图 2-11)。A 项目的报酬率的分散程度大,变动范围在−60%~90%之间;B 项目的报酬谢率的分散程度小,变动范围在 10%~20%之间,这说明两个项目的报酬率相同,但风险不同。为了定量地衡量风险大小,还要使用统计学中衡量概率分布离散程度的指标。

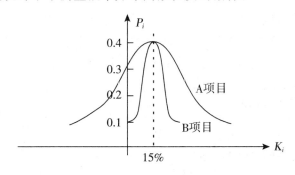

图 2-11   连续型分布

4. 离散程度

表示随机变量离散程度的量度包括平均差、方差、标准差和全距等,最常用的是方差和标准差。

方差是用来表示随机变量与期望值之间离散程度的一个量，它是离差平方的平均数。

$$总体方差\ \sigma^2 = \frac{\sum\limits_{i=1}^{n}(k_i - \bar{k})^2}{n}$$

$$样本方差\ \sigma^2 = \frac{\sum\limits_{i=1}^{n}(k_i - \bar{k})^2}{n-1}$$

标准差是方差的平方根：

$$总体标准差\ \sigma = \sqrt{\frac{\sum\limits_{i=1}^{n}(k_i - \bar{k})^2}{n}}$$

$$样本标准差\ \sigma = \sqrt{\frac{\sum\limits_{i=1}^{n}(k_i - \bar{k})^2}{n-1}}$$

总体是指我们准备加以测量的一个满足指定条件的元素或个体的集合，也称母体。在实际工作中，为了了解研究对象的某些数学特性，往往只能从总体抽样，所抽得部分称为样本。通过对样本的测量，可以推测整体的特征。

在已经知道每个变量值出现概率的情况下，标准差可以按下式计算：

$$标准差\ \sigma = \sqrt{\sum\limits_{t=1}^{n}(k_i - k)^2 \cdot p_i}$$

A 项目的标准差是58.09%，B 项目标准是3.87%，它们定量地说明 A 项目风险比 B 项目大。

标准差是一个绝对数，受变量值的影响。如果概率分布相同，变量越大，标准差也越大。因此标准差不便于不同规模投资项目的比较。为了解决这个问题，引入了变化系数的概念。变化系数是标准差与预期值的比，即单位预期值所承担的标准差，也叫标准离差率、变异系数或标准差系数。

变化系数=标准差/预期值

$$Q = \sigma / \bar{k}$$

三、证券投资组合的风险与报酬

主流的证券投资理论主要包括投资组合理论、资本资产定价模型和套利定价理论等。这些理论都以完美市场假设为前提，完美市场假设包括：①所有投资均追求单期财富的期望效用最大化，并以各备选组合的期望和标准差为基础进行综合选择；②所有投资者均可以无风险利率无限制地借入或贷出资金；③所有投资者拥有同样预期，即对所有资产收益的均值、方差和协方差等,投资者有完全相同的主观估计;④所有的资产均可以完全细分,拥有充分的流动性且没有交易成本;⑤没有税金;⑥所有的资产均为价格接受者,即任何一个投资者的买卖行为都不会对股票价格产生影响;⑦所有投资者的数量是给定的和固定不变的。

(一)两种证券的投资组合

有两种风险性证券 A 与 B,投资者将 W_A 比重的资金投向于 A 证券,剩余 W_B 比重的资金投向于 B 证券。我们用 R 代表证券可能的投资报酬率,$E(R)$ 代表报酬率的期望值,σ 代表证券的标准离差,下标 A、B 代表不同的证券,下标 P 表示证券组合,P_i 代表各种情况下的概率。则有:

组合的期望报酬率 $E(R_P) = W_A E(R_A) + W_B E(R_B)$ 　　　　　　(2.1)

组合的方差 $\sigma_P{}^2 = E\{[R_P - E(R_P)]^2\}$

$$= (W_A \sigma_A)^2 + (W_B \sigma_B)^2 + 2W_A W_B \sigma_{AB}$$

$$= (W_A \sigma_A)^2 + (W_B \upsilon_B)^2 + 2W_A W_B \upsilon_A \sigma_B \rho_{AB} \qquad (2.2)$$

其中:　　　$\sigma_{AB} = \sum_{i=1}^{n} [R_A - E(R_A)] \times [R_B - E(R_B)] \times P_i$

$$\rho_{AB} = \frac{\sigma_{AB}}{\sigma_A \sigma_B}$$

式中,σ_{AB} 称为两种证券的收益 R_A 与 R_B 之间的协方差,ρ_{AB} 是两种证券收益变动的相关系数。若 $\rho_{AB} = 0$,表示两种证券的收益完全不相关,一种证券收益的变动不会引起另一种证券收益的相连变化;若 $\rho_{AB} = 1$,表示两种证券的收益完全正相关,一种证券收益的变动会引起另一种证券收益的同向同量变化;若 $\rho_{AB} = -1$,表示两种证券的收益完全负相关,一种证券收益的变动会引起另一种证券收益的反向同量变化。

式(2.1)和式(2.2)表明,投资组合的报酬率(收益)是构成组合各证券报酬率的加权平均数,但投资组合报酬率的标准差(风险)并不是构成组合各证券标准差的加权平均数。假定两证券的投资风险相等,标准差均为 σ,则式(2.2)可整理为:

$$\sigma_P{}^2 = \sigma^2 (W_A{}^2 + w_B{}^2 + 2W_A W_B \rho_{AB})$$

$$= \sigma^2 [(W_A + W_B)^2 + 2W_A W_B (\rho_{AB} - 1)]$$

$$= \sigma^2 [1 + 2W_A W_B (\rho_{AB} - 1)]$$

从上式可知,只要 $\rho_{AB} \leqslant 1$,就有 $\sigma_P{}^2 \leqslant \sigma^2$,这表明证券投资组合能降低投资风险。随机地将任何收益非完全正相关的证券组合在一起,都能分散投资风险。将式(2.2)中的 ρ_{AB} 分别取 1、0 和 -1 三个数值,式(2.2)转化为:

$$\sigma_P{}^2 = (W_A \sigma_A + W_B \sigma B)^2$$

$$\sigma_P{}^2 = (W_A \sigma_A)^2 + (W_B \sigma_B)^2$$

$$\sigma_P{}^2 = (W_A \sigma_A - W_B \sigma_B)^2$$

可见,当相关系数 ρ 从 +1 到 -1 变化时,证券组合的风险逐渐降低。$\rho = 1$ 时,σ_P 最大,证券组合的风险是各证券风险的加权平均数;$\rho = -1$ 时,σ_P 最小,但要使证券组合的风险降低为零,还需要恰当调整投资比例 W。

（二）多种证券的投资组合

当投资组合由 n 种证券构成时,与两种证券构成的投资组合一样,其收益与风险的关系也由各证券之间的相关性来决定。假设组合中各证券的报酬率为 R_i,投向 i 证券的资本比重为 W_i,则:

组合的期望报酬率 $E(R_P) = E\left[\sum\limits_{i=1}^{n} W_i R_i\right] = \sum\limits_{i=1}^{n} W_i E(R_i)$

组合的方差 $\sigma_P^2 = E\{[R_P - E(R_P)]^2\}$

$$= E\left\{\left[\sum\limits_{i=1}^{n} W_i(R_i - E(R_i))\right]^2\right\}$$

$$= \sum\limits_{i=1}^{n} W_i E[R_i - E(R_i)]^2 + \sum\limits_{i=1}^{n}\sum\limits_{\substack{j=1 \\ i \neq j}}^{n} W_i W_j E[R_i - E(R_i)][R_j - E(R_j)]$$

$$= \sum\limits_{i=1}^{n} (W_i \sigma_i)^2 + W_i W_j \sigma_{ij}$$

$$= \sum\limits_{i=1}^{n}\sum\limits_{j=1}^{n} W_i W_j \sigma_{ij} \qquad (2.3)$$

若定义 $W = (W_1, W_2, \cdots, W_n)'$, $R = (E(R_1), E(R_2), \cdots, E(R_n))'$,并把各证券报酬率之间的协方差矩阵记为:

$$\sigma_W = \begin{bmatrix} \sigma_{11} & \sigma_{12} & \cdots & \sigma_{1n} \\ \sigma_{21} & \sigma_{22} & \cdots & \sigma_{2n} \\ \cdots & \cdots & \cdots & \cdots \\ \sigma_{n1} & \sigma_{n2} & \cdots & \sigma_{nn} \end{bmatrix}$$

则投资组合 P 的期望报酬率和方差可表示为:

$$E(R_P) = W' \cdot R \qquad (2.4)$$

$$\sigma_P^2 = W' \cdot \sigma_W \cdot W \qquad (2.5)$$

设有 A、B 和 C 三种证券,期望报酬率分别为:$E(R_A) = 6\%$,$E(R_B) = 10\%$,$E(R_C) = 18\%$。各证券之间的协方差矩阵为:

$$\sigma_W = \begin{bmatrix} 0.25 & 0.15 & 0.17 \\ 0.15 & 0.21 & 0.09 \\ 0.17 & 0.90 & 0.28 \end{bmatrix}$$

如果以这三种证券组成证券投资组合 P,并且组合 P 中各证券的比重分别为:$W_1 = 0.3$,$W_2 = 0.4$,$W_3 = 0.3$。根据式(2.4)和式(2.5),有:

组合的期望报酬率 $E(R_P) = W' \cdot R = 11.2\%$

组合的方差 $\sigma_P^2 = W' \cdot \sigma_W \cdot W = (0.516)^2$

根据式(2.3)的表达,证券组合的风险 σ_P 取决于三类因素:第一,组合中各类证券所占的比重 W_i;第二,各种证券本身的风险 σ_i;第三,各种证券收益之间的相关性 ρ。

四、有效投资组合

美国金融财务学家马科维茨（H. M. Markowitz）提出：证券投资组合在降低风险的同时，收益也可能被降低，因此，投资者总是在寻找有效的投资组合（efficient set）。所谓有效组合，是指按既定收益率下风险最小化或既定风险下收益最大化的原则所建立起来的证券组合。

在图 2-12 中，曲线 $AMCB$ 上所有的点表示：当相关系数在 -1 和 +1 之间时，A、B 两种证券所有可能的不同比重组合；点 A 表示所有资金全部投在 A 证券上，点 B 表示所有资金全部投在 B 证券上。显然，投资者不会选择 CB 曲线段上的投资组合，因为在这一段的任意一点，总能找到一个风险水平相同而预期报酬更高的其他投资组合。如 D 点与 B 点的风险相同，但预期报酬更高。因此，AMC 曲线段是有效投资组合。

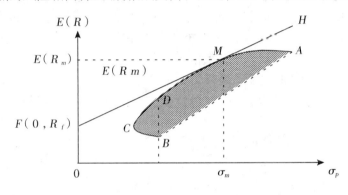

图 2-12　资本市场线

$AMCB$ 曲线所包含的面积都是可能的投资组合，但有效组合只落在 AMC 曲线段上。AMC 曲线段是将所有有效组合的预期报酬和风险的坐标连接而成的轨迹，称为有效边界（Efficient Frontier）。

在直线 FH 上，如果把所有的资金都投向于无风险资产 F，将得到报酬率 R_f；把所有的资金投向于风险资产形成的组合 M，将得到报酬率 $E(Rm)$。MF 段表示风险资产与无风险资产的组合，在风险相同的情况下，MF 段的报酬高于 MC 段，即 MF 段风险资产与无风险资产的组合优于 MC 段风险资产之间的组合。

风险资产与无风险资产的组合（直线 FH 上的点），优于有效边界上风险资产之间的组合，有效边界与直线 FH 的切点 M 是最优的风险资产组合，称为市场组合（market portfolio）。除此之外，投资者将在风险资产与无风险资产之间进行投资组合，即有效投资组合为直线 FH 上的任意一点。

连接无风险资产 F 和市场组合 M 的直线，称为资本市场线（Capital Market Line，CML），资本市场线的函数表达式为：

$$E(R_P) = R_f + \frac{E(R_m) - R_f}{\sigma_m} \times \sigma_p \tag{2.6}$$

资本市场线表明有效投资组合的期望报酬率由两部分组成：一部分是无风险报酬率 R_f；另一部分是风险报酬率，它是投资者承担的投资组合风险 σ_p 所得到的补偿。$E(R_m)-R_f$ 是资本市场提供给投资者的风险报酬，斜率 $[E(R_m)-R_f]/\sigma_m$ 则是单位风险的报酬率或称为风险的市场价格。任何投资者，不管其效用无差异曲线的形态如何，在风险与收益的决策时都会考虑风险市场价格。

五、资本资产定价模型

证券组合投资能够分散非系统性风险，而且，如果组合是充分有效的，非系统性风险能完全被消除。证券组合关心的是系统性风险，在证券市场均衡而无套利行为时，一种证券应当能提供与系统性风险相对称的期望收益率，市场的系统性风险越大，投资者从该证券获得的期望收益率也应当越高。美国金融财务学家夏普（W. F. Sharpe）在 1964 年提出的风险资产价格决定理论，即资本资产定价模型（Capital Asset Pricing Model，CAPM），有效地描述了在市场均衡状态下单个证券的风险与期望报酬率的关系，进而为确定证券的价值提供了计量前提。

在图 2-12 中，AMC 曲线段是风险资产组合的有效边界，某证券 i 与市场组合 M 在点 M 处的切线斜率为 $[E(R_i)-E(R_m)]\times\sigma_m/(\sigma_{im}-\sigma_m^2)$，它应当与资本市场线的斜率相等，即有：

$$\frac{E(R_m)-R_f}{\sigma_m}=\frac{[E(R_i)-E(R_m)]\times\sigma_m}{\sigma_{im}-\sigma_m^2}$$

整理，得：$E(R_i)=R_f+[E(R_m)-R_f]\times\beta_i$ （2.7）

其中：$\beta_i=\dfrac{\sigma_{im}}{\sigma_m^2}$

式（2.7）即为资本资产定价模型，β_i 代表了证券 i 的风险对市场组合风险的贡献度，即该证券与市场组合之间的协方差。如果图 2-12 中以 β 值作为横轴，FH 直线也称为证券市场线（Security Market Line，SML）。由于市场组合的方差 σ_m^2 对所有证券来说都是相同的，因此，协方差 σ_{im} 较大的证券其风险也高，协方差 σ_{im} 较小的证券其风险也低。

资本资产定价模型描述了证券资产风险与报酬的均衡关系，其核心是 β 系数。β 系数是单个证券报酬率与证券市场平均报酬率之间的协方差相对于证券市场平均报酬率的方差的比值，反映个别证券报酬率相对于证券市场所有证券的报酬率变化幅度，用以衡量个别证券的市场风险而不是全部风险。如果某证券的 β 系数等于 1，表明该证券与整个证券市场具有同样的系统风险；如果 β 系数大于或小于 1，表明系统性风险对该证券的影响大于或小于市场平均水平。

系统性风险不能通过投资于更多的证券而分散掉，但可以通过投资组合来降低或提高组合资产的 β 值，从而降低或扩大了投资组合的市场风险。投资组合的 β 值 β_P 是组合中各证券 β 值的加权平均数，当然，组合资产 β_P 降低的同时，投资组合的收益率也在降低。

资本资产定价模型用途广泛，如资本结构优化决策中权益资本成本率的确定，证券投资决策中证券市场价值的确定。在前述的由 A、B、C 三种证券组成的投资组合 P 中,已经计算出 $\sigma_P(\sigma_m)$ 为 0.516,另外,各证券与市场组合的协方差(σ_{im})为:

$$\sigma_{AP} = \sum_{j=1}^{3} W_j \sigma_{1j}$$

$$= 0.3 \times 0.25 + 0.4 \times 0.15 + 0.3 \times 0.17$$

$$= 0.186$$

同理:$\sigma_{BP} = 0.156$,

$\sigma_{CP} = 0.495$

有:$\beta_A = \dfrac{\sigma_{AP}}{\sigma_P^2} = \dfrac{0.186}{(0.516)^2} = 0.6985$

$\beta_B = \dfrac{\sigma_{RP}}{\sigma_P^2} = \dfrac{0.156}{(0.516)^2} = 0.5859$

$\beta_C = \dfrac{\sigma_{CP}}{\sigma_P^2} - \dfrac{0.495}{(0.516)^2} = 1.8591$

假定无风险报酬率为 4%,则证券市场线 SML 的关系式为:

$$E(R_i) = R_f + [E(Rm) - R_f] \times \beta_i$$

$$= 4\% + (11.2\% - 4\%) \times \beta_i$$

$$= 4\% + 7.4\% \times \beta_i$$

将各证券的 β 值代入上式,得:

$$E(R_A) = 4\% + 7.4\% \times 0.6985 = 9.17\%$$

$$E(R_B) = 4\% + 7.4\% \times 0.5859 = 8.34\%$$

$$E(R_C) = 4\% + 7.4\% \times 1.8591 - 17.76\%$$

只要确定了各证券的期望报酬率,就可以评估该证券的内在价值。例如,如果本例中 A 证券为股利以 5% 的速度递增的固定成长股票,今年股利为每股 1.0 元,则:

$$A\ 股票价值 = \frac{1.0 \times (1 + 5\%)}{9.17\% - 5\%} = 25.18(元)$$

第四节　债券估价

一、债券概述

(一)债券的概念

债券是依照法定程序发行的约定在一定期限内还本付息的有价证券。债券反映发行者与持有者之间的债权债务关系。债券一般应包含以下几个基本要素:

1. 债券面值

债券面值指设定的票面金额,它代表发行人借入并且承诺于未来某一特定时日偿付债券持有人的金额。债券面值包括两方面的内容：

（1）票面币种。即以何种货币作为债券的计量单位。一般而言，在国内发行的债券，发行的对象是国内有关经济主体，则选择本国货币；若在国外发行，则选择发行地国家或地区的货币或国际通用货币（如美元）作为债券的币种。

（2）债券的票面金额。票面金额对债券的发行成本、发行数量和持有者的分布具有影响。票面金额小，有利小额投资者购买，从而便于债券发行，但发行费用可能增加；票面金额大，会降低发行成本，但可能减少发行量。

2. 债券票面利率

债券票面利率指债券发行者预计一年内向持有者支付的利息占票面金额的比率。票面利率不同于实际利率。实际利率是指按复利计算的一年期的利率，债券的计息和付息方式有多种，可能使用单利或复利计算，利息支付可能半年一次、一年一次或到期一次还本付息，这使得票面利率可能与实际利率发生差异。

3. 债券的到期日

债券的到期日指偿还债券本金的日期，债券一般都要规定到期日。

另外，债券作为一种票据或凭证，通常在票面上要求注明发行主体名称、发行时间、债券类别以及批准单位和批准文号等。

（二）债券的特征

1. 偿还性

偿还性即一经规定债券的偿还期限，债务人必须如期向债权人支付利息，到期偿还本金。在企业清算时债券的持有人比股票的持有人具有优先求偿权。

2. 收益性

收益性表现在两个方面：一是投资者根据票面利率取得的一般高于同期银行利率水平的利息收入；二是在证券市场上通过高抛低吸获得的价差收益。

3. 流动性

流动性，即变现能力，指债券在到期日前能在市场上转变为货币，以满足投资者对货币的需求，或到银行等金融机构进行抵押，以取得相应数额的抵押贷款。

4. 安全性

债券与其他有价证券相比投资风险小，主要原因在于：债券本息的偿还和支付有法律保障，有相应的单位作担保，法律对发行人条件有严格规定，且发行量也有严格限制。

债券的收益性、流动性和安全性之间具有互斥关系，一般情况下很难兼顾。安全性高，流动性强的债券，收益率低；反之，安全性差，流动性低的债券，收益率高。投资者应根据自己的投资目的、财务状况和对市场的分析预测，选择合适的债券品种形成最佳的投资组合。

（三）债券的种类

债券的历史源远流长，12世纪末威尼斯最早开始发行债券，到现代市场经济环境

下,债券市场更加发达,品种越来越丰富。作为投资对象,债券主要有以下几种类别:

1. 按发行主体分为政府债券、金融债券和公司债券

政府债券是指政府作为发行人的债券,通常由财政部发行,政府担保,也称公债、国债。我国债券市场上国债占有绝对比重。从 1981 年起,我国开始发行国库券,以后又陆续发行国家重点建设债券、财政债券、特种国债和保值公债等。政府债券发行的目的主要用于弥补国家财政赤字,建设大型工程项目,归还旧债本息等。在各类债券中,政府债券违约风险最小,且利息收入可免交所得税。

金融债券指经中央银行或其他政府金融管理部门批准,由银行或其他金融机构发行的债务凭证,金融债券利率略高于同期的定期存款利率。我国银行为筹集某种专门用途的资金,曾发行金融债券,如中国建设银行发行为国家重点建设筹集资金的金融债券,中国农业银行发行为乡镇企业提供特种贷款而筹借资金的金融债券。

公司债券是企业为发展业务或补充资本,经股东大会或董事会审议决定,向社会募集的债券。具有发行债券主体资格的企业一般是公司制企业,因此企业债券又称公司债券。

2. 按有无抵押担保分为信用债券、抵押债券和担保债券

信用债券指仅凭发行者的信用发行的没有抵押品担保或没有担保人的债券。信用债券一般包括政府债券和金融债券,少数资信好、资本雄厚的公司也发行信用债券,发行信用债券通常有反抵押条款,即禁止企业将其财产抵押给其他债权人。抵押债券指以发行者的不动产或有价证券作为抵押品而发行的债券。抵押品必须是企业完全有权自主处理的自有财产,债券到期不能还本付息时,债权人有权依法处理抵押物品,一般情况下担保抵押品的现行价值要高于债券发行总额。担保债券指由保证人担保偿还本息的债券,担保人对债券发行人发行的债券承担无限连带责任。《中华人民共和国担保法》(下称《担保法》)及自 2000 年 12 月 13 日起施行的《最高人民法院关于适用〈中华人民共和国担保法〉若干问题的解释》规定,保证人首先必须是符合《担保法》的企业法人,此外,还应当符合以下要求:①净资产不低于被保证人拟发行债券的本息;②近三年连续盈利,具有较好的业绩前景;③不涉及改组、解散等事宜或重大诉讼案件;④中国人民银行规定的其他条件。

3. 按债券利率的性质分为固定利率债券、浮动利率债券和贴息债券

固定利率债券具有固定的票面利率。这种债券是传统债券,在市场利率比较稳定时比较流行,但在市场利率急剧变化时风险大。浮动利率债券是根据市场利率定期调整的中长期债券。其利率按标准利率(同业拆借利率或银行优惠利率)加一定利差确定,或按固定利率加保值补贴率确定,可以降低投资者的利率风险。为防止市场利率降得过低时影响投资者的收益,这种债券一般规定有最低的利率。贴息债券,又称贴现债券,是将利息用贴现的方式先扣除,以低于面额的价格上市发行,偿还时以等额面值支付的债券。发行价格与面额之间的差额就是购买者的利息。

4. 按债券的产权特征分为普通债券、收益股份化债券、附认股权公司债券和可转换公司债券

普通债券即通常所指的约定时间支付利息,到期偿付本金的债券。债券持有者除如期取得利息、到期收回本金外,不再具有其他经济权利。普通债券的产权特征是典型的债权债务凭证。收益股份化债券,是一种根据公司收益状况支付利息的债券。债权人对公司除了没有表决权和剩余财产分配权外,在公司利润分配上与股票有同等权利。附认股权公司债券,指债权人除如期收取利息、到期收回本金外,还可享受按一定价格认购公司股票的权利。可转换公司债券,指在一定时期内,可以按规定的价格或一定比例,由持有人自由选择转换为普通股的债券。可转换公司债券是一种混合证券,兼具有普通债券和普通股票的产权属性。

5. 按债券是否记名分为记名债券和无记名债券

记名债券指在券面上注明债权人姓名或名称,同时在发行公司债权人名册上进行登记的债券。转让记名债券时,除要支付债券外,还要在债券上背书和在公司债权人名册上更换债权人姓名或名称,投资者凭印鉴领取本息。记名债券比较安全,但转让时手续较复杂。无记名债券指债券票面未注明债权人姓名或名称,也不用在债权人名册上登记的债券。无记名债券在转让同时随即生效,无须背书,因而比较方便。

另外,债券还可按期限长短分为短期债券、中期债券和长期债券;按是否上市流通分为上市债券和非上市债券;按已发行时间分为新上市债券和已流通在外的债券;按发行方式分为公募债券和私募债券;按币种分为本币债券和外币债券。

二、债券的价值和投资收益率

(一)债券价值

债券作为一种金融资产,其价值在于能带来未来现金流入量,包括如期收取的利息和到期收回的本金。债券的价值就是持有债券未来现金流量的现值,也称债券内在价值或理论价格。只有债券价值大于其购买价格,该债券才有投资价值。影响债券价值的因素主要有债券的票面利率、期限和折现率等因素。

对于固定利率,每年计算并支付利息,到期还本的普通债券,其价值模型为:

$$V_B = \sum_{t=0}^{n} \frac{NCF_t}{(1+R)^t} = \sum_{t=1}^{n} \frac{I_t}{(1+R)^t} + \frac{B}{(1+R)^n}$$

式中:V_B 为债券价值;NCF_t 为持有债券第 t 年的现金净流入量;R 为折现率(通常以市场利率或投资者要求的最低报酬率表示);I_t 为第 t 年的利息;B 为债券面值;n 为债券到期前的年数。

例 2-18 某公司拟购入 201×年 2 月 1 日发行的面额 10 000 元,票面利率 8%的 5 年期债券一张,该债券每年计算并付息一次,到期还本,若市场利率为 8%,则其价值为:

$$V_B = \frac{800}{1+8\%} + \frac{800}{(1+8\%)^2} + \frac{800}{(1+8\%)^3} + \frac{800}{(1+8\%)^4} + \frac{800}{(1+8\%)^5} + \frac{10\,000}{(1+8\%)^5}$$

$$= 800 \times (P/A, 8\%, 5) + 10\ 000 \times (P/S, 8\%, 5)$$

$$= 800 \times 3.993 + 10\ 000 \times 0.681$$

$$= 10\ 000(元)$$

若市场利率为 10%,则该债券的价值为

$$V_B = 800 \times (P/A, 10\%, 5) + 10\ 000 \times (P/S, 10\%, 5) = 9\ 240(元)$$

若市场利率为 6%,则该债券的价值为:

$$V_B = 800 \times (P/A, 6\%, 5) + 10\ 000 \times (P/S, 6\%, 5) = 10\ 840(元)$$

在债券发行后,其面值、期限、票面利率如果保持不变,市场利率就成为影响债券价值的主要因素。市场利率上升会导致债券价值下降,市场利率下降会导致债券价值上升。当市场利率等于票面利率时债券价值等于面值,当市场利率小于票面利率时债券价值高于债券面值,当市场利率大于票面利率时债券价值低于债券面值。另外,债券价值对市场利率的敏感性还受持有时间的影响,通常长期债券对市场的敏感性会大于短期债券。

(二)债券投资收益率

债券投资收益包括两部分:一是转让债券的价差收益,又称资本所得;一是利息收益。债券投资收益通常以收益率相对指标来衡量,包括现期收益率和到期收益率。

1. 现期收益率

现期收益率指对当前市场价格而言持有债券一年所能获得的债息收益,计算公式为:

$$R = \frac{I}{P} \times 100\%$$

式中 P 表示债券的当前市场价格。

例 2-19 面值 10 000 元,票面利率 8% 的 5 年期普通债券,若当前市场价格为 9 000元,则该债券的现期收益率为:

$$\frac{10\ 000 \times 8\%}{9\ 000} \times 100\% = 8.89\%$$

2. 到期收益率

到期收益率指购进债券后,一直持有该债券至到期口可获取的收益率。这个收益率是指考虑时间价值计算的收益率。它是能使持有债券未来现金流入现值等于债券买入价格的折现率。其计算公式为:

$$P = \sum_{t=1}^{n} \frac{I_t}{(1+R)^t} + \frac{B}{(1+R)^n}$$

或 $NPV = \sum_{t=1}^{n} \frac{I_t}{(1+R)^t} + \frac{B}{(1+R)^n} - P = 0$

例 2-20 某公司 20×9 年 1 月 1 日平价购入票面利率 8%,面额 10 000 元的 5 年期普通债券,若持有该债券至到期日,计算其到期收益率。

$$NPV = 10\ 000 \times 8\% \times (P/A,R,5) + 10\ 000 \times (P/S,R,5) - 10\ 000 = 0$$

用求解内含报酬率的方法求解该方程:

当 $R = 8\%$ 时,$NPV = 0$

以 11 000 元溢价购入该债券,则:

$$NPV = 10\ 000 \times 8\% \times (P/A,R,5) + 10\ 000 \times (P/A,R,S) - 11\ 000 = 0$$

当 $R = 6\%$ 时,$NPV = -160(元)$

当 $R = 4\%$ 时,$NPV = 1\ 780(元)$

用插值法计算 $\dfrac{1\ 780}{1\ 780 + 160} = \dfrac{R - 4\%}{6\% - 4\%}$ 解之约 $R = 5.5\%$

如果以 9 240 元折价购入该债券,则:

$$NPV = 1\ 000 \times 8\% \times (P/A,R,5) + 10\ 000 \times (P/S,R,5) - 9\ 240 = 0$$

解得 $R = 10\%$

可见:平价购入的普通债券其到期收益率等于票面利率;溢价购入的普通债券其到期收益率小于票面利率;折价购入的普通债券其到期收益率大于票面利率。

该法计算复杂,可用简便算法近似估算,其公式为:

$$R = \frac{I + (B - P)/N}{(B + P)/2} \times 100\%$$

上式中,N 表示年数,分母是平均资金占用,分子是平均收益,将数据代入:

$$R = \frac{800 + (10\ 000 - 11\ 000)/5}{(10\ 000 + 11\ 000)/2} \times 100\% = 5.5\%$$

第五节　股票估价

一、股票概述

(一)股票的概念及其特点

股票是股份公司为融通权益资本而发行的有价证券,是公司签发的证明股东所持股份的凭证。股票作为一种所有权凭证,代表着股东对发行公司净资产的所有权。股票具有以下特点:

1. 永久性

永久性是指发行股票所筹集的资金属于权益资本,没有期限,不需归还。股东在购买股票之后,一般情况下,不能要求发行公司退还股本。

2. 流通性

股票作为一种有价证券,在资本市场上可以自由转让、买卖和流通,也可以继承、赠送或作为抵押品。股票特别是上市公司发行的股票具有很强的变现能力,流动性很强。

3. 风险性

股东购买股票存在着一定的风险。由于股票的永久性,股东成为企业风险的主要承担者,表现形式为:股票价格的波动性、股利的不确定性、破产清算时股东处于剩余财产分配的最后顺序等。

4. 参与性

股东作为股份公司的所有者,拥有经营者选择权、重大决策权、财务监控权、获取收益权等权利,也有承担有限责任、遵守公司章程等义务。

(二)股票的种类

1. 按股东权利和义务的不同,可分为普通股和优先股

普通股是一种最常见、最重要、最基本的标准型股票。普通股股票是股份制企业发行的代表着股东享有平等的权利、义务,不加特别限制,股利不固定的股票。通常情况下,股份制企业只发行普通股。普通股股东个人行使的基本权利有:经营收益的分配请求权、优先认股权、投票表决权、股票转让权、检查公司账册权、公司解散清算时剩余财产获取权、阻止管理人员越权行为。普通股股东整体行使的权利有:制定和修改公司章程、选举公司董事、制定和修改公司的规章制度、任免公司重要人员、授权出售固定资产、批准并购行为、批准公司的资本结构变动、决定发行优先股和债券等。普通股股东的义务是遵守公司章程、缴纳所认购的股本、以所缴纳的股本为限承担有限责任等。

优先股,也称特别股,是股份制企业发行的优先于普通股股东分配经营收益和破产时剩余财产的股票。对优先股股东来说,其收益相对稳定而风险较小。

2. 按股票票面是否记名,可分为记名股票与无记名股票

记名股票是在股票票面上载有股东姓名或名称,并将其记入公司股东名册的一种股票。记名股票要同时附有股权手册,只有同时具备股票和股权手册,才能领取股息和红利。记名股票的转让、继承都要办理过户手续。

无记名股票是在股票票面上不记载股东的姓名或名称的股票。股东的姓名或名称不记入公司的股东名册,公司只记载股票数量、编号及发行日期。凡持有无记名股票,都可成为公司股东。无记名股票的转让、继承无需办理过户手续,只要将股票交给受让人,就可发生转让效力,移交股权。

公司向发行人、国家授权投资的机构和法人发行的股票,应当为记名股票。对社会公众发行的股票,可以为记名股票,也可以为无记名股票。

3. 按股票是否标明票面金额,可分为有面额股票和无面额股票

有面额股票是公司发行的票面记载有金额的股票。股票面值的主要功能是确定每股股票在公司所占的份额,另外,还表明在有限公司中股东对每股股票所负有限责任的最高限额。股东对公司享有权利和义务的大小,以拥有的全部股票票面金额之和,占公司发行在外股票总票面额的比例大小来定。我国《公司法》规定,股票应当标明票面金额。

无面额股票不标明票面金额,只在股票票面上载明所占公司股本总额的比例或股份数,故也称为"分权股份"或"比例股"。采用无面额股票是因为股票票面额对于股东来说只有象征意义,象征公司股东所承担的有限责任的最高限额,股权比例、股票价值(账面价值、理论价值、清算价值)、股票价格对于股东来说才具有实际意义。账面价值即每股净资产,理论价值是每一股股票预期未来股利收入和售出价格的现值之和。清算价值是指每一股股票在公司破产清算时所代表的实际价值,一般小于其账面价值。为了会计核算的方便,无面额股票通常要根据核定股本与核准发行股票数,确立一个设定价值。

4. 按发行对象和上市地点不同将股票分为 A 种股票、B 种股票、H 种股票、S 种股票、N 种股票、T 种股票等

A 种股票是供我国公众或法人买卖的、以人民币标明面值并以人民币认购和交易的、在上海证交所和深圳证交所上市的普通股票;B 种股票、H 种股票、S 种股票、N 种股票、T 种股票是专供外国和我国港、澳、台地区投资者买卖的,以人民币标明面值但以外币认购和交易的普通股股票。B 种股票在我国上海、深圳两个证交所上市,H 种股票在我国香港联合交易所上市,S 种、N 种、T 种股票分别在新加坡、美国纽约、我国台湾地区上市。

我国目前还按投资主体不同分类将股票分为国家股、法人股、个人股和外商股。这种分类具有中国特色。

二、股票价值

股票价值指持有股票预期获得的现金流量的现值,又称股票的内在价值或理论价格。持有股票未来现金流入来源包括预期股利和未来特定时期内抛售股票的股价收入。预期股利取决于公司净利润和股利政策。在持续经营假设下,正常期间股东得不到清算股利,正常股利才是其股票投资的未来现金流量。因此站在股东立场评价股票价值,通常以未来股利为基础;而站在公司立场,往往以未来盈余为基础。

(一)股票价值基本模型

如果股东永远持有股票,股票投资没有到期日,投资于股票所得的未来现金流量是一个永续的现金流量,这个现金流入的现值就是股票的价值。

$$V_s = \frac{D_1}{(1+R_s)^1} + \frac{D_2}{(1+R_s)^2} + \cdots + \frac{D_n}{(1+R_s)^n} + \cdots$$

$$= \sum_{t=1}^{\infty} \frac{D_t}{(1+R_s)^t}$$

式中:D_t 为第 t 年的预期股利;R_s 为折现率,即投资于股票的必要报酬率;t 为第 t 年。

如果股东不打算永久持有股票,而在某一特定时间出售,则未来现金流入量是几次股利和出售时的股价。则:

$$V_s = \sum_{t=1}^{n} \frac{D_t}{(1+R_s)^t} + \frac{P_n}{(1+R_s)^n}$$

式中：P_n——第 n 期未出售股票的价格。

股票价值基本模型实际应用时面临的主要问题是如何预计未来每年的股利，以及如何合理确定折现率。股利的多少取决于每股盈利和股利支付率两个因素，受公司未来经营效率和财务政策等制约，具有很大的不确定性。股票价值的基本模型要求无限期地预计历年的股利，事实上是不可能的，因此只能把模型建立在一定的假设基础上，如假定未来每年的股利相等或者以固定比率增长等。折现率的确定同样面临困难，折现率应当是投资者所要求的报酬率，可供选择的方法主要有：选用股票历史平均收益率，但这种方法的缺点是过去的情况未必符合将来的发展，过去的信息对未来决策缺乏相关性；参照债券收益率，加上一定的风险报酬率来确定；直接使用市场利率，因为投资者要求的报酬率不应低于市场利率，市场利率是投资股票的机会成本。

（二）零成长股票的价值

假设未来股利不变，其支付过程是一个永续年金，则股票价值为：

$$V_s = D/R_s$$

对于优先股，由于其股利支付不变，其价值可按零成长股票的价值模型计算。

例 2-21　某公司股票每年分配股利 2 元，预期报酬率 10%。则：

$$V_s = 2 \div 10\% = 20(\text{元})$$

该股票每年带来 2 元的收益，在市场利率为 10% 的条件下，相当于 20 元资本的收益，所以其价值是 20 元，但其市场价格不一定是 20 元，要看投资人对风险的态度。

若市价不等于股票价值 20 元，为 15 元，每年固定股利 2 元。

则：$R = 2 \div 15 \times 100\% = 30\%$

说明市价低于股票价值时，投资报酬率高于预期报酬率。

（三）固定成长股票价值

假设未来股利保持固定比率增长，增长率为 g，已经支付的最近一期股利为 D_0，未来支付的第一期股利为 D_1，第 t 期股利为 D_t，

则：$D_1 = D_0(1+g)$

$$D_2 = D_1(1+g) = D_0(1+g)^2$$

$$D_t = D_{t-1}(1+g) = D_0(1+g)^t$$

$$V_s = \sum_{t=1}^{\omega} \frac{D_t}{(1+R_s)^t}$$

$$= \frac{D_0(1+g)}{1+R_s} + \frac{D_0(1+g)^2}{(1+R_s)^2} + \cdots + \frac{D_0(1+g)^t}{(1+R_s)^t} + \cdots$$

$$V_s = \frac{D_0(1+g)}{R_s - g} = \frac{D_1}{R_s - g}$$

例 2-22　投资某公司股票，今年已支付股利每股 2 元，年增长率 10%，投资报酬

率要求不低于 15%,该股票的价值为:

$$V_s = \frac{2 \times (1 + 10\%)}{15\% - 10\%} = 44(元)$$

(四)非固定成长股票价值

股票的股利决定于每股收益和股利支付率,而两者又取决于公司经营效率和财务政策,公司经营效率和财务政策的不确定性很难保证股利稳定成长。实践中公司的股利通常是阶段性变化的,可能在一段时间高速增长,而在另一段时间里正常成长或固定不变,甚至可能在特别时间里负增长,这种情况就要分段计算,才能确定股票的价值。

例 2-23 某投资者投资 A 公司的普通股,要求达到 15%的报酬率,A 公司最近支付每股股利 2 元,预计未来 3 年 A 公司的股利将高速成长,成长率为 20%,此后股利保持稳定,现计算 A 公司股票的价值。

首先,计算高速成长阶段的股利现值,如表 2-2 所示:

表 2-2　　　　　　　　　　　高速成长阶段的股利现值

年份	股利	现值系数(15%)	股利现值
1	2×1.2=2.4	0.870	2.088
2	2.4×1.2=2.88	0.756	2.177
3	2.88×1.2=3.456	0.658	2.274
合计			6.539

其次,计算第三年底的普通股价值:

$$P_3 = \frac{D_3}{R_s} = \frac{3.456}{15\%} = 23(元)$$

计算其现值:$PVP_3 = 23 \times (P/S, 15\%, 3) = 15.1$

最后计算 A 股票的价值为:

$$V_A = 6.539 + 15.1 = 21.64$$

如果上例中,3 年后 A 公司股利保持 12%的稳定成长,则第三年 A 公司股票价值为

$$P_3 = \frac{D_3(1+g)}{R_s - g} = \frac{3.456 \times (1+12\%)}{15\% - 12\%} = 129(元)$$

A 公司股票的价值为

$$V_A = 6.539 + 129 \times (P/S, 15\%, 3) = 91.44(元)$$

三、股票投资的收益率

股票投资的收益由股利收益和资本利得构成,股票投资的收益水平通常也用相对量指标来衡量,对于短期股票投资计算收益率时不考虑货币时间价值,而对于长期股

票投资计算其收益率需要考虑货币时间价值因素。

短期股票投资的收益率的计算公式为：

$$R = \frac{D + (P_1 - P_0)}{P_0} \times 100\%$$

式中：

D 为持有股票期间的股利；P_0 为表示股票的购入价格；P_1 为股票的出售价格；R 为股票投资收益率。

例 2-24 购入 A 公司股票 1 000 股，每股购价 20 元，持有期间获得每股股利 0.5 元，当年出售全部股票，每股售价 25 元，如果不考虑交易成本，则投资 A 公司股票的收益率

$$R_A = \frac{0.5 + (25 - 20)}{20} \times 100\% = 27.5\%$$

长期股票投资的收益率是使股票投资净现值为 0 的折现率，长期股票投资收益率的计算公式为：

$$NPV = \sum_{t=1}^{n} \frac{D_t}{(1+R)^t} + \frac{P_t}{(1+R)^n} - P_0 = 0$$

例 2-25 20×6 年 5 月年购入 A 公司股票 1 000 股，每股购价 3.2 元，A 公司 20×7、20×8、20×9 年分别派分现金股利每股 0.25 元、0.32 元、0.45 元，20×9 年 6 月以每股 3.5 元的价格售出，则 A 公司股票投资收益率的计算为：

$$NPV = \frac{0.25}{1+R} + \frac{0.32}{(1+R)^2} + \frac{0.45}{(1+R)^3} + \frac{3.5}{(1+R)^3} - 3.2 = 0$$

当 $R = 12\%$ 时，$NPV = 45.35$

当 $R = 14\%$ 时，$NPV = -34.21$

用插值法计算：$R = 13.14\%$

第六节　期权估价

一、期权概述

(一)期权的概念

期权是一种选择权合约，该合约赋予持有人在某一特定日期或该日之前的任何时间以固定价格购进或售出一种资产的权利。财务经理应该关注如下重要的期权合约要素：

1. 交易的标的物和交易方

期权的标的资产是指选择购买或售出的资产。它包括股票、政府债券、货币、股票指数、商品期货等。如股票期权的标的物是某种股票，买卖双方在未来会按约定的价

格买入或卖出该种股票。需要强调的是,期权是可以卖空的,即期权出售人不一定拥有标的资产,期权购买人也不一定真的想购买标的资产。例如出售 A 公司股票期权的人,不一定是 A 公司本身,他也未必持有 A 公司的股票。期权到期时,双方可以不进行实物交割,只需按价差补足价款即可。期权交易买方指购买期权合同的一方,出售期权合同的称为期权卖方。

2. 到期日

双方约定的期权到期的那一天称为"到期日"。按照期权执行时间可以分为欧式期权和美式期权。如果该期权只能在到期日执行,则称为欧式期权。如果该期权可以在到期日或到期日之前的任何时间执行,则称为美式期权。

3. 执行价格

执行价格又称履约价格,是双方约定的合同标的物的成交价格。如一份股票期权合同,约定以 25 元的价格交易,则期权合同的买方在未来有权按 25 元的价格买入或卖出该股票。

(二)期权的种类

按期权的交易性质不同,期权分为看涨期权(call option)和看跌期权(put option),这种分类是期权最基本的划分方式。

1. 看涨期权

看涨期权是指期权赋予持有人在到期日或到期日之前,以固定价格购买标的资产的权利。由于期权买方预计未来标的物的价格会上涨至高于执行价格,故称为看涨期权。

例如,一股每股执行价格为 70 元的 B 公司股票的 4 个月后到期的看涨期权,允许其持有人在到期日之前的任意一天,包括到期日当天,以 70 元的价格购入 B 公司的股票。如果 B 公司的股票确实超过 70 元,期权持有人可能会以执行价格购买标的资产。如果标的股票的价格一直低于 70 元,持有人则不会执行期权。他并不被要求必须执行该期权。

2. 看跌期权

看跌期权是指期权赋予持有人在到期日或到期日之前,以固定价格出售标的资产的权利。由于期权买方预计未来标的物的价格会下跌至低于执行价格,故称为看跌期权。

例如,一股每股执行价格为 60 元的 C 公司股票的 8 月份看跌期权,允许其持有人在到期日之前的任意一天,包括到期日当天,以 60 元的价格出售 C 公司的股票。当 C 公司的股票低于 60 元,看跌期权持有人会要求以执行价格出售标的资产,看跌期权的出售方必须接受。如果标的股票的价格一直高于 60 元,持有人则不会执行期权。他并不被要求必须执行该期权。

(三)期权的投资策略

期权交易最基本的策略有四种:购买看涨期权(long a call),购买看跌期权(long a

put），出售看涨期权（write a call），出售看跌期权（write a put）。这里再介绍三种组合的投资策略。

1. 保护性看跌期权

股票加看跌期权的组合，称为保护性看跌期权。单独投资于股票风险很大，同时增加一股看跌期权，情况就会有变化，以降低投资的风险。

2. 抛补看涨期权

股票加空头看涨期权组合，是指购买一股股票，同时出售该股票 1 股股票的看涨期权。出售抛补看涨期权是机构投资者常用的投资策略。

3. 对敲

对敲分为多头对敲和空头对敲。多头对敲是同时买入一只股票的看涨期权和看跌期权，它们的执行价格、到期日都相同。空头对敲是同时卖出一只股票的看涨期权和看跌期权，它们的执行价格、到期日都相同。

二、期权的价值

（一）到期日价值

期权的到期日价值，是指到期时执行期权可以取得的净收入，它取决于标的股票的到期日价格和执行价格。看涨期权的到期日价值，等于股票价格减去执行价格的价差。如果在到期日股票价格低于执行价格，则看涨期权没有价值。看跌期权的到期日价值，等于执行价格减去股票价格的价差。如果在到期日股票价格高于执行价格则看跌期权没有价值。期权的到期日价值减去期权费后的剩余，称为期权购买人的损益。

1. 买入看涨期权

买入看涨期权形成的金融头寸，被称为"多头看涨头寸"。

多头看涨期权到期日价值＝Max（股票市价−执行价格，0）

该式表明：如果股票市价>执行价格，会执行期权，看涨期权价值等于"股票市价−执行价格"；如果股票市价<执行价格，不会执行期权，看涨期权价值为零。到期日价值为上述两者中较大者。

多头看涨期权净损益＝多头看涨期权到期日价值−期权价格

例 2-26　投资人购买一项看涨期权，标的股票的当前市价为 100 元，执行价格为 100 元，到期日为 3 年后的今天，期权价格为 8 元。多头看涨期权的损益状况如图 2-13 所示。

2. 卖出看涨期权

卖出看涨期权的一方，收取期权费，处于空头状态，持有看涨期权空头头寸。多头和空头彼此是零和博弈：空头期权到期日价值＝ −多头期权到期日价值；空头期权净损益＝−多头期权净损益。

空头看涨期权到期日价值＝−Max（股票市价−执行价格，0）

空头看涨期权净损益＝空头看涨期权到期日价值+期权价格

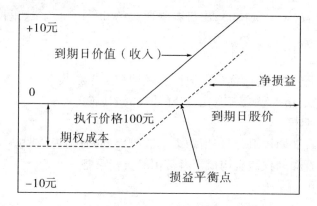

图 2-13　多头看涨期权

例 2-27　卖方售出 1 股看涨期权,其他数据与前例相同。标的股票的当前市价为 100 元,执行价格为 100 元,到期日为 3 年后的今天,期权价格为 8 元。空头看涨期权的损益状况如图 2-14 所示。

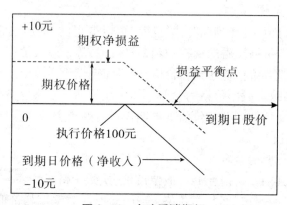

图 2-14　空头看涨期权

3. 买入看跌期权

看跌期权买方享有以执行价格出售股票的权利。

多头看跌期权到期日价值 = Max(执行价格 - 股票市价,0)

多头看跌期权净损益 = 多头看跌期权到期日价值 - 期权成本

例 2-28　投资人持有执行价格为 100 元的看跌期权,到期日股票市价为 70 元,他可以执行期权,以 70 元的价格购入股票,同时以 100 元的价格售出,获得 30 元收益。如果股票价格高于 100 元,他放弃期权,什么也不做,期权到期失效,他的收入为零。

看跌期权买方的损益状况,如图 2-15 所示。

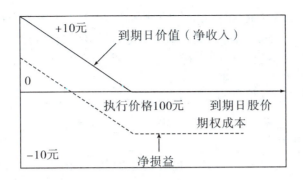

图 2-15　多头看跌期权

4. 卖出看跌期权

看跌期权的出售者,收取期权费,处于空头状态。

空头看跌期权到期日价值=$-\text{Max}($执行价格$-$股票市价$,0)$

空头看跌期权净损益=空头看跌期权到期日价值+期权价格

例 2-29　看跌期权出售者收取期权费 8 元,售出 1 股执行价格 100 元,6 年后到期的 F 公司股票的看跌期权。如果 6 年后股价高于 100 元,期权持有人不会去执行期权,期权出售者赚得期权费。如果情况相反,6 年后股价低于 100 元,期权持有人就会执行期权,期权出售者必须依约按执行价格收购股票,他将损失股票市价与执行价格之间的差额。

看跌期权卖方的损益状况如图 2-16 所示。

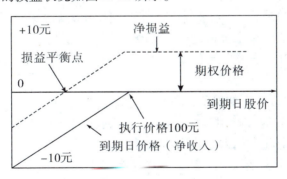

图 2-16　空头看跌期权

(二)期权的内在价值和时间溢价

期权的价值由两部分组成:内在价值与时间溢价。

期权的价值=内在价值+时间溢价。

期权的内在价值,是指期权立即执行产生的经济价值。内在价值的大小,取决于期权标的资产的现行市价与期权执行价格的高低。它不同于到期日价值,后者取决于到期日标的股票市价与执行价格的高低。

由于标的资产的价格是随时间变化的,所以内在价值也随时间而变化。当执行期权能给持有人带来正回报时,称它为"实值期权";当执行期权将给持有人带来负回报时,称它为"虚值期权";当资产的现行市价等于执行价格时,称期权为"平价期权"。对于看涨期权来说,标的资产现行市价高于执行价格时,该期权处于实权状态;当资产的现行市价低于执行价格时,该期权处于虚值状态。对于看跌期权来说,资产的现行市价低于执行价格时,该期权处于"实值状态";当资产的现行市价高于执行价格时,称期权处于"虚值状态"。

期权的时间溢价是期权价值超过内在价值的部分,它等于期权价值减去内在价值。例如,股票的现行价格为130元,看涨期权的执行价格为100元,期权到期日的市价为140元,则内在价值为130-100=30元,期权价值为140-100=40元,时间溢价为40-30=10元,如果现行市价为90元,则40元全部是时间溢价。

期权的时间溢价是"波动的价值",时间越长,出现波动的可能性越大,时间溢价也就越大。它与"货币时间价值"是不同的概念。货币的时间价值是时间"延续的价值",时间延续得越长,货币的时间价值越大。

三、期权资产定价模型

(一)期权估价原理

1. 复制原理

该原理的基本思想是:构造一个股票和借款的适当组合,使得无论股价如何变动,投资组合的损益都与期权相同,那么该期权的价值就是创建该投资组合的成本。

假设股票当前价格为S_0,未来变化有两种可能:上升后股价S_u和下降后股价S_d。为便于用当前价格表示未来价格,设:$S_u = u \times S_0$,u称为股价上行乘数;$S_d = d \times S_0$,d为股价下行乘数。股价上行乘数=1+股价上升百分比;股价下行乘数=1-股价下降百分比。

组合中股票的数量(套期保值比率)$H = (C_u - C_d)/(S_u - S_d)$

C_u是指股价上行时期权到期日价值;C_d是指股价下行时期权到期日价值

借款数额=价格下行时股票收入的现值

购买股票支出=套期保值比率×股票现价=$H \times S_0$

期权价值=投资组合成本=购买股票的支出-借款

例2-30 假设A公司的股票现在的市价是20元。有1份以该股票为标的资产的看涨期权,执行价格为21元,到期时间是1年。1年以后股价有两种可能:上升40%,或者降低30%,无风险利率为每年4%。要求用复制原理确定期权的价值。

上行股价$S_u = u \times S_0 = (1 + 40\%) \times 20 = 28$(元)

下行股价$S_d = d \times S_0 = (1 - 30\%) \times 20 = 14$(元)

股价上行时期权到期日价值$C_u = 28 - 21 = 7$(元)

股价下行时期权到期日价值$C_d = 0$

组合中股票的数量 $H = (C_u - C_d)/(S_u - S_d) = (7 - 0)/(28 - 14) = 0.5$（股）

借款数额＝到期日下行股价×套期保值比率/（1+持有期无风险比率）

$\qquad = 14×0.5/(1+4\%)$

$\qquad = 6.73$（元）

期权价值＝购买股票的支出－借款＝$0.5×20-6.73=3.27$（元）

2. 风险中性原理

所谓风险中性原理是指：假设投资者对待风险的态度是中性的，所有证券的预期收益率都应当是无风险利率。在风险中性的世界里，将期望值用无风险利率折现，可以获得现金流量的现值。在这种情况下，期望报酬率应符合以下等式。

期望报酬率＝上行概率×上行时收益率+下行概率×下行时收益率

假设股票不派发红利，股票价格的上升百分比就是股票投资的收益率，故：

期望报酬率＝上行概率×股价上升百分比+下行概率×股价下降百分比。

需要注意得是，这里股价下降的百分比是负值。

根据上式解出上行概率与下行概率，就可以进而求解出期权执行日的期望值，然后用无风险利率折现，就可以求出期权的现值。

例 2-31 续例 2-30 中的数据，要求用风险中性原理确定期权的价值。

期望报酬率＝4%＝上行概率×40%+（1-上行概率）×（-30%）

上行概率＝0.485 7

下行概率＝$1-0.485\ 7=0.514\ 3$

股价上行时期权到期日价值＝$28-21=7$（元）

股价下行时期权到期日价值＝0

期权 1 年后的期望价值＝$7×0.485\ 7+0×0.514\ 3=3.399\ 9$

期权的现值＝$3.399\ 9/(1+4\%)=3.27$（元）

（二）二叉树定价模型

1. 单期二叉树定价模型

二叉树期权定价模型建立在以下假设基础上：①市场上投资没有交易成本；②投资者都是价格的接受者；③允许完全使用卖空所得款项；④允许以无风险利率借入或贷出款项；⑤未来股票的价格将是两种可能值中的一个。

设：

u = 股价上行乘数

d = 股价下行乘数

r = 无风险利率

C_u = 股价上行时期权到期日价值

C_d = 股价下行时期权到期日价值

C_0 = 看涨期权现行价格

$$C_0 = \left(\frac{1+r-d}{u-d}\right) \times \frac{C_u}{1+r} + \left(\frac{u-1-r}{u-d}\right) \times \frac{C_d}{1+r}$$

例 2 - 32 续例 2 - 30 中的数据,要求用单期二叉树定价模型确定期权的价值。

$u = 1 + 40\% = 1.4$ $d = 1 - 30\% = 0.7$ $C_u = 28 - 21 = 7(元)$ $C_d = 0$

期权价格 $C_0 = (\dfrac{1 + r - d}{u - d}) \times \dfrac{C_u}{1 + r} + (\dfrac{u - 1 - r}{u - d}) \times \dfrac{C_d}{1 + r}$

$$= (\dfrac{1 + 4\% - 0.7}{1.4 - 0.7}) \times \dfrac{7}{1 + 4\%}$$

$$= 3.27(元)$$

2. 两期二叉树模型

单期的定价模型假设本来股价只有两个可能,对于时间很短的期权来说是可以接受的。但若到期时间很长,就与事实相去甚远。改善的办法是把到期时间分割成两部分,这样可以增加股价的选择。由单期模型向两期模型的扩展,不过是单期模型的两次应用。下面结合例子来说明。

例 2-33 假设 C 公司的股价现在是 50 元,现在有 1 股以该股票为标的资产的看涨期权,执行价格是 52.08 元,到期时间是 6 个月。把 6 个月的时间分为两期,每期 3 个月。每期股价有两种可能:上升 22.56%,或者降低 18.4%。无风险利率为每 3 个月 1%。

二期二叉树的一般形式如图 2-17 和图 2-18 所示。

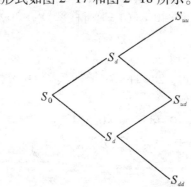

图 2-17 股价二叉树

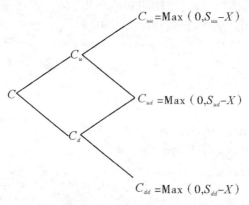

图 2-18 期权二叉树

将例 2-33 中的数据填入后如图 2-19 和图 2-20 所示。

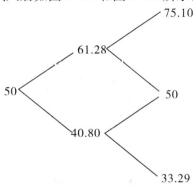

图 2-19 股价二叉树

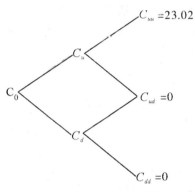

图 2-20 期权二叉树

设：

C_{uu} = 标的资产两个时期都上升的期权价值

C_{ud} = 标的资产一个时期上升，另一个时期下降的期权价值

C_{dd} = 标的资产两个时期都下降的期权价值

利用单期定价模型，计算 C_u 和 C_d

$$C_u = (\frac{1+r-d}{u-d}) \times \frac{C_{uu}}{1+r} + (\frac{u-1-r}{u-d}) \times \frac{C_{ud}}{1+r}$$

$$C_d = (\frac{1+r-d}{u-d}) \times \frac{C_{ud}}{1+r} + (\frac{u-1-r}{u-d}) \times \frac{C_{dd}}{1+r}$$

计算出 C_u 和 C_d 后，再根据单期定价模型计算出 C_0。

代入公式计算例 2-33 的期权价值：

$$C_u = (\frac{1+1\%-0.816\,0}{1.225\,6-0.816\,0}) \times \frac{23.02}{1+1\%} + (\frac{1.225\,6-1-1\%}{1.225\,6-0.816\,0}) \times \frac{0}{1+1\%}$$

$$= 0.473\,63 \times 22.792\,1$$

$$= 10.80(元)$$

87

$$C_d = 0$$

$$C_0 = 0.473\ 63 \times \frac{10.80}{1+1\%} = 5.06(元)$$

3. 多期二叉树模型

多期二叉树模型是继续增加分割的期数,这样可以使期权价值更接近实际。原理与两期模型一样,从后向前逐级推进,只不过多了层次。此时上行乘数与下行乘数的计算公式如下:

$$u = 1 + 上升百分比 = e^{\delta\sqrt{t}}$$

$$d = 1 - 下降百分比 = 1/u$$

式中:e 为自然常数,约等于 2.718 3;δ 为标的资产连续复利收益率的标准差;t 为以年表示的时段长度。

(三)布莱克—斯科尔斯期权定价模型

该公式的证明和推导过程涉及复杂的数学问题。但是,该公式有非常重要的意义,具有实用性,被期权交易者广泛使用。

看涨期权的价值:

$$C_0 = S_0[N(d_1)] - PV(X)[N(d_2)]$$

$$d_1 = \frac{\ln(S_0/PV(X))}{\sigma\sqrt{t}} + \frac{\sigma\sqrt{t}}{2}$$

$$d_2 = d_1 - \sigma\sqrt{t}$$

$$PV(X) = X \cdot e^{-rt}$$

式中:C_0 为看涨期权的当前价值;S_0 为标的股票的当前价格;$N(d)$ 为标准正态分布中离差小于 d 的概率;X 为期权的执行价格;e 为约等于 2.718 3;t 为期权到期日前的时间(年);r 为无风险利率;σ^2 为股票回报率的方差。

例 2-34 现行市价为 50 元,执行价格为 53 元的一年期看涨期权,无风险利率为 10%,股票回报率的标准差为 1.35,计算看涨期权的价值。

$t = 1, r = 10\%$, $PV(X) = X \cdot e^{-rt} = 53 \times 0.904\ 8 = 47.96$ 元,$S_0 = 50, \sigma = 1.35$

$$d_1 = \frac{\ln(S_0/PV(X))}{\sigma\sqrt{t}} + \frac{\sigma\sqrt{t}}{2} = 2.78, d_2 = d_1 - \sigma\sqrt{t} = 1.43; 查表得 N(d_1) = 0.997\ 3,$$

$[N(d_2)] = 0.923\ 6$。这样:

看涨期权的价值 $= 50 \times 0.997\ 3 - 47.96 \times 0.923\ 6 = 5.57(元)$

实际上,看涨期权价值与看跌期权价值是相关的。根据期权价值平衡原理,有:

看涨期权价值 C + 执行价格现值 $PV(X)$ = 看跌期权价值 P + 标的资产价格 S

只要确定了看涨期权的价值,利用上式就可以迅速地计算出看跌期权的价值。

例 2-35 两种期权的执行价格均为 37 元,6 个月到期,若无风险年利率为 10%,股票的现行价格为 42 元,看涨期权的价格为 8.50 元。计算看跌期权的价格为多少元。

$$P = C - S + PV(X) = 8.50 - 42 + 37/(1 + 5\%) = 1.74(元)$$

第三章
项目投资管理

投资决策的结果形成公司的资产结构,决定了公司的经营效率及资产创造现金流量的能力。公司资金投入可分为生产性长期资金投放、金融资产投放和营运资金投放。金融资产投资的决策方法是证券估价,已在第二章讨论;营运资金投资的决策是确定最佳持有量,将在第四章讨论;项目投资的决策方法是分析投资项目的现金流量,根据现金流量风险确定折现率水平,计算决策指标并判断项目的可行性。本章学习项目投资管理,主要包括项目投资概述、投资项目可行性分析、投资环境评价和投资方向选择、投资项目财务可行性分析等内容。财务可行性分析重点讨论项目投资的现金流量、决策指标和风险分析。

89

第一节　项目投资概述

一、项目投资的概念

项目投资是指公司的生产性长期资产投资,又称资本预算,是指能形成企业生产能力的固定资产、无形资产等直接长期投资。实践中,生产性长期资产投资以投资项目的形式进行管理,因此被称为项目投资。项目投资是公司产生、存在和发展壮大的直接动力,是公司调整产品方向和生产结构的物质保证,不仅对公司自身的生存和发展具有积极作用,而且因其实现会改变社会再生产的物质技术基础,并创造市场需求与供给,因而对宏观经济发展、社会政治稳定有巨大影响。正确理解项目投资概念应注意把握:

1. 项目投资的主体

公司项目投资的主体是公司,而非政府、专业投资机构和其他社会公众。不同的主体投资目的不同,并因此导致决策标准和评价方法的差异。政府投资以社会效益最大化为目的,考虑公共产品的供给和社会经济的可持续发展,其投资项目的评价指标既要讲求经济效益,又要更多地考虑非经济因素;专业投资机构如基金管理公司、投资银行等,投资的方式是集合社会游资用于证券投资,一般不进行直接投资,投资决策的方法是通过证券估价形成有效的投资组合获取收益并控制风险;社会公众个人的投资目的和决策方向与专业投资机构相同。而公司作为投资主体,投资对象是能形成生产能力的固定资产等生产性长期资产,决策的方法是投资项目评价,即通过分析现金流量,确定折现率,计算决策指标并确定方案。

2. 项目投资的对象

项目投资的对象是生产性长期资产,而非金融资产和营运资产。金融资产是指有价证券和其他金融工具,如股票、债券等。金融资产投资也称证券投资,是一种间接投资,通过融资方支付的利息、股利等获取收益。公司进行长期债权投资的目的通常主要是为公司长远发展积累资金;公司进行长期股权投资的主要目的通常是为了控制,即控制上下游供应商和销售商,控制关联企业甚至竞争对手,公司控制的目的是保证公司经营战略的实现。营运资产是指流动资产,包括货币资产、短期债权和存货。流动资产是生产性资产,是短期投资。其投放的目的是保证公司生产经营周转的正常进行。项目投资是生产性长期资产投资,形成的资产主要是能形成公司生产能力的房屋建筑物、生产线和机器设备等固定资产,同时也可能形成工业产权、知识技术等无形资产。

3. 项目投资的期间

项目投资期间是指投资项目从投资建设开始到最终清理结束整个过程的全部时间,即该项目的有效持续期间,也称项目计算期。完整的项目计算期包括项目建设期和项目经营期。项目建设期指投资初始至项目建成投产的时间,记作 S;项目经营期指投产日至项目结束日之间的时间,记作 P。项目计算期 $N=S+P$。

4. 项目投资的资金投入

项目投资的资金投入涉及原始总投资、投资总额等几个概念。原始总投资是反映项目所需现实资金的价值指标。从项目投资的角度看,原始总投资是指企业为使项目完全达到设计生产能力、开展正常经营而投入的全部现实资金。投资总额是反映项目投资总体规模的价值指标,它等于原始总投资与建设期资本化利息之和,建设期资本化利息指建设期发生的与购建项目所需的固定资产、无形资产等长期资产有关的借款利息。

从时间特征上看,投资主体将原始总投资注入具体项目的方式包括一次投入和分次投入两种形式。一次投入方式是指投资行为集中一次发生在项目计算期第一个年度的年初或年末;如果投资行为涉及两个或两个以上年度,或只涉及一个年度但同时在该年的年初和年末发生,则属于分次投入方式。

二、项目投资的类型

项目投资的基本类型包括:完整的工业投资项目、单纯固定资产投资项目和固定资产更新改造投资项目。

1. 完整的工业投资项目

完整的工业投资项目简称新建项目,是以新增工业生产能力为主的投资项目,其投资涉及新产品开发和现有产品的规模扩张,研究与开发,勘探和其他如劳保设施建设、购置污染控制装置等。完整工业投资项目建设完成后通常形成新的固定资产、无形资产和其他长期资产。新建项目投产通常需要增加营运资金投放。

2. 单纯的固定资产投资项目

单纯的固定资产投资项目,简称固定资产项目,是指只涉及固定资产投资而不涉及其他长期投资和营运金投资的项目。它往往以新增生产能力,提高生产效率为特征。

3. 固定资产更新改造投资项目

固定资产更新改造投资项目,简称更新改造项目。固定资产在使用过程中,因为自然或技术原因可能导致其在经济上低效率,需要以新的固定资产替换或对旧的固定资产进行技术改造。固定资产更新改造项目可以恢复固定资产的生产效率或者改善公司的经营条件,都可能达到增产或降低成本的目的。通常在决策时假定生产能力不改变,主要分析投资成本和运行成本的现金流量差异。

三、项目投资决策的意义

公司项目投资决策是公司项目投资管理的初始阶段。公司项目投资活动中的一切重大问题——公司对项目投资的必要性、目标、规模、方向、结构、筹资方式、成本与收益等的抉择均与项目投资决策有关,因而公司项目投资决策的意义首先在于它决定着项目投资决策的执行。项目投资决策往往反映了公司对于自己将来进入什么事业领域的选择,或者说,公司项目投资决策经常是与公司为获取竞争优势而提出的竞争战略相联系的。竞争战略就是在一个行业里寻求有利竞争地位,目的是针对决定产生竞争的各种影响力而建立一个有利可图和持之以恒的地位。

为了确保公司项目投资决策的科学与高质量,就必须满足以下条件:①恰当的项目投资目标。②获取尽可能多的信息,掌握约束条件。约束在这里是指项目投资目标实现过程中可能面对的存在于公司外部和内部的各种限制条件或不利因素。公司项目投资决策必须获取尽可能多的有关公司项目投资环境要素与公司内部优势和劣势等信息,并进行客观的分析,以确保公司项目投资决策依据尽可能地真实与可靠。③科学的方案设计和多方案的比较与选择。项目投资方案是公司实现项目投资目标的策略、方法、手段、路径。公司依据项目投资目标及实现项目投资目标的约束条件,科学地制定多种可供选择的项目投资方案是公司最终决策的前提。总之,只有项目投资目标愈恰当,获取的信息愈多,对约束条件的掌握愈准确,设计的方案愈多,才可能有科学的、高质量的公司项目投资决策。

四、项目投资的财务决策程序

(1)预测投资项目的现金流量,包括建设期的现金流出量和营运资金的垫支,经营期的现金流入量和项目结束时的回收额。

（2）根据投资项目现金流量的风险,确定折现率水平。

（3）计算决策指标,包括考虑时间价值的折现指标,如净现值、现值指数和内含报酬率等;不考虑时间价值的非折现指标,如投资回收期和会计收益率等。

（4）根据决策规则对投资方案进行择优或排序。对于互斥方案,通常以价值型指标择优;对于独立方案,通常以比率型指标排序。

项目投资方案的决策过程中,决策指标的计算是纯技术性问题,并不困难,真正困难的是在实践中如何确定现金流量和折现率,以及计算结果的使用。

第二节　投资方向决策与项目可行性研究

一、投资方向决策

（一）投资方向决策与公司战略

1. 公司战略

公司战略,是有关公司整体生存和发展的竞争性方针和计划,它决定着公司的经营范围、经营类型和各种竞争性经营活动,具有超前性、全局性和竞争性的特点。竞争性是公司战略的本质特点,它使公司战略与一般公司计划或规划不同。公司战略的实质是通过对战略的制定与实施,最大限度地发挥公司竞争优势,使公司在激烈的市场竞争中生存、发展和不断壮大。具体地说,公司战略是在符合和保证实现公司使命的前提下,在充分利用环境中存在的各种机会和创造新机会的基础上,确定公司同环境的关系,规定公司从事的业务范围、成长方向和竞争对策,合理地调整公司结构和分配公司的全部资源。因此,公司战略是一种以变革为实质的概念。

2. 公司投资方向决策与公司战略

投资方向决策往往与那些围绕产品发展方向或技术发展水平展开的,反映了公司对于自己将来进入什么事业领域,或属于什么类型的公司的一种预计的长期目标相联系,主要是解决公司生存和发展问题,因而它本身就是一个战略问题。或者说,公司投资方向决策经常是与公司为获取竞争优势而提出的竞争战略相联系的。同时,公司投资方向的选择与公司现有的业务系统也有着密切联系,公司在决定其投资产业方向时不能不从公司整体业务系统的角度,考虑这一决策与现有业务系统的协调一致。新业务领域的开拓与现有业务之间的关系,我们可以通过公司业务结构的波士顿矩阵加以说明。

一般公司都有多个战略经营领域,或称战略业务单位(strategic business units),构成公司的业务结构。那么,如何确定公司战略经营领域,如何使公司的业务单位及其结构适应市场需求的变化,如何将公司的有限资源(主要是投资)有效地分配到合理的业务结构中,以保证公司目标的实现,便是公司战略的重要方面,也是公司在激烈的竞争中立于不败之地的关键。

决定公司业务结构的基本因素有两个:市场的吸引力与公司的实力。反映市场吸引最重要的综合指标是需求增长率,显示公司实力的衡量标准是公司的相对市场占有率。两大因素相互作用,会导致如下图所示的处于四个不同象限的业务类型及其组合。当然根据增长率和相对市场份额也可划分为九个、十六个象限等,故被称作波士顿矩阵(见图3-1),其主要思想是位于每个象限中的业务单位处于根本不同的现金流位置,并且应用不同的方式加以管理,从而引申出公司如何寻求建立其总体业务组合。

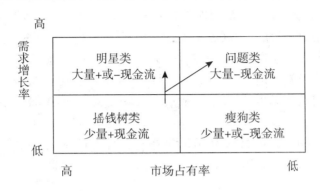

图 3-1　波士顿矩阵

摇钱树类(现金奶牛):在低增长的市场上具有相对高份额的业务,将产生健康的现金流,它们能用于向其他方向提供资本,发展业务。瘦狗类:在低增长的市场上具有相对低份额的业务,是中等的现金使用者,由于其虚弱的竞争地位,它们将成为现金的陷阱。明星类:在高增长的市场上具有相对高份额的业务,通常需要大量的现金以维持增长,具有较强的市场地位并将产生较高的报告利润,它们有可能处在现金平衡状态。问题类(野猫类):在迅速增长的市场上具有相对低份额的业务,需要大量的现金流入,以便为增长筹措资本,且由于较差的竞争地位,它们是较弱的现金发生器。

(二)公司投资方向决策的约束因素

1. 公司内部因素

公司内部因素包括公司规模,公司竞争能力(财力资源、技术资源、人力资源、商标知名度等),公司所有者、经营者和劳动者的动机和需求。

2. 外部因素

(1)产业政策。产业政策包括产业结构政策、产业组织政策、产业技术政策及相应的财政政策、金融政策、进出口政策、劳动工资政策以及整顿公司政策等。地方保护主义以及地区、城市规划等也会限制公司投资的空间流向。

(2)产业进入壁垒。产业进入壁垒包括规模经济、产品歧异、资本需求、转换成本、销售渠道等。专利权、最优惠货源的独占、地点优势、独有的生产经营经验等亦都构成产业的进入障碍。

(3)市场需求结构。市场需求结构及其变化主要受到法律、政府政策、购买者收入水平与消费偏好、社会风尚、人口变化、代用品出现等多种因素的影响。

（4）资源供给。

（5）拟投资的地区的环境因素和其他人文因素。

（三）公司投资方向决策的原则

1. 产业方向选择原则

（1）筱原二基准：①收入弹性基准；②生产率上升率基准。

（2）产业关联度。关联度是表明某产业与其他产业技术、经济联系的一种指标，分为前向关联和后向关联。关联度越大，产业的联系就越广。可把主导产业分为三个生产领域：①初级产品生产领域，一般后向关联度小，前向关联度大，如电力工业产业；②中间产品生产领域，一般前向关联度和后向关联度都比较高，如钢铁工业、石油化工制品工业等；③最终产品生产领域，一般后向关联度大、前向关联度小，如造船、汽车、耐用消费品等。

（3）市场结构理论。波特认为，在行业中有五种力量——进入威胁、替代威胁、买方砍价能力、供方砍价能力和现有竞争对手的竞争。公司投资方向决策应考虑这五种市场结构。

（4）资源理论。在公司选择投资的产业方向时，最重要的是如何合理地寻求核心能力和怎样合理地开发和运用这些蕴藏在公司内部的能力。

2. 动态的原则

（1）要进入的产业正处在不均衡状态。①新产业。那些新的、快速成长的产业，竞争结构往往不很完善，因而进入成本可能比后进入者低得多。②进入壁垒在不断提高的产业。对于这种产业，早期进入者可以把进入成本降至最小，也有可能在产品差异上获得优势。

（2）在要进入的产业中，现有公司的报复是缓慢或无效的。现有公司的有效报复成本大于制止新公司进入所能获得的利益；在产业中存在一种家长式专制公司或长期领先者的牢固集团，这些公司永远不会去竞争，并且在学习上也很迟缓，现有公司如果要保护它们的现有业务其反击成本是巨大的，包括动摇现有批发商的忠诚度，缩减其拳头产品的销量等；现有公司在生产线、服务、厂址及竞争战略等各个方面因循守旧，顽固属守传统思路，而这些传统思路已不切实际或过时。

3. 立足于本公司核心竞争能力选择投资的产业方向的原则

核心能力是公司竞争力最为基本的，使公司具有长期稳定的竞争优势、可以获得长期稳定的高于产业平均利润水平的竞争力，是将技能、资产和公司的运作机制有机融合的公司组织能力。这种核心能力是公司推行内部管理性战略和外部交易性战略的结果。公司的核心能力可以分成两类：运行能力和制度能力。

作为公司战略资产的核心能力应具有下列四个特点：①较低的占用性，指由公司内部某些战略资产产生的、不能归公司所有而被某些个人据为己有的利润的占有程度；②较高的耐久性，是指其作为利润源泉的持久程度，而不是指其物理耐久性；③较低的转移性，核心能力和资源越容易转移，公司竞争优势的可持续性就越差；④较低的复制性,如果某个公司的核心能力或者资源虽不能被轻易地转移,但竞争者经过适当的投资或者直接购置相同的资产,就可以形成几乎相同的生产能力,那么,这个公司就不会拥有真正的持久的竞争优势。

4. 战略关联的原则

(1)有形关联,由于共同的客户、渠道、技术和其他因素的存在而使公司相关业务单元之间的价值链有可能共享时,有形关联即由此产生。

(2)无形关联,是指相关单元由于生产经营活动的模式和特点比较相近,因而不同单元的管理技能和经验可以在其他单元获得成功,或者一个单元的品牌优势可以比较容易地转移到其他单元时,在一系列无形的技能、经验、资产基础上所建立的战略关联。

(3)竞争对手关联,当竞争对手建立了不同业务单元之间的关联,而本公司没有相应的战略关联存在时,公司就会处于不利的竞争地位。

二、项目可行性研究

(一)投资项目可行性研究的意义

1. 投资项目可行性研究的概念

投资项目可行性研究就是对拟投资项目经济上的合理性、技术上的可行性进行分析、论证与判断。可行性研究有广义和狭义之分。广义可行性研究包括投资项目决策过程中所有分析论证方面的活动,拍板定案之前的有关投资项目的分析论证均属于广义可行性研究,它包括投资机会研究、初步可行性研究和详细可行性研究。狭义可行性研究仅指详细可行性研究。

2. 投资项目可行性研究的任务

(1)研究投资项目的必要性。投资总是在一定的环境中进行的,因此,研究投资项目的必要性除了取决于公司意愿外,主要取决于投资项目与自然环境、经济环境、社会文化环境等投资环境条件要素的拟合性。两者的拟合情况主要通过分析投资项目与上述投资环境条件要素之间的关系是否协调来加以判断,其中最主要的是判断公司投资是否适合市场需求的现状及其发展变化趋势。换句话说,只有符合投资环境条件要素,特别是符合市场需求的投资项目,才具有投资的必要性。

(2)研究投资项目的可行性或可能性。投资项目的可行性或可能性研究需要从技术与经济两个方面来进行。一方面,由于投资项目工程技术与生产技术的不同选择,不仅决定着项目投资实施过程能否顺利进行,而且决定着项目建成投产后的生产经营活动与公司的竞争能力,因此在技术方面要研究投资项目所选择的技术目标是不是先进性、适用性与可靠性的有机统一,如果投资项目的技术目标只是一味地追求先进性或可靠性都是不恰当的。另一方面,对于公司来说,投资的一个重要目的是为了实现其微观经济效益,因而在经济方面要研究投资项目能否获得及怎样获得合意的经济效益。

3. 投资项目可行性研究的意义

(1)投资项目可行性研究是公司投资最终决策的直接依据。这是由可行性研究的内容及其在公司投资决策过程中的地位所决定的。

(2)投资项目可行性研究有利于正确处理公司投资过程中各种错综复杂的经济关系。公司投资需要多层次劳动分工协作和耗费多种资源,必然会涉及一系列的内部、外部经济关系。就公司内部而言,投资会牵涉到公司现行生产与消费、公司与职工及股东等方面的分配关系、资产存量的调整、劳动组合的变化以及新技术、新观念的引入等诸多问题。就公司外部而言,投资会牵涉到公司与政府、金融机构、资本所有者、设计单位、投资品供应者、土地使用权拥有者等多种经济主体之间的经济关系,通过投资项目可行性研究对公司投资项目与各经济主体间相互关系进行分析与判定,便可以为公司妥善处理这些关系提供依据。因此,投资项目可行性研究是公司组织工程设计,签订贷款合同、工程承包合同、设备订货合同、投产后的原材料订货合同及组织运输等项工作的依据。

(3)投资项目可行性研究有利于促进投资项目工程优化,提高投资质量。公司投资中的固定资产投资具有极强的空间性与单件性,既使得公司在投资实施前要慎重选择投资地点,又使得每一投资项目要求有不同的技术方案,因此要选择合理的投资地点和可行的技术方案,就必须进行广泛的、深入的可行性研究。只有通过严格的可行性研究才能够确知在某地的投资是否与周围的环境拟合,才能够确知每一个投资项目的特殊性,并根据其特殊性确定技术方案,从而为提高投资质量奠定基础。

(4)投资项目可行性研究有利于公司弱化投资风险,提高投资经济效益。公司投资所具有的极强的时效性可能导致公司投资预期目标的实现面临因投资品价格、利率、税率变动和技术进步,而导致的投资成本上升技术落后等风险,并影响公司投资经济效益。公司通过投资项目可行性研究对投资过程中可能遇到的风险因素进行详尽的分析,便可预先对投资风险做到心中有数,以有效地回避、分散、转移投资风险。

(5)投资项目可行性研究是公司向环境保护部门申请执照的依据。环境保护是投资项目可行性研究的重要内容之一,可行性研究报告经环保部门批准发放执照后,项目才可开始施工。

(二)投资项目可行性研究的依据

可行性研究必须依据有关立法,政府有关政策、规划与规定以及相应的技术资料等。

(1)与公司投资活动相关的立法,如:公司法、各种税法等;

(2)政府的各项政策与规定,如:产业政策、税收政策、信贷政策、环保条例、劳动保护条例、政府有关建筑设计方面的标准及预算定额等;

(3)公司投资项目建议书;

(4)公司委托进行投资项目可行性研究的合同或协议;

(5)公司拟投资地区环境现状资料;

（6）公司与各协作单位的合同或协议；

（7）市场调查报告；

（8）主要工艺与装置的技术资料；

（9）试验试制报告；

（10）自然、社会、经济方面的资料。

（三）投资项目可行性研究的工作步骤及具体内容

可行性研究工作一般依次分为投资机会研究、初步可行性研究、详细可行性研究三个步骤。这三个步骤间有一种递进关系——研究内容由浅入深，投资与成本估算的精度要求由低到高，研究工作量由小到大，研究所需的费用由少到多。

1. 投资机会研究及其内容

公司的投资动机能否转化为投资设想，形成投资方案，并成为现实的投资行为，往往取决于公司是否具备投资的"天时""地利"等外部因素和"人和"等内部因素，即投资机会。投资机会是公司投资条件和由构成公司投资环境的条件要素所传递的对公司投资有利的信息。投资机会研究则指的是公司在一定的地区，根据对投资环境和自身投资条件的分析，寻找最有利的投资机会和可能的投资项目的全部工作，它包括一般机会研究和项目机会研究。

一般机会研究旨在对公司投资方向提出建议，具体又有以下三种方式：①地区研究，即研究某一地区的投资机会；②部门研究，即对某一部门的投资机会进行鉴别；③以资源为基础的研究，即识别以利用自然资源为基础的投资机会。

一般机会研究往往是由公共机构完成，但是公司可以根据外部的有关信息，结合自身的条件做出判断与鉴别，并在此基础上进行项目机会研究。

项目机会研究旨在将公司投资设想变为投资建议，它是在一般机会研究做出鉴别之后进行的。一般而言，在进行投资机会研究时，应对下列情况进行调查、预测与分析：自然环境、市场状况、立法与司法、政府政策、技术进步、生产要素成本、国内外类似投资成败的经验和教训、公司投资条件。

依照国际惯例，投资机会研究主要是对拟投资项目的投资成本与生产成本进行粗略估计，估算误差大致要求控制在±30%以内，所需经费约占投资预算的 0.2%~1.0%。当机会研究证明该投资项目是可行的时候，则应继续进行初步可行性研究。

投资机会研究完成后要编制投资项目建议书，为初步选择投资项目提供依据。投资项目建议书是公司生产经营管理者根据对投资机会的判断向公司最高投资决策者提出的有关投资的建设性文件。根据我国现行制度规定，投资项目建议书一般包括以下内容：

（1）投资项目的必要性和主要依据。

（2）市场预测，包括国际与国内市场的现状、发展趋势预测，销售与价格预测。

（3）拟议投资的规模和投资方向（产品方案）。

（4）投资地点的选择，包括对拟选投资地点和所选投资方向有直接影响的投资环境要素,如自然条件、社会条件、资源条件、经济条件等影响的初步评价,以及对投资地点是否符合国家生产力地区布局要求的初步判断。

(5)主要技术、工艺的设想。

(6)投资测算与筹资方案,包括对投资额及其依据的确定,选择投资来源、投资偿还措施与方式的打算以及对垫底营运资本数额的估算。

(7)投资周期预计。

(8)投资效益预计,包括对投资收益率、投资回收期、投资净现值、投资贷款偿还期等指标的粗略测算。

2. 初步可行性研究及其内容

初步可行性研究又称预可行性研究,它是在投资机会研究的基础上,对拟投资项目的可能性和潜在效益进行技术经济分析,以判断投资机会的价值和拟投资项目的生命力,从而做出有关投资项目的初步选择。初步可行性研究应对下列问题进行粗略的研析:

市场需求与现有生产能力;生产要素的供给;投资地区与厂址选择;项目设计;管理费用;人力资源;项目进度;项目财务效益。

初步可行性研究对拟议投资项目的投资成本与生产成本的估算误差要求控制在 $\pm 20\%$ 以内,所需经费约占投资预算的 $0.25\% \sim 1.25\%$。当初步可行性研究通过后,便可进行详细可行性研究。

3. 详细可行性研究及其内容

详细可行性研究是公司投资过程的重要阶段,它是在投资决策前,根据初步可行性研究的结果,在调查与预测的基础上,对拟投资项目进行系统深入的技术经济分析与论证的科学方法和工作阶段。

详细可行性研究是公司投资最终决策的直接依据,核心是对拟投资项目的关键做深刻、审慎的研析,以利投资决策。详细可行性研究应深入研究有关产品方案、生产纲领、资源供应、厂址选择、工艺技术、设备选型、工程实施进度安排、资金筹措计划以及组织管理机构和定员等方面各种可能选择的技术方案,进行全面的技术经济分析和比较、选择工作;在技术经济分析、比较时应着重针对投资项目总体方案确定并推荐一个以上可行的投资方案,进行投资项目准备。在该阶段务必防止草率和弄虚作假,否则便会蔽智塞明,导致错误的投资决策。

详细可行性研究的内容和结构与初步可行性研究基本相同,主要区别是所获资料的详尽程度不同和研究的深度不一样。工业企业投资项目详细可行性研究一般内容如下:

第一部分 总论

(1)投资项目概况。

(2)研究结果概要。

(3)存在的问题和建议

第二部分 市场需求情况和拟议投资规模

(1)国际国内市场的近期需求。

(2)国内现有生产能力估计。

(3)销售预测、价格分析、产品竞争能力、进入国际市场的前景分析。

(4)拟议投资规模、产品方案的论述和发展方向的技术经济比较与分析。

第三部分 资源、原材料及主要协作条件

(1)资源丰度、审批情况与资源开采条件的评述。

(2)原材料等的种类、来源、数量、合同、供应地点与条件等的分析。

(3)动力等公用设施的内外部协作条件的分析。

第四部分 建厂条件与厂址方案

(1)检查地区的地理位置及其选择理由。

(2)厂址的位置、气象、水文、地质与交通通信条件、水电气等的供应形状及与公司投资的关系。

(3)厂址面积、占地范围、内部布局、建设条件、搬迁户与搬迁情况、安置规划等。

(4)地价、拆迁及其他投资。

第五部分 投资项目设计方案

(1)投资项目的构成和范围。

(2)技术和设备方案的比较与选择。

(3)公用辅助设施方案的选择。

(4)土建工程量、布局方案的选择。

(5)总图与运输方案的比较与选择。

(6)设计方案。

第六部分 环境保护

(1)三废情况及其对环境影响的范围和程度。

(2)三废治理方案的选择和回收利用情况。

(3)对环境影响的预评价。

第七部分 生产组织、劳动定员和人员培训

(1)生产经营管理体制与机构设置。

(2)劳动定员的配置方案。

(3)人员培训规划及经费预算。

第八部分 投资项目实施计划和进度要求

(1)勘察设计时间与进度。

(2)设备制造所需时间。

(3)工程的施工所需时间。

(4)试生产所需时间。

(5)整个工程项目的实施计划和进度的方案选择。

第九部分　投资估算与资金筹措

(1)工程总投资与分项分期工程投资。

(2)垫底营运资本估算。

(3)资金来源与筹资方式。

第十部分　财务和国民经济评价

(1)总投资估算。

(2)资本筹措方式、数量及结构、筹资成本。

(3)生产成本计算。

(4)财务评价。

(5)国民经济评价。

第十一部分　评价结论

(1)可行性。

(2)存在的问题。

(3)建议。

公司投资项目的详细可行性研究工作,可以委托给公共机构或有关专家来进行,也可以与他们联合进行。该阶段的投资成本和生产成本的计算误差要求控制在±10%以内,所需费用视项目的大小而定,对于中小型项目来说,约占总投资的1%～3%。

第三节　投资项目的现金流量和决策指标

一、投资项目的现金流量

(一)投资项目现金流量的含义

投资项目的现金流量指接受或拒绝一个投资项目引起公司现金流入和现金流出的数量。这里的现金,是广义的现金,泛指各种货币资产和非货币资源的变现价值。例如,一个项目需要使用原有的厂房、设备和材料等,则相关现金流量是指它们的变现价值,而不是账面成本。投资项目的现金流量包括现金流出量、现金流入量和现金净流量。

1. 现金流出量(CFO)

现金流出量是指能够使投资方案的现实货币资金减少或需要动用的现金数量。新建项目的现金流出量包括:

(1)建设原始投资,指在建设期内按一定生产经营规模和建设内容进行的固定资产投资、无形资产投资和开办费投资等项投资的总称,它是建设期发生的主要现金流出量。

(2)营运资金投资,是指有关项目所发生的用于生产经营期周转使用的营运资金投资,又称为垫支流动资金。

例 3-1 某完整工业建设项目,建设期 3 年,每年建设投资 5 000 万元,其中第一年发生开办费 1 000 万元,项目建成后垫支流动资产 2 000 万元,则该项目的现金流量如图 3-2 所示:

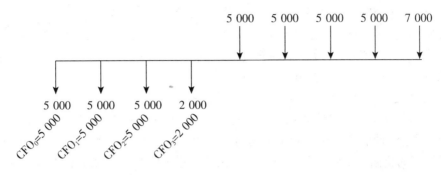

图 3-2 现金流出量

2. 现金流入量(CFI)

现金流入量指能够使投资方案的现实货币资金增加的数量,简称现金流入。新建项目的现金流入量包括:

(1)营业现金流入。营业现金流入指营业收入扣除付现成本后的余额。

付现成本指需要支付现金的成本,成本中不需要支付现金的部分称为非付现成本,包括折旧和摊销等。

如果从每年现金流动的结果来看,增加的现金流入来自两部分:一部分是利润造成的货币增值,另一部分是以货币形式收回的折旧等非付现成本。

$$营业现金流入 = 营业收入 - (营业成本 - 非付现成本)$$
$$= 营业利润 + 非付现成本$$

(2)回收固定资产余值。指投资项目的固定资产在终结点报废清理或中途变价转让处理时所回收的价值。

(3)回收流动资金。主要指新建项目在项目计算期完全终止时因不再发生新的替代投资而回收原垫付的全部流动资金投额。

续前例,该建设项目经营期 5 年,每年营业现金流入 5 000 万,回收额 2 000 万元,则该项目的现金流入量可表示为:

$$CFI_{4-7} = 5\ 000 \qquad CFI_8 = 5\ 000 + 2\ 000 = 7\ 000$$

3. 现金净流量(NCF)

现金净流量指一定期间现金流入量和现金流出量的差额。这里的一定期间有时指一年内,有时指投资项目持续的整个年限内。流入量大于流出量时,净流量为正;反之,净流量为负。

在现金流量分析的时点假设(将在下文叙述)下,某年的现金流量可表示为:

$$NCF_t = CFI_t - CFO_t$$

续前例,该建设项目各年的现金净流量可表示为:

$NCF_{0-2} = -5\ 000$ $NCF_3 = -2\ 000$ $NCF_{4-7} = 5\ 000$ $NCF_8 = 7\ 000$

历年的累计现金净流量可表示为:

$\sum NCF_0 = -5\ 000$ $\sum NCF_4 = -12\ 000$ $\sum NCF_8 = 10\ 000$

$\sum NCF_1 = -10\ 000$ $\sum NCF_5 = -7\ 000$

$\sum NCF_2 = -15\ 000$ $\sum NCF_6 = -2\ 000$

$\sum NCF_3 = -17\ 000$ $\sum NCF_7 = 3\ 000$

(二)现金流量的作用

公司理财以现金流量作为项目投资的重要价值信息,主要出于以下考虑:

(1)现金流量信息所揭示的未来期间现实货币资金收支运动,可以序时动态地反映项目投资的流向与回收之间的投入产出关系,使决策者处于投资主体的立场上,便于完整、准确、全面地评价具体项目的经济效益。

(2)利用现金流量指标代替利润指标作为反映项目效益的信息,可以摆脱在贯彻财务会计的权责发生制时必然面临的困境:由于不同的投资项目可能采取不同的固定资产折旧方法、存货估价方法或费用摊配方法,从而导致不同方案的利润信息相关性差、透明度不高和可比性差。

(3)利用现金流量信息,排除了非现金收付内部周转的资本运动形式,从而简化了有关投资决策评价指标的计算过程。

(4)由于现金流量信息与项目计算期的各个时点密切结合,有助于在计算投资决策评价指标时,应用资金时间价值的形式进行动态投资效果的综合评价。

(三)确定现金流量的困难与假设

确定项目的现金流量,就是在收付实现制的基础上,预计并反映现实货币资金在项目计算期内未来各年的收支情况。要完成这项工作存在许多困难,这是因为:

(1)不同投资项目之间存在差异。在现实生活中,不同投资项目在项目类型、投资构成、项目计算期构成、投资方式和投资主体等方面均存在较大差异,可能出现多种情况的组合,因而就可能有不同组合形式的现金流量,其内容千差万别。

(2)不同角度的差异。即使同一个投资项目也可能有不同角度的现金流量。从不同决策者的立场出发,有国民经济现金流量和财务现金流量之分;从不同投资主体的角度看,又有全部投资现金流量(公司实体现金流量)和自有资金流量(权益现金流量)的区别。

(3)不同时间的差异。由于投资计算期的阶段不同,各阶段的现金流量的内容也可能不同,不同的现金流入量或现金流出量项目在发生时间上也存在不同特征,如有些项目发生在年初,而有的则发生在年末,有的属于时点指标,有的则属于时期指标。此外,固定资产的折旧年限与经营期长短也可能出现差异。

(4)相关因素的不确定性。由于投资项目的投入物和产出物的价格、数量等受到未来市场环境等诸多不确定因素的影响,不可能完全预测出未来变动趋势和发展水平。这必然影响现金流量估算的准确性。

为便于确定现金流量的具体内容,简化现金流量的计算过程,本书特作以下假设:

(1)财务可行性分析假设。假设投资决策是从公司投资者立场出发,投资决策者确定现金流量是为了项目财务可行性研究,该项目已具备国民经济可行性和技术可行性。

(2)全投资假设。假设在确定项目的现金流量时,只考虑全部投资的运动情况,而不区分自有资金和借入资金等具体形式的现金流量。即使实际存在借入资金也将其作为自有资金对待。

(3)建设期投入全部资金假设。不论项目的原始总投资是一次投入还是分次投入,除个别情况外,假设它们都是在建设期内投入的。

(4)时点指标假设。为便于利用资金时间价值的形式,不论现金流量具体内容所涉及的价值指标是时点指标还是时期指标,均假设按照年初或年末的时点指标处理。其中:建设投资在建设期内有关年度的年初或年末发生;流动资金投资则在建设期末发生;经营期内各年的收入、成本、折旧、摊销、利润、税金等项目的确认均在年末发生;项目最终报废或清理均发生在终结点(但更新改造项目除外)。

(四)现金流量分析应注意的问题

1. 现金流量分析需要公司多个相关部门的参与

估计投资方案所需的资本支出和各年的现金净流量涉及很多变量,需要公司有关部门的参与。建设期的建设投资涉及研制费用、设备购置、厂房建筑等,需要产品开发和技术部门的参与;经营期的营业现金流量涉及原材料价格、生产工艺、产品成本、价格弹性、广告效果、竞争动向等,需要生产、销售、采购等部门的参与。财务人员的主要任务是为销售、生产、技术等部门的预测建立共同的基本假设条件,如物价水平、折现率、可供资源限制条件等。财务部门的作用还在于协调参与预测工作的各部门人员,使之能互相衔接配合,防止预测者因个人偏好或部门利益而高估或低估收入和成本。

2. 只有增量现金流量才是与决策相关的现金流量

增量现金流量是指接受或拒绝某个投资方案后,公司总现金流量因此而发生变动的数量。判断增量现金流量时,应注意以下 3 个问题:

(1)区分相关成本与非相关成本。相关成本是指与特定决策有关,在分析评价时必须加以考虑的成本,包括差额成本、未来成本、重置成本、机会成本等;非相关成本是指与决策无关,分析评价时不必加以考虑的成本,如过去成本、历史成本、账面成本、沉淀成本等。

机会成本是指选择一个方案所放弃的其他方案的收益。机会成本不是发生的耗费,而是预期收益的放弃,这种收益尚未实际发生,只是潜在的预期收益,机会成本总是针对具体方案而言,离开被放弃的方案就无从计量。机会成本在决策中的意义在于它有助于全面考虑可能采取的方案,以便为既定资源寻求最有利的使用途径。

沉淀成本也称沉没成本,是过去已经发生的历史成本。例如,3 年前投资 1 000 万元开发某项技术失败,现在准备投资2 000万元继续开发,在决策现在是否投资时,不应考虑3年前已经发生的1 000万元的投资,这1 000万元对现在的投资决策而言,是沉没成本,是决策非相关成本。如果将其纳入投资方案的总成本,则一个有利的方案可能因此变得不利,一个较好方案可能成为较差的方案,从而造成决策错误。

（2）要考虑投资方案对公司其他项目的影响。投资一个新的项目后,可能对公司的其他产品和项目造成影响。不同的项目可能生产不同的产品,项目和产品间可能是互斥或互补的关系。如果是竞争项目,新项目投产后可能引起旧项目现金流量的不利变化;如果是互补项目,新项目投产后可能引起旧项目现金流量的有利变化。虽然这种影响很难准确计量,但决策时应考虑相关现金流量的影响。

（3）对净营运资金的影响。新的项目投产后,公司销售规模扩大,对于货币资金、应收账款、存货等流动资产的需求也会增加,同时也相应引起短期借款、应付款项和应付费用等流动负债增加,新项目对营运资金的影响会影响公司的资产流动性和短期偿债能力,需要对净营运资金的影响和流动比率的影响加以考虑。

3. 所得税对现金流量的影响

所得税是公司的一种现金流出,考虑所得税因素后,营业现金流量等于营业收入扣除付现成本与所得税之和。

$$营业现金流量=营业收入-付现成本-所得税 \qquad (3.1)$$
$$=营业收入-(营业成本-非付现成本)-所得税$$
$$=营业利润-所得税+非付现成本$$
$$=营业净利润+非付现成本 \qquad (3.2)$$
$$营业现金流量=(营业收入-营业成本)(1-t)+非付现成本$$
$$=营业收入(1-t)-(付现成本+非付现成本)(1-t)+非付现成本$$
$$=营业收入(1-t)-付现成本(1-t)+非付现成本 \cdot t \qquad (3.3)$$

上面的推导过程中,t 表示所得税税率,营业收入 $\cdot (1-t)$ 表示税后收入,付现成本 $\cdot (1-t)$ 表示税后付现成本,非付现成本 $\cdot t$ 表示非付现成本的抵税作用。

考虑所得税因素后,营业现金流量可用3个公式计算确定:式(3.1)是定义式;式(3.2)是根据经营成果计算;式(3.3)是根据所得税对收入、付现成本和非付现成本的影响计算。

例3-2 M公司准备投资一完整工业项目,预计建设期3年,经营期5年。建设期内第一年投资3 000万元,其中开办费1 000万元,第二年投资5 000万元,第三年投资3 000万元;项目建成投产时垫支营运资金2 000万元。该项目投产后每年实现营业收入8 000万元,付现成本5 000万元;该项目经营期内按年直线折旧(会计政策与税法规定的折旧方法相同),残值率10%,残值预计变现净值2 000万元,该公司所得税率25%。则该项目现金流量分析如下:

（1）建设期内的现金流出。

$$CFO_0 = 3\ 000(万元)$$

$CFO_1 = 5\ 000(万元)$

$CFO_2 = 3\ 000(万元)$

$CFO_3 = 2\ 000(万元)$

(2)经营期内的现金流入。

该项目形成固定资产:$3\ 000 - 1\ 000 + 5\ 000 + 3\ 000 = 10\ 000(万元)$

固定资产的折旧:$(10\ 000 - 10\ 000 \times 10\%)/5 = 1\ 800(万元)$

经营期内第一年的非付现成本:$1\ 000 + 1\ 800 = 2\ 800(万元)$

经营期内各年的现金流量:

$CFO_4 = 8\ 000 \times (1 - 25\%) - 5\ 000 \times (1 - 25\%) + 2\ 800 \times 25\% = 2\ 950(万元)$

$CFO_{5-8} = 8\ 000 \times (1 - 25\%) - 5\ 000 \times (1 - 25\%) + 1\ 800 \times 25\% = 2\ 700(万元)$

(3)项目回收的现金流入量。

固定资产残值:$10\ 000 \times 10\% = 1\ 000(万元)$

残值变现增值:$2\ 000 - 1\ 000 = 1\ 000(万元)$

残值变现增值计税:$1\ 000 \times 25\% = 250(万元)$

残值回收的现金流量:$2\ 000 - 250 = 1\ 750(万元)$

项目回收的现金收入量:$CFO_8 = 2\ 000 + 1\ 750 = 3\ 750(万元)$

二、项目投资决策评价指标

(一)项目投资决策评价指标的意义

项目投资决策评价指标是指用于衡量和比较投资项目可行性、以便据以进行方案决策的定量化标准与尺度,是由一系列综合反映投资效益、投入产出关系的量化指标构成的。项目投资决策评价指标比较多,本章主要从财务评价的角度介绍会计收益率、静态投资回收期、净现值、现值指数、内含报酬率等。需要说明的是:

(1)项目投资决策评价指标中尽管有一些指标与公司财务会计报表分析或公司实际财务考核指标相同,但由于项目投资本身的特殊性,决定了这些指标在计算口径方面可能存在差别。仅以利润为例,在项目投资决策中,往往假定营业利润、利润总额和应纳税所得额口径一致,数额相等。这是因为决策使用的数据大多为长期预测估算指标,既不可能又无必要计算得十分精确。

(2)从全投资假设的立场出发,本章介绍的投资决策评价指标不包括基于特定投资主体立场而设计的指标:如反映偿债能力的借款偿还期指标、体现国家投资主体立场的投资利税率和体现所有者投资主体立场的资本利润率指标。

(3)除会计收益率指标外,其余各项指标的计算大多以项目现金流量信息为基础。

(二)评价指标的分类

(1)按是否考虑资金时间价值分类,可分为非折现评价指标和折现评价指标两大类。非折现评价指标是指在计算过程中不考虑资金时间价值因素的指标,包括会计收益率和静态投资回收期;折现指标是指在评价指标的计算过程中,必须充分考虑资金时间价值的指标,包括净现值、现值指数和内含报酬率等。通常折现指标是决策的主要指标,非折现指标是辅助指标。

（2）按指标性质不同分类,可分为一定范围内越大越好的正指标和越小越好的反指标两大类。会计收益率、净现值、现值指数和内含报酬率属于正指标;静态投资回收期属于反指标。

（3）按指标数量特征分类,可分为绝对量指标和相对量指标。前者包括以时间为计量单位的静态投资回收期指标和以价值量为计量单位的净现值指标;后者除现值指数用指数形式表现外,大多为百分比指标。

（三）折现指标

1. 净现值（NPV）

净现值是指投资项目预期现金流入现值和与预期现金流出现值和的差,或是指投资项目预期现金净流量的现值和,净现值的计算公式是:

$$NPV = \sum CFI_t/(1+i)^t - \sum CFO_t/(1+i)^t$$
$$= \sum NCF_t/(1+i)^t$$

式中:NPV 表示净现值;CFI_t 表示第 t 年现金流入量;CFO_t 表示第 t 年现金流出量;i 表示基准折现率。

例 3-3　M 公司计划投资某项目,现有三个方案可供选择,相关数据如表 3-8 所示,假设基准折现率为 10%。

表 3-8　　　　　　　　　　M 公司计算投资项目可选方案

N	A 方案		B 方案		C 方案	
	净利润	NCF	净利润	NCF	净利润	NCF
0		(6 000)		(4 500)		(5 400)
1	0	2 000	0	1 500	200	2 000
2	1 000	3 000	1 000	2 500	200	2 000
3	2 000	4 000	2 000	3 500	200	2 000
合计	3 000	3 000	3 000	3 000	600	600

$$NPV_A = \frac{2\,000}{1+10\%} + \frac{3\,000}{(1+10\%)^2} + \frac{4\,000}{(1+10\%)^3} - 6\,000 = 1\,303$$

$$NPV_B = \frac{1\,500}{1+10\%} + \frac{2\,500}{(1+10\%)^2} + \frac{3\,500}{(1+10\%)^3} - 4\,500 = 1\,559$$

$$NPV_C = 2\,000 \times (P/A.10\%.3) - 5\,400 = -426$$

A、B 两方案的净现值大于零,说明方案的预期报酬率超过了 10%;C 方案的净现值小于零,说明方案的预期报酬率小于 10%。对于单一方案 A、B 方案,都是可以接受的方案;对于多个可行方案,如果方案互斥,选择净现值最大的方案。

净现值法所依据的原理是:假设预计的现金流入在年末肯定可以实现,并把原始投资视同按基准贴现率借入的,当净现值为正数时,偿还本息后该项目仍有剩余的收益;当净现值为零时,偿还本息后将一无所获;当净现值为负数时,该项目收益不足以偿还本息。这一原理可以 A 方案的还本付息表来说明,见表3-9。

表 3-9　　　　　　　　　　　　　　A 方案还本付息表

单位:万元

N	年初债款	年息(10%)	年末债款	偿还现金	尚未偿债
1	6 000	600	6 600	2 000	4 600
2	4 600	460	5 060	3 000	2 060
3	2 060	206	2 266	4 000	-1 734

尚未偿债为-1 734 万元,说明 A 方案还本付息后尚有 1 734 万元的剩余。A 方案的总收益3 000万元,分解为两部分,一部分是累计利息1 266 万元,这是方案的基本收益;另一部分是偿债后的剩余 1 734 万元,这是方案的剩余收益。基本收益的实质是资金的机会成本,剩余收益的净现值为 1 303(1 734×0.751 3)万元。净现值的实质是折现后的剩余收益,一个投资项目净现值大于零,说明方案本身的报酬率大于预先给定的基准折现率。

在投资项目预期现金流量确定条件下,影响净现值大小的因素取决于折现率和项目期,净现值对折现率的敏感分析如下(见图3-3):

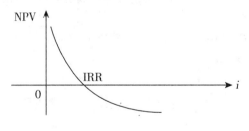

图 3-3　NPV 对 i 的敏感性

可见,随着折现率的上升,净现值下降。净现值对折现率的敏感性说明:基准折现率的确定关系到方案的选择。实践中根据项目现金流量风险合理确定基准折现率却是十分困难的事,我们将在下一节着重分析。

净现值法的优点有三:一是考虑了资金时间价值,增强了投资经济性的评价;二是考虑了项目计算期的全部净现金流量,体现了流动性与收益性的统一;三是考虑了投资风险性,因为折现率的大小与风险大小有关,风险越大,折现率就越高。

净现值法的缺点也是明显的:一是不能直接反映投资项目的实际收益率水平,当各项目投资额不等时,仅用净现值无法确定投资方案的效率;二是净现金流量的测量和折现率的确定比较困难,而它们的正确性对计算净现值有着重要影响。

2. 现值指数(PI)

现值指数是指投资项目预期现金流入现值和与预期现金流出现值和之比,又称现值比率、获利指数、贴现后收益—成本比率等。

计算现值指数的公式:

$$PI = \sum CFI_t / (1+i)^t \div \sum CFO_t / (1+i)^t$$

根据表3-9的资料三方案的现值指数为: $PI_A = 1.22$; $PI_B = 1.35$; $PI_C = 0.92$。

A、B两方案的现值指数大于1,说明其净现值大于零,方案的报酬率大于基准折现率,如果是单一方案,两方案都可行;如果是独立方案,B方案的效率高于A方案,优先安排B方案,剩余资金再安排A方案。C方案的现值指数小于1,说是其净现值小于零,方案的报酬率小于基准折现率,C方案在财务上不可行。

现值指数可看作净现值的转换形式,即将绝对量表示的价值指标转化为相对率表示的比值型指标。价值型指标可评价方案的效益,比值型指标可评价方案的效率。好的效果要求既要效益好又要效率高,在二者对方案评价产生矛盾时,如果 $NPV_A >$ NPV_B 但 $PI_A < PI_B$,就要看备选方案的性质,如果是互斥方案,属于选择决策,以NPV最大为唯一选择;如果是独立方案,属于分筛决策,以效率高的为最优选择,以效率次之的为次优选择。现值指数基本原理和净现值相同,也无法反映投资项目自身的实际报酬率的大小。

3. 内含报酬率(IRR)

内含报酬率是指能使投资项目预期现金流入的现值和等于预期现金流出的现值和的贴现率,或者说是使投资项目预期现金流量净现值为零时的折现率。

其计算公式为:

$$NPV = \sum CFI_t / (1+i)^t - \sum CFO_t / (1+i)^t = \sum NCF_t / (1+i)^t = 0$$

求解上式中的 i 即为IRR。

内含报酬率的计算,需要逐步测试,然后用插值法原理求解。计算出各方案的内含报酬率后,可以将其与基准贴现率比较:如果内含报酬率高于基准贴现率,说明方案可行,反之则不可行。

内含报酬率与现值指数都是相对效率型指标,用于独立方案的排序,它能揭示方案本身报酬率的大小,但决策时仍然需要使用基准贴现率。内含报酬率的原理和性质,以及非常规项目的内含报酬率问题相当复杂,本章不再继续讨论。

(四)非折现指标

1. 静态投资回收期

静态投资回收期是指投资项目预期现金流入等于预期现值流出的时间,或者说投资项目预期现金净流量等于零时的时间。静态投资回收期简称回收期。它是计算求解能使下式成立的时间 t:

$$\sum CFI_t = \sum CFO_t$$

或 $\sum \mathrm{NCF}_t = 0$

在计算现金流入量每年不等的项目的回收期时,可逐步测试,如对于上例 A 方案回收期的测算(见表 3-10)。

表 3-10 A 方案回收期的测算

n	现金流量	回收额	未回收额
0	(6 000)		
1	2 000	2 000	4 000
2	3 000	3 000	1 000
3	4 000	1 000	

A 方案回收期 = 2 + 1 000/4 000 = 2.25(年)

计算现金流量每年相等初始投资一次支出项目的回收期,如 C 方案,按下式计算:

C 方案回收期 = 初始投资/年现金流量 = 5 400/2 000 = 2.7(年)

对于涉及建设期不为零的投资项目的回收期,回收期包括经营回收期和项目回收期两个概念。

项目回收期 = 建设期 + 经营回收期

A 方案建设期 = 0

经营回收期 = 2.25

项目回收期为 = 2.25

静态投资回收期是非折现的绝对量反指标。在评价方案可行性时,包括建设期的回收期比不包括建设期的回收期用途更广泛。各投资方案的投资回收期确定以后,进行决策的标准是:投资回收期最短的方案为最佳方案。还应将各方案的静态投资回收期与基准投资回收期对比,只有投资回收期小于或等于基准投资回收期的方案是可行方案,否则为不可行方案。

静态投资回收期能够直观地反映原始总投资的返本期限,便于理解,计算也不难,是应用较为广泛的传统评价指标。但由于它没有考虑资金时间价值因素,又不考虑回收期满后继续发生的现金流量的变化情况,故存在一定弊端。事实上,有战略意义的投资项目,早期收益较低且不稳定,而中后期收益高且稳定。回收期法可能导致优先选择急功近利方案而放弃有战略意义的方案。回收期主要反映方案的流动性而非营利性。

2. 会计收益率

会计收益率是指投资项目预期年均会计利润占投资额的百分比,其公式为:

会计收益率 = 预期年均会计利润 ÷ 投资额 × 100%

会计收益率的决策标准是:投资项目的会计收益率越高越好,低于基准收益率的方案为不可行方案。

会计收益率指标的优点是简单、明了、易于掌握,且该指标不受建设期长短、投资方式、回收额有无以及净现金流量的大小等因素的影响,能够说明各投资方案的收益水平。该指标的缺点有三：第一，没有考虑资金时间价值因素，不能正确反映建设期长短及投资方式不同对项目的影响；第二，该指标分子分母时间特征不一致（分子是时期指标，分母是时点指标），因而在计算口径上可比基础较差；第三，该指标的计算无法直接利用净现金流量信息。

第四节　投资项目的风险处理

前面的分析，都假设项目的现金流量是确定的，但实际上，项目投资预期现金流量都不是确定的，不管是建设期的现金流出还是经营期和回收时的现金流入，都在不同程度中带有不确定性。具体到一个企业或一个投资项目，在决策时由于备选方案的绝大多数信息来自对未来的预测和估算，因此有相当程度的不确定性。为了确保投资项目在财务、经济上的可靠性，应当预测项目应承担的风险，进行风险分析。传统风险处理技术有盈亏临界分析法、敏感性分析法，现代风险处理技术有风险调整折现率法和风险调整现金流量法等。

一、传统风险处理技术

一般而言，传统风险处理技术主要是指本量利分析方法。

（一）成本性态分析

成本性态是指成本总额与业务量之间的依存关系。成本按其性态分类，主要分为固定成本、变动成本。

固定成本是指在特定的业务量范围内不受业务量变动的影响，一定期间的总额能保持相对稳定的成本，如固定折旧费用、固定的月工资、财产保险费、广告费、职工培训费、办公费、科研开发费用等。固定成本通常用 F 表示。

变动成本是指在特定的业务量范围内其总额会随业务量的变动而成正比例变动的成本，如直接材料、直接人工、外部加工费等。变动成本通常用 VC 表示，单位变动成本通常用 Vc 表示，业务量通常用 Q 表示。

（二）成本、业务量和利润的关系

我们把成本分解成固定成本和变动成本两部分之后，再把收入和利润加进来，成本、销量和利润的关系就可以统一于一个数学模型。

目前多数企业都使用损益法来计算利润，即首先确定一定期间的收入 S，然后计算与这些收入相配合的成本，两者之差为利润（EBIT）：

利润＝销售收入－总成本

即：$EBIT = S - TC$

由于：总成本＝变动成本＋固定成本

　　　　＝单位变动成本×产量＋固定成本

销售收入＝单价×销量

假设产量与销量相同,则有:

利润＝单价×销量－单位变动成本×销量－固定成本

即:$EBIT = PQ - V_cQ - F$

这个方程是明确表达本量利之间数量关系的基本方程式,含有 5 个相互联系的变量,给定其中 4 个,我们便可求出另一个变量的值。

在规划利润时,我们通常把单价、单位变动成本和固定成本视为稳定的常量,只有销量和利润两个自由变量。给定销量时,我们可利用方程式直接计算出预期利润;给定目标利润时,可直接计算出应达到的销售量。

这个方程式是一种最基本的形式,可以根据所需计算的问题变换成其他形式,或者根据企业具体情况增加一些变量,成为更复杂、更接近实际的方程式。损益方程式实际上是损益表的模型化表达,不同的损益表可以构造出不同的模型。

(三)盈亏临界分析

盈亏临界分析是本量利分析的一项基本内容,亦称损益平衡分析或保本分析。它主要研究如何确定盈亏临界点、有关因素变动对盈亏临界点的影响等问题,并可以为决策提供在何种业务量下企业将盈利,以及何种业务量下企业会出现亏损等信息。

盈亏临界点,是指企业收入和成本相等的经营状态,也就是企业处于既不盈利又不亏损的状态。我们通常用一定的业务量来表示这种状态。

由于计算利润的公式为:

利润＝单价×销量－单位变动成本×销量－固定成本

令利润等于 0,此时的销量为盈亏临界点的销售量:

0＝单价×盈亏临界点销售量－单位变动成本×盈亏临界点销售量－固定成本,则:

$$盈亏临界点销售量 = \frac{固定成本}{单价 - 单位变动成本}$$

(四)敏感性分析

本量利关系的敏感分析,主要研究与分析有关参数发生多大变化会使盈利转为亏损,各参数变化对利润变化的影响程度,以及各因素变动时如何调整销量,以保证原目标利润的实现等问题。

【例题 3-7】某企业只生产一种产品,单价为 2 元,单位变动成本 1.20 元,预计明年固定成本 40 000 元,产销量计划达 100 000 件。假设没有利息支出和所得税,则明年预计利润为:

利润＝100 000×(2-1.20)-40 000＝40 000(元)

有关敏感性分析如下:

1. 有关参数发生多大变化使盈利转为亏损

单价、单位变动成本、产销量和固定成本的变化,会影响利润的高低。这种变化达到一定程度,会使企业利润消失,进入盈亏临界状态,使企业的经营状况发生质变。敏感性分析的目的之一,就是提供能引起目标发生质变的各参数变化的界限,其方法称为最大最小法。

(1)单价的最小值。单价下降会使利润下降,下降到一定程度,利润将变为零,是企业能忍受的单价最小值。

设单价为SP:

$$100\ 000 \times (SP - 1.20) - 40\ 000 = 0$$

$$SP = 1.60(元)$$

单价降至1.60元,即降低20%时企业由盈利转入亏损。

(2)单位变动成本的最大值。单位变动成本上升会使利润下降,并逐渐趋近于零,此时的单位变动成本是企业能忍受的最大值。

设单位变动成本为Vc:

$$100\ 000 \times (2 - Vc) - 40\ 000 = 0$$

$$Vc = 1.60(元)$$

单位变动成本由1.20元上升至1.60元时,企业利润由40 000元降至0。此时,单位变动成本约上升了33%。

(3)固定成本最大值。固定成本上升也会使利润下降,并趋近于零。

设固定成本为F:

$$100\ 000 \times (2 - 1.20) - F = 0$$

$$F = 80\ 000(元)$$

固定成本增至80 000元时,企业由盈利转为亏损,此时固定成本增加了100%。

(4)销售量最小值。销售量最小值,是指使企业利润为零的销售量,就是盈亏临界点销售量。

$$Q = \frac{40\ 000}{2 - 1.20} = 50\ 000(件)$$

销售计划如果只完成50%,则企业利润为零。

2. 各参数变化对利润变化的影响程度

各参数变化都会引起利润的变化,但其影响程度各不相同。有关参数发生微小变化,就会使利润发生很大的变动,利润对这些参数的变化十分敏感,我们称这类参数为敏感因素。与此相反,有些参数发生变法后,利润的变化不大,反应比较迟钝,我们称之为不敏感因素。

反映敏感程度的指标是敏感系数:

$$敏感系数 = \frac{目标值变动百分比}{参量值变动百分比}$$

下面仍【例3-7】的数字为基础,进行敏感程度的分析。

(1)单价的敏感程度。

设单价增长20%,则:

SP = 2×(1+20%) = 2.40(元)

按此单价计算,利润 = 100 000×(2.40-1.20)-40 000 = 80 000(元)

利润原来是 40 000 元,其变化率为:

目标值变动百分比 = (80 000-40 000)/40 000 = 100%

单价的敏感系数 = 100%/20% = 5

这就是说,单价对利润的影响很大,从百分率来看,利润以 5 倍的速率随单价变化。涨价是提高盈利的最有效手段,价格下跌也将是企业的最大威胁。经营者根据敏感系数知道,每降价 1%,企业将失去 5% 的利润,必须格外予以关注。

(2)单位变动成本的敏感程度。

设单位变动成本增长 20%,则:

Vc = 1.20×(1+20%) = 1.44(元)

按此单位变动成本计算,利润 = 100 000×(2-1.44)-40 000 = 16 000(元)

利润原来是 40 000 元,其变化率为:

目标值变动百分比 = (16 000-40 000)/40 000 = -60%

单位变动成本的敏感系数 = -60%/20% = -3

由此可见,单位变动成本对利润的影响比单价要小,单位变动成本每上升 1%,利润将减少 3%。但是,敏感系数绝对值大于 1,说明变动成本的变化会造成利润更大的变化,仍属于敏感因素。

(3)固定成本的敏感程度。

设固定成本增长 20%,则:

F = 40 000×(1+20%) = 48 000(元)

按此固定成本计算,利润 = 100 000×(2-1.20)-48 000 = 32 000(元)

原来的利润为 40 000 元,其变化率为:

目标值变动百分比 = (32 000-40 000)/40 000 = -20%

固定成本的敏感系数 = -20%/20% = -1

这说明固定成本每上升 1%,利润将减少 1%。

(4)销售量的敏感程度。

设销量增长 20%,则:

Q = 100 000×(1+20%) = 120 000(件)

按此计算利润 = 120 000×(2-1.20)-40 000 = 56 000(元)

利润的变化率:

目标值变动百分比 = (56 000-40 000)/40 000 = 40%

销量的敏感系数 = 40%/20% = 2

就【例 3-7】而言,影响利润的诸因素中最敏感的是单价(敏感系数 5),其次是单位变动成本(敏感系数 -3),再次是销量(敏感系数 2),最后是固定成本(敏感系数 -1)。其中敏感系数为正值的,表明它与利润同向增减;敏感系数为负值的,表明它与利润为反向增减。

二、现代风险处理技术

(一) 风险调整折现率法

风险调整折现率法是指如果项目显示的风险高于平均水平,企业则在综合资金成本基础上增加一定的折现率,反之则减少,由此确定项目要求的收益率(计算净现值的折现率)的一种方法。与 CAPM 法被公认为科学的、严密的(如果 β 系数获取正确的话)确定项目预期收益率的有效方法不同,RADR 法相对则是非正规的、较为主观的、粗糙的方法。在实际中,CAPM 的具体应用在风险调整折现率法下又有以下三种具体做法(见表 3-3 和表 3-4)。

1. 按要求资产定价模型调整折现率

CAPM 理论告诉我们,系统风险系数 β_j 的投资项目所应得到的风险报酬率为:$R_j = R_f + \beta_j \times (R_m - R_f)$。如果新情况表明项目 j 的风险将会比原先预计的高,则将 β_j 向上调整,从而项目要求的收益率 R_j 也相应向上调整,并以此作为项目衡量标准或计算项目净现值的贴现率。

2. 以项目为基础进行调整

以企业拟投资旅游项目为例,我们可以在市场上找规模相近、人员配备相当的若干家旅行社,以其实际报酬率的平均数为基准,结合投资项目本身的具体情况进行必要修正,如预计有更好的旅游前景,预计出现更多的竞争对手等情况,以修正后的报酬率作为项目的风险折现率。

3. 以项目的风险等级调整折现率

有时,项目决策人员根据有关投资项目受不同风险因素影响的大小,以及这些风险因素本身的不确定性的大小为这些风险因素评分,再根据评分的结果确定项目的风险等级和其风险折现率。风险因素系数的评定,都是由企业有关人员和专家根据历史经验、个人知识水平、对未来的预计来确定的。

表 3-3 各项目风险评分

风险因素	A 状况	A 得分	B 状况	B 得分	C 状况	C 得分	D 状况	D 得分	E 状况	E 得分
市场竞争	无	1	较弱	3	一般	5	较强	8	很强	12
投资战略协调	很好	1	较好	3	一般	5	较差	8	很差	12
回收期	1.5 年	4	1 年	1	2.5 年	7	3 年	10	4 年	15
资源供应	一般	8	很好	1	较好	5	很差	12	较差	10
总分	–	14		8		22		38	–	49

表 3-4　　　　　　　　　　　　按风险等级调整投资贴现率

总分	风险等级	调整后的贴现率
0~8	很低	7%
9~16	较低	9%
17~24	一般	12%
25~32	较高	15%
33~40	很高	17%
40分以上	最高	25%以上

该方法具有方便、易行的优点,但具有一定的主观性,因而,因素选择、专家评判是该方法应用的关键。

(二)风险调整现金流量法

项目风险的直接表现是导致未来现金流量的不确定性。因此我们可以通过直接调整现金流量来反映这种风险投资项目的影响。该方法的基本思路是:以不确定条件下投资项目现金流量的期望值为基点,考虑投资风险的影响后,适当调低期望值所表示的现金流量,使这一较低的确定性收益带来的效用与较高的期望收益带来的效用相等。例如,某投资者未来可能得到的收入为 12 元和 18 元,发生的可能性均是 50%,那么期望收益为 15 元。若其效用曲线如图 3-4 所示,则主要收入带来的期望效用为 $U(E) = \dfrac{1}{2}U(12) + \dfrac{1}{2}U(18)$,对应于效用曲线上的 A 点,与这一效用值相对应的确定性收入为 14 元,表明获得 14 元的确定性收入与等概率地获得 12 元和 18 元收入对于这一投资者来说具有同等效用,或者说能得到同样程度满足;如果将收入的期望值 15 元调整到 14 元,我们就可以用无风险贴现率对投资项目进行评估了。

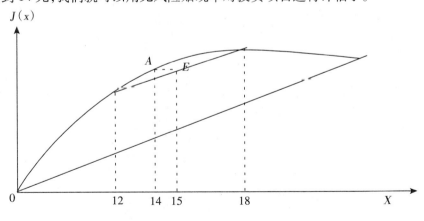

图 3-4　效用曲线图

在实际操作中,我们通常可根据风险的大小对投资项目各期现金流量打一折扣,以调整系数与各期现金流量相乘,求得调整后的现金流量。这种方法也称为现金流量的约当系数法,而调整因子称为约当系数,如表3-5所示。

表3-5 现金流量的约当系数法

时 期	0	1	2	3	4	5
期望现金流量	−10 000	3 000	3 000	3 000	3 000	3 000
(10%)折现系数	1.0	0.95	0.90	0.85	0.80	0.78
现金流量现值	−10 000	2.850	2 700	2 550	2 400	2 340
累计现值	−10 000	2 591	2 231	1 916	1 639	1 453

该项目的调整净现值 NPV′=−170,与期望净现值 NPV=1 372 相比,在充分考虑了项目风险之后,决策结果发生了质的变化,由原来可接受项目变成不可接受项目。

需注意的是:该方法中约当系数的选择与决策人的风险偏好有关,冒险型的投资者对约当系数取值偏大,而保守型的投资者对约当系数取值偏小。为了避免这种人为因素的影响,人们常常在确定约当系数时,与另一个风险指标——未来现金流量的标准离差相联系。

第四章
营运资金管理

营运资金,是指流动资产减去流动负债的差额。营运资金管理,也就是现金、有价证券、应收款项和存货等流动资产的运行管理,以及为维持这些流动资产而进行的融资活动管理。流动资产反映了公司的具体生产经营活动,是公司日常财务的重要内容。本章讨论各类流动资产的管理特性,现金与存货持有量决策,应收账款信用政策决策和各类流动资产的日常管理方法,短期债务融资方式和营运资金持有政策和融资政策。

第一节　现金和有价证券管理

一、现金及其管理意义

现金是指在生产过程中暂时停留在货币形态的资金,包括库存现金、银行存款、其他货币资金。有价证券是公司现金的一种转换形式,变现能力强,可以随时兑换成现金。获得收益和保持流动性是有价证券管理的基本目的。有价证券投资的收益和风险分析已在前面研究过,这里讨论有价证券是将其视为现金的替代品,是"现金"的一部分。

现金是变现能力最强的资产,拥有足够的现金对于降低公司风险,增强资产的流动性和债务的可清偿性有着重要意义。但是,现金属于非盈利性资产,即使是银行存款,盈利能力也非常低,现金持有量过多,其所提供的流动性边际效益会随之下降,进而导致公司整体收益水平降低。因此,公司必须合理确定现金持有量,使现金收支不但在数量上,而且在时间上相互衔接,以便在保证公司经营活动所需现金的同时,尽量减少公司闲置的现金数量。公司现金管理的目的就是在资产的流动性和盈利性之间权衡选择,以获取最大的长期利润。

二、现金的持有动机与成本

(一)现金的持有动机

公司持有现金的原因,主要是满足交易性需求、预防性需求和投机性需求。

1. 交易性需求

交易性需求指公司需要持有一定数量的现金以满足生产经营活动的需要,如购买原材料、支付工资、交纳税款、偿还到期债务、派发现金股利等。由于现金收支在时间上和数量上很难同步等量,公司持有现金以保持日常生产经营活动的正常进行是必要的,这是公司持有现金的根本动机。一般说来,公司为交易性需求所持有的现金余额取决于公司产销业务量水平。

2. 预防性需求

预防性需求指公司需要持有现金以满足由于意外事件而产生的特殊需求。由于市场环境的变化和其他各种不确定因素的存在,公司必须持有超过交易性需求的现金余额。一般而言,为预防性需要所持有的现金余额主要取决于三个因素:一是公司愿意承担风险的程度;二是公司的临时举债能力;三是公司对现金流量预测的可靠程度。

3. 投机性需求

投机性需求指公司持有现金用于把握低价购买机会。例如,遇有廉价原材料或其他资产供应的机会;证券市场大幅度跌落后的投资机会等。当然,除金融公司和投资公司外,一般工商公司专为投机性需求持有的现金不多,遇有低价购买机会,也常设法临时融资,但拥有相当数量的现金,确实为把握低价购买机会提供了方便。

公司除以上原因持有现金外,也会基于满足将来某一特定要求或者为在银行维持补偿性余额等其他原因而持有现金。公司确定现金余额应综合考虑各种持有动机,由于各种动机所需现金可以调节使用,公司持有的现金总额并不等于各种动机所需现金总额的简单相加,前者通常小于后者。另外,上述多种动机所需保持的现金并不要求必须是货币形态,也可以是能够随时兑换的有价证券以及能够随时转化为现金的其他存在形态。

(二)现金的成本

为满足各种需求动机,公司必须持有一定数量的现金,但公司现金并非越多越好,因为公司持有现金会带来一系列成本,主要包括持有成本、转换成本和短缺成本。

1. 持有成本

持有成本指公司因保留一定现金余额而增加的管理费用和机会成本。公司持有现金,对现金进行管理,会发生一定的管理费用,如管理人员工资福利费、管理设备折旧及安全措施费用。这些费用是现金的管理成本。管理成本具有固定成本性质,在一定范围内与现金持有量关系不大,是决策无关成本。

公司持有现金而不能用于有价证券或其他项目的投资,或者公司持有的现金来源于向银行或其他债权人的融资,必然放弃再投资收益或者支付融资成本。这是公司持有现金的机会成本。现金持有量与持有现金的机会成本成正比例关系,现金持有量越大,机会成本越高。机会成本具有变动成本性质,是决策相关成本。

2. 转换成本

转换成本指公司用现金购入有价证券或者转让有价证券换取现金的交易成本,如证券交易印花税、手续费等。转换成本并不都是固定费用,有的具有变动成本性质,但在证券总额既定条件下,无论转换次数如何变动,所需支付的交易费用是相同的。因此,那些依据委托成交额计算的转换成本与证券转换次数关系不大。这样,与证券变现次数相关的转换成本便只包括其中的固定性交易费用。固定性转换成本与现金持有量成反比例关系。

3. 短缺成本

短缺成本指现金持有量不足而又无法及时通过有价证券变现加以补充而给公司造成的损失。短缺成本不考虑公司其他资产的变现能力,仅就不能以充足的现金满足各种现金需求而言,其内容主要包括:丧失购买机会造成的生产中断损失,到期支付不能导致的信用损失,以及放弃的现金折扣等。其中失去信用的损失难以准确计量但其影响却很大,甚至可能导致供应商拒绝或延迟供货,债权人要求清算等。显然,现金短缺成本与现金持有量为反方向变动关系。

三、最佳现金持有量

基于交易性需求、预防性需求和投机性需求,公司必须保持一定数量的现金余额,而且现金持有量越大,越能满足各种需求,但公司持有现金又会产生一系列成本。现金持有量越高,相关成本越大。考虑这两方面的因素,公司必须合理确定公司的现金持有量,这就涉及最佳现金持有量问题,确定公司最佳现金持有量的方法主要有现金周转模式、成本分析模式、存货模式和随机模式等。

1. 现金周转模式

现金周转模式是通过预计现金需求总量和确定现金周转的目标次数来确定公司最佳现金持有量的方法,其计算公式为:

$$最佳现金持有量 = \frac{预计现金年总需求量}{现金周转次数}$$

无疑,现金周转速度越快,平时持有的现金越少。上式中,现金周转次数是指现金在一年内周转的次数,可用下式计算:

$$现金周转次数 = \frac{360}{现金周转天数}$$

现金周转天数是指公司由于购买存货、偿还欠款等原因支付货币资金到存货售出,收回应收款项而回收现金的时间,在存货以商业信用方式购置时,其计算公式为:

现金周转天数 = 平均储备天数 + 平均周转天数 - 平均付款天数

例 4-1　某公司年需现金 600 万元,平均储备时间 40 天,平均周转时间 20 天,平均付款时间 30 天,则:

现金周转天数为:40 + 20 - 30 = 30(天)

现金周转次数为:$\frac{360}{30} = 12$(次)

最佳现金持有量为：$\dfrac{600}{12}=50$（万元）

现金周转模式的计算简单，但要求有假设前提：未来年度的现金总需求能够根据产销计划准确预计，能够根据过去的历史资料测算出未来年度现金周转的次数。

2. 成本分析模式

成本分析模式是分析持有现金的相关成本，分析预测其相关总成本最低时现金持有量的一种方法。运用成本分析模式确定现金最佳持有量，只考虑因持有一定量现金而产生的机会成本和短缺成本，而不考虑管理费用和转换成本。机会成本与现金持有量成正比例变化，短缺成本与现金持有量成反方向变化，如图 4-1 所示：

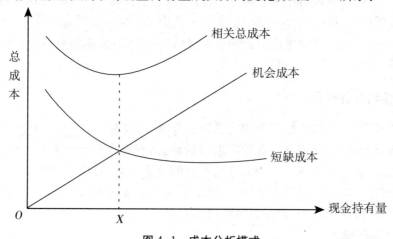

图 4-1　成本分析模式

从图 4-1 中可见，由于各项成本同现金持有量的变动关系不同，使得相关总成本呈开口向上的抛物线，抛物线的最低点，即为相关总成本最低点，该点对应的现金持有量 X 就是最佳现金持有量。

成本分析模式下，最佳现金持有量就是持有现金而产生的机会成本与短缺成本之和最小时的现金持有量。实际工作中运用该模式确立最佳现金持有量的具体步骤为：①根据不同现金持有量测算并确定有关成本数值；②按照不同现金持有量及其相关成本资料编制最佳现金持有量测算表；③在测算表中找出相关总成本最低时的现金持有量，就是最佳现金持有量。

例 4-2　某公司现有 A、B、C、D 四种现金持有方案，有关成本资料如表 4-1 所示：

表 4-1　　　　　　　　　　　现金持有量备选方案

单位：万元

项目	A	B	C	D
现金持有量	100	200	300	400

表 4-1(续)

项目	A	B	C	D
机会成本率	8%	9%	10%	11%
机会成本	8	18	30	44
短缺成本	25	10	5	0
相关总成本	33	28	35	44

可见 B 方案相关总成本最低为 28 万元,因此公司的最佳现金持有量为 200 万元。

3. 存货模式

存货模式又称鲍莫模式(baumol mode),由美国财务经济学家鲍莫(William Baumol)首先提出。他认为公司现金持有量在许多方面与存货批量类似,存货经济批量模型可用于确定公司最佳现金持有量。

在运用存货模式确定最佳现金持有量时,需要建立如下假设前提:

(1)公司预算期内现金需求量可以预测。

(2)公司现金流量相对稳定,波动较小,而且每当现金余额降至零时,均可通过部分证券变现得以补足,且证券变现风险很小。

(3)证券利率及每次固定交易费用可以获悉。

(4)不允许出现现金短缺成本。

在这些假设存在的前提下,公司现金流转模式如图 4-2 所示。

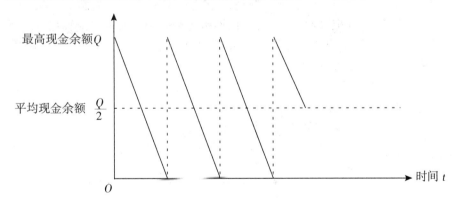

图 4-2　存货模式下现金流转模式

存货模式的着眼点也是持有现金相关总成本最低,只不过此时研究的相关成本指持有现金的机会成本和转换成本。能够使公司持有现金机会成本与转换成本之和保持最低的现金持有量,即为最佳现金持有量。

设 D 为一个周期内现金总需求量,K 为每次转换有价证券的成本,Q 为现金持有量(每次证券转换的数量),i 为有价证券利率(机会成本),TC 为持有现金的相关总成

本,则:

$$TC = \frac{Q}{2}i + \frac{D}{Q}K$$

对上式求导 $TC' = (\frac{Q}{2}i + \frac{D}{Q}K)' = 0$

得:$Q' = \sqrt{2DK/i}$

$$TC(Q') = \sqrt{2DKi}$$

例 4-3 某公司现金收支稳定,预计全年需要现金 36 000 元,现金与有价证券转换成本为每次 200 元,有价证券年利率 10%则:

最佳现金持有量 $Q' = \sqrt{2 \times 36\,000 \times 200/10\%} = 12\,000(元)$

最佳现金持有量 F 相关总成本 $TC(Q') = \sqrt{2 \times 36\,000 \times 200 \times 10\%} = 1\,200(元)$

其中:转换成本 $\frac{D}{Q}K = \frac{36\,000}{12\,000} \times 200 = 600(元)$

持有机会成本 $\frac{Q}{2}i = \frac{12\,000}{2} \times 10\% = 600(元)$

有价证券转换次数 $D/Q = \frac{36\,000}{12\,000} = 3(次)$

有价证券转换间隔期 $= 360 \div 3 = 120(天)$

4. 随机模式

随机模式是在现金需求难以预知的情况下进行现金持有量控制的方法。公司现金需求量往往波动大且难以预知,但可以根据历史经验和现实需要测算出一个现金持有量的控制范围,即制定出现金持有量的上限和下限,将现金量控制在上下限之内。这种对现金持有量的控制,见图 4-3。

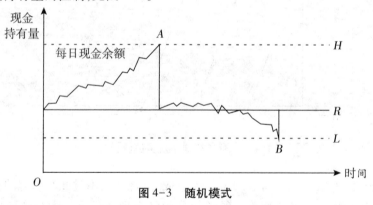

图 4-3 随机模式

图 4-3 中,虚线 H 为现金存量的上限,虚线 L 为现金存量的下限,实线 R 为最优现金返回线。从图 4-3 中可以看到,公司的现金存量(表现为现金每日余额)是随机波动的,当其达到 A 点时,即达到了现金控制的上限,公司应用现金购买有价证券,使

现金量回落到现金返回线(R线)的水平；当现金存量降至 B 点时，即达到了现金控制的下限。现金存量在上下限之间的波动属控制范围内的变化是合理的，不做处理。

以上关系中的上限 H、现金返回线 R 可按下列公式计算：

$$R = \sqrt[3]{\frac{3b\delta^2}{4i}} + L$$

$$H = 3R - 2L$$

式中：b 为每次有价证券的固定转换成本；i 为有价证券的日利息率；δ 为预期每日现金余额变化的标准差（可根据历史资料测算）。

下限的确定则受公司每日最低现金需要、管理人员风险承受倾向等因素的影响。

例 4-4　假定某公司有价证券的年利率为 9%，每次固定转换成本为 100 元，公司认为任何时候其银行活期存款及现金余额均不能低于 10 000 元，又根据以往经验测算出现金余额波动的标准差为 1 000 元。最优现金返回线、现金控制上限的计算为：

有价证券日利率 = 9% ÷ 360 = 0.025%

$$R = \sqrt[3]{\frac{3b\delta^2}{4i}} + L$$

$$= \sqrt[3]{\frac{3 \times 100 \times 1\,000^2}{4 \times 0.025\%}} + 10\,000 = 16\,695（元）$$

$$H = 3R - 2L$$

$$= 3 \times 16\,695 - 2 \times 10\,000$$

$$= 30\,082（元）$$

四、现金日常控制和管理

公司确定最佳现金持有量后，还应建立健全各项内控制度，遵守国家相关制度法规，采取各种措施，加强现金日常控制管理，保证现金的安全、完整，最大限度地发挥其效用。

(一)现金和银行存款管理制度

按照现行制度，国家有关部门对公司使用现金有如下规定：

(1)规定了现金的使用范围。这里的现金仅指人民币现钞，是狭义的现金概念。公司用现钞从事交易，只能在一定范围内进行，包括：①支付职工工资、津贴；②支付给个人的劳务报酬；③根据国家规定颁发给个人的科学技术、文化艺术、体育等各种奖金；④支付各种劳保、福利费用以及国家规定对个人的其他支出；⑤向个人收购农副产品和其他物资的价款；⑥出差人员随身携带的差旅费；⑦结算起点(1 000 元)以下的零星支出；⑧中国人民银行确定需要支付现金的其他支出。

(2)规定库存现金限额。公司库存现钞，由其开户行根据公司的实际需要核定限额，一般以 3~5 天的零星开支为限；公司不得坐支现金，即公司不得从本单位的人民币现钞收入中直接支付交易款项，现钞收入应于当日终了送存开户银行。

（3）规定了现金管理责任制度。公司应由专门人员（出纳）负责现金的收支和管理，并登记好现金日记账，出纳人员以外的人员不得经管现金。

（4）规定了现金收支的凭证手续制度。现金收支都必须以合法的原始凭证为依据，并要加强审核。现金收支要加强内部牵制和稽核，审核、收支、记账要分管，不得由一人兼任。

银行存款管理制度包括银行账户管理办法和银行存款日常核算和管理制度。银行账户管理办法的主要内容包括：

（1）独立核算的公司和其他单位只能根据自愿原则在银行开立一个基本存款账户，不得多头开立基本账户。银行存款账户包括基本存款账户、一般存款账户、临时存款账户和专用存款账户。基本存款账户指存款人办理日常转账结算和现金收付的账户，存款人工资、奖金等的支取，只能通过基本存款账户办理；一般存款账户指存款人在基本存款账户外的银行借款转存，与基本存款账户的存款人不在同一地点的附属非独立核算单位开立的账户，存款人可通过本账户办理转账结算和现金缴存，但不能办理现金支取；临时存款账户指存款人因临时经营活动需要开立账户，存款人可以通过该账户办理转账结算和根据国家现金管理规定办理现金收付；专用存款账户指存款人用于特定用途的账户，特定用途资金范围包括基本建设资金、更新改造资金以及特定用途专户管理的资金。

（2）公司在银行开立的账户，只供本公司业务经营范围内的资金收付使用，不准出租、出借或转让给其他单位或个人使用。

（3）各种收支款项凭证必须如实填写款项的来源和用途，不得巧立名目，套取现金和银行信用，严禁利用账户进行非法活动。

（4）各单位在银行的账户，必须有足够的资金保证其支付的需要，不得签发空头支款凭证，不准签发远期支款凭证。

（5）不得持有账外公款，包括不得将公款以个人名义存入银行和保存账外现钞等各种形式的账外公款。

银行存款的日常管理核算和管理工作应该做到：

（1）严格审核银行存款的收支凭证，保证银行存款收支的合理合法性。

（2）管好待用现金支票和转账支票，按结算制度和纪律办理结算，合理选择结算方式。

（3）配备专职的银行存款出纳人员，做好银行存款收支凭证的传递和银行日记账的登记和保管工作，并定期与银行对账单进行核对。

（二）现金日常收支管理

1. 现金的回收管理

为了提高现金的使用效率，加速现金周转，公司应尽量加速账款的收回。一般来说，公司账款的收回需要经过四个时点，即客户开出付款票据、公司收到票据、票据交存银行和公司收到现金。这个过程如图4-4所示：

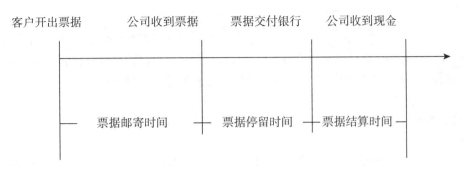

图 4-4 现金的回收管理

公司账款收回的时间包括票据邮寄时间、票据在公司停留时间以及票据结算的时间。前两个阶段所需时间的长短不但与客户、公司、银行之间的距离有关,而且与收款的效率有关。在实际工作中,缩短这两段时间的方法一般有邮政信箱法、银行业务集中法等。

(1)邮政信箱法。邮政信箱法又称锁箱法,是西方公司加速现金流转的一种常用方法。公司可以在各主要城市租用专门的邮政信箱,并开立银行存款户,授权当地银行每日开启信箱,在取得客户票据后立即予以结算,并通过电汇再将货款拨给公司所在地银行。在锁箱法下,客户将票据寄给客户所在地的邮箱而不是公司总部,不但缩短了票据邮寄时间,还免除了公司办理收账、货款存入银行等手续,因而缩短了票据邮寄以及在公司的停留时间。但采用这种方法成本较高,因为被授权开启邮政信箱的当地银行除了要求扣除相应的补偿性余额外,还要收取办理额外服务的劳务费,导致现金成本增加。因此,是否采用邮政信箱法,需视提前回笼现金产生的收益与增加的成本的大小而定。

(2)银行业务集中法。这是一种通过建立多个收款中心加速现金流转的方法。在这种方法下,公司指定一个主要开户行(通常是总部所在地)为集中银行,并在收款额较集中的若干地区设立若干个收款中心,客户收到账单后直接汇给当地收款中心,中心收款后立即存入当地银行;当地银行在进行票据交换后立即转给公司总部所在银行。这种方法可以缩短客户邮寄票据所需时间和票据托收所需时间,也就缩短了现金从客户到公司的中间周转时间。采用这种方法须在多处设立收账中心,从而增加了相应的费用支出。因此,公司应在权衡利弊得失的基础上,做出是否采用银行业务集中法的决策,这需要计算分散收账收益净额。

分散收账收益净额=(分散收账前应收账款投资额-分散收账后应收账款投资额)×企业综合资金成本率-因增设收账中心每年增加费用额

2. 现金支出管理

与现金收入的管理相反,现金支出管理的主要任务是尽可能延缓现金的支出时间。当然这种延缓必须是合理合法的,否则公司延期支付账款所得到的收益将远远低于由此遭受的损失。延期支付账款的方法一般有以下几种:

（1）合理利用"浮游量"。所谓现金的浮游量是指公司账户上现金余额与银行账户上所示的存款余额之间的差额。有时，公司账户上的现金余额已为零或负数，而银行账上的该公司的现金余额还有很多，这是因为有些公司已经开出的付款票据尚处在传递过程中，银行尚未付款出账。如果能正确预测浮游量并加以利用，可节约大量现金。

（2）推迟支付应付款。公司可在不影响信誉的情况下，尽可能推迟应付款的支付期。

（3）采用汇票付款。在使用支票付款时，只要受票人将支票存入银行，付款人就要无条件地付款。但汇票不是"见票即付"的付款方式，在受票人将汇票送达银行后，银行要将汇票送交付款人承兑，并由付款人将一笔相当于汇票金额的资金存入银行，银行才会付款给受票人，这样就有可能合法地延期付款。

3. 力争现金流量同步

如果公司能尽量保持现金流入和现金流出在规模和时间上趋于一致，就可以使其所持现金金额降到最低水平，这就是所谓的现金流量同步。在预测基础上，合理编制现金预算，根据现金预算实施现金流量的控制管理是力争现金流量同步的重要手段。关于现金预算的编制，将在第八章全面预算管理讨论。

第二节 应收账款管理

一、应收账款及其管理的意义

应收账款是公司因对外赊销产品、材料、提供劳务等应向购货方或接受劳务的单位收取的款项。公司的短期债权包括应收账款、应收票据、其他应收款和预付账款等，但通常以应收账款作为研究对象。

商品与劳务的赊销与赊供，在强化公司市场竞争能力、扩大销售、增加收益、节约存货资金占用，以及降低存货管理成本方面有着其他结算方式无法比拟的优势。但相对于现销方式，赊销商品毕竟意味着应计现金流入量与实际现金流入量时间上的不一致，所以产生拖欠甚至坏账损失的可能性也比较高。应收账款的增长，还会造成资金成本和管理费用的增加。因此，公司应在发挥应收账款强化竞争、扩大销货功能的同时，尽可能降低应收账款投资的机会成本，减少坏账损失与收账费用。

二、应收账款的功能与成本

（一）应收账款的功能

1. 促进销售

公司销售产品时可以采取两种基本方式，即现销方式与赊销方式。现销方式最大的优点是应计现金流入量与实际现金流入量完全吻合，既能避免坏账损失，又能及时地将收回的款项投入再增值过程,因而是公司最期望的一种销售结算方式。然而,在竞争激烈的市场经济条件下,完全依赖现销方式往往是不现实的。由于在赊销方式下,公司在销售产品的同时,向买方提供了可以在一定期限内无偿使用的资金,即商业信用资金,其数额等同于商品的售价,这对于购买方而言具有极大的吸引力。因此,赊销是一种重要的促销手段,对于公司销售产品、开拓并占领市场具有重要意义。在公司产品销售不畅、市场萎缩、竞争不力的情况下,或者在公司试销新产品、开拓新市场时,为适应市场竞争的需要,适时地采取各种有效的赊销方式,显得尤为必要。

2. 减少存货

赊销可以加速产品销售的实现,加快产成品向销售收入的转化速度,从而可以降低存货中的产成品存货的管理费用、仓储费用和保险费用等支出。因此,当产成品存货较多时,公司可以采用较为优惠的信用条件进行赊销,尽快地实现产成品存货向销售收入的转化,变持有产成品存货为持有应收账款,以节约各项存货支出。

(二)应收账款的成本

公司在采取赊销方式促进销售的同时,会因持有应收账款而付出一定代价,这种代价就是应收账款的成本,其内容包括:

1. 机会成本

应收账款的机会成本是指应收账款占用资金的应计利息,其计算公式为:

应收账款机会成本＝应收账款占用资金×资本成本

应收账款占用资金＝应收账款平均余额×销售成本率

应收账款平均余额＝日销售额×平均收款期

例4-5　某公司预测年度赊销收入3 600万元,应收账款平均收账天数60天。销售成本率60%,资本成本10%,则

$$应收账款平均余额=\frac{3\,600}{360}\times60=600(万元)$$

应收账款占用资金＝600×60%＝360(万元)

应收账款机会成本＝360×10%＝36(万元)

2. 管理成本

管理成本主要包括对客户的资信调查费用、收账费用等。

3. 坏账成本

应收账款主要是因为商业信用而产生,存在无法收回的可能性,由此而造成的坏账损失即为坏账成本。坏账成本一般与应收账款数量和收现期同方向变化,即应收账款越多,收现期越长,坏账成本就越大。为避免发生坏账成本给公司生产经营活动稳定性带来的不利影响,公司应合理计提坏账准备。

三、应收账款信用政策

信用政策指公司对商业信用进行规划和控制而确定的基本原则和行为规范,包括

信用标准、信用条件和收账政策三方面的内容。制定合理信用政策是公司加强应收账款管理,提高应收账款投资效益的重要前提。

（一）信用标准

信用标准是客户获得公司商业信用所应具备的最低条件,通常以预期的坏账损失率表示。如果公司把信用标准定得过高,将使许多客户因信用品质达不到所设的标准而被公司拒之门外,其结果尽管有利于降低违约风险及收账费用,但不利于公司市场竞争能力的提高和销售收入的扩大。相反,如果公司接受较低的信用标准,虽然有利于公司扩大销售,提高市场竞争力和产品占有率,但同时也会导致坏账损失风险加大和收账费用增加。

1. 影响信用标准的因素分析

公司在信用标准的确定上,面临着两难的选择。其实,这也是风险、收益、成本的对称性关系在公司信用标准制定方面的客观反映。因此,必须对影响信用标准的因素进行定性分析。公司在制定或选择信用标准时,应考虑三个基本因素:其一,同行业竞争对手的情况。面对竞争对手,公司首先考虑的是如何在竞争中处于优势地位,保持并不断扩大市场占有率。如果对手实力很强,公司欲取得或保持优势地位,就需采取较低(相对于竞争对手)的信用标准;反之,其信用标准可以相应严格一些。其二,公司承担违约风险的能力。公司承担违约风险能力的强弱,对信用标准的选择也有着重要的影响。当公司具有较强的违约风险承担能力时,就可以以较低的信用标准提高竞争力,争取客户,扩大销售;反之,如果公司承担违约风险的能力比较脆弱,就只能选择严格的信用标准以尽可能降低违约风险的程度。其三,客户的资信程度。公司在制定信用标准时,必须对客户的资信程度进行调查、分析,然后在此基础上,判断客户的信用等级并决定是否给予客户信用优惠。客户资信程度的高低通常决定于五个方面,即客户的信用品质(character)、偿付能力(capacity)、资本(capital)、抵押品(collateral)、经济状况(conditions),简称"5C"系统。

（1）信用品质。信用品质是指客户履约或赖账的可能性,这是决定是否给予客户信用的首要因素,主要通过了解客户以往的付款履约记录进行评价。

（2）偿付能力。客户偿付能力的高低,取决于资产特别是流动资产的数量、质量(变现能力)及其与流动负债的比率关系。一般而言,公司流动资产的数量越多,流动比率越大,表明其偿付债务的物质保证越雄厚;反之,则偿债能力越差。当然,对客户偿付能力的判断,还需要注意对其资产质量以及负债的流动性进行分析。资产的变现能力越大,公司的偿债能力就越强;相反,负债的流动性越大,公司的偿债能力也就越小。

（3）资本。资本反映了客户的经济实力与财务状况,是客户偿付债务的最终保证。

（4）抵押品。它是客户提供的可作为资信安全保证的资产。能够作为信用担保的抵押财产,必须为客户实际所有,并且应具有较高的变现能力。对于不知底细或信用状况有争议的客户,只要能够提供足够的高质量的抵押财产,就可以向他们提供相应的商业信用。

(5)经济状况。它指不利经济环境对客户偿付能力的影响及客户是否具有较强的应变能力。

上述各种信息资料主要通过下列渠道取得:①商业代理机构或资信调查机构所提供的客户信息资料及信用等级标准资料;②委托往来银行信用部门向与客户有关联业务的银行索取信用资料;③与同一客户有信用关系的其他公司相互交换该客户的信用资料;④客户的财务报告资料;⑤公司自身的经验与其他可取得的资料等。

2. 确立信用标准的定量分析

对信用标准进行定量分析,旨在解决两个问题:一是确定客户拒付账款的风险,即坏账损失率;二是具体确定客户的信用等级,以作为给予或拒绝信用的依据。这主要通过以下三个步骤来完成:

(1)设定信用等级的评价标准,即根据对客户信用资料的调查分析,确定评价信用优劣的数量标准,以一组具有代表性、能够说明付款能力和财务状况的若干比率(如流动比率、速动比率、应收账款平均收账天数、存货周转率、产权比率或资产负债率、赊购付款履约情况等)作为信用风险指标,根据数年内最坏年景的情况,分别找出信用好和信用差两类顾客的上述比率的平均值,依此作为比较其他顾客的信用标准。

例4-6 按照上述方法确定的信用标准如表4-2所示。

表4-2 信用标准一览表

指标	信用标准	
	信用好	信用差
流动比率	2.5:1	1.6:1
速动比率	1.1:1	0.8:1
现金比率	0.4:1	0.2:1
产权比率	1.8:1	4:1
已获利息倍数	3.2:1	1.6:1
有形净值负债率	1.5:1	2.9:1
应收账款平均收账天数	26	40
存货周转率(次)	6	4
总资产报酬率(%)	35	20
赊购付款履约情况	及时	拖欠

(2)利用既有或潜在客户的财务报表数据,计算各自的指标值,并与上述标准比较。比较的方法是:若某客户的某项指标值等于或低于差的信用标准,则该客户的拒付风险系数(坏账损失率)增加10个百分点;若客户的某项指标值介于好与差的信用标准之间,则该客户的拒付风险系数(坏账损失率)增加5个百分点;当客户的某项指

129

标值等于或高于好的信用标准时,则视该客户的这一指标无拒付风险。最后,将客户的各项指标的拒付风险系数累加,即作为该客户发生坏账损失的总比率。

例4-7 甲客户的各项指标值及累计风险系数如表4-3所示。

表4-3   客户信用状况评价表

指标	指标值	拒付风险系数(%)
流动比率	2.6:1	0
速动比率	1.2:1	0
现金比率	0.3:1	5
产权比率	1.7:1	0
已获利息倍数	3.2:1	0
有形净值负债率	2.3:1	5
应收账款平均收账天数	36	5
存货周转率(次)	7	0
总资产报酬率(%)	35	0
赊购付款履约情况	及时	0
累计拒付风险系数(%)		15

在表4-3中,甲客户的流动比率、速动比率、产权比率、已获利息倍数、存货周转率、总资产报酬率、赊购付款履约情况等指标均等于或高于好的信用标准值,因此,这些指标产生拒付风险的系数为0;而现金比率、有形净值负债率、应收账款平均收账天数三项指标值则介于信用好与信用差标准值之间,各自发生拒付风险的系数为5%,累计15%。这样即可认为该客户预期可能发生的坏账损失率为15%。

当然,公司为了能够更详尽地对客户的拒付风险做出准确的判断,也可以设置并分析更多的指标数值,如增为20项,各项最高的坏账损失率为5%,介于信用好与信用差之间的,每项增加2.5%的风险系数。

(3)进行风险排队,并确定各有关客户的信用等级。公司依据上述风险系数的分析数据,按照客户累计风险系数由小到大进行排序。然后,结合公司承受违约风险的能力及市场竞争的需要,具体划分客户的信用等级,如累计拒付风险系数在5%以内的为A级客户,在5%与10%之间的为B级客户等等。对于不同信用等级的客户,分别采取不同的信用对策,包括拒绝或接受客户信用订单,以及给予不同的信用优惠条件或附加某些限制条款等。

对信用标准进行定量分析,有利于公司提高应收账款投资决策的效果。但由于实际情况错综复杂,不同公司的同一指标往往存在着很大差异,难以按照统一的标准进行衡量。因此,要求公司财务决策者必须在更加深入地考察各指标内在质量的基础上,结合以往的经验,对各项指标进行具体的分析、判断。

(二)信用条件

信用标准是公司评价客户等级,决定给予或拒绝客户信用的依据。一旦公司决定给予客户信用优惠时,就需要考虑具体的信用条件。所谓信用条件就是指公司接受客户信用订单时所提出的付款要求,主要包括信用期间和现金折扣政策。信用条件的基本表现方式如"2/10,n/60",意思是:若客户能够在发票开出后的 10 日内付款,可以享受 2% 的现金折扣;如果放弃折扣优惠,则全部款项必须在 60 日内付清。在此,60 天为信用期间,2% 为现金折扣率,10 为现金折扣期。

1. 信用期间

信用期间是指公司允许客户从购货到支付货款的时间间隔。公司产品销售量与信用期间之间存在着一定的依存关系。通常,延长信用期间可以在一定程度上扩大销售量,从而增加毛利,但不适当地延长信用期间会给公司带来不良后果:一是使平均收账期延长,占用在应收账款上的资金相应增加,引起机会成本增加;二是引起坏账损失和收账费用的增加。因此,公司是否给客户延长信用期间,应视延长信用期间增加的边际收入是否大于增加的边际成本而定。

例 4-8 某公司现采用 30 天按发票金额付款的信用政策,拟将信用期放宽至 90 天,仍按发票额付款,该公司的资金成本为 10%,有关数据如表 4-4 所示:

表 4-4   信用期间某公司有关数据

单位:万元

项目	信用期	
	30 天	90 天
销售量(件)	100 000	110 000
销售单价	5	5
销售收入	500 000	550 000
单位变动成本	4	4
变动成本	400 000	440 000
固定成本	50 000	50 000
毛利	50 000	60 000
可能发生的收账费用	5 000	6 000
可能发生的坏账损失	5 000	6 000
应收账款的机会成本	500 000/360×30×4/5×10% = 3 333	550 000/360×90×4/5×10% = 11 000
边际收入	36 667	37 000

2. 现金折扣政策

延长信用期限会增加应收账款占用的时间和金额。许多公司为了加速资金周转,及时收回货款,减少坏账损失,往往在延长信用期限的同时,采用一定的优惠措施,即在规定时间内提前偿付货款的客户可按销售额的一定比率享受折扣。向客户提供现金折扣,主要目的在于吸引顾客为享受优惠而提前付款,缩短应收账款的平均收款期。

另外,现金折扣也能招揽一些视折扣为减价出售的客户前来购货,借此扩大产销业务量。现金折扣实际上是对现金收入的扣减,公司决定是否提供以及提供多大幅度的现金折扣,应权衡提供现金折扣后所得的收益和现金折扣成本。

例 4-9 某公司预测 201×年度赊销额为 2 460 万元,其信用条件为 $n/60$,变动成本率 65%,资本成本 20%,坏账损失率 3%,收账费用 40 万元。公司为了加速收款,拟将信用条件调整为"2/10,1/20,n/60",估计约有 60% 的客户(按赊销金额计算)会利用 2% 的折扣;15% 的客户将利用 1% 的折扣,坏账损失率降为 2%,收账费用下降 10 万元,根据上述资料,有关指标计算如表 4-5 所示。

表 4-5 公司有关指标计算结果

单位:万元

方案 项目	改变前 $n/60$	改变后 $2/10,1/20,n/60$
年赊销额 减:现金折扣 年赊销净额 减:变动成本	2 460.00 — 2 460.00 1 599.00	2 460.00 2 460×(2%×60%+1%×15%) = 33.21 2 426.79 1 599.00
信用成本前收益	861.00	827.79
减:信用成本 应收账款机会成本 坏账损失 收账费用 小计	 2 640/360×60×65%×20% = 53.30 2 460×3% = 73.80 40.00 167.1	 2 640/360×24×65%×20% = 21.32 2 460×2% = 49.20 30.00 100.52
信用成本后收益	693.90	727.27

应收账款平均收账天数 = 60%×10+15%×20+(1-60%-15%)×60 = 24 天

计算结果表明,实行现金折扣以后,公司的收益增加 33.37 万元,因此,公司最终应选择改变后的信用条件(2/10,1/20,n/60)作为最佳方案。

(三)收账政策

收账政策是指当客户违反信用条件,拖欠甚至拒付账款时公司所采取的收账策略与措施。

公司向客户提供商业信用时,必须考虑:客户是否会拖欠或拒付账款,程度如何;怎样最大限度地防止客户拖欠账款;一旦账款遭到拖欠甚至拒付,公司应采取怎样的对策。第一、二两个问题主要靠信用调查和严格信用审批制度;第三个问题则必须通过制定完善的收账方针,采取有效的收账措施予以解决。

履约付款是客户不容置疑的责任与义务,债权公司有权通过法律途径要求客户履约付款。但如果公司对所有客户拖欠或拒付账款的行为均付诸法律解决,往往并不是最有效的办法,因为公司解决与客户账款纠纷的目的,主要不是争论谁是谁非,而在于怎样最有成效地将账款收回。实际上,各个客户拖欠或拒付账款的原因是不尽相同的,许多信用品质良好的客户也可能因为某些原因而无法如期付款。此时,如果公司直接向法院起诉,不仅需要花费相当数额的诉讼费,而且除非法院裁决客户破产,否则效果往往也不很理想。所以,通过法院强行收回账款一般是公司不得已而为之的最后办法。基于这种考虑,公司如果能够同客户商量个折中的方案,也许能够将大部分账款收回。

通常的步骤是:当账款被客户拖欠或拒付时,公司应当首先分析现有的信用标准及信用审批制度是否存在纰漏;然后重新对违约客户的资信等级进行调查、评价。将信用品质恶劣的客户从信用名单中删除,对其所拖欠的款项可先通过信函、电话或者派员前往等方式进行催收,态度可以渐加强硬,并提出警告。当这些措施无效时,可考虑通过法院裁决。为了提高诉讼效果,可以与其他经常被该客户拖欠或拒付账款的公司联合向法院起诉,以增强该客户信用品质不佳的证据力。对于信用记录一向正常的客户,在去电、去函的基础上,不妨派人与客户直接进行协商,彼此沟通意见,达成谅解妥协,既可密切相互间的关系,又有助于较为理想地解决账款拖欠问题,并且一旦将来彼此关系置换时,也有一个缓冲的余地。当然,如果双方无法取得谅解,也只能付诸法律进行最后裁决。

公司对拖欠的应收账款,无论采用何种方式进行催收,都需要付出一定的代价,即收账费用,如收账所花的邮电通信费、派专人收款的差旅费和不得已时的法律诉讼费等。通常,公司为了扩大销售,增强竞争能力,往往对客户的预期未付款项规定一个允许的拖欠期限,超过规定的期限,公司就应采取各种形式进行催收。如果公司制定的收款政策过宽,会导致逾期未付款项的客户拖延时间更长,对公司不利;收账政策过严,催收过急,又可能伤害无意拖欠的客户,影响公司未来的销售和利润。因此,公司在制定收账政策时,要权衡利弊,掌握好宽严界限。

影响公司信用标准、信用条件及收账政策的因素很多,如销售额、赊销期限、收账期限、现金折扣、坏账损失、过剩生产能力、信用部门成本、机会成本、存货投资等的变化。理想的信用政策就是公司采取或松或紧的信用政策时能带来的收益最大的政策。

四、应收账款日常管理

对于已经发生的应收账款,公司应进一步强化日常工作,采取有力的措施进行分析、控制,及时发现问题,提前采取对策。这些措施主要包括应收账款追踪分析、应收账款账龄分析、应收账款收现率分析和建立应收账款坏账准备制度。

(一)应收账款追踪分析

应收账款一旦为客户所欠,赊销公司就必须考虑如何按期足额收回的问题。要达到这一目的,赊销公司就有必要在收账款之前,对该项应收账款的运行过程进行追踪分析。既然应收账款是存货变现过程的中间环节,对应收账款实施追踪分析的重点应放在赊销商品的销售与变现方面。客户以赊购方式购入商品后,迫于获利和付款信誉的动力与压力,必然期望迅速地实现销售并收回账款。如果这一期望能够顺利地实现,而客户又具有良好的信用品质,则赊销公司如期足额地收回客户欠款一般不会有太大的问题。然而,市场供求关系所具有的瞬变性,使得客户所赊购的商品不能顺利地销售与变现,经常出现的情形有两种:积压或赊销。但无论属于其中的哪种情形,对客户而言,都意味着与应付账款相对的现金支付能力匮乏。在这种情况下,客户能否严格履行赊销公司的信用条件,取决于两个因素:其一,客户的信用品质;其二,客户现金的持有量与调剂程度(如现金用途的约束性、其他短期债务偿还对现金的要求等)。如果客户的信用品质良好,持有一定的现金余额,且现金支出的约束性较小,可调剂程度较大,客户大多是不愿以损失市场信誉为代价而拖欠赊销公司账款的。如果客户信用品质不佳,或者现金匮乏,现金的可调剂程度低下,那么,赊销公司的账款遭受拖欠也就在所难免。

(二)应收账款账龄分析

公司已发生的应收账款时间长短不一,有的尚未超过信用期,有的则已逾期拖欠。一般来讲,逾期拖欠时间越长,账款催收的难度越大,成为坏账的可能性也就越高。因此,进行账龄分析,密切注意应收账款的回收情况,是提高应收账款收现效率的重要环节。

应收账款账龄分析就是考察研究应收账款的账龄结构。所谓应收账款的账龄结构,是指各账龄应收账款的余额占应收账款总计余额的比重。表4-6就是某企业的应收账龄分析表。

表 4-6　　　　　　　　　　　　　应收账款账龄分析表

应收账款账龄	账户数量	金额(万元)	百分比(%)
信用期内	100	6 000	60
超过信用期 1 月内	50	1 500	15
超过信用期 3 月内	30	1 000	10
超过信用期 6 月内	30	1 000	10
超过信用期 6 月以上	5	500	5
合计	215	10 000	100

利用账龄分析表,公司可以了解如下信息:

(1)多少欠款尚在信用期内。表 4-6 显示 6 000 万元应收账款在信用期内,占全部应收账款的 60%,这些款项欠款正常,但到期后能否收回,要待时而定,及时的监督仍然必要。

(2)多少欠款超过了信用期,超过时间长短的数额比重多大,有多少欠款会因拖欠时间太久而成为坏账。表 4-6 显示有 4 000 万元的应收账款已超过了信用期,占全部应收账款的 40%,其中,1 月内的有 1 500 万元,占全部应收账款的 15%,这部分欠款收回的可能性较大;拖欠时间较长(1~6月)有2 000万元,占全部应收账款的20%,这部分欠款回收有一定难度;拖欠时间很长(6月以上)有500万元,占全部账款的5%,这部分欠款很可能成为坏账。公司对于逾期应收账款进行分析时,还应进一步分析逾期账款具体属于哪些客户,这些客户是否经常发生拖欠情况,发生拖欠原因何在。对不同拖欠时间的账款及不同信用品质的客户,公司应采取不同的收账方法,制定出经济可行的收账政策、收账方案。对可能发生的坏账损失,需提前有所准备,充分估计这一因素对公司损益的影响。对尚未过期的应收账款,也不能放松管理与监督,以防发生新的拖欠。

通过应收账款账龄分析,不仅能提示财务管理人员应把过期款项视为工作重点,而且有助于促进公司进一步研究与制定新的信用政策。

(三)应收账款收现保证率分析

由于公司当期现金支付需要量与当期应收账款收现额之间存在着非对称性矛盾,并呈现出预付性与滞后的差异特征(如公司必须用现金支付与赊销收入有关的增值税和所得税,弥补应收账款资金占用等),这就决定了公司必须对应收账款收现水平制定一个必要的控制标准,即应收账款收现保证率。

应收账款收现保证率是为适应公司现金收支匹配关系的需要,所确定的有效收现的账款应占全部应收账款的百分比,是两者应当保持的最低比例。公式为:

$$应收账款收现保证率=(当期必要现金支付总额-当期其他稳定可靠的现金流入总额)÷当期应收账款总计总额$$

式中的其他稳定可靠现金流入总额是指从应收账款收现以外的途径可以取得的各种稳定可靠的现金流入数额,包括短期有价证券变现净额、可随时取得的银行贷款额等。

应收账款收现保证率指标反映了公司既定会计期间预期现金支付数量扣除各种可靠、稳定来源后的差额,必须通过应收款项有效收现予以弥补的最低保证程度,其意义在于,应收款项未来是否可能发生坏账损失对公司并非最为重要,更为关键的是实际收现的账项能否满足同期必需的现金支付要求,特别是满足具有刚性约束的纳税债务及偿付不得展期或调换的到期债务的需要。

(四)建立应收账款坏账准备制度

无论公司采取怎样严格的信用政策,只要存在着商业信用行为,坏账损失的发生总是不可避免的。一般说来,确定坏账损失的标准主要有两条:

(1)因债务人破产或死亡,以其破产财产或遗产清偿后,仍不能收回应收款项;

(2)债务人逾期未履行偿债义务,且有明显特征表明无法收回。

公司的应收账款只要符合上述任何一个条件,均可作为坏账损失处理。需要注意的是,当公司的应收账款按照第二个条件已经作为坏账损失处理后,并非意味着公司放弃了对该项应收账款的索取权。实际上,公司仍然拥有继续收款的法定权力,公司与欠款人之间的债权债务关系不会因为公司已作坏账处理而解除。

既然应收账款的坏账损失无法避免,因此,遵循谨慎性原则,应对坏账损失的可能性预先进行估计,并建立弥补坏账损失的准备制度,即提取坏账准备金。

第三节　存货管理

一、存货及其管理的意义

存货是指公司在日常生产经营过程中为生产或销售而储备的物资,包括材料、燃料、低值易耗品、在产品、半成品、产成品、委托加工协作件、外购商品等。

公司持有充足的存货,不仅有利于生产过程的顺利进行,节约采购费用与生产时间,而且能够迅速满足客户各种订货的需要,为公司的生产与销售提供较大的机动性,避免因存货不足带来的机会损失。然而,存货的增加必然占用更多的资金,使公司持有成本增加,而且存货的储存与管理费用也会增加,影响公司获利能力。如何在存货的功能(收益)与成本之间进行利弊权衡,在充分发挥存货功能的同时实现降低成本和增加收益的最佳组合,成为存货管理的基本目标。

二、存货的功能与成本

(一)存货的功能

1. 防止停工待料

适量的原材料存货和在制品、半成品存货是公司生产正常进行的前提和保障。就公司外部而言,供货方的生产和销售往往会因某些原因而暂停或推迟,从而影响公司材料的及时采购、入库和投产。就公司内部而言,适量的半成品储备能使各生产环节的生产调度更加合理,生产工序步调更为协调,联系更为紧密,不至于因等待半成品而影响生产。

2. 适应市场变化

存货储备能增强公司在生产和销售方面的机动性以及适应市场变化的能力。公司有了足够的库存产成品,能有效地供应市场,满足顾客的需要。相反,若某种畅销产品库存不足,将会坐失目前的或未来的推销良机,并有可能因此而失去顾客。在通货膨胀时,适当地储存原材料存货,能使公司获得因市场物价上涨而带来的好处。

3. 降低进货成本

很多公司为扩大销售规模,对购货方提供较优厚的商业折扣待遇。公司采取批量集中进货,可获得较多的商业折扣。此外,通过增加每次购货数量,减少购货次数,可以降低采购费用支出。即便在推崇以零存货为管理目标的今天,仍有不少公司采取大批量购货方式,原因就在于这种方式有助于降低购货成本,只要购货成本的降低额大于因存货增加而导致的储存等各项费用的增加额,便是可行的。

4. 维持均衡生产

对于所生产产品属于季节性产品、生产所需材料的供应具有季节性的公司,为实行均衡生产,降低生产成本,必须适当储备一定数量的半成品存货或保持一定的原材料存货。

(二)储备存货的有关成本

1. 取得成本

取得成本指为取得某种存货而支出的成本,通常用 TC_a 来表示。取得成本又分为进货成本和购置成本。

(1)进货成本

进货成本指取得订单的成本,如办公费、差旅费、邮资、电报电话费等支出。进货成本中有一部分与进货次数无关,如常设采购机构的基本开支等,称为固定进货成本,用 F_1 表示;另一部分与进货次数有关,如差旅费、邮资等,称为变动进货成本。每次进货的变动成本用 K 表示。进货次数等于存货年需要量 D 与每次进货量 Q 之商。计算公式为:

$$进货成本 = F_1 + \frac{D}{Q}K$$

(2)购置成本

购置成本指存货本身的价值,经常用数量与单价的乘积来确定。年需要量用 D 表示,单价用 U 表示,于是购置成本为 DU。进货成本加上购置成本,就等于存货的取得成本。

取得成本 = 进货成本 + 购置成本 = 固定进货成本 + 变动进货成本 + 购置成本

$$TC_a = F_1 + \frac{D}{Q}K + DU$$

2. 储存成本

储存成本指为保存存货而发生的成本,包括存货占用资金所应计的利息(若公司用现有现金购买存货,便失去了现金存放银行或投资于证券本应取得的利息,是为"放弃利息";若公司借款购买存货,便要支付利息费用,是为"付出利息")、仓库费用、保险费用、存货破损和变质损失等等,通常用 TC_c 来表示。

储存成本也分为固定储存成本和变动储存成本。固定储存成本与存货数量的多少无关,如仓库折旧、仓库职工的固定月工资等,常用 F_2 表示。变动储存成本与存货的数量有关,如存货资金的应计利息、存货的破损和变质损失、存货的保险费用等,单位成本用 K_c 来表示。

储存成本 = 固定储存成本 + 变动储存成本

$$TC_c = F_2 + K_c \frac{Q}{2}$$

3. 缺货成本

缺货成本指由于存货供应中断而造成的损失,包括材料供应中断造成的停工损失、产成品库存缺货造成的拖欠发货损失和丧失销售机会的损失(还应包括需要主观估计的商誉损失)。如果公司以紧急采购代用材料解决库存材料中断之急,那么缺货成本表现为紧急额外购入成本(紧急额外购入的开支大于正常采购的开支)。缺货成本用 TC_s 表示。

缺货成本能否作为决策的相关成本,应视公司是否允许出现存货短缺的不同情形而定。若允许缺货,则缺货成本便与存货数量反向相关,即属于决策相关成本;若公司不允许发生缺货情形,此时缺货成本为零,也就无需加以考虑。如果以 TC 来表示储备存货的总成本,它的计算公式为:

$$TC = TC_a + TC_c + TC_s$$
$$= F_1 + \frac{D}{Q}K + DU + F_2 + K_C \frac{Q}{2} + TC_S$$

三、存货经济批量模型

(一)存货经济批量的含义

存货经济批量是指能够使一定时期存货的相关总成本达到最低点的存货数量。存货决策通常涉及四项内容:决定进货项目、选择供应商、确定进货数量和进货时间。前两项是公司营销和生产技术部门的职责,后两项是公司财务部门的职责。通过对存货成本分析可知,决定存货经济进货数量的成本因素主要包括变动性进货成本、变动性储存成本(简称储存成本)以及允许缺货时的缺货成本。不同的成本项目与进货批量呈现着不同的变动关系。减少进货批量,增加进货次数,在影响储存成本降低的同时,也会导致进货费用与缺货成本的提高;相反,增加进货批量,减少进货次数,尽管有利于降低进货费用与缺货成本,但同时会影响储存成本的提高。因此,如何协调各项成本间的关系,使其总和保持最低水平,是公司组织进货过程需解决的主要问题。

(二)经济进货批量基本模式

经济进货批量基本模式以如下假设为前提:①公司一定时期的进货总量可以较为准确地予以预测,即 D 为常数;②存货的耗用或者销售比较均衡;③存货价格稳定,且不存在销售折扣和现金折扣,即 U 为常数;④公司能够及时补充存货,即需要进货时便可以立即取得存货,进货交易时间为零;⑤存货一次入库,而不是陆续入库,即送货时间为零;⑥公司现金充足,不会因现金短缺而影响进货,也不因仓储条件而影响储存存货;⑦要素市场完善,存货供应充足,不会因买不到所需存货而影响其他方面;⑧不允许缺货,即无缺货成本,TC_s 为零。

在满足以上假设后,存货流转模型如图 4-5 所示:

此时与存货进货批量相关的成本只有变动进货成本和变动储存成本,即:

$$TC_{(Q)} = \frac{D}{Q}K + K_c \frac{Q}{2}$$

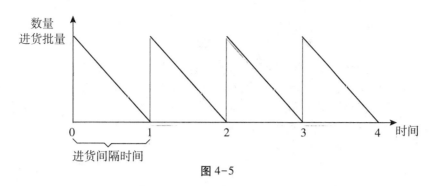

图 4-5

对上式求导得：

$$Q^* = \sqrt{2KD/K_c}$$

这一公式称为存货经济进货量基本模型。根据存货进货经济批量 Q^* 可求得：

$$TC_{(Q^*)} = \frac{KD}{\sqrt{2KD/K_c}} + \frac{\sqrt{2KD/K_c}}{2} K_c = \sqrt{2KDK_c}$$

例 4-10 某公司每年耗用甲材料 3 600 千克，该材料单价 100 元，单位存储成本 2 元，一次进货成本 25 元，公司资本成本 10%。则经济批量

$$Q^* = \sqrt{2KD/K_c} = \sqrt{\frac{2 \times 3\ 600 \times 25}{2}} = 300(\,kg\,)$$

相关总成本：$T_{C(Q^*)} = \sqrt{2KDK_c} = \sqrt{2 \times 25 \times 3\ 600 \times 2} = 600(\,元\,)$

$$每年最佳订货次数 = D/Q^* = \frac{3\ 600}{300} = 12(\,次\,)$$

$$每次进货间隔期 = \frac{360}{12} = 30(\,天\,)$$

$$存货占用资金的机会成本 = \frac{Q^*}{2} U_i = \frac{300}{2} \times 100 \times 10\% = 1\ 500(\,元\,)$$

（三）基本模型的扩展

经济订货量的基本模型是在前述各假设条件下建立的，但现实生活中能够满足这些假设条件的情况十分罕见。为使模型更接近于实际情况，具有较高的可用性，需逐一放宽假设，同时改进模型。

1. 进货提前期

基本模型中假定存货进货交易时间为零，即公司能够及时补充存货，但一般情况下，公司的存货不能做到随用随时补充，因此不能等存货用光再去进货，需要在没有用完时提前进货。在提前进货情况下，公司再次发出进货单时，尚有存货的库存量，称为再进货点，用 R 来表示。它的数量等于交货时间 L 和每日平均需用量 d 的乘积：

$$R = L \cdot d$$

续前例，如果公司进货日至到货期的时间为 10 天，每日存货需用量 10 千克，那么：

$$R = L \cdot d = 10 \times 10 = 100 \text{（千克）}$$

即公司在尚存 100 千克存货时,就应当再次进货,等到下批进货到达时(再次发出订货单 10 天后),原有库存刚好用完。此时,有关存货的每次进货批量、进货次数、进货间隔时间等并无变化,与瞬时补充时相同。进货提前期的情形见图 4-6。这就是说,进货提前期对经济进货量并无影响,可仍以原来瞬时补充情况下的 300 千克为进货批量,只不过在达到再进货点(库存 100 千克)时即发进货单罢了。

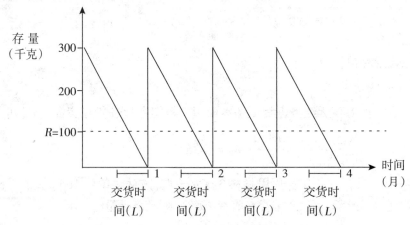

图 4-6　进货提前期的情形

2. 存货陆续供应和使用

在建立基本模型时,假设存货一次全部入库,故存货增加时存货变化为一条垂直的直线。事实上,各批存货可能陆续入库,使存量陆续增加。尤其是产成品入库和在产品转移,几乎总是陆续供应和陆续耗用的。在这种情况下,需要对基本模型做一些修改。

例 4-11　某零件年需用量(D)为 3 600 件,每日送货量(P)为 30 件,每日耗用量(d)为 10 件,单价(U)为 10 元,一次订货成本(生产准备成本)(K)为 25 元,单位储存变动成本(Kc)为 2 元。存货数量的变动见下图 4-7。

设每批进货数为 Q。由于每日送货量为 P,故该批货全部送达所需日数则为 Q/P,称为送货期。

因零件每日耗用量为 d,故送货期内的全部耗用量为:$\dfrac{Q}{P} \cdot d$

由于零件边送边用,所以每批送完时,最高库存量为:$Q - \dfrac{Q}{P} \cdot d$

平均存量则为:$\dfrac{1}{2}\left(Q - \dfrac{Q}{P} \cdot d\right)$

图 4-7 中的 E 表示最高库存量,Ē 表示平均库存量。这样,与批量有关的总成本为:

$$TC_{(Q)} = \frac{D}{Q} \cdot K + \frac{1}{2}\left(Q - \frac{Q}{P} \cdot d\right) = \frac{D}{Q} \cdot K + \frac{Q}{2}\left(1 - \frac{d}{P}\right) \cdot K$$

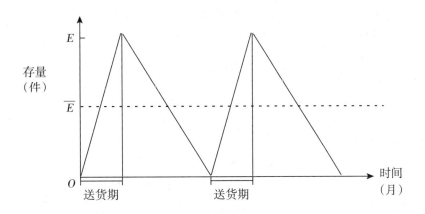

图 4-7 存货数量的变动图

在进货变动成本与储存变动成本相等时,$TC_{(Q)}$ 有最小值,故存货陆续供应和使用的经济进货量公式为:

$$\frac{D}{Q} \cdot K = \frac{Q}{2}\left(1 - \frac{d}{P}\right) \cdot K$$

$$Q^* = \sqrt{\frac{2KD}{K_c} \cdot \frac{P}{P-d}}$$

将之代入上述 $TC_{(Q^*)}$ 公式,可得出存货陆续供应和使用的经济订货量总成本公式:

$$TC_{(Q^*)} = \sqrt{2KDK_c\left(1 - \frac{d}{P}\right)}$$

将上述例题数据代入,则:

$$Q^* = \sqrt{\frac{2 \times 25 \times 3\ 600}{2} \times \frac{30}{30-10}} = 367(件)$$

$$TC_{(Q^*)} = \sqrt{2 \times 25 \times 3\ 600 \times 2 \times \left(1 - \frac{10}{30}\right)} = 490(元)$$

陆续供应和使用的经济订货量模型,还可以用于自制和外购的选择决策。自制零件属于边送边用的情况,单位成本可能较低,但每批零件投产的生产准备成本比一次外购进货成本可能高出许多。外购零件的单位成本可能较高,但进货成本可能比较低。要在自制零件和外购零件之间做出选择,需要全面衡量它们各自的总成本,才能得出正确的结论。这时,就可借用陆续供应或瞬时补充的模型。

例 4-12 某生产公司使用 A 零件,可以外购,也可以自制。如果外购,单价 10 元,一次订货成本 10 元;如果自制,单位成本 8 元,每次生产准备成本 1 000元,每日产量 50 件。零件全年需求量为 3 600 件,储存变动成本为零件价值的 20%,每日平均需求量为 10 件。

下面分别计算零件外购和自制的总成本,以选择较优的方案。

(1)外购零件

$$Q^* = \sqrt{\frac{2KD}{K_c}} = \sqrt{\frac{2 \times 10 \times 3\ 600}{10 \times 0.2}} = 190(件)$$

$$TC_{(Q^*)} = \sqrt{2KDK_c} = \sqrt{2 \times 10 \times 3\ 600 \times 10 \times 0.2} = 380(元)$$

$$TC = 3\ 600 \times 10 + 380 = 36\ 380(元)$$

(2)自制零件

$$Q^* = \sqrt{\frac{2KD}{K_c} \cdot \frac{P}{P-d}} = \sqrt{\frac{2 \times 1\ 000 \times 3\ 600}{8 \times 0.2} \times \frac{50}{50-10}} = 2\ 372(件)$$

$$TC_{(Q^*)} = \sqrt{2KDK_c \cdot \left(1 - \frac{d}{P}\right)} = \sqrt{2 \times 1\ 000 \times 3\ 600 \times 8 \times 0.2 \times \left(1 - \frac{10}{50}\right)} = 3\ 036(元)$$

$$TC = DU + TC_{(Q^*)} = 3\ 600 \times 8 + 3\ 038 = 31\ 836(元)$$

由于自制的总成本(31 836元)低于外购的总成本(36 380元),故以自制为宜。

3. 保险储备

前面讨论假定存货的供需稳定且确知,即每日需求量不变,交货时间也固定不变。实际上,每日需求量可能变化,交货时间也可能变化。按照某一进货批量(如经济进货批量)和再进货点发出订单后,如果需求增大或送货延迟,就会发生缺货或供货中断。公司需要多储备一些存货以备应急之需,称为保险储备(安全存量)。这些存货在正常情况下不动用,只有当存货过量使用或送货延迟时才动用。保险储备如图4-8所示。

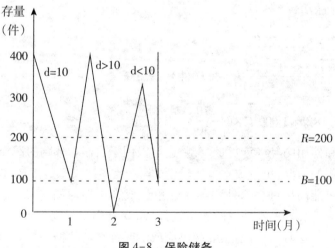

图4-8 保险储备

图4-8中,年需用量(D)为3 600件,已计算出经济订货量为300件,每年订货12次。又知全年平均日需求量(d)为10件,平均每次交货时间(L)为10天。为防止需求变化引起缺货损失,设保险储备量(B)为100件,再订货点(R)由此而相应提高为:

$R=$ 交货时间×平均日需求+保险储备$=L \cdot d+B=10 \times 10+100=200$（件）

在第一个订货周期里，$d=10$，不需要动用保险储备；在第二个订货周期内，$d>10$，需求量大于供货量，需要动用保险储备；在第三个订货周期，$d<10$，不仅不需动用保险储备，正常储备亦未用完，下次存货即已送到。

建立保险储备，固然可以使公司避免缺货或供应中断造成的损失，但存货平均储备量加大却会使储备成本升高。研究保险储备的目的，就是要找出合理的保险储备量，使缺货或供应中断损失和储备成本之和最小。方法上可以先计算出各不同保险储备量的总成本，然后再对总成本进行比较，选定其中最低的。

设与此有关的总成本为 $TC(S,B)$，年订货次数为 N，保险储备量为 B，单位存货成本为 K_c，则：

$$TC(S,B)=C_S+C_B$$

设单位缺货成本为 K_u，一次订货缺货量为 S，年订货次数为 N，保险储备量为 B，单位存货成本为 K_C，则：

$$C_S-K_u \cdot S \cdot N \quad C_B=B \cdot K_C \quad TC(S,B)=K_u \cdot S \cdot N+B \cdot K_C$$

现实中，缺货量 S 具有概率性，其概率可根据历史经验估计得出；保险储备量 B 可选择而定。

例 4-13 假定某存货的年需要量 $D=3\ 600$ 件，单位储存变动成本 $K_C=2$ 元，单位缺货成本 $K_U=5$ 元，交货时间 $L=10$ 天；已经计算出经济订货量 $Q=300$ 件，每年订货次数 $N=12$ 次。交货期内的存货需要量及其概率分布见表4-7。

表 4-7　　　　　　　　交货期内的存货需要量及其概率分布

需要量($10 \times d$)	70	80	90	100	110	120	130
概率(P_1)	0.05	0.10	0.15	0.4	0.15	0.10	0.05

先计算不同保险储备的总成本：

(1)不设置保险储备量。

令 $B=0$，且以100件为再订货点。此种情况下，当需求量为100件或其以下时，不会发生缺货，其概率为0.7（0.4+0.15+0.10+0.05）；当需求量为110件时，缺货10件（110-100），其概率为0.15；当需求量为120件时，缺货20件（120-100），其概率为0.10；当需求量为130时，缺货30件（130-100），其概率为0.05。因此，$B=0$ 时缺货的期望值 S_0、总成本 $TC(S,B)$ 可计算如下：

$$S_0=(110-100) \times 0.15+(120-100) \times 0.10+(130-100) \times 0.05=5（件）$$

$$TC(S,B)=K_U \cdot S_0 \cdot N+B \cdot K_C=5 \times 5 \times 12+0 \times 2=300（元）$$

(2)保险储备量为10件。

即 $B=10$ 件，以110件为再订货点。此种情况下，当需求量为110件或其以下时，不会发生缺货，其概率为0.85（0.15+0.4+0.15+0.10+0.05）；当需求量为120件时，缺货10

（120-110）件,其概率为 0.10;当需求量为 130 件时,缺货 20(130-110 件),其概率为 0.05。因此,$B=10$ 件时缺货期望值 S_{10}、总成本 $TC(S,B)$ 可计算如下:

$$S_{10}=(120-110)\times 0.10+(130-110)\times 0.05=2(件)$$

$$TC(S,B)=K_U\cdot S_{10}\cdot N+B\cdot K_C=5\times 2\times 12+10\times 2=140(元)$$

（3）保险储备量为 20 件,同样运用以上方法,可计算 S_{20}、$TC(S,B)$ 为:

$$S_{20}=(130-120)\times 0.05=0.5(件)$$

$$TC(S,B)=0.5\times 5\times 12+20\times 2=70(元)$$

（4）保险储备量为 30 件,即 $B=30$ 件,以 130 件为再订货点。此种情况下可满足最大需求,不会发生缺货,因此:

$$S_{30}=0$$

$$TC(S,B)=5\times 0\times 12+30\times 2=60(元)$$

然后,比较上述不同保险储备量的总成本,以其低者为最佳。

当 $B=30$ 件时,总成本为 60 元,是各总成本中最低的。故应确定保险储备量为 30 件,或者说应确定以 130 件为再订货点。

以上举例解决了由于需求量变化引起的缺货问题。至于由于延迟交货引起的缺货,也可以通过建立保险储备量的方法来解决。确定其保险储备量时,可将延迟的天数折算为增加的需求量,其余计算过程与前述方法相同。如前例,若公司延迟到货 3 天的概率为 0.05,则可认为缺货 30(3×10)件或者交货期内需求量为 130(10×10+30)的概率为 0.05。这样就把交货延迟问题转换成了需求过量问题。

四、存货日常管理

存货日常管理的目标是在保证公司生产经营正常进行的前提下尽量减少库存,防止积压。实践中形成的行之有效的管理方法有存货定额控制、存货供应时点控制、存货储存期控制、存货 ABC 分类管理和适时生产模式等多种方法。本书仅介绍后三种方法。

（一）存货储存期控制

无论是商品流通公司还是生产制造公司,其商品产品一旦入库,便面临着如何尽快销售出去的问题,即使不考虑未来市场供求关系的不确定性,仅是存货储存本身就要求公司付出一定的资金占用费(如利息成本或机会成本)和仓储管理费。因此,尽力缩短存货储存时间,加速存货周转,是节约资金占用,降价成本费用,提高公司获利水平的重要保证。

公司进行存货投资所发生的费用支出,按照与储存时间的关系可以分为固定储存费与变动储存费两类。前者包括进货费用、管理费用,其金额多少与存货储存期的长短没有直接关系;后者包括存货资金占用费(贷款购置存货的利息或现金购置存货的机会成本)、存货仓储管理费、仓储损耗(为方便计算,如果仓储损耗较小,亦将其并入固定储存费)等,其金额随存货期的变动成正比例变动。

基于上述分析,可以将量本利的平衡关系式调整为:

利润=毛利-固定储存费-销售税金及附加-每日变动储存费×储存天数①

可见,存货的储存成本之所以会不断增加,主要是由于变动储存费随着储存的延长而不断增加的结果,所以,利润与费用之间此增彼减的关系实际上是利润与变动储存费之间此增彼减的关系。这样,随着存货储存期的延长,利润将日渐减少。当毛利扣除固定储存费和销售税金及附加后的差额,被变动储存费抵消到恰好等于公司目标利润时,表明存货已经到了保利期。当它们完全被变动储存费抵消时,便意味着存货已经到了保本期。无疑,存货如果能够在保利期内售出,所获得的利润便会超过目标值。反之将难以实现既定的利润目标。倘若存货不能在保本期内售出的话,公司便会蒙受损失。现举例说明如下:

例4-14 商品流通公司购进甲商品1 000件,单位进价(不含增值税)100元,单位售价120元(不含增值税),经销该批商品一次费用为10 000元,若货款均来自银行贷款,年利率10.8%,该批存货的月保管费用率3‰,销售税金及附加800元。要求:①计算该批存货的保本储存期;②若公司要求获得3%的投资利润率,计算保利期;③若该批存货实际储存了200天,问能否实现3%的目标投资利润率? 差额多少? ④若该批存货亏损了2 000元,求实际储存天数。

计算如下:

(1)每日变动储存费=购进批量×购进单价×日变动储存费率

$$= 1\ 000 \times 100 \times (10.8\%/360 + 3‰/30) = 40(元)$$

保本储存天数=(毛利-固定储存费-销售税金及附加)/每日变动储存费

$$= [(120-100) \times 1\ 000 - 10\ 000 - 800]/40 = 230(天)$$

(2)目标利润=投资额×投资利润率=1 000×100×3%=3 000(元)

保利储存天数=[毛利-固定储存费-销售税金及附加-目标利润]/每日变动储存费

$$= [(120-100) \times 1\ 000 - 10\ 000 - 8\ 000 - 3\ 000]/40 = 155(天)$$

(3)批进批出经销该商品实际获利额=每日变动储存费×(保本储存天数-实际储存天数)=40×(230-200)1 200(元)

利润差=实际利润-目标利润=1 200-3 000=-1 800(元)

利润率差=实际利润率 目标利润率=$\frac{1\ 200}{100 \times 1\ 000} \times 100\% - 3\% = -18\%$

(4)该批存货获利额=每日变动储存费×(保本储存天数-实际储存天数)

实际储存天数=保本储存天数-$\frac{该批存货获利额}{每日变动储存费}$=230-$\frac{-2\ 000}{40}$=280(天)

可见,通过对存货储存期限的分析与控制,可以及时地将公司存货的信息传输给经营决策部门,如有多少存货已过保本期或保利期,金额多大,比重多高。这样,决策

---

① 变动储存费通常按照进价成本计算,应换算成按售价计算,销售税金及附加率是以销售税金及附加除以不含销售额求得。

者就可以针对不同情况,采取相应的措施。一般而言,凡是已过保本期的商品大多属于积压呆滞的存货,对超过保利期但未过保本期的存货,应当首先检查销售状况,查明原因,是人为所致,还是市场行情已经逆转,有无沦为过期积压存货的可能,若有,需尽早采取措施;至于那些尚未超过保利期的存货,公司亦应密切监督、控制,以防发生过期损失。在公司财务方面,需要分析哪些存货基本能在保利期与保本期之间售出,哪些存货直至保本期已过才能售出或根本就没有市场需求。通过分析,财务部门应当通过调整资金供应政策,促使经营部门调整产品结构和投资方向,推动公司存货结构的优化,提高存货的投资效率。

上述通过保本保利储存期对存货的损益情况进行分析,是建立在批进批出的前提条件下,在公司存货经销的实际工作中,批进批出只是偶然现象,普遍的情形是存货大批量购进、小批量售出或批进零售,此时若仍然按照批进批出的假设测算批进零售存货经销的损益情况,必然与实际产生很大出入。为此,有必要提出批进零售的存货控制模式。

例 4-15 公司购进 H 型存货 2 000 件,购进单价 1 000 元(不含增值税)。该款项均来自银行贷款,月利率 12‰,公司月存货保管费用 13 500 元,存货购销的固定储存费200 000元。据市场调研反馈信息表明,该存货日均销量约 12 件,需 167 天左右的时间方能全部售出,单位售价(不含增值税)1 250元。销售税金及附加125 000元。

每日变动储存费=购进批量×购进单价×每日利率+每日保管费用

$$= 2\ 000 \times 1\ 000 \times \frac{12‰}{30} + \frac{13\ 500}{30} = 1\ 250(元)$$

$$\text{H 存货的平均}\atop\text{保本储存天数} = \frac{\text{毛利-固定储存费-销售税金及附加}}{\text{每日变动储存费}}$$

$$= \frac{(1\ 250 - 1\ 000) \times 2\ 000 - 200\ 000 - 125\ 000}{1\ 250} = 140(天)$$

H 存货平均实际储存天数(公式推导略)

$$= \frac{1}{2}(购进批量/日均销量+1)$$

$$= \frac{1}{2}(实际零散售完天数+1)$$

$$= \frac{1}{2}(167+1) = 84(天)$$

经销 H 存货预计可获利:

=该批存货的每日变动储存费×(平均保本储存天数-平均实际储存天数)

= 1 250×(140-84) = 70 000(元)

通过上述举例,可以归纳出如下基本公式:

批进零售经销某批存货预计可获利或亏损额

$$= 该批存货每日变动储存费 \times \left(平均保本储存天数 - \frac{实际零售散售完天数 + 1}{2} \right)$$

$$= 购进批量 \times 购进单价 \times 变动储存费率 + \left(\frac{平均保本}{储存天数} - \frac{\frac{购进批量}{日均销量} + 1}{2} \right)$$

$$= 购进批量 \times \frac{单位存货的}{变动储存费} \times \left(\frac{平均保本}{储存天数} - \frac{\frac{购进批量}{日均销量} + 1}{2} \right)$$

此外,公司对上述公式还可以根据需要作其他具体分解,此处不再一一列示。

(二)存货 ABC 分类管理

公司存货品种繁多,尤其是大中型公司的存货往往多达上万种甚至数十万种,不同的存货对公司财务目标的实现具有不同的作用。有的存货尽管品种数量很少,但金额巨大,管理不善将给公司造成极大的损失。相反,有的存货虽然品种数量繁多,但金额微小,不至于对公司产生较大的影响。因此,无论是从能力还是经济角度,公司均不可能也没有必要对所有存货不分巨细地严加管理。ABC 分类管理正是基于这一考虑而提出的,其目的在于使公司分清主次,突出重点,以提高存货资金管理的整体效果。

所谓 ABC 分类管理就是按照一定的标准,将公司的存货划分为 A、B、C 三类,实行分品种重点管理、分类别一般控制和按总额灵活掌握的存货管理方法。

1. 存货 ABC 分类的标准

分类的标准主要是金额标准和品种数量标准。其中金额标准是最基本的,品种数量标准仅作为参考。

A 类存货的特点是金额巨大,但品种数量较少;B 类存货金额一般,品种数量相对较多;C 类存货品种数量繁多,但价值金额却很小。如一个拥有上万种商品的百货公司,家用电器、高档皮货、家具、摩托车、大型健身器械等商品的品种数量并不很多,但价值额却相当大。大众化的服装、鞋帽、床上用品、布匹、文具用具等商品品种数量比较多,但价值额相对 A 类商品要小得多。至于各种小百货,如针线、纽扣、化妆品、日常卫生用品及其他日杂用品等品种数量非常多,但所占金额却很小。一般而言,三类存货的金额比重大致为 A∶B∶C = 0.7∶0.2∶0.1,而品种数量比重大致为 A∶B∶C = 0.1∶0.2∶0.7。可见,由于 A 类存货占用着公司绝大多数的资金,只要能够控制好 A 类存货,基本上也就不会出现较大问题。同时,由于 A 类存货品种数量较少,公司完全有能力按照每一个品种进行管理。B 类存货金额相对较小,公司不必像对待 A 类存货那样花费太多的精力。同时,由于 B 类存货的品种数量远远多于 A 类存货,公司通常没有能力对每一具体品种进行控制,因此可以通过划分类别的方式进行管理。C 类存货尽管品种数量繁多,但其所占金额却很小,对此,公司只要把握一个总金额即可。不过,由于 C 类存货大多与消费者的日常生活息息相关,虽然这类存货的直接经济效益对公司并不重要,但如果公司能够在服务态度、花色品种、存货质量、价格方面加以重视的话,其间接经济效益将无法估量。相反,公司一旦忽视了这些方面的问题,其间接的经济损失同样无法估量。

2. A、B、C 三类存货的具体划分

具体分类过程可以分三个步骤：

（1）列示公司全部存货的明细表，并计算出每种存货的价值总额及占全部存货金额的百分比。

（2）按照金额标志由大到小进行排序并累加金额百分比。

（3）当金额百分比累加到70%左右时，以上存货视为 A 类存货；百分比介于70%~90%之间的存货作 B 类存货，其余则为 C 类存货。

例4-16　某公司共有20种材料，总额为200 000元，按金额多少的顺序排列并按上述原则将其划分成 A、B、C 三类（表4-8）。各类存货金额百分比用图形表示见图4-9。

表4-8　　　　　　　　　　　　ABC 分类表

材料编号	金额（元）	金额比重	累计金额比重	类别	各类存货数量和比重	各类存货金额和比重
1	80 000	40%	40%	A	2 10%	140 000 70%
2	60 000	30%	70%			
3	15 000	7.5%	77.5%	B	4 20%	40 000 20%
4	12 000	6%	83.5%			
5	8 000	4%	87.5%			
6	5 000	2.5%	90%			
7	3 000	1.5%	91.5%	C	14 70%	20 000 10%
8	2 500	1.25%	92.75%			
9	2 200	1.1%	93.85%			
10	2 100	1.05%	94.9%			
11	2 000	1%	95.9%			
12	1 800	0.9%	96.8%			
13	1 350	0.675%	97.475%			
14	1 300	0.65%	98.125%			
15	1 050	0.525%	98.65%			
16	700	0.35%	99%			
17	600	0.3%	99.3%			
18	550	0.275%	99.575%			
19	450	0.225%	99.8%			
20	400	0.2%	100%			
合计	200 000	100%			20 100%	200 000 100%

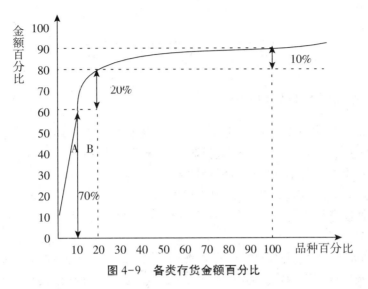

图 4-9 各类存货金额百分比

（三）适时生产模式（JIT）

适时生产模式（Just-in-Time，JIT），又称为无库存生产方式（stockless production）。JIT 管理方法是因日本丰田公司在 20 世纪 70 年代后期成功应用而成为举世闻名的先进管理体系，是日本企业在激烈的国际市场竞争获得成功的重要因素之一。

1. JIT 的基本原理

JIT 的目标之一就是减少甚至消除从原材料的投入到产成品的产出全过程中的存货，建立起平滑而有效的生产流程。在 JIT 体系下，产品完工时正好是要运输给顾客的时候；同样，材料、零部件等到达某一生产工序时正好是该工序准备开始生产之时。没有任何不需要的材料被采购入库，没有任何不需要的产成品被加工出来，所有的"存货"都在生产线上，由此使库存降低到最低程度。JIT 认为库存不仅造成浪费，还将许多管理不善的问题掩盖起来，使得问题得不到及时解决。JIT 通过不断减少各种库存来暴露管理中的问题，以不断消除浪费，不断进行改进。

2. 推行 JIT 的关键

基于 JIT 的理念，JIT 的目标是采用灵活的生产组织方式，根据市场需求的变化，及时、快速地调整生产，依靠严密细致的管理，通过彻底排除浪费、防止过量生产来实现企业的利润目标。JIT 是建立在三项基本构成要素之上的：消除浪费（elimination of waste）、全面质量（total quality）和人员素质（people preparation）。这三者之间相互作用，有机地联系在一起。JIT 运用现代生产运作管理技术来消除浪费，通过与全面质量相结合来提高企业素质，注重人员培训和提高人员素质，使之掌握新的技术以适应新的挑战。

149

第四节　短期负债融资

一、短期负债融资的特点和形式

短期负债是指在一年内或超过一年的一个营业周期内偿还的债务,包括短期借款、应付票据、应付账款、预收账款、应付职工薪酬等应付费用。

短期负债融资所筹集的资金可使用期限较短,具有如下特点:

(1)融资速度快,容易取得。长期负债的债权人为了保护自身利益,通常要对债务人进行全面财务调查,融资时间一般较长且不易取得。短期负债归还时间短,债权人顾虑少,容易取得。

(2)融资富有弹性,成本低。长期负债的债权人或有关方面通常会向债务人提出很多限制性条件或管理规定,而短期负债的限制相对宽松,使融资公司的资金使用较为灵活,富有弹性。另外,由于利率风险的影响,短期负债的利率通常低于长期负债,取得短期负债的交易成本也低于长期负债,使得短期负债融资的成本也相对较低。

(3)融资风险高。短期负债需在短期内偿还,要求融资公司在债务到期时有足够的资金,如果公司届时财务困难,资金安排不当,很可能陷入财务危机。另外,短期负债利率波动大,可能高于长期负债利率,故其融资风险较高。

短期负债最主要的形式是短期借款和商业信用。短期借款是指公司向银行或其他非银行金融机构借入的期限在一年以内的借款。商业信用是指在商品交易中由于延期付款或预收货款所形成的公司间的债权债务关系,具体形式包括应付账款、应付票据、预收账款等。

二、短期借款

(一)短期借款的种类和取得

我国目前的短期借款按照目的和用途分为生产周转借款、临时借款、结算借款等;按偿还方式分为一次性偿还借款和分期偿还借款;按利息支付方式分为收款法借款、贴现法借款和加息法借款;按有无担保分为抵押借款和信用借款等。公司在申请借款时,应根据各种借款的条件和需要加以选择。

(二)短期借款的信用条件

按照国际通行做法,银行发放短期借款往往有一些信用条件,主要包括:

1. 信贷额度

信贷额度是银行对借款人规定的无担保贷款的最高额。信贷额度的有效期通常为一年,但根据情况也可延期一年。一般而言,公司在批准的信贷额度内,可随时使用银行借款,但是银行并不承担必须提供全部信贷限额的义务,如果公司信誉恶化,即使银行曾经同意按信贷限额提供贷款,公司也可能得不到借款。

2. 周转信贷协定

周转信贷协定是银行从法律上承诺向公司提供不超过某一最高限额的贷款协定。在协定有效期内,只要公司借款总额未超过最高限额,银行必须满足公司任何时候提出的借款要求。公司享用周转协定,通常要对贷款限额的未使用部分付给银行一笔承诺费。

例4-17 某公司与银行商定的周转信贷额为1 000万元,承诺费率为0.5%,借款公司年度内使用了400万元,余额为600万元。则借款公司应向银行支付承诺费的金额为:

承诺费=600×0.5%=3(万元)

周转信贷协定的有效期通常超过一年,但实际上贷款每几个月发放一次,所以这种信贷具有短期和长期借款的双重特征。

3. 补偿性余额

补偿性余额是银行要求借款公司在银行中保持按贷款限额或实际借用额的一定百分比(通常为10%~20%)计算的最低存款余额。补偿性余额有助于银行降低贷款风险,补偿其可能遭受的风险;但对借款公司来说,补偿性余额则提高了借款的实际利率,加重了公司的利息负担。

例4-18 A公司向银行借款100万元,期限1年,利率6%,银行要求公司保持15%的补偿性余额,则公司实际可用借款只有85万元,而实际支付利息6万元,该项借款的实际利率为:6÷85×100%≈7.1%

4. 借款抵押

银行向财务风险较大、信誉情况不确定的公司发放贷款,往往需有抵押品担保,以减少自己蒙受损失的风险。借款的抵押品通常是借款公司的应收账款、存货、股票、债券等。银行接受抵押品后,将根据抵押品的账面价值决定贷款金额,一般为抵押品账面价值的30%~90%。这一比率的高低取决于抵押品的变现能力和银行的风险偏好。抵押借款的资金成本通常高于非抵押借款,这是因为银行主要向信誉好的客户提供非抵押贷款,而将抵押贷款视为一种风险投资,因而收取较高的利息;此外,银行管理抵押贷款比管理非抵押贷款更为困难,为此往往另外收取手续费。公司取得抵押借款还会限制其抵押财产的使用和将来的借款能力。

5. 偿还条件

无论何种借款,都会规定还款期限。贷款到期后仍无能力偿还的,视为逾期贷款,银行将照章加收逾期罚息。贷款的偿还有到期一次偿还和在贷款期内分期等额偿还两种方式。一般说来,公司不希望采用后种方式,因为这会提高贷款的实际利率;而银行则不希望采用前种方式,因为这会增加公司拒付风险,同时也会降低实际贷款利率。

6. 以实际交易为贷款条件

当公司发生经营性临时资金需求,向银行申请贷款以解决时,银行则以公司将要进行的实际交易为贷款基础,单独立项,单独审批,最后做出决定并确定贷款的相应条件和信用保证。对这种一次性借款,银行要对借款人的信用状况、经营情况进行个别评价,然后才能确定贷款的利息率、期限和数量。

除了上述信用条件外,银行还要求公司为取得借款而做出其他承诺,如及时提供财务报表、保持适当资产流动性等。如公司违背承诺,银行可要求公司立即偿还全部贷款。

（三）短期借款的利率及利息支付方式

短期借款的利率多种多样,这里介绍优惠利率、浮动优惠利率和非优惠利率。优惠利率是银行向财力雄厚、经营状况好的公司贷款时收取的名义利率,是贷款利率的最低限。浮动优惠利率是一种随其他短期利率的变动而浮动,随市场条件的变化而随时调整的优惠利率;非优惠利率是银行借款给一般公司时收取的高于优惠利率的利率,通常在优惠利率的基础上加一定的百分比。非优惠利率与优惠利率之间的差距,由贷款公司的信誉,与银行的往来关系以及当时的市场信贷状况决定。

短期借款的利率多种多样,利息支付方法也不一样,银行是主导选择方。一般地,借款公司可以用以下方式支付借款利息。

1. 利随本清法

利随本清法,又称收款法,是借款到期时向银行支付利息的方法,银行向公司借款大都采用这种方法收息。采用这种方法,借款的名义利率（亦即约定利率）等于实际利率（亦即有效利率）。

2. 贴现法

贴现法是银行向公司发放贷款时,先从本金中扣除利息部分,到期时借款公司再偿还全部本金的一种计息方法。采用这种方法,公司可利用的贷款额只有本金扣除利息后的差额部分,因此,其有效利率高于约定利率。

例 4-19 A 公司从银行取得年利率 6% 的一年期借款 100 万元,年利息 6 万元,按贴现法付息,公司实际可利用资金 94 万元,该项借款的实际利率为:

$6 \div (100-6) \times 100\% \approx 6.57\%$

3. 加息法

加息法是分期等额偿还贷款时采用的利息收取方法。在分期等额偿还贷款的情况下,银行要将根据约定利率计算的利息加到贷款本金上,计算出贷款的本利和,要求公司在贷款期内分期等额偿还。由于贷款分期均衡偿还,借款公司实际上只平均使用了贷款本金的半数,却支付了全部利息,这样,公司负担的有效利率便高于约定利率约一倍。

例 4-20 某公司借入年利率 10% 的一年期贷款 100 000 元,按月等额偿还本息,实际支付年息 10 000 元,而一年内平均使用借款为 50 000 元,其有效利率为 20%。

三、商业信用融资

商业信用是指在商品交易中由于延期付款或预收货款所形成的公司间借贷关系。

商业信用产生于商品交换之中,是所谓的"自发性筹资"。它运用广泛,在短期负债筹资中占有相当大的比重。商业信用的具体形式有应付账款、应付票据、预收账款等。

（一）应付账款

应付账款是公司购买货物暂未付款而欠对方的账项,即卖方允许买方在购货后一定时间内支付货款的一种形式。卖方利用这种方式促销,而对买方来说延期付款则等于向卖方借用资金购进商品,可以满足短期的资金需要。

与应收账款相对应,应付账款也有付款期、现金折扣等信用条件。应付账款可以分为免费信用、有代价信用和展期信用。免费信用是指买方公司在规定的折扣期内享受折扣而获得的信用;有代价信用是指买方公司放弃折扣期付出代价而获得的信用;展期信用是指买方公司超过规定的信用期推迟付款而强制获得的信用。

1. 应付账款的成本

若买方公司购买货物后在卖方规定的折扣期内付款,便可享受免费信用,这种情况下公司没有因为享受信用而付出代价。

例4—21 某公司按 2/10,$N/30$ 的条件购入货物 100 万元。如果该公司在 10 天内付款,便享受了 10 天的免费信用期,并获得折扣 2 万元（100×2%）,免费信用额为 98 万元。

若买方公司放弃折扣,在 10 天后（不超过 30 天）付款,该公司便要承受因放弃折扣而造成的隐含利息成本。一般而言,放弃现金折扣的成本可由下式求得:

$$放弃现金折扣成本 = \frac{现金折扣百分比}{1-现金折扣百分比} \times \frac{360}{信用期-折扣期}$$

运用上式,该公司放弃折扣所负担的成本为:

$$\frac{2\%}{1-2\%} \times \frac{360}{30-10} = 36.7\%$$

公式表明,放弃现金折扣的成本与折扣百分比的大小、折扣期的长短同方向变化,与信用期的长短反方向变化。可见,如果买方公司放弃折扣而获得信用,其代价是较高的。然而,公司在放弃折扣的情况下,推迟付款的时间越长,其成本就会越小。例如,如果公司延至 50 天付款,其成本则为:

$$\frac{2\%}{1-2\%} \times \frac{360}{50-10} = 18.4\%$$

2. 利用现金折扣的决策

在附有信用条件的情况下,因为获得不同信用要负担不同的代价,买方公司便要在利用哪种信用之间做出决策。

如果能以低于放弃折扣的隐含利息成本（实质是一种机会成本）的利率借入资金,就应在折扣期内用借入的资金支付货款,享受现金折扣。比如,与上例同期的银行短期借款年利率为 12%,则买方公司应利用更便宜的银行借款在折扣期内偿还应付账款。

如果在折扣期内将应付账款用于短期投资,所得的投资收益率高于放弃折扣的隐含利息成本,则应放弃折扣而去追求更高的收益。当然,假使公司放弃折扣优惠,也应将付款日推迟至信用期内的最后一天(上例中的第三十天),以降低放弃折扣的成本。

如果公司因缺乏资金而欲展延付款期(上例中付款日推迟到第五十天),则需在降低了的放弃现金折扣成本与展延付款带来的损失之间做出选择。展延付款带来的损失主要是指因公司信誉恶化而丧失供应商乃至其他贷款人的信用,或日后招致苛刻的信用条件。

如果面对两家以上提供不同信用条件的卖方,应通过衡量放弃折扣成本的大小,选择信用成本最小(或所获利益最大)的一家。比如,例4-21中另有一家供应商提出1/20,N/30的信用条件,其放弃折扣的成本为:

$$\frac{1\%}{1-1\%} \times \frac{360}{30-20} = 36.4\%$$

与例4-21中2/10,N/30信用条件的情况相比,后者的成本较低,如果买方公司估计会拖延付款,那么宁肯选择第二家供应商。

(二)应付票据

应付票据是公司进行延期付款商品交易时开具的反映债权债务关系的票据。根据承兑人的不同,应付票据分为商业承兑汇票和银行承兑汇票两种,支付期最长不超过6个月。应付票据可以带息,也可以不带息。应付票据的利率一般比银行借款的利率低,且不用保持相应的补偿余额和支付协议费,所以应付票据的筹资成本低于银行借款成本。但是应付票据到期必须归还,如延期便要交付罚金。

(三)预收账款

预收账款是卖方公司在交付货物之前向买方预先收取部分或全部货款的信用形式。对于卖方来讲,预收账款相当于向买方借用资金后用货物抵偿。预收账款一般用于生产周期长、资金需要量大而市场供不应求的货物销售。

此外,公司往往还存在一些在非商品交易中产生、但亦为自发性筹资的应付费用,如应付工资、应交税金、其他应付款等。应付费用使公司受益在前、费用支付在后,相当于享用了受款方的借款,一定程度上缓解了公司的资金需要。应付费用的期限具有强制性,不能由公司自由斟酌使用。

(四)商业信用筹资的特点

首先,对于多数公司来说,商业信用是一种持续性的信贷形式,且无需正式办理筹资手续。其次,如果没有现金折扣或使用不带息票据,商业信用筹资不负担成本。但商业信用的期限较短,须放弃现金折扣时放弃现金折扣成本高。

第五节 营运资金政策

营运资金政策包括营运资金投资政策和营运资金筹集政策,它们分别研究如何确定营运资金持有量和如何筹集营运资金的问题。

一、流动资产与流动负债的分类

流动资产与流动负债合理匹配的前提,是根据流动资产与流动负债的营运性质,对流动资产和流动负债进行恰当分类。

1. 流动资产的类别性质

在公司财务中,根据流动资产与流动负债的匹配管理要求,流动资产一般按时间分类,包括永久性流动资产和临时性流动资产。永久性流动资产,是指满足公司生产经营必备和最低需要的,并随经营规模的正常扩大而增长的那部分流动资产;临时性流动资产,是指随经营季节性需要而波动的那部分流动资产。永久性流动资产与固定资产相类似:第一,永久性流动资产需要长期垫支,是一种流动资产投资;第二,随着公司经营规模的发展扩大,所需的永久性流动资产水平也会随时间而增长。正因如此,永久性流动资产和长期资产均可称为永久资产。

2. 流动负债的类别性质

在公司财务中,流动负债一般按其自然属性进行分类,包括自发性流动负债和临时性流动负债两个部分。那些在公司日常经营交易中自然发生的,随流动资产和经营活动而存在的,不存在名义上的融资成本的流动负债,称为自发性流动负债。自发性流动负债也称为经营性流动负债,是永久性融资来源,包括应付票据、应付账款、预收账款、其他应付款以及预提费用等。相反,为特定经营活动而专门借入的,需要签订正式的融资协议,存在法定的融资成本的流动负债,称为临时性流动负债。临时性流动负债也称为筹资性流动负债,是公司主动性的临时融资来源,包括短期借款和应付短期债券等。

二、营运资金投资策略

1. 流动资产投资规模安排

流动资产的持有量高,能够保证生产经营平稳而不间断地顺利进行,经营风险较小。但将公司的大部分资金投放在流动资产上,又会侵占固定资产等长期资产的投资规模,影响公司生产条件和生产能力的发展,降低公司总资产的收益水平。在决定流动资产投资的数量水平时,可以根据公司的风险承受能力,分别采用"保守型"、"稳健型"与"进取型"的流动资产投资策略。

假定一家公司最大年生产能力为10万件产品,在公司的实际生产量逐渐向10万件产出量递增时,所需要的流动资产投资也会逐渐增加。但随公司生产规模增长所追加投入的流动资产数额,在不同的流动资产投资策略支持下,会呈现出不同的结果,如图4-10所示。从图中可以看到,总的来说,产出量越大,为支持这一产出量所需进行的流动资产投资水平也越高,但它们之间并非线性关系,流动资产投资水平以递减的幅度随产出量而增加,出现这一非线性关系的原因主要是规模经济效应的作用。

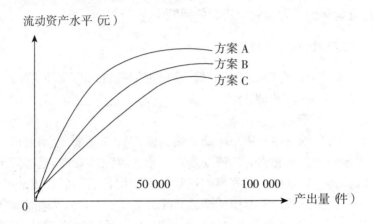

流动资产水平（元）

方案 A
方案 B
方案 C

50 000   100 000

0   产出量（件）

图 4-10 流动资产投资策略

方案 A 的流动资产投资水平要高于其他两个方案。在利润总额一定的情况下，由于方案 A 的流动资产额最高，经营风险最小；但其资产总额较大，总资产报酬率最低，是一种保守型的流动资产投资策略。相反，方案 C 是三种方案中最激进的，属于进取型的流动资产投资策略。相比之下，方案 B 是一种稳健型的流动资产投资策略，其流动性、获利能力和风险性均介于方案 A 和方案 C 之间。上述分析的结论如下：

（1）获利能力与流动性呈反向变动关系。按流动性从高到低排序，依次是方案 A、方案 B 和方案 C；按获利能力从大到小排序，依次是方案 C、方案 B 和方案 A。由此可见，流动性的提高通常要以获利能力的降低为代价。

（2）获利能力与财务风险呈同向变动关系。为追求更高的获利能力，必须承受更大的经营风险。在前面讨论的流动资产投资方案中，获利能力与经营风险的排序是一致的。方案 C 的获利能力最高，其经营风险也最高；方案 A 的获利能力最差，其经营风险也最小；无论是获利能力或经营风险，方案 B 均介于方案 A 和方案 C 之间。

（3）流动性与财务风险呈反向变动关系。在其他条件一定的情况下，流动资产投资水平越高，其资产的流动性越好，变现能力越强，财务风险越小。在前述流动资产投资方案中，按流动性从高到低依次是方案 A、方案 B 和方案 C，按财务风险从大到小排序则依次是方案 C、方案 B 和方案 A。由此可见，流动性的提高通常可以降低公司的财务风险。

2. 流动资产内部结构安排

公司在流动资产内部结构安排上，应当遵循时间上依次继起和空间上同时并存的原则，才能保证公司正常生产经营活动得以继续。

在流动资产内部构成内容中，应收账款是公司生产经营活动的必然结果。此外，应收账款的数额大小还取决于公司所采用的信用政策，信用政策的调整在相当程度上影响着公司产品销售的市场份额。因此，现金、有价证券和存货是流动资产结构调整的主体内容。保守型流动资产投资策略指导下，往往预留较多的现金储备或有价证券,也可能预留较多存货安全储备;激进型流动资产投资策略指导下,流动资产的各项目往往保持最低的储备量,以便将节省的资金投入到收益能力更高的长期资产方面。

短期有价证券的存在主要是基于方便转换为现金。事实上,短期有价证券的投资收益很难超过公司正常的生产经营收益,也很难超过公司的资本成本,因此过多地持有短期有价证券从效益上讲是不经济的。如果能够对公司未来现金流量进行准确预计,并且未来的经营现金流入能够满足经营现金支出和偿债需要,公司就不应该持有短期有价证券。只有在公司需要建立一定规模的现金储备以预防财务危机时,才会将暂时多余的现金购买有价证券,获取一定量的投资收益以抵减资金闲置损失。

存货是流动资产中弹性较强的资产项目。保守型流动资产投资策略会较多地储备存货以避免生产经营活动中出现存货短缺,激进型流动资产投资策略则将存货限制在一个较低的水平以防止形成较大的资金占用。极端的做法是适时生产模式(Just-in-Time),这种生产模式认为存货是公司无效成本的万恶之源,存货余额应接近于零。

三、营运资金筹集政策

营运资金筹集政策是营运资金的研究重点。营运资金筹集政策,主要是就如何安排临时性流动资产和永久性流动资产的资金来源而言的,一般可以分为三种:配合型筹资政策、激进型筹资政策和稳健型筹资政策。

(一)配合型筹资政策

配合型筹资政策的特点是:对于临时性流动资产,运用临时性负债筹集资金满足其资金需要;对于永久性流动资产和固定资产(统称为永久性资产,下同),运用长期负债、自发性负债和权益资本筹集资金满足其资金需要。配合型筹资政策要求公司临时负债筹资计划严密,实现现金流动与预期安排相一致。配合型筹资政策见图4-11。

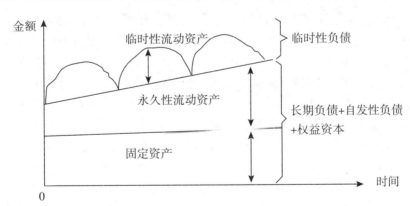

图4-11 配合型筹资政策

例如,某公司在生产经营的淡季,需占用400万元的流动资产和600万元的固定资产;在生产经营的高峰期,会额外增加300万元的季节性存货需求。配合型筹资政

157

策的做法是:公司只在生产经营的高峰期才借入 300 万元的短期借款;不论何时,1 000万元的永久性资产均由长期负债、自发性负债和权益资本解决其资金需要。

这种筹资政策的基本思想是将资产与负债的期间相配合,以降低公司不能偿还到期债务的风险和尽可能降低债务的资本成本。但是,事实上由于资产使用寿命的不确定性,往往达不到资产与负债的完全配合。如本例,一旦公司生产经营高峰期内的销售不理想,未能取得销售现金收入,便会发生偿还临时性负债的困难。因此,配合型筹资政策是一种理想的、对公司有着较高资金使用要求的营运资金筹集政策。

(二)激进型筹资政策

激进型筹资政策的特点是:临时性负债不但融通临时性流动资产的资金需要,还解决部分永久性资产的资金需要。该筹资政策见图 4-12。

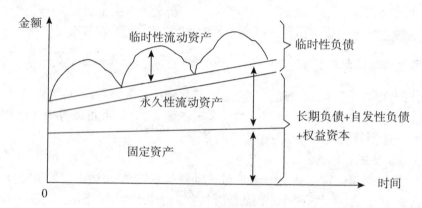

图 4-12　激进型筹资政策

从图 4-12 可以看到,临时性负债在公司全部资金来源中所占比重大于配合型筹资政策。沿用上例,公司在生产经营的淡季,需占用 400 万元的流动资产和 600 万元的固定资产,在生产经营高峰期,额外增加 300 万元的季节性存货需求。如果公司的权益资本、长期负债和自发性负债的筹资额低于 1 000 万元,比如只有 900 万元甚至更少,就会有 100 万元或者更多的永久性资产和 300 万元的临时性流动资产由临时性负债筹资解决。这种情况,表明公司实行的是激进型筹资政策。由于临时性负债(如短期银行借款)的资本成本一般低于长期负债和权益资本的资本成本,所以该政策下公司的资本成本较低。但另一方面,为了满足永久性资产的长期资金需要,公司必然要在临时性负债到期后重新举债或申请债务展期,这样公司便会更为经常地举债和还债,从而加大筹资困难和风险,还可能面临由于短期负债利率的变动而增加公司资本成本的风险。所以激进型筹资政策是一种收益性和风险性均较高的营运资金政策。

(三)稳健型筹资政策

稳健型筹资政策的特点是:临时性负债只融通部分临时性流动资产的资金需要,另一部分临时性流动资产和永久性资产,则由长期负债、自发性负债和权益资本作为资金来源,见图 4-13。

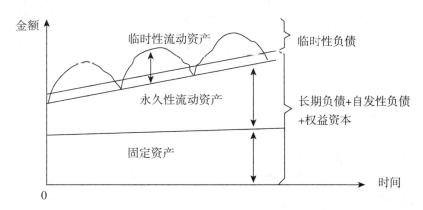

图 4-13　稳健型筹资政策

与配合型筹资政策相比,稳健型筹资政策下临时性负债占公司全部资金来源的比例较小。沿用上例,如果公司只是在生产经营旺季借入低于 300 万元的资金,比如200 万元的短期借款,而无论何时的长期负债、自发性负债和权益资本之和总是高于1 000万元,比如达到 1 100 万元,那么旺季季节性存货的资金需要只有一部分(200 万元)靠当时的短期借款解决,而在生产经营的淡季,公司可将闲置的资金(100 万元)投资于短期有价证券。这种做法由于临时性负债所占比重较小,所以公司无法偿还到期债务的风险较低,同时蒙受短期利率变动损失的风险也较低。然而,却会因长期负债资本成本高于临时性负债的资本成本,以及经营淡季时仍需负担长期鱼债利息,从而降低公司的收益。所以,稳健型筹资政策是一种风险性和收益性均较低的营运资金筹集政策。

一般说来,如果公司能够驾驭资金的使用,采用收益和风险配合得较为适中的配合型筹资政策是有利的。

第五章
融资管理

融资管理是公司财务的重要内容,融资管理解决融资的动机、融资的渠道、融资的方式、融资的数量和融资结构等问题。本章分析公司融资的动机,各类资金来源的特性、条件和优缺点;讨论融资需求预测的方法和公司可持续增长的财务意义,以及各种资本成本的计算;介绍杠杆原理、资本结构理论与资本结构管理的方法。

第一节 融资概述

一、公司融资的动机和分类

公司融资是指公司根据其生产经营、对外投资、调整资金结构和其他需要,通过合理的渠道,采用适当的方式,获取所需资金的一种行为。

(一)公司融资的动机

公司融资的原因和动机在于:

(1)满足正常生产经营活动的需要。公司要按照经营方针所确定的生产经营规模核定长期资产需要量和流动资金需要量,同时筹措相应数额的资金,资本金不足部分需融通短期或长期负债资金来满足生产经营活动的需要。

(2)满足经营规模扩大的需要。公司规模的扩大有两种形式:一种是新建厂房、增加设备,这是外延的扩大再生产;一种是引进技术改进设备,提高固定资产的生产能力,培训工人提高劳动生产率,这是内涵的扩大再生产。不管是外延的扩大再生产还是内涵的扩大再生产,都会产生扩张融资的动机。而且,公司面临激烈的市场竞争,还会积极开拓有发展前途的投资领域,扩大对外投资规模,也会产生扩张融资动机,其结果必然导致公司的资产总额和资本总额的增加。

(3)满足到期偿债的需要。公司要保持持续经营能力,必须做到以收抵支,如期足额偿付到期债务本金和利息,以减少破产风险。公司加强生产经营管理,保持较高的获利能力是满足到期偿债的根本,但合理的财务筹划甚至可能使资不抵债的公司也能保持一定的偿债能力,这就是为偿还某项债务而形成的偿债融资。偿债融资有两种情况:一是调整性偿债融资,即公司有足够的能力支付到期债务,但为了调整原有的资本结构,而新增融资,从而使资本结构更趋合理;二是恶化性偿债融资,即公司现有支付能力已不足以偿付到期旧债,被迫新增融资偿还旧债,这种情况下,表明公司财务状况已经恶化。

(二)公司融资的分类

公司融通的资金可按不同标准进行不同分类,现介绍几种最主要的分类方式:

1. 按资金使用期限的长短分类

按资金使用期限的长短,可把公司融通的资金分为短期资金和长期资金两种。

短期资金一般是指供一年内使用的资金。短期资金主要投资于货币资金、应收款项、存货等,一般在短期内可收回。短期资金常采用利用商业信用和取得银行短期借款等方式来融通。

长期资金一般是指供一年以上使用的资金。长期资金主要投资于新产品的开发和推广、生产规模的扩大、设备和技术的改造更新。长期资金通常采用吸收直接投资、发行股票、发行债券、取得长期贷款、融资租赁和留存收益等方式来融通。

2. 按资金权益特征分类

按资金的权益特征不同,可将公司资金分为所有者权益和负债两大类。

所有者权益是指所有者在公司资产中享有的经济利益,其金额是资产减去负债后的余额,包括投资者投入公司的资本及持续经营中形成的经营积累,如资本公积金、盈余公积金和未分配利润等。负债是公司过去的交易事项形成的现时义务,履行该义务预期会导致经济利益流出公司。

公司通过吸收直接投资、发行股票、留存收益等方式融通的资金都属于公司所有者权益。所有者权益一般不用还本,因而称之为公司的自有资本、主权资本或权益资本。公司采用吸收权益资本的方式融通资金,财务风险小,但付出的资本成本相对较高。

公司通过向金融机构借款、发行债券、融资租赁等方式筹集的资本属于公司的负债,到期要归还本金和利息,因而又称之为公司的借入资本或债务资本。公司采用债务资本的方式筹集资金,一般承担较大风险,但相对而言,付出的资本成本较低。

3. 按资金的来源范围分类

按资金的来源范围不同,可分为内部筹资和外部筹资两大类。

内部筹资是指在公司内部通过留存利润而形成的筹资来源。内部筹资是在公司内部"自然"形成的,因此被称为"自动化的资本来源",一般无需花费筹资费用,其数量通常由公司可分配利润的规模和利润分配政策(或股利政策)所决定。

外部筹资是指公司在内部筹资不能满足需要时,向公司外部筹资而形成的资本来源。处于初创期的公司,内部筹资的可能性是有限的;处于成长期的公司,内部筹资往往难以满足需要。于是公司就要广泛开展外部筹资,如发行股票、债券,取得借款。

二、公司融资渠道与方式

(一)融资渠道

融资渠道是指客观存在的融通资金的来源与通道。认识和了解各融资渠道及其特点,有助于公司充分拓宽和正确利用融资渠道。我国公司目前融资渠道主要包括:

(1)国家财政资金。国家对公司的直接投资是国有公司主要的资金来源渠道,特别是国有独资公司,其资本全部由国家投资形成。现有国有公司的资金来源中,其资本部分大多是由国家财政以直接拨款方式形成的,还有些是国家对公司"税前还贷"或减免各种税款而形成的。

(2)银行信贷资金。商业银行和政策性银行对公司的各种贷款,是我国目前各类公司重要的资金来源。商业银行主要为公司提供各种商业贷款,而政策性银行是为特定公司提供政策性贷款。

(3)非银行金融机构资金。非银行金融机构主要指信托投资公司、保险公司、租赁公司、证券公司、集团公司所属的财务公司等。它们所提供的各种金融服务,既包括信贷资金投放,也包括物资的融通,还包括为公司承销证券等金融服务。

(4)其他公司资金。公司在生产经营过程中,往往形成部分暂时闲置的资金,并为一定的目的而进行相互投资;另外,公司间的购销业务可以通过商业信用方式来完成,从而形成公司间的债权债务关系。公司间的相互投资和商业信用的存在,使其他公司资金也成为公司资金的重要来源。

(5)社会公众个人资金。公司职工和居民个人的结余货币,作为"游离"于银行及非银行金融机构等之外的个人资金,可用于对公司进行投资,形成民间资金来源渠道。

(6)公司内部积累。它是指公司内部形成的资金,也称公司留存收益,主要包括提取的法定盈余公积金、任意公积金和未分配利润等。这些资金的重要特征之一是,其无需公司通过一定的方式去筹集,而直接由公司内部自动生成或转移。

各种融资渠道在体现资金供应量的多少时,存在着较大的差别,其在一定程度上取决于公司财务环境的变化,特别是宏观经济体制、银行体制和金融市场发展速度等因素。

(二)融资方式

融资方式是指可供公司在融通资金时选用的具体融资形式。我国公司目前融资方式主要有以下几种:①吸收直接投资;②发行股票;③利用留存收益;④向银行借款;⑤利用商业信用;⑥发行公司债券;⑦融资租赁。其中:利用①②③种方式融通的资金为权益资金;利用④⑤⑥⑦种方式融通的资金为债务资金。

(三)融资渠道与融资方式的对应关系

融资渠道解决的是资金来源问题,融资方式则解决通过何种方式取得资金的问题,它们之间存在一定的对应关系。一定的融资方式可能只适用于某一特定的融资渠道,但是同一渠道的资金往往可采用不同的方式取得。它们间的对应关系,可用表

5-1表示。

表 5-1 融资渠道与融资方式的对应关系

融资方式＼融资渠道	吸收直接投资	发行股票	利用留存收益	向银行借款	发行公司债券	利用商业信用	融资租赁
国家财政资金	√	√					
银行信贷资金				√			
非银行金融机构资金	√	√		√	√		√
其他公司资金	√	√			√	√	√
居民个人资金	√	√			√		
公司自留资金			√				

三、公司融资管理的原则

（一）规模适当原则

不同时期公司的资金需求量并不是一个常数,公司财务人员要认真分析企业的科研、生产、经营状况,采用一定的方法,预测资金的需要量,合理确定融资规模。这样,既能避免因融资不足,影响生产经营的正常进行,又可防止融资过多,造成资金闲置。

（二）融通及时原则

融通资金时必须熟知资金时间价值的原理和计算方法,以便根据资金需求的具体情况,合理安排资金的融通时间,适时获取所需资金。这样,既能避免过早融通资金形成的资金投放前的闲置,又能防止取得资金的时间滞后,错过资金投放的最佳时间。

（三）来源合理原则

资金的来源渠道和资金市场为公司提供了资金的源泉和融资场所,它反映资金的分布状况和供求关系,决定着融资的难易程度。不同来源的资金,对公司的收益和成本有不同影响。

（四）方式经济原则

在确定融资数量、融资时间、资金来源的基础上,公司还必须认真研究各种融资方式。不同融资方式条件下的资金成本有高有低,需要对各种融资方式进行分析、对比,选择经济、可行的融资方式。与融资方式相联系的问题是资金结构问题,公司应确定合理的资金结构,以便降低成本,减少风险。

四、公司融资需求预测

（一）融资需求预测的意义和目的

融资需求预测是指估计公司未来的融资需求。

融资需求预测是融资计划的前提。例如,公司对外提供产品和劳务,必须有一定的资产,销售增加时要相应增加流动资产,如果销售增加很多还必须增加长期资产,为取得扩大销售所需增加的资产,公司需要筹措资金。通常,销售增长率较高时留存收益不能满足资金需要,即使获利良好的公司也需外部融资。寻找提供资金的人,向他们做出还本付息的承诺或提供盈利前景,并使之相信其投资是安全的并可以获利,这个过程往往需要较长时间。因此,公司需预先知道自己的融资需求,提前安排融资计划,否则可能发生现金周转问题。

融资需求预测有助于改善投资决策。根据销售前景估计出的融资需要不一定总能满足,因此,就需要根据可能筹措到的资金来安排销售增长,以及有关的投资项目,使投资决策建立在可行的基础上。

预测的真正目的是有助于应变。融资需求预测与其他预测一样都不可能很准确。从表面上看,不准确的预测只能导致不准确的计划,从而使计划和预测失去意义。其实并非如此。预测给人们展现了未来各种可能的前景,促使人们制定出相应的应急计划。预测和计划是超前思考的过程,可以提高公司对不确定事件的反应能力,从而减少不利事件出现带来的损失,增加利用有利机会带来的收益。

(二)融资需求预测的方法

1. 定性预测法

定性预测法是指利用直观的资料,依靠个人的经验和主观分析、判断能力,预测未来资金需要量的方法。这种方法通常在公司缺乏完整、准确的历史资料的情况下采用。其预测过程是:首先由熟悉财务情况和生产经营情况的专家,根据过去所积累的经验,进行分析判断,提出预测的初步意见;然后,通过召开座谈会或发出各种表格等形式,对上述意见进行修正补充。这样经过一次或几次以后,得出预测的最终结果。

定性预测法十分有用,但不能揭示资金需要量与有关因素之间的数量关系。例如,预测资金需要量应和公司生产经营规模相联系,生产规模扩大,销售数量增加,会引起资金需求增加。

2. 销售百分比法

销售百分比法是首先假设收入、费用、资产、负债与销售收入存在稳定的百分比关系,根据预计销售额和相应的百分比预计资产、负债和所有者权益,然后利用会计等式确定融资需求。具体的计算方法有两种:一种是先根据销售总额预计资产、负债和所有者权益的总额,然后确定融资需求;另一种是根据销售的增加额预计资产、负债和所有者权益的增加额,然后确定融资需求。

例 5-1 亚华公司 20×8 年 12 月 31 日的简要资产负债表如表 5-2 所示。

表 5-2　　　　　　　　　　　　　亚华公司简要资产负债表

20×8 年 12 月 31 日　　　　　　　　　　　　单位:万元

资　　产		负债与所有者权益	
现　　金	500	应付费用	500
应收账款	1 500	应付账款	1 000
存　　货	3 000	短期借款	2 500
固定资产净值	3 000	公司债券	1 000
		实收资本	2 000
		留存收益	1 000
资产合计	8 000	负债与所有者权益合计	8 000

已知:亚华公司 20×8 年的销售收入为 10 000 万元,现在还有剩余生产能力,即增加收入不需要进行固定资产方面的投资。假定销售净利率为 10%,如果 20×9 年的销售收入提高到 12 000 万元,那么需要从外界融通多少资金?

其计算方法如下:

首先,将资产负债表中预计随销售变动而变动的项目分离出来。在亚华公司的实例中,资产方除固定资产外都将随销售量的增加而增加,因为较多的销售量需要占用较多的存货,发生较多的应收账款,导致现金需求增加。在负债与所有者权益一方,应付账款和应付费用也会随销售的增加而增加,但实收资本、公司债券、短期借款等不会自动增加。公司的利润如果不全部分配出去,留存收益也会有适当增加。预计随销售增加而自动增加的项目列示在表 5-3 中。

表 5-3　　　　　　　　　　　　亚华公司销售百分率表

资　　产	占销售收入%	负债与所有者权益	占销售收入%
现　　金	5	应付费用	5
应收账款	15	应付账款	10
存　　货	30	短期借款	N
固定资产	N	公司债券	N
		实收资本	N
		留存收益	N
合　　计	50	合　　计	15

在表 5-3 中,N 为不变动,是指该项目不随销售的变化而变化。表中的百分率都用表 5-2 中有关项目的数字除以销售收入求得,如现金:500÷10 000＝5%。

其次,确定需要增加的资金。从表 5-3 中可以看出,销售收入每增加 100 元,必须增加 50 元的资金占用,但同时增加 15 元的来源。从 50% 的资金需求中减去 15% 自动产生的资金来源,还剩下 35% 的资金需求。因此,每增加 100 元的销售收入,亚华公司必须取得35元的资金来源。在本例中，销售收入从10 000万元增加到12 000万元，增加了2 000万元，按照35%的比率可预测将增加700万元的资金需求。

最后，确定对外界资金需求的数量。上述700万元的资金需求有些可通过公司内部来筹集，20×9年的净利润为1 200万元(12 000×10%)，如果公司的利润分配给投资者的比率为60%，则将有40%的利润即480万元被留存下来，从700万元中减去480万元的留存收益，则还有220万元的资金必须向外界来融通。

上述预测过程可用下列公式表示：

外界资金的需要量$=A/S_0×\Delta S-B/S_0×\Delta S-P×E×S_1$

式中：A为随销售变化的资产(变动资产)；B为随销售变化的负债(变动负债)；S_0为基期销售额；S_1为预测期销售额；ΔS为销售的变动额；P为销售净利率；E为收益留存比率；A/S_0为变动资产占基期销售额的百分比；B/S_0为变动负债占基期销售额的百分比。

根据亚华公司的资料可求得对外界资金的需求量为：

$50\%×2 000-15\%×2 000-10\%×40\%×12 000=220($万元$)$

财务预测的百分比法是一种简单实用的方法。它的好处是：使用成本低；便于了解主要变量之间的关系；可以作为复杂方法的补充或检验。但它也有一定的局限性，主要是假设资产、负债、收入、成本与销售额成正比例，经常不符合事实，使其应用范围受到限制。由于存在规模经济现象和批量购销问题，资产、负债、收入、成本与销售额不一定成正比例。为了改进融资预测的质量，有时需要使用更精确的方法。

3. 资金习性预测法

资金习性预测法是指根据资金习性预测未来资金需要量的一种方法。

所谓资金习性，是指资金的变动同产销量变动之间的依存关系。按照资金同产销量之间的依存关系，可以把资金区分为不变资金、变动资金和半变动资金。

不变资金是指在一定的产销量范围内，不受产销量变动的影响而保持固定不变的那部分资金。这部分资金包括：为维持营业而占用的最低数额的现金，原材料的保险储备，必要的成品储备，厂房、机器设备等固定资产占用的资金。

变动资金是指随产销量的变动而同比例变动的那部分资金。它一般包括直接构成产品实体的原材料、外购件等占用的资金。另外，在最低储备以外的现金、存货、应收账款等也具有变动资金的性质。

半变动资金是指虽然受产销量变化的影响，但不成同比例变动的资金，如一些辅助材料上占用的资金。半变动资金可采用一定的方法划分为不变资金和变动资金两部分。

把资金划分为变动资金和不变资金两部分，从数量上掌握了资金同销售量之间的规律性，对正确地预测资金需要量有很大帮助。主要有以下两种形式：

(1)根据资金占用总额同产销量的关系来预测。这种方式是根据历史上公司资金占用总额与产销量之间的关系，把资金分为不变和变动两部分，然后结合预计的销售量来预测资金需要量。

例 5-2 某公司产销量和资金变化情况如表 5-4 所示。20×9 年预计销售量为 1 500万件,试计算 20×9 年的资金需要量。

表 5-4 产销量与资金变化情况表

年 度	产销量(X)(万件)	资金占用(Y)(万元)
20×3	1 200	1 000
20×4	1 100	950
20×5	1 000	900
20×6	1 200	1 000
20×7	1 300	1 050
20×8	1 400	1 100

设产销量为自变量 X,资金占用为因变量 Y,它们之间关系可用下式表示:

$Y = a + bX$

式中:a 为不变资金;b 为单位产销量所需变动资金。

可见,只要求出 a 和 b,并知道预测期的产销量,就可以用上述公式测算资金需求情况。a 和 b 可用回归直线方程求出。其步骤是:

根据表 5-4 整理出表 5-5。

表 5-5 资金需要量预测表(按总额预测)

年 度	产销量(X)(万件)	资金占用(Y)(万元)	XY	X^2
20×3	1 200	1 000	1 200 000	1 440 000
20×4	1 100	950	1 045 000	1 210 000
20×5	1 000	900	900 000	1 000 000
20×6	1 200	1 000	1 200 000	1 440 000
20×7	1 300	1 050	1 365 000	1 690 000
20×8	1 400	1 100	1 540 000	1 960 000
合计 $n=6$	$\sum X = 7\ 200$	$\sum Y = 6\ 000$	$\sum XY = 7\ 250\ 000$	$\sum X^2 = 8\ 740\ 000$

把表 5-5 中的 n,$\sum X$,$\sum Y$,$\sum XY$,$\sum X^2$ 代入下式:

$a = (\sum X^2 \cdot \sum Y - \sum X \cdot \sum XY) / [n\sum X^2 - (\sum X)^2]$

$b = (n\sum XY - \sum X \cdot \sum Y) / [n\sum X^2 - (\sum X)^2]$

解得:$a = 400$,$b = 0.5$

把 $a = 400$,$b = 0.5$ 代入 $Y = a + bX$ 求得

$Y = 400 + 0.5X$

把 20×9 年预计销售量 1 500 万件代入上式,得出 20×9 年资金需要量为:

400+0.5×1 500＝1 150(万元)

(2)采用先分项后汇总的方法预测。这种方式是根据各资金占用项目(如现金、存货、应收账款、固定资产)同产销量之间的关系,把各项目的资金都分成变动和不变两部分,然后汇总在一起,求出公司变动资金总额和不变资金总额,进而预测资金需求量。

例 5-3 某公司历史上现金占用与销售收入之间的关系如表 5-6 所示。

表 5-6　　　　　　　　　　　现金与销售收入变化情况表

单位:元

年　　度	销售收入 X	现金占用 Y
20×4	2 000 000	110 000
20×5	2 400 000	130 000
20×6	2 600 000	140 000
20×7	2 800 000	150 000
20×8	3 000 000	160 000

根据以上资料,采用适当的方法来计算不变资金和变动资金的数额。这里,我们用高低点法(当然也可用前面介绍的回归直线法)来求 a 和 b 的值。

$$b = \frac{最高收入期的资金占用量-最低收入期的资金占用量}{最高销售收入-最低销售收入}$$

$=(160\ 000-110\ 000)/(3\ 000\ 000-2\ 000\ 000)=0.05$

把 2008 年数字代入 $Y=a+bX$ 得:

$a=160\ 000-0.05×3\ 000\ 000=10\ 000(万元)$

存货、应收账款、流动负债、固定资产等也可根据历史资料做这样的划分,然后汇总列于表 5-7 中。

表 5-7　　　　　　　　　　资金需要量预测表(分项预测)

单位:元

	年度不变资金(a)	每一元销售收入所需变动资金(b)
流动资产		
现金	10 000	0.05
应收账款	60 000	0.14
存货	100 000	0.22
小计	170 000	0.41
减:流动负债		

表 5-7(续)

	年度不变资金(a)	每一元销售收入所需变动资金(b)
应付账款及应付费用	80 000	0.11
净资金占用	90 000	0.30
固定资产		
厂房、设备	510 000	0
所需资金合计	600 000	0.30

根据表 5-7 的资料得出预测模型为：

$Y = 600\,000 + 0.3X$

如果 20×9 年的预计销售收入为 3 500 000 元，则

20×9 年的资金需要量 = 600 000 + 0.30 × 3 500 000 = 1 650 000(元)

从上面的分析可以看出，资金习性预测法考虑到了资金需要量与产销业务量之间的变动关系，是一种比较简单而又准确的预测方法。

(三)可持续增长率

1. 可持续增长率的概念

由于公司需要以发展求生存，销售增长是任何公司都无法回避的问题。销售增长的财务意义是资金增长，主要是因为销售增加通常会引起存货和应收账款等资产的增加。

从资金来源上看，公司增长的实现方式有三种：

(1)完全依靠内部资金增长。有些小公司无法取得借款，有些大公司不愿意借款，它们主要是靠内部积累实现增长。内部的财务资源是有限的，往往会限制公司的发展，无法充分利用扩大公司财富的机会。

(2)主要依靠外部资金增长。从外部来源筹资，包括增加债务和股东投资，也可以提高增长率。主要依靠外部资金实现增长是不能持久的。增加负债会使公司的财务风险增加，筹资能力下降，最终会使借款能力完全丧失；增加股东投入资本，不仅会分散控股权，而且会稀释每股盈余，除非追加投资有更高的回报率，否则不能增加股东财富。

(3)平衡增长。平衡增长，就是保持目前的财务结构和与此有关的财务风险，按照股东权益的增长比例增加借款，以此支持销售增长。这种增长率，一般不会消耗公司的财务资源，是一种可持续的增长速度。

可持续增长率是指不增发新股并保持目前经营效率和财务政策条件下公司销售所能增长的最大比率。

可持续增长率的假设条件如下：

(1)公司目前的资本结构是一个目标结构，并且打算继续维持下去；

（2）公司目前的股利政策是一个目标股利政策，并且打算继续维持下去；

（3）不愿意或不打算发售新股，增加债务是其唯一的外部筹资来源；

（4）公司的销售净利率将维持当前水平，并且可以涵盖负债的利息；

（5）公司的资产周转率将维持当前水平。

在上述假设条件成立时，销售的实际增长率与可持续增长率相等。

虽然公司各年的财务比率总会有些变化，但上述假设基本上符合大多数公司的情况。大多数公司不能随时增发新股，据国外的有关统计资料显示上市公司平均20年出售一次新股，我国上市公司增发新股也有严格的审批程序，并且至少要间隔一定年限。改变经营效率（体现于资产周转率和销售净利率）和财务政策（体现于资产负债率和收益留存率），对公司来说也是非常慎重的事情。

可持续增长的思想，不是说公司的增长不可以高于或低于可持续增长率。问题在于管理人员必须事先预计并且加以解决在公司超过可持续增长率之上的增长所导致的财务问题。超过部分的资金有两个解决办法，即提高经营效率或改变财务政策。提高经营效率并非总是可行的，改变财务政策是有风险和极限的，因此超常增长只能是短暂的。尽管公司的增长时快时慢，但从长期来看总是受到可持续增长率的制约。

2. 可持续增长率的计算

（1）根据期初股东权益计算可持续增长率。限制销售增长的是资产，限制资产增长的是资金来源（包括负债和股东权益）。不改变经营效率和财务政策的情况下（公司平衡增长），限制资产增长的是股东权益的增长率。因此可持续增长率的计算公式可推导如下：

$$
\begin{aligned}
可持续增长率 &= 股东权益增长率 \\
&= 股东权益本期增加额/期初股东权益 \\
&= (本期净利润×本期收益留存率)/期初股东权益 \\
&= 期初权益资本净利率×本期收益留存率 \\
&= (本期净利润/本期销售额)×(本期销售额/期末总资产) \\
&\quad ×(期末总资产/期初股东权益)×本期收益留存率 \\
&= 销售净利率×总资产周转率×收益留存率 \\
&\quad ×期初权益期末总资产乘数
\end{aligned}
$$

应注意，这里的"权益乘数"是用"期初权益"计算的，而不能用期末权益计算。

（2）根据期末股东权益计算可持续增长率。当然，也可以全部用期末数和本期发生额计算可持续增长率，而不使用期初数。其推导过程如下：

由于公司增长所需资金的来源有增加负债和增加股东权益两个来源，所以：

$$资产增加额 = 股东权益增加额 + 负债增加额 \tag{5.1}$$

假设资产周转率不变即资产随销售正比例增加，则有：

$$资产增加额/本期资产总额 = 销售增加额/本期销售额$$

$$资产增加额 = (销售增加额/本期销售额)×本期资产总额 \tag{5.2}$$

假设销售净利率不变,则有:

$$\frac{股东权益}{增加额}=收益留存率\times\frac{净利润}{本期销售额}\times(基期销售额+销售增加额) \tag{5.3}$$

假设财务结构不变即负债和股东权益同比例增加,则有:

$$
\begin{aligned}
负债的增加额 &=股东权益增加额\times(负债/股东权益)\\
&=[收益留存率\times(净利润/本期销售额)\times(基期销售额+销售增\\
&\quad 加额)]\times(负债/股东权益) \tag{5.4}
\end{aligned}
$$

将式(5.2)、(5.3)、(5.4)代入(5.1),则有:

(销售增加额/本期销售额)×本期资产总额=收益留存率×(净利润/本期销售额)×(基期销售额+销售增加额)+[收益留存率×(净利润/本期销售额)×(基期销售额+销售增加额)]×(负债/股东权益)

整理以后得:

$$
\begin{aligned}
可持续增长率&=销售增加额/基期销售额\\
&=[收益留存率\times销售净利率\times(1+负债/股东权益)]/\{总资产额/\\
&\quad 销售额-[收益留存率\times销售净利率\times(1+负债/股东权益)]\}
\end{aligned}
$$

如果分子分母同时乘以(销售额/总资产额),则:

可持续增长率=(销售净利率×总资产周转率×收益留存率×期初权益期末总资产乘数)/[1-销售净利率×总资产周转率×收益留存率×期初权益期末总资产乘数] (5.5)

3. 可持续增长率与实际增长率

可持续增长率与实际增长率是两个不同的概念。可持续增长率是公司当前经营效率和财务政策决定的内在增长能力,而实际增长率是本年销售额比上年销售额的增长百分比。它们之间有一定联系。

(1)如果某一年的经营效率和财务政策与上年相同,则实际增长率等于上年的可持续增长率。这种增长状态称之为平衡增长。

(2)如果某一年的式(5.5)中的4个财务比率有一个或多个数值增加,则实际增长率就会超过上年的可持续增长率。超常增长是“改变”财务比率的结果,而不是持续当前状态的结果。公司不可能每年都提高这4个财务比率,也就不可能使超常增长继续下去。

(3)如果某一年的式(5.5)中的4个财务比率有一个或多个数值比上年下降,则实际销售增长率就会低于上年的可持续增长率。超常增长之后,低潮必然接踵而来,对此事先要有所准备。如果不愿意接受这种现实,继续勉强冲刺,现金周转的危机很快就会来临。

可持续增长率的高低,取决于式(5.5)中的4项财务比率。销售净利率和资产周转率的乘积是资产净利率,它体现了公司运用资产获取收益的能力,决定于公司的综合实力。至于采用“薄利多销”还是“厚利少销”的方针,则是政策选择问题。收益留存率和权益乘数的高低是财务政策选择问题,取决于决策人对收益与风险的权衡。公司的实力和承担风险的能力,决定了公司的增长速度。实际上,一个理智的公司在增长率问题上并没有多少回旋余地,长期来看更是如此。一些公司由于发展过快陷入危机甚至破产,另一些公司由于增长太慢遇到困难甚至被其他公司收购,这说明不当增长速度足以毁掉公司。

第二节　债务资本融资

债务资本融资是通过负债筹集资金。负债是企业一项重要的资金来源,几乎没有一家企业是只靠自有资本而不运用负债就能满足资金需要的。目前在我国,债务资本的融资方式主要包括长期借款、发行公司债券、融资租赁等。

一、发行债券融资

(一)发行债券的资格和条件

在我国,根据规定,股份有限公司、国有独资公司和两个以上的国有公司或者两个以上的国有投资主体投资设立的有限责任公司,具有发行债券的资格。从发行条件来讲,主要条款涉及发行债券的最高限额、发行公司自有资本最低限额、公司获利能力、债券利率水平等。根据现行规定,发行公司债券的具体条件如下:

(1)股份有限公司的净资产额不低于人民币 3 000 万元,有限责任公司的净资产额不低于人民币 6 000 万元;

(2)累计债券总额不超过公司净资产的 40%;

(3)最近三年平均可分配利润足以支付公司债券一年的利息;

(4)筹集的资金投向符合国家产业政策;

(5)债券的利率不得超过国务院限定的利率水平;

(6)国务院规定的其他条件。

此外,发行公司债券所筹集的资金必须按审批机关批准的用途使用,不得用于弥补亏损和非生产支出。上市公司发行可转换债券还必须具备一些条件,如:财务报表经过注册会计师审计出具无保留意见;最近三年连续盈利,从事一般行业其净资产利润率在 10% 以上,从事能源、原材料、基础设施的公司在 7% 以上;发行本次债券后资产负债率必须小于 70%;利率不得超过同期银行存款利率;发行额度在 1 亿元以上;中国证券监督管理委员会的其他规定。

发行公司发生下列情形之一的不得再次发行债券:前一次发行的债券尚未募足的;对已发行的公司债券或者其债务有违约或者延迟支付本息的事实,且仍处于继续状态的。

（二）债券发行的程序

1. 做出决议

公司在实际发行债券之前，必须由股东会（或董事会）做出发行债券的决议，具体决定公司发行债券的总额、票面金额、发行价格、募集办法、偿还日期及方式等内容。

2. 提出申请

我国规定，公司申请发行债券由国务院有关部门批准。公司申请应提交公司登记证明、公司章程、公司债券募集办法、资产评估报告和验资报告。

3. 公告募集办法

发行公司债券的申请经批准后，公开向社会发行债券，应当向社会公告债券募集办法。我国规定，公司债券募集办法中应当载明本次发行债券总额、债券面额、票面利率、还本付息的期限与方式、债券发行的起止日期、公司净资产额、已发行而未到期的公司债券总额、债券的承销机构等事项。公司若发行可转换债券，还应在债券募集办法中规定具体的转换办法。

4. 委托证券机构发售

公司债券的发行方式一般有私募发行和公募发行两种。前者是指由发行公司直接将债券发售给投资者，因限制较多在我国极少采用。后者是指发行公司通过承销团向社会发售债券，发行公司可以选择代销或包销方式。我国有关法律、法规要求采用公募发行。

5. 交付债券，收缴款项，登记债券存根簿

发行公司公开发行公司债券，由证券承销机构发售时，投资者直接向承销机构付款购买，承销机构代理收取债券款，交付债券；然后，发行公司向承销机构收缴债券款并结算代理费及预付款项。

公司发行的债券，还应在置备的公司债券存根簿登记，登记项目主要有：债券持有者的姓名或者名称及住所；债券持有者取得债券的日期及债券的编号（此两项适用于记名债券）；债券总额、票面利率、还本付息的期限与方式；发行日期等。

（三）债券的收回与偿还

1. 债券的偿还时间

债券偿还时间按其实际发生与规定的到期日之间的关系，分为提前偿还与到期偿还两类，其中后者又包括分批偿还和一次偿还两种。

（1）提前偿还。提前偿还又称提前赎回或收回，是指在债券尚未到期之前就予以偿还。只有在公司发行债券的契约中明确规定了有关允许提前偿还的条款，公司才可以进行此项操作。提前偿还所支付的价格通常要高于债券的面值，并随到期日的临近而逐渐下降。具有提前偿还条款的债券可使公司融资有较大的弹性。当公司资金有结余时，可提前赎回债券；当预测利率下降时，也可提前赎回债券，而后以较低的利率来发行新债券。

（2）分批偿还。如果一个公司在发行同一种债券的当时就为不同编号或不同发

行对象的债券规定了不同的到期日,这种债券就是分批偿还债券。因为各批债券的到期日不同,它们各自的发行价格和票面利率也可能不相同,从而导致发行费较高;但由于这种债券便于投资人挑选最合适的到期日,因而便于发行。

（3）一次偿还。到期一次偿还的债券是最为常见的。

2. 债券的偿还形式

债券的偿还形式是指在偿还债券时使用什么样的支付手段。可使用的支付手段包括现金、新发行的本公司债券（简称新债券）、本公司的普通股股票（简称普通股）和本公司持有的其他公司发行的有价证券（简称有价证券）。其中前三种较为常见。

（1）用现金偿还债券。由于现金是债券持有人最愿意接受的支付手段,因此本形式最为常见。为了确保在债券到期时有足额的现金偿还债券,有时公司需要建立偿债基金。如果发行债券契约的条款中明确规定用偿债基金偿还债券,公司就必须每年都提取偿债基金,且不得挪作他用,以保护债券持有者的利益。

（2）以新债券换旧债券,也称"债券的调换"。公司之所以要进行债券的调换,一般有以下原因:①发行债券后,国家降低了存贷款利息率或者原有债券的契约中订有较多的限制条款,不利于公司的发展;②把多次发行、尚未彻底偿清的债券进行合并以减少管理费;③公司现金不足。

现以节约利息费用换债为例,说明换债决策的步骤。这种决策需要比较新旧两种债券的利息费用,以新债能节约利息费用,降低债务成本作为决策标准。

第一步:计算换债实际支出

换债实际支出＝换债净投资－税收节约

其中:换债净投资＝收回贴水+重复利息支出+新债的发行费用

税收节约＝（收回贴水+重复利息支出+旧债券未摊销的发行成本）×所得税率

收回贴水是指公司在收回旧债券按事先约定的补偿条件,以高于债券面值一定比例的优惠价格付给旧债券持有者的额外支出,即溢价比率部分。重复利息支出是指在新债券已经发行旧债券尚未收回的这段时间内付给旧债券的利息额。发新债的费用包括注册、印刷、法律等方面费用。

第二步:计算换债后的现金流出量节约额

年净现金流出量＝年利息支出额－（利息费用+发行费用摊销额）×所得税率

年现金流出量节约额＝旧债年净现金流出量－新债年净现金流出量

第三步:计算换债的净现值

换债净现值＝年现金流出量节约额的年金现值－换债实际支出

如果换债净现值大于零,则换债方案可行;否则,换债方案不可行。

（3）用普通股偿还债券。如果公司发行的是可转换债券,那么,可通过转换变成普通股来偿还债券。

3. 债券偿还的有关规定

《公司债券发行与转让管理办法》对债券的偿还做出了明确的规定。面向社会公开发行的公司债券,在债券到期兑付之前,应由发行人或代理兑付机构于兑付日的 15 天以前,通过广播、电视、报纸等宣传工具向投资人公布债券的兑付办法,其主要内容应包括:①兑付债券的发行人及债券名称;②代理兑付机构的名称及地址;③债券兑付的起止日期;④逾期兑付债券的处理;⑤兑付办法的公布单位及公章;⑥其他需要公布的事项。

债券到期前 3 天,债券发行人应将兑付资金划入指定的账户,以便用于债券的偿还。

（四）可转换债券

1. 可转换债券的性质

可转换债券是一种混合型金融产品,可以被看作普通公司债券与期权的组合体。其特殊性在于它所特有的转换性。作为现代金融创新的一种产物,可转换债券在某种程度上兼具了债务性证券与所有权证券的双重功能。从证券权利角度来分析,可转换债券赋予持有者一种特殊的选择权,即按事先约定在一定时间内将其转换为公司的股票的选择权,这样可转换债券就将传统的债券与股票的筹资功能结合起来,在转换权行使之前属于公司的债务资本,权利行使之后则成为发行公司的所有权资本。

2. 可转换债券的基本要素

可转换债券的基本要素是指构成可转换债券基本特征的必要因素,包括标的股票、转换价格、转换比率、转换期限、赎回条款、回售条款、转换调整与保护条款。

（1）标的股票。可转换债券对股票的可转换性,实际上是一种股票期权或股票选择权,它的标的物就是可转换成的股票。可转换债券的标的股票一般是其发行公司的股票,但也有的是其他公司的股票,如可转换债券发行公司的上市子公司的股票(以下的介绍中,标的股票仅指发行公司的股票,略去其他公司的股票)。

（2）转换价格。转换价格,即将可转换债券转换为普通股的每股普通股的价格。例如,某公司发行期限为 15 年的可转换债券,面值 1 000 元,规定可以在 15 年内按照每股 50 元的价格将债券转换为该公司的普通股股票,这里的 50 元即为转换价格。上例中讲的是以某一固定的价格(50 元)将可转换债券转换为普通股,还有的可转换价格是变动的。例如,上例中的可转换债券发行公司也可以这样规定:债券发行后第一个 5 年期内,可按照每股 50 元的转换价格将债券转换为普通股股票(每张债券可转换为 20 股普通股股票);债券发行后第二个 5 年期内,可按照每股 60 元的转换价格将债券转换为普通股股票(每张债券可转换为 16.67 股普通股股票);债券发行后第三个 5 年期内,可按照每股 70 元的转换价格将债券转换为普通股股票(每张债券可转换为 14.29 股普通股股票)。转换价格越高,债券能够转换成的普通股股数越少,所以这样逐期提高转换价格的目的,就在于促使可转换债券的持有者尽早地进行转换。

（3）转换比率。

转换比率＝债券面值÷转换价格

（4）转换期。转换期指的是可转换债券的持有人行使转换权的有效期限。可转换债券的转换期可以与债券的期限相同,也可以短于债券的期限。例如,某种可转换债券规定只能从其发行时间之后才能够行使转换权,这种转换期称为递延转换期,短于其债券期限。还有的可转换债券规定只能在一定时间内行使转换权,超过这一段时间转换权失效,因此转换期也会短于债券的期限,这种转换期称为有限转换期。超过转换期后的可转换债券,不再具有转换权,自动成为不可转换债券(或普通债券)。

(5)赎回条款。赎回条款是可转换债券的发行公司可以在债券到期日之前提前赎买回债券的规定。赎回条款包括下列内容:

①不可赎回期。不可赎回期是可转换债券从发行时开始,不能被赎回的那段期间。例如,某债券的有关条款规定,该债券自发行之日起3年内不能赎回,则债券发行日后的前3年就是不可赎回期。设立不可赎回期的目的,在于保护债券持有人的利益,防止发行公司滥用赎回权,强制债券持有人过早转换债券。不过,并不是每种可转换债券都设有不可赎回条款。

②赎回期。赎回期是可转换债券的发行公司可以赎回债券的期间。赎回期安排在不可赎回期之后,不可赎回期结束之后,即进入可转换债券的赎回期。

③赎回价格。赎回价格是事前规定的发行公司赎回债券的出价。赎回价格一般高于可转换债券的面值,两者之差为赎回溢价。赎回溢价随债券到期日的临近而减少。

④赎回条件。赎回条件是对可赎回债券发行公司赎回债券的情况要求,即需要在什么样的情况下才能赎回债券。赎回条件分为无条件赎回和有条件赎回。无条件赎回是在赎回期内发行公司可随时按照赎回价格赎回债券。有条件赎回是对赎回债券有一些条件限制,只有在满足了这些条件之后才能由发行公司赎回债券。

发行公司在赎回债券之前,要向债券持有人发出通知,要求他们在将债券转换为普通股与卖给发行公司之间做出选择。一般而言,债券持有人会将债券转换为普通股。可见,设置赎回条款是为了促使债券持有人转换股份,因此又被称为加速条款;同时也能使发行公司避免市场利率下降后,继续向债券持有人支付较高的债券票面利率所蒙受的损失。

⑤回售条款。回售条款是在可转换债券发行公司的股票价格达到某种恶劣程度时,债券持有人有权按照约定的价格将可转换债券卖给发行公司的有关规定。回售条款也具体包括回售时间、回售价格等内容。设置回售条款,是为了保护债券投资人的利益,使他们能够避免遭受过大的投资损失,从而降低投资风险。合理的回售条款,可以使投资者具有安全感,因而有利于吸引投资者。

⑥强制性转换条款。强制性转换条款是在某些条件具备之后,债券持有人必须将可转换债券转换为股票,无权要求偿还债权本金的规定。设置强制性转换条款,在于保证可转换债券顺利地转换成股票,实现发行公司扩大权益筹资的目的。

3. 可转换债券的发行条件

根据我国《可转换公司债券管理暂行办法》的规定,目前我国具有发行可转换债券资格的公司只有上市公司和国有重点公司,它们在具备了下列条件之后,可以经证监会批准发行可转换债券。

(1)上市公司发行可转换债券的条件:①最近 3 年连续盈利,且最近 3 年净资产收益率平均在 10%以上。属于能源、原材料、基础设施类的公司最近 3 年的净资产收益率可以略低,但不能低于 7%。②发行可转换债券后,公司的资产负债率不能高于70%。③发行可转换债券后,公司的累计债券余额不能超过公司净资产的 40%。④发行可转换债券所募集资金的投向符合国家的产业政策。⑤可转换债券的利率不超过同期银行存款利率的水平。⑥可转换债券的发行额不小于人民币 1 亿元。⑦证券监管部门规定的其他条件。

(2)重点国有公司发行可转换债券的条件。重点国有公司发行可转换债券,须符合上述③至⑦条的条件,除此之外,还应符合以下条件:①最近 3 年连续盈利,且最近3 年的财务报告已经过具有从事证券业务资格的会计师事务所审计。②有明确、可行的公司改制和上市计划。③有可靠的偿债能力。④有具有代为清偿债务能力的保证人的担保。

4. 可转换债券筹资的特点

(1)可转换债券筹资的优点。①筹资成本较低。可转换债券给予了债券持有人以优惠的价格转换公司股票的好处,故而其利率低于同一条件下的不可转换债券(或普通债券)的利率,降低了公司的筹资成本;此外,在可转换债券转换为普通股时,公司无需另外支付筹资费用,又节约了股票的筹资成本。②便于筹集资金。可转换债券一方面可以使投资者获得固定利息,另一方面又向其提供了进行债权投资和股权投资的选择权,对投资者具有吸引力,有利于债券的发行,便于资金的筹集。③有利于稳定股票价格和减少对每股收益的稀释。由于可转换债券规定的转换价格一般高于其发行时的公司股票价格,因此在发行新股票或配股时机不佳时,可以先发行可转换债券,然后通过转换实现较高价位的股权筹资。事实上,一些公司正是认为当前其股票价格太低,为了避免直接发行新股而遭受损失,才通过发行可转换债券变相发行普通股。这样,一来不至于因为直接发行新股而降低公司股票市价,二来因为可转换债券的转换期较长,即使在将来转换股票时,对公司股价的影响也较温和,从而有利于稳定公司股票价格。可转换债券的转换价格高于其发行时的股票价格,转换成的股票股数会较少,相对而言就降低了因为增发股票对公司每股收益的稀释度。④减少筹资中的利益冲突。由于日后会有相当一部分投资者将其持有的可转换债券转换成普通股,发行可转换债券不会太多地增加公司的偿债压力,所以其他债权人对此的反对较小,同时,可转换债券持有人是公司的潜在股东,与公司有着较大的利益趋同性,冲突较少。

(2)可转换债券筹资的缺点。①股价上扬风险。虽然可转换债券的转换价格高于其发行时的股票价格,但如果转换时股票价格大幅度上扬,公司只能以较低的固定转换价格换出股票,便会降低公司的股权筹资额。②财务风险。发行可转换债券后,如果公司业绩不佳,股价长期低迷;或虽然公司业绩尚可,但股价随大盘下跌,持券者没有如期转换普通股,则会增加公司偿还债务的压力,加大公司的财务风险。特别是在订有回售条款的情况下,公司短期内集中偿还债务的压力会更明显。③丧失低息优势。可转换债券转换成普通股后,其原有的低利息优势不复存在,公司将要承担较高的普通股成本,从而导致公司的综合资本成本上升。

（五）债券融资评价

1. 债券融资的优点

（1）资本成本较低。利用债券筹资的成本要比股票筹资的成本低。这主要是因为债券的发行费用较低,债券利息在税前支付,有一部分利息由政府负担了。

（2）可以发挥财务杠杆作用。无论发行公司赚钱多少,债券持有人只收取固定的有限的利息,而更多的收益可用于分配给股东,增加其财富,或留归公司以扩大经营。

（3）保障公司控制权。债券持有人一般无权参与发行公司的管理决策,因此发行债券一般不会分散公司控制权。

2. 债券融资的缺点

（1）财务风险较高。债券通常有固定的到期日,需要定期还本付息,财务上始终有压力。在公司不景气时,还本付息将成为公司严重的财务负担,有可能导致公司破产。

（2）限制条件多。发行债券的限制条件较长期借款、融资租赁的限制条件多且严格,从而限制了公司对债券融资的使用,甚至会影响公司以后的筹资能力。

（3）筹资规模受制约。公司利用债券筹资一般受一定额度的限制。我国规定累计债券总额不超过公司净资产的40%。

二、长期借款融资

长期借款是指公司向银行或其他非银行金融机构借入的使用期限超过一年的借款,主要用于购建固定资产和满足长期流动资金占用的需要。

（一）长期借款的种类

长期借款种类很多,公司可根据自身情况和各种借款条件选用。按不同的标准,长期借款可作如下分类:

（1）长期借款按用途不同,分为固定资产投资借款、更新改造借款、科技开发和新产品试制借款等。固定资产投资借款是指主要用于固定资产的新建、改建和扩建等基本建设项目的借款;更新改造借款是指用于公司固定资产更新、改造项目的借款;科技开发和新产品试制借款是指用于公司研究开发和新产品试制方面的借款。

（2）长期借款按提供借款的机构不同,分为政策性银行贷款、商业银行贷款和其他金融机构贷款。

政策性银行贷款是指执行国家政策性贷款业务的银行向公司发放的贷款。如:国家开发银行提供的贷款,主要是满足公司承建国家建设项目的资金需求;中国进出口银行提供的贷款主要用于满足公司进出口方面的资金需求,如满足扩大机电产品、成套设备出口等资金需求;中国农业发展银行提供的贷款,主要用于确保国家对粮、棉、油等政策性收购资金的供应。

商业银行贷款是指由各商业银行向企业提供的贷款,主要满足公司竞争性项目建设和弥补流动资金不足的资金需求。

其他金融机构贷款是指除银行以外的金融机构向公司提供的贷款,如公司向信托投资公司、财务公司、投资公司等金融机构借入款项。其他金融机构的贷款一般比银行贷款的期限长,利率也较高,对借款方的信用要求和限制条件比较严格。

(3)长期借款按有无抵押品作担保,分为抵押贷款和信用贷款。

抵押贷款是指以特定的抵押品(如房屋、建筑物、机器设备、有价证券、存货等)为担保而取得的贷款。作为担保的抵押品必须是能够变现、质量较高的资产。长期贷款的抵押品通常为不动产和有价证券。如果贷款到期公司不能偿还,银行等债权人取消公司对抵押品的赎回权,并有权处理抵押品,所得款项用于抵消债务人的所欠本息。抵押贷款有利于银行降低其贷款的风险程度,提高贷款的安全性,也有助于督促公司有效的使用贷款,及时偿债。提供抵押品对于公司有许多约束,限制了公司对于资产的自由使用权。

信用贷款是指公司不需要提供抵押品,仅凭借自身信用或担保人的信誉就能取得的贷款。需要贷款的公司通常仅出具签字的文书即可得到信用贷款,但只有资本实力雄厚、财务形象佳、信誉良好的公司才能取得。由于信用贷款风险较大,债权人通常要提高利息率以获取风险补偿,而且往往附加一定的限制条件。

除以上分类,长期贷款还可按偿还方式分为到期一次偿还贷款和分期偿还贷款等。

(二)取得长期借款的条件和程序

公司申请借款必须符合借款原则和贷款条件。我国金融机构对贷款规定的原则是:按计划发放、择优扶持、有物资保障、按期归还。公司申请贷款应具备的条件主要有:具有法人资格;生产经营方向和业务范围符合国家政策,且贷款用途符合银行贷款办法规定的范围;借款公司具有一定的物资和财产保证,或担保单位具有相应的经济实力;具有还贷能力;公司财务和经济核算制度健全,资金使用效益及公司经济效益良好;在银行开立有账户办理结算。

公司利用银行借款融资,要按特定程序办理,大致分为以下几个步骤:

1. 公司提出申请

符合借款条件的公司根据融资需求向银行提出书面申请。

2. 银行审批

银行按照有关政策和贷款条件,对借款公司进行审查,依据审批权限,核准公司申请的借款金额和用款计划。银行审查的主要内容是:公司的财务状况;信用情况;盈利的稳定性;发展前景;借款投资项目的可行性;抵押品和担保情况。

3. 签订合同

借款申请获批准后,银行与借款公司需要进一步协商贷款的具体条件,签订正式的合同,规定贷款的数额、利率、期限和一些约束性条款。

4. 取得借款

借款合同签订后,公司可在核定的贷款指标范围内,根据用款计划和实际需要,一次或分次将贷款转入公司的存款结算账户。

5. 归还贷款

贷款到期时,借款公司应依贷款合同规定按期清偿贷款本金与利息或续签合同。一般而言,公司还贷的方式主要有:到期一次还本付息;平时付息到期还本;贴现付息到期还本;定期等额偿还本息等。

(三)长期借款的保护性条款

由于银行等债权人提供的长期贷款的期限长、风险大,因此,除借款合同的基本条款之外,银行等债权人通常还会在借款合同中附加各种保护性条款,以确保公司能按时足额偿还贷款。保护性条款一般有以下三类:

1. 一般性保护条款

一般性保护条款是对贷款公司资产的流动性及偿债能力等方面的要求条款。这类条款应用于大多数借款合同,主要包括:①公司需持有一定限额的货币资金及其他流动资产,以保持公司资金的流动性和偿债能力,一般规定公司必须保持最低营运资本净值和最低的流动比率;②限制公司支付现金股利、再购入股票和职工加薪规模,以减少公司资本的过分外流;③限制公司资本支出的规模,以减少公司日后不得不变卖固定资产以偿还贷款的可能性;④限制公司再举债规模,以防止其他债权人取得对公司资产的优先索偿权;⑤限制公司的投资,如规定公司不准投资于短期内不能收回资金的项目,不能未经银行等债权人同意而与其他公司合并。

2. 例行性保护条款

例行条款在大多数借款合同中都会出现,它可以堵塞因一般条款规定不够完善而遗留的漏洞,以确保贷款的安全。这类条款主要包括:①借款方定期向提供贷款的银行或其他金融机构提交财务报表,以使债权人随时掌握公司的财务状况和经营成果;②不准在正常情况下出售较多的非产成品(商品)存货,以保持公司正常的生产经营能力;③如期清偿应缴纳的税金和其他到期债务,以防被罚款而造成不必要的现金流失;④不准以任何资产作为其他承诺的担保或抵押,以避免公司遭受过重的负担;⑤不准贴现应收票据或出售应收账款,以避免或有负债;⑥限制借款方租赁固定资产的规模,其目的在于防止公司负担巨额租金以致削弱其偿债能力,还在于防止公司以租赁固定资产的办法摆脱债权人对其资本支出和负债的约束;⑦要求做好固定资产的维修保护工作,使之处于良好的运行状态,以保证生产经营能正常、持续的运行。

3. 特殊性保护条款

这类条款是针对某些特殊情况而出现在部分借款合同中的条款,主要包括:要求公司的主要领导人购买人身保险;借款的用途不得改变;违约惩罚条款等。

上述各项条款结合使用,将有利于全面保护银行等债权人的权益。但借款合同是经双方充分协商后决定的,其最终结果取决于双方谈判能力的大小,而不完全取决于银行等债权人的主观愿望。

(四)长期借款的成本

利息是形成公司长期借款成本的重要因素。通常,长期借款的利息率要高于短期借款的利息率,但信誉好或抵押品流动性强的借款公司,仍然可以争取到较低的长期借款利率。长期借款的利率通常分为固定利率和变动利率两种。

1. 固定利率

通常是借贷双方找出一家风险类似于借款公司的其他公司,再以这家可比公司发行的期限与长期借款期限相同的长期债券的利率作为参照物,来确定长期借款的利率。固定利率计息方式一般适用于资金市场利率波动不大,资金供应较为平稳的情况。如果资本市场供求变化大,利率波动大,银行等债权人便不愿发放固定利率的长期借款。

2. 变动利率

变动利率是指长期借款在借款期限内的利率不是固定不变的,会根据情况作些调整。变动利率主要有以下三种情形:

(1)分期调整利率。这是借贷双方根据协商,在贷款协议中规定可分期调整利率。一般在基准利率的基础上,根据资金市场的情况每半年或一年调整一次利率,借款公司未偿还的本金按调整后的利率计算利息。

(2)浮动利率。这是指借贷双方根据协商,在贷款协议中规定其利率可根据资金市场的变动情况而随时调整的利率。公司借入资金时一般应开出浮动利率期票,票据上载明借款期限和票面基本利率。但到期利率则要在票面基本利率的基础上,根据市场利率的变动加以调整计算。而其基本利率通常以市场上信誉较好的公司的商业票据利率为参考,或以市场上相同借款期的公认利率为准,再在此基础上规定一定的浮动百分比限度,作为票据定期计息的浮动利率。

(3)期货利率。这是指借贷双方在贷款协议中规定到期的借款利率按期货业务的利率来计算。

随着金融的发展和环境的复杂多变,还会出现其他形式的变动利率。公司财务人员应在长期借款时根据具体情况合理地应用不同的利率策略,使其既对债权人有吸引力又对公司有利。如融资时估计市场利率已达到顶峰,预期将下跌的,则可先进行短期贷款,或采用浮动利率;也可发行可提前赎回的优先股等,获取短期资本,待利率水平下跌后,再借入利率较低的长期借款,减少公司的利息费用。如筹资时市场利率较低,则可借入固定利率的长期借款,降低公司的筹资成本。同时公司财务人员应对还款方式和单复利计算等各种条件进行仔细研究,选择对公司最有利的借款和还款方式。

除了利息之外,银行还会向借款公司收取其他费用,包括附加利率而产生的利息费用、管理费用、代理费用、杂费、承担费等。附加利率的高低与借款期限有关;管理费用的性质近似于手续费,它在签订契约时一次性付清;代理费是向银团中的代理行支付,它是组织参与银行按时提供贷款时发生的电报、办公费等支出;杂费主要用于签订负债契约前发生的律师费、差旅费等;承担费(或称为承诺费)的性质为赔偿费,主要是借款公司未按契约规定提用所贷款项,致使贷款机构准备的资金被闲置,从而造成贷款机构的损失。

(五)长期借款的偿还

长期借款的偿还方式有多种形式,如:定期付息到期偿还的方式;定期等额偿还方式,即在借款期内连本带息均按相等金额分期偿还的方式;平时逐期偿还小额本金和利息,到期偿还余下部分的方式。第一种偿还方式会加大借款到期时的还款压力,而定期等额偿还会提高公司使用贷款的实际利率。

三、融资租赁融资

(一)融资租赁的特征

融资租赁是指与租赁资产所有权有关的风险和报酬实质上已全部转移到承租方的租赁形式。其基本特征如下:

(1)租赁期届满时,租赁财产的所有权转让给承租人。

(2)租赁合同是一种不可解约合同,租期的定义为不可解约的固定期限加上租约中规定的特权。

(3)承租人有购买资产的选择权,且在租赁开始日就相当肯定承租人未来会行使此项选择权,资产的购买价格将充分低于行使选择权时的公允价值。

(4)租赁期长,且在最后不转让所有权的租赁,根据会计学中的实质重于形式原则,只要租期与租赁资产的经济寿命期相当(租期大于或等于资产经济寿命期的75%),也视为融资租赁。

(5)与租赁资产相关的保险、维修、折旧和税金等费用均由承租人承担,租赁资产也列为承租人的资产。

从上述特征可以看出,在融资租赁中,承租人每期所付的租金实际上就是租赁期间取得固定资产的使用权和租赁期满时取得资产所有权进行的分期付款。

(二)融资租赁的分类

融资租赁可进一步分为直接租赁、转租赁、杠杆租赁和售后租回等形式。

(1)直接租赁是承租人直接向生产厂商或租赁机构租赁生产经营所需资产的租赁形式,属于纯粹的融资租赁。

(2)转租赁是指租赁机构具有承租人和出租人双重身份的租赁。即租赁机构一方面作为承租人,从其他出租人处租入资产;另一方面作为出租人,再把租入的资产转租给其他承租人。

这种租赁形式在我国较为常见,并且对最终承租人而言,与直接租赁并无太大差异。

(3)杠杆租赁又称借款租赁,通常适用于金额较大的项目。一般地,对于金额较大的项目,租赁公司自筹购买设备所需资金的 20%~40%,其余的资金则以该设备作为抵押物从银行取得贷款解决;租赁公司再将购入的设备出租给承租人,同时将收取租金的权利转让给提供贷款的银行,但该资产的所有权仍归出租方所有。由于出租方用少量的资金推动了巨额的租赁业务,产生了杠杆效应,因此成为杠杆租赁。该种租赁虽然对承租人而言有许多优点,如贷款方没有对出租人债务的追索权等,但对承租人而言,同直接租赁没有本质上的区别。

(4)售后租回又称返回租赁,是企业把现有固定资产出售给租赁公司,再向租赁公司原封不动地租回资产的租赁形式。在这种形式中,企业通过放弃某些固定资产的所有权可以解决现金严重短缺等问题,并且可以迅速增加企业资产的流动性,优化企业的财务状况,此外还有可能使企业获得租金抵税的好处。因此,售后回租是一种值得重视的融资方式。

(三)融资租赁融资的评价

融资租赁在资产所有权风险和报酬方面的特征,决定了它与长期借款等负债融资有不同的优缺点。

1. 融资租赁融资的优点

(1)承担风险低。企业通过租赁形式使用资产可以规避设备被淘汰和过时的风险;并且,在承租人发生经营困难不能按时支付租金和相关费用时,出租人的权利只能是收回出租的资产,而无权要求承租人用其他资产偿债,这样就防止了风险扩大化。

(2)全额融资。与举债购置固定资产相比,融资租赁中的承租人只要承诺按期支付租金就可以获得固定资产使用权,即获得固定资产价款的全额融资量。

(3)融资灵活性强。不仅可以避免长期借款融资的许多限制性条款而且可以不公开公司的财务状况,使企业经营更自主;另外实物信贷比举债购置资产速度快;再者租赁形式多,企业可以根据需要选择最有利的。

(4)可获得减税利息。我国《企业所得税法实施条例》规定:以融资租赁方式租入固定资产发生的租赁费,按规定构成融资租入固定资产价值的部分应当计提折旧费用,分期扣除,承租企业的租赁成本(包括租金)是作为费用计入成本,从而抵扣税额或直接享受免税利益。

2. 融资租赁融资的缺点

(1)由于出租人承受的风险大,相应地要求的回报必然高,因此租赁的实际成本往往会高于长期借款或债券的成本。

(2)由于承租人在租赁期内没有取得租赁资产的所有权,因此难以根据自身需要对租入资产进行改良。

(3)对最终所有权不转移的租赁,承租人不能获得租入资产的残值和升值利益。

183

特别是在通货膨胀期内,承租人会丧失更多的利益。

（四）融资租赁融资的策略

可以看到,融资租赁是一种灵活的融资方式,有着广阔的利用空间。从作为长期借款的替代融资方案的角度来进行融资租赁,应该将融资租赁与长期借款的利益相比较,择优采用。其具体策略如下:

（1）根据负债购置和融资租赁的成本,选择成本低的方式;

（2）根据企业资产和负债的结构以及融资的难易程度,选择具体的融资租赁方式。例如,当企业的资产流动性差和借款难度大时,可选择售后回租的方式。

第三节　权益资本融资

公司通过吸收直接投资、发行股票、内部积累等方式融通的资金都属于公司所有者权益。所有者权益一般不用还本,因而称之为公司的自有资本、主权资本或权益资本。本节主要介绍吸收直接投资、发行股票、内部积累三种权益资本融资方式。

一、吸收直接投资

吸收直接投资（以下简称吸收投资）是指公司按照"共同投资、共同经营、共担风险、共享利润"的原则直接吸收资金的一种融资方式。吸收投资与发行股票、留存收益都是公司融通权益资本的重要方式。发行股票以股票作为媒介,而吸收直接投资则无需公开发行证券。吸收投资中的出资者都是公司的所有者,他们对公司具有经营管理权。

（一）吸收投资的种类

公司采用吸收投资方式融通资金一般可分为以下三类:

1. 吸收国家投资

国家投资是指有权代表国家投资的政府部门或者机构,以国有资产投入公司,形成的资本叫国有资本。吸收国家投资是国有公司融通权益资本的主要方式。根据《公司国有资本与公司财务暂行办法》的规定,国家对公司注册的国有资本实行保全原则。公司在持续经营期间,对注册的国有资本除依法转让外,不得抽回,并且以出资额为限承担责任。公司拟以盈余公积、资本公积转增实收资本的,国有公司和国有独资公司由公司董事会或经理办公会决定,并报主管财政机关备案;股份有限公司和有限责任公司由董事会决定,并经股东大会审议通过。吸收国家投资一般具有以下特点:①产权归属国家;②资金的运用和处置受国家约束较大;③国有公司中采用比较广泛。

2. 吸收法人投资

法人投资是指法人单位以其依法可支配的资产投入公司,这种情况下形成的资本

公 司 财 务

叫法人资本。吸收法人投资一般具有以下特点：①发生在法人单位之间；②以参与公司利润分配或控制为目的；③出资方式灵活多样。

3. 吸收社会公众投资

社会公众投资是指社会个人或本公司内部职工以个人合法财产投入公司,这种情况下形成的资本称为个人资本。吸收社会公众投资一般具有以下特点：①参加投资的人员较多；②每人投资的数额相对较少；③以参与公司利润分配为目的。

(二)吸收投资中的出资方式

投资者可以用货币资金、厂房、机器设备、材料物资、无形资产等作价出资。

1. 以货币资金出资

以货币资金出资是吸收投资中一种最重要的出资方式。吸收投资中所需投入货币资金的数额,取决于投入的实物、工业产权之外尚需多少资金来满足建厂的开支和日常周转需要。国外公司法或投资法对货币资金投资占资本总额的多少,一般都有规定。

2. 以实物出资

以实物出资就是投资者以厂房、建筑物、设备等固定资产和原材料、商品等流动资产所进行的投资。一般说来,公司吸收的实物应符合如下条件：①确为公司科研、生产、经营所需；②技术性能比较好；③作价公平合理。

3. 以工业产权出资

以工业产权出资是指投资者以专有技术、商标权、专利权等无形资产所进行的投资。一般说来,公司吸收的工业产权应符合如下条件：①能帮助研究和开发出新的高科技产品；②能帮助生产出适销对路的高科技产品；③能帮助改进产品质量,提高生产效率；④能帮助大幅度降低各种消耗；⑤作价比较合理。

公司在吸收工业产权投资时应特别谨慎,进行认真的可行性研究。因为以工业产权投资实际上是把有关技术资本化了,把技术的价值固定化了。而技术具有时效性,因其不断老化而导致价值不断减少甚至完全丧失,风险较大。

4. 以土地使用权出资

投资者可以用土地使用权来进行投资。公司吸收土地使用权投资应符合以下条件：①公司科研、生产、销售活动所需要的；②交通、地理条件比较适宜；③作价公平合理。

(三)吸收投资的程序

1. 确定筹资数量

吸收投资一般是在公司开办时所使用的一种筹资方式。公司在经营过程中,如果出现自有资金不足,也可采用吸收投资的方式筹集资金,但在吸收投资之前,都必须确定所需资金的数量以利于正确筹集所需资金。

2. 寻找投资人

公司在吸收投资之前,需要做一些必要的宣传,以便使出资方了解公司的经营状况和财务情况以及未来预期。这也有利于公司在比较多的投资者中寻找最合适的合作伙伴。

3. 协商投资事项

找到投资人后,双方合理确定投资的数量、出资方式和出资时间。公司应尽量说服投资者以货币资金方式出资。除非投资者的确拥有适用于公司的固定资产、无形资产等。

4. 签署投资协议

双方经初步协商后,如没有太大异议,便可进一步协商。关键问题是以实物、工业产权、土地使用权投资的作价问题,这是因为投资的报酬、风险的承担都是以由此确定的出资额为依据。当出资数额、资产作价确定后,便可签署投资的协议或合同,以明确双方的权利和责任。

5. 共享投资利润

出资方有权对公司进行经营管理。中小投资者一般并不参与经营管理,他们最关心的还是投资报酬问题。因此,公司在吸收投资之后,应按合同中的有关条款,从实现利润中对吸收的投资支付报酬。投资报酬是公司利润的一个分配去向,也是投资者利益的体现,公司要妥善处理,以便于与投资者保持良好关系。

(四)吸收直接投资评价

1. 吸收直接投资的优点

(1)有利于增强公司信誉。与债务资本相比较,吸收直接投资能够提高公司的资信和借款能力。

(2)有利于尽快形成生产能力。吸收直接投资不仅可以取得一部分货币资金,而且能够直接获得所需的先进设备和技术,尽快形成生产能力。

(3)吸收直接投资的财务风险较低。吸收直接投资可以根据公司的经营状况向投资者支付报酬,公司经营状况好,可向投资者多支付一些报酬,公司经营状况不好,可不向投资者支付报酬或少支付报酬,比较灵活。

2. 吸收直接投资的缺点

(1)资本成本较高。采用吸收直接投资方式融资所需担负的资本成本较高,特别是公司经营状况好和盈利较强时,更是如此。

(2)容易分散公司控制权。采用吸收直接投资方式融资,投资者一般都要求获得与投资数量相适应的经营管理权。如果外部投资者的投资较多,则投资者会有相当大的管理权,甚至会对公司实行完全控制。

(3)投资者资本进入容易出来难,难以吸收大量的社会资本参与,融资规模受到限制。

二、发行普通股融资

(一)股票发行的目的

明确股票发行的目的,是股份公司决定发行条件、发行方式、发行程序的前提。股份公司发行股票,总的说来是为了融通资金,但具体而言有不同的原因和动机。

1. 筹集资本

股份公司成立之初通过发行股票来筹集资本金。股份公司成立后,会因不断扩大经营范围和规模,提高公司的竞争力而新建项目或引进先进设备,需要再次筹集资本,这时,也可以通过发行股票来筹措。公司成立时发行的股票称为始发股。股份公司可以采取发起设立,也可采取募集设立。发起设立是指由发起人认购全部股票而设立股份公司,可以采用一次缴纳和分期缴纳股资两种方式(新公司法第八十四条);募集设立是指通过向社会公开募集股份而设立股份公司,此时发起人只需认购部分股票,其余向社会招股。公司运行中再次发行股票称为增资扩股,如果拟发行的股票在核定资本的额度内,只需经董事会批准;如果超过了核定的资本额度,则需召开股东大会重新核定资本额度。在核定的资本额度内增资发行,董事会通过后,还须呈报政府有关机构,办理相关程序。

2. 扩大影响

发行股票尤其是股票上市,必须经过严格筛选。能够向社会公众公开发售股票的,往往是有实力、有潜力的公司,这实际上是替公司作了一次免费广告,提高了公司声誉。

3. 分散风险

股份公司的发展对资本需求量越来越大,原股权投资者往往财力有限,而且继续出资意味着风险过于集中。为了解决这些问题,可以通过发行股票的方式,既满足扩大资本规模的需求,又能吸引更多的投资者,分散经营风险。

4. 将资本公积金转化为资本金

公司的资本公积金积累到一定数额,可将其一部分转化为股本。即面向老股东,按原有股份的一定比例增发股票,老股东无需缴纳股金。在证券市场上,为此目的发行的股票被称为转增股。

5. 兼并与反兼并

公司的扩展有两条途径:一是依靠自己的力量不断积累壮大,二是兼并其他公司。后者对于公司的扩展更为快捷。公司兼并其他公司可采用发行本公司的股票交换被兼并公司股票的方式进行,也可采用发行新股募集的资本购买被兼并公司股份的方式进行。同样,被列为兼并对象的公司若要维持公司的经营权,解除被接管的威胁,也常以发行新股的方式使对方的计划落空。

6. 股票分割

股票的分割是指股份公司将流通在外的股份按一定比例拆细的行为,也称拆股。当公司的经营很顺利、股价迅速上扬时,股票的分割可以降低股票的绝对价格,吸引更多的投资者,有利于实现公司价值的最大化。

此外,发行股票还有其他目的。如向股东派发股票股利(送红股),将公司发行的可转换证券转换为股票,为了发行更多的债券而发行股票以使公司净资产额扩大等。

（二）股票发行的条件

股份公司和股票市场是商品经济条件下极为普遍的现象，也是商品经济发达程度的重要标志，股票发行必须遵循一定的法律和规定，现对我国股票发行的条件作适当说明。

1. 新设立的股份公司发行股票的条件

新设立的股份有限公司申请公开发行股票，应当符合下列条件：

（1）股份的发行，实行公平、公正的原则。同种类的每一股份应当具有同等权利；每股金额相等；同次发行的股票，每股的发行条件和价格应当相同。

（2）股票发行价格可以按票面金额，也可以超过票面金额，但不得低于票面金额。

（3）股票采用纸面形式或者国务院证券监督管理机构规定的其他形式。股票应当载明公司名称、公司登记日期、股票种类、票面金额及代表的股份数、股票编号等主要事项。

（4）向发起人、国家授权投资的机构、法人发行的股票，应当为记名股票；向社会公众发行的股票，可以为记名股票，也可以为无记名股票。

（5）公司发行记名股票的，应当置备股东名册，记载股东的姓名或者名称、住所、各股东所持有股份、各股东所持股票编号、各股东取得其股份的日期；发行无记名股票，公司应当记载其股票数量、编号及发行日期。

（6）公司公开发行新股，必须具备以下条件：①具备健全且运行良好的组织结构；②具有持续盈利能力，财务状况良好；③最近3年内财务会计文件无虚假记载，无其他重大违法行为；④证监会规定的其他条件。

2. 国有公司改组设立股份公司发行股票的条件

国有公司改组设立股份有限公司申请公开发行股票，除应当符合上述各种条件外，还应当符合一些条件：

（1）发行前一年末，净资产在总资产中所占比例不低于30%，无形资产在净资产中所占比例不高于20%，但证监会另有规定的除外。

（2）近三年连续盈利。

（3）国有公司改组设立股份有限公司公开发行股票的，国家拥有的股份在公司拟发行股本总额中所占的比例，由国务院或国务院授权的部门规定。

（4）必须采取募集方式。

3. 股份公司增发新股的条件

股份有限公司增资申请发行股票，除应当符合新设立股份有限公司申请公开发行股票规定条件外，必须具备下列条件：

（1）前一次公开发行股票所得资金的使用与其招股说明书所述的用途相符，并且资金使用效益良好。

（2）距前一次公开发行股票的时间不少于12个月。

（3）从前一次公开发行股票到本次申请期间没有重大违法行为。

（4）证券会规定的其他条件。

（三）股票发行的程序

1. 设立发行股票的基本程序

（1）发起人认足股份，交付股资。在发起设立方式下，发起人交付全部股资后，应选举董事会、监事会，由董事会办理设立登记事项。在募集设立方式下，发起人认足其应认购的股份并交付股资后，其余部分向社会公开募集。

（2）提出募集股份申请。发起人向社会公开募集股份时，必须向国务院证券管理部门递交募股申请，并报送批准设立公司的文件、公司章程、经营估算书、发起人的姓名或名称、发起人认购的股份数、出资种类及验资证明、招股说明书、代收股款银行的名称及地址、承销机构的名称及有关协议等文件。

（3）公告招股说明书，制作认股书，签订承销协议。招股说明书应附有发起人制作的公司章程，并载有发起人认购的股份数、每股的票面价值和发行价格、无记名股票的发行总数、认股人的权利和义务、本次募股的起止期限、逾期未募足时认股人可撤回所认股份的说明等事项。认股书应当载明招股说明书所列事项，由认股人填写所认股数、金额、认股人住所，并签名盖章。发起人向社会公开发行股票，应当由依法成立的证券承销机构承销，并签订承销协议，还应当同银行签订代收股款协议。

（4）招认股份，缴纳股款。发行股票的公司或其承销机构一般用广告或书面通知办法招募股份。认股者一旦填写了认股书，就要承担认股书中约定缴纳股款的义务。如果认股者总股数超过发起人拟招募总股数，可以采取抽签的方式确定哪些认股者有权认股。认股者应在规定的期限内向代收股款的银行缴纳股款，同时交付认股书。股款收足后，发起人应委托法定的机构验资，出具验资证明。

（5）召开创立大会，选举董事会、监事会。发行股份的股款募足后，发起人应在规定期限内（法定 30 天内）主持召开创立大会。创立大会由认股人组成，应有代表股份总数半数以上的认股人出席方可举行。创立大会通过公司章程，选举董事会和监事会成员，并有权对公司的设立费用进行审核，对发起人用于抵作股款的财产的作价进行审核。

（6）办理公司设立登记，交割股票。经创立大会选举的董事会应在创立大会结束后 30 天内，办理申请公司设立的登记事项。登记成立后，即向股东正式交付股票。股票采取纸面形式或由国务院证券管理部门规定的其他形式。股票应当载明下列主要事项：公司名称；公司登记成立的日期；股票种类、票面金额及代表的股份数；股票的编号；公司董事长签名；公司盖章。发起人的股票还应当标明发起人股票字样。

2. 增资发行股票的基本程序

（1）做出发行新股的决议。公司应根据生产经营情况，提出发行新股的计划。公司发行新股的种类、股数及发行价格应由股东大会根据公司股票在市场上的前景及筹资的需要、公司的盈利和财产增值情况，并考虑发行成本予以确定。

（2）提出发行新股的申请。公司做出发行新股的决议后，必须向国务院授权部门申请批准。

（3）公开招股说明书，制作认股书，签订承销协议。

（4）招认股份，缴纳股款，交割股票。

（5）召开股东大会改选董事监事，办理变更登记并公告。

（四）股票上市

股票上市是指股份有限公司公开发行的股票经批准在证券交易所进行挂牌交易。股票获准上市交易的股份有限公司称为上市公司。

1. 股票上市的影响因素

股票上市作为一种有效的筹资方式，对公司的成长起着重要作用，但也会给公司带来一些负面效果。因此，在做出股票上市的决定前，公司管理者应该非常慎重地考虑，并且尽可能向专家或有过类似经历的企业家进行咨询，以便做出的决策能够达到预期的目的。

（1）股票上市可为公司带来的益处。①有助于改善财务状况。公司公开发行股票可以筹得权益资本，能迅速改善公司财务状况，并有条件得到利率更低的贷款。同时，公司一旦上市，就可以在今后有更多的机会从证券市场上筹集资金。②利用股票收购其他公司。一些公司常用出让股票而不是付现金的方式去对其他公司进行收购。被收购公司也乐于接受上市公司的股票。因为上市公司的股票具有良好的流通性，持股人可以很容易将股票出手而得到资金。③利用股票上市客观评价公司。④利用股票可激励职员。上市公司利用股票作为激励关键人员的手段是卓有成效的。公开的股票市场提供了股票的准确价值，也可使职员的股票兑现。⑤提高公司知名度，吸引更多顾客。股票上市，公司为社会所知，并被认为经营优良，这会给公司带来良好的声誉，从而吸引更多的顾客，扩大公司的销售。⑥促进公司股权的社会化、分散化，防止股权过于集中。

（2）股票上市可能对公司产生的不利影响。①容易暴露公司商业秘密。一家公司转为上市公司，国家证券管理机构要求上市公司将关键的经营情况向社会公众公开，各种信息公开的披露可能会暴露公司的商业秘密。②限制经理人员操作的自由度。上市公司所有重要决策都需要经董事会讨论通过，有些对公司至关重大的决策则需全体股东投票决定。股东们通常以公司盈利、分红、股价等来判断经理人员的业绩，往往使得公司经理人员注重短期效益而忽略长期效益。③公开上市需要很高的费用。这些费用包括：资产评估费用、股票承销佣金、律师费、注册会计师费、材料印刷费、登记费等等。公司上市后尚需花费一些费用为证券交易所、股东等提供资料，聘请注册会计师、律师等。④在资本市场不成熟的情况下，股价有时会歪曲公司的实际状况，丑化公司声誉，还可能会分散公司控制权，造成管理上的困难。

2. 股票上市的条件

公司公开发行的股票进入证券交易所交易必须受严格的条件限制。我国相关法规规定，股份有限公司申请股票上市，必须符合下列条件：

（1）股票经国务院证券管理部门批准已向社会公开发行。

（2）公司股本总额不少于 5 000 万元。

（3）开业时间 3 年以上，最近三年连续盈利；原国有公司依法改组而设立的，或者《公司法》实施后新组建成立，其主要发起人为国有大中型公司的股份有限公司，可连续计算。

（4）持有股票面值达人民币 1 000 元以上的股东人数不少于 1 000 人，向社会公开发行的股份达股份总数的 25% 以上；公司股本总额超过人民币 4 亿元的，其向社会公开发行的股份比例在 15% 以上。

（5）公司在最近三年内无重大违法行为，财务会计报告无虚假记载。

（6）国务院规定的其他条件。

具备上述条件的股份有限公司经申请，出国务院或国务院授权的证券管理部门批准，其股票方可上市。上市公司必须公告其上市报告，并将其申请文件存放在指定的地点供公众查阅。上市公司还必须定期公布其财务状况和经营情况，每年定期公布财务会计报告。

3. 股票上市的程序

股份有限公司申请股票上市交易，必须报经国务院证券管理监督机构核准，应当提交下列文件：

（1）上市报告书；

（2）申请上市的股东大会决议；

（3）公司章程和营业执照；

（4）经法定验证机构验证的公司最近三年的或者公司成立以来的财务会计报告；

（5）法律意见书和证券公司的推销书；

（6）最近一次的招股说明书。

获得国务院证券管理监督机构核准后，证券交易所应当自接到该股票发行人提交的规定文件之日起六个月内，安排该股票上市交易。上市公司应当在上市交易的五日前公告经核准的股票上市有关文件，并将该文件置备于指定场所供公众查阅。还应当公告股票获准在证券交易所交易的日期、持有公司股份最多的前十名股东的名单和持股份额、董事监事经理及有关高级管理人员的姓名与持有本公司股票债券情况。

4. 股票上市的暂停与终止

上市公司有下列情形之一的，经国务院证券管理部门决定暂停其股票上市资格。

（1）公司股本总额、股权分布等发生变化不再具备上市条件（限期内未能消除的，终止其股票上市）；

（2）公司不按规定公开其财务状况，或者对财务报告作虚假记载（后果严重的，终止其股票上市）；

（3）公司有重大违法行为（后果严重的，终止其股票上市）；

（4）公司连续三年亏损（限期内未能消除的，终止其股票上市）。

191

在我国,连续两年亏损的上市公司的股票,其股票名称之前要加上"ST",以提醒公司管理层并便于投资者识别。"ST"是英文"Special Treatment"的缩写,中文意思为特别处理。受到特别处理的股票,其每个交易日上涨与下跌的最大幅度为5%,小于一般股票的每个交易日的涨跌的最大幅度10%,以免这些问题股票被过度投机。

另外,公司决定解散、被依法破产时,由国务院证券管理部门决定终止其股票上市。

三、发行优先股融资

(一)优先股的特征

优先股是企业权益资金之一,但它又与普通股存在很大的差异,从股份公司的最终所有者——普通股票持有者的角度看,优先股性质很像债券。优先股实际上是一种混合性融资形式,既具有债权的特点——固定的股息率,又具有普通股票的特点——不需要还本。优先股的收益是股票面值与其规定股利率之积,它们一般不参与公司剩余利润的分配,就这点而言,优先股与债券的性质相同;优先股无到期日,不需要还本,甚至可以不支付股利,就这点而论,优先股与普通股的性质相同。优先股持有人对公司资产的要求权小于债权人,但大于普通股持有人,是介于债券和普通股票之间的一种融资方式。

优先股的优先包括如下两层含义:一是指在企业清算时对偿付债务后所余净资产要求权的优先,即它的索赔权优先于普通股;二是指获取股利的权利优先,即它的股利支付应先于普通股股利支付。与此同时,优先股丧失了在公司管理方面的权利以及获取公司超额利润的权利。

虽然优先股规定有固定的股利,但实际上,公司对这种股利的支付却带有随意性,并非必须支付不可。不支付优先股股利,并不会像不支付债券利息那样,使企业面临破产的境地。

(二)优先股的种类

优先股按发行的条款和股利分配条款的不同,可分为若干种类,下面简述最常见的分类:

1. 按股利能否累计为标准分类,可分为累积优先股和非累积优先股

(1)累积优先股。几乎所有的优先股都具有累积股利的特征,即任何一年未付的股利都能递延到以后各年支付。未支付的优先股股利会使优先股在公司中的权益增加,公司必须付清了优先股股利之后才能支付普通股的股利。

(2)非累积优先股。当年未付的优先股股利不能转移到以后年度补付的优先股股票。公司在以后年度一旦有盈利,只要先支付该年的优先股股利,就可以支付普通股股利。这种非累积优先股不利于保护该类股票持有人的权益,从投资者的角度看,它甚至不如收益债券。因此,在实际中很少发行该类优先股票。

2. 按能否参与剩余利润分配为标准,可分为参与分配优先股和非参与分配优先股

(1)参与分配优先股,是指优先股在获取自己应得的股利之外,如果公司有超额利润,有权参与同普通股一样的分配,分享额外股利。参与性的主要特征,是当公司利润丰厚、普通股股利超过优先股所获股利时,优先股持有人可以参与超额利润的分配,获取与普通股票持有人相同的股利报酬,以共享公司的经营成果。

(2)非参与分配优先股票,是指只能获得事先规定股利的股票,公司所获得的超额利润全部归普通股所有,优先股持有人无权参与其再分配。

3. 按是否可以转换为普通股票为标准,可分为可转换优先股和不可转化优先股

(1)可转化优先股,指该股票在持有一段时间之后,可以按事前规定的兑换率转化为普通股票的优先股票,也可以不转换,将它作为优先股,获取固定的股利。

(2)不可转换优先股,指只能享受固定股利,不能转换为普通股票的优先股。该类优先股与普通股票无任何交集。

4. 按是否有收回优先股的权利为标准,可分为可收回优先股和不可收回优先股

(1)可收回优先股。虽然优先股同普通股一样,没有规定到期日,但是一般认为优先股不是公司的永久性资金来源,因为在有关合同中都附有收回这种股票的条款。即在优先股发行若干年后,公司可随时按照预先规定的价格和方式收回已发行的优先股。优先股的收回性质增加了公司的融资机动性。收回的价格一般高于票面价值或清偿价值,以示对优先股的补偿。

为了保证收回优先股的资金来源,企业可设立偿付基金。当发生如下几种情况下时,公司可用偿付基金收回优先股:第一,当市场利率降低,且公司可以以其他融资方式获取成本更低的资金时,收回以前发行的优先股可减轻股利负担;第二,当公司资金充裕时,可以收回资金成本较高的优先股以减轻财务负担;第三,当公司不愿再受优先股的契约条款所限制,且又可用其他方式获取资金时,可收回优先股,摆脱限制。

(2)不可收回优先股。在有关合同中,没有赋予公司以某一价格或方式收回优先股的权利的股票,公司如要收回此类优先股,只能在证券市场上按市价收购,或者以其他证券调换优先股。

(三)发行优先股融资评价

1. 优先股的优点

(1)财务负担轻。由于优先股股利不是发行公司必须偿付的一项法定债务,如果公司财务状况恶化时,这种股利可以不付,从而减轻了企业的财务负担。

(2)财务上灵活机动。由于优先股没有规定最终到期日,实质上它是一种永续性借款。优先股的收回由企业决定,企业可在有利条件下收回优先股,具有较大的灵活性。

(3)财务风险小。从债权人的角度看,优先股属于公司股本,从而巩固了公司的财务状况,提高了公司的举债能力,因此财务风险小。

(4)不减少普通股收益和控制权。与普通股相比,优先股每股收益是固定的,只要企业净资产收益率高于优先股成本率,普通股每股收益就会上升。另外,优先股无表决权,因此不影响普通股股东对企业的控制权。

2. 优先股的缺点

(1)资本成本高。由于优先股股利不能抵减所得税,因此其成本高于债务成本,这是优先股融资的最大不利因素。

(2)股利支付的固定性。当企业财务状况恶化时,虽然公司可以不按规定支付股利,但这会影响企业形象,进而对普通股票市价产生不利影响,损害到普通股股东的权益;如果企业盈利很大,想更多的留用利润来扩大经营时,由于股利支付的固定性,便成为一项财务负担,影响了企业的扩大再生产。

四、留存收益融资

(一)留存收益融资的特征

留存收益是指企业从历年实现的利润中提取或留存于企业的内部积累,它来源于企业的生产经营活动所实现的净利润,包括企业的盈余公积和未分配利润两个部分。留存收益融资是指企业将留存收益转化为投资的过程,将企业生产经营所实现的净收益留在企业,而不作为股利分配给股东,其实质为原股东对企业的追加投资。

(二)留存收益融资的评价

留存收益融资对公司的经营有促进作用,也有负面的影响。

1. 留存收益融资的优点

(1)不发生实际的现金支出,不同于负债融资和股票融资,不必支付定期利息和股利,同时还免去了负债、权益融资的相关手续、发行费等开支。

(2)保持企业举债能力,留存收益实质上属于股东权益的一部分,可以作为企业对外举债的基础。

(3)企业的控制权不受影响,增加发行股票,会稀释股东的控制权,但是采用留存收益不会存在此类问题。

2. 留存收益融资的不足

(1)期间限制,企业必须经过一定时期的积累才可能拥有一定数量的留存收益,从而使企业难以在短期内获得扩大再生产所需的资金。

(2)与股利政策的权衡,如果留存收益过高,现金股利过少,则可能影响企业的形象,并给今后进一步的融资增加困难,利用留存收益融资必须要考虑公司的股利政策,不能随意变动。

(三)留存收益融资与股利分配政策

留存收益融资与股利分配政策密切相关。其融资数量通常由企业可分配利润的规模和股利政策所决定。如当企业处于成长阶段时,常采用剩余股利政策,首先需要设定目标资本结构,即确定权益资本与债务资本的比率,其次确定目标资本结构下投资所需的股东权益数额,最后最大限度地使用留存收益来满足投资方案所需的权益资本数额,若有剩余盈余,再将其作为股利发放给股东;如果投资者认为留存收益再投资带来的收益具有很大的不确定性,并且投资风险随着时间的推移进一步扩大时,会更加倾向于固定的股利支付政策。

第四节　资本成本

一、资本成本概述

(一)资本成本的概念

资本成本是指公司为融通和使用长期资金而付出的代价,包括融资费用和用资费用。融资费用指在资金融通过程中支付的各种交易成本,如向银行支付的借款手续费,发行股票、债券支付的发行费等;用资费用指公司在生产经营投资过程中因使用资金而支付的代价,如向银行等债权人支付的利息,向股东支付的股利等。相较而言,融资费用通常在融通资金时一次性发生,而用资费用是融资公司经常发生的,是资本成本的主要内容。由于短期资金来源渠道多,融资数量小,资金成本低,通常人们更多地研究长期资金成本即资本成本。

(二)资本成本的种类和意义

资本成本按用途可分为个别资本成本、综合资本成本和边际资本成本。

1. 个别资本成本

它指单一融资方式的资本成本,包括长期借款成本、长期债务成本、优先股成本、普通股成本和留存收益成本,其中前两种是债务资本成本,后三种是权益资本成本。

2. 综合资本成本

它是对各种个别资本成本进行加权平均而得的结果,也称加权平均资本成本。其权重可以使用账面价值权重、市场价值权重和目标价值权重等来计算。

3. 边际资本成本

它是追加单位资本所增加的成本。边际资本成本也按加权平均法计算,是追加融资时使用的加权平均成本。

资本成本是公司财务中的重要概念。就融资管理而言,资本成本是选择融资方式、进行资本结构决策和追加融资决策的依据。首先,个别资本成本是比较、评价各种融资方式的依据。随着金融市场的逐步发展和完善,公司融资方式日益多元化,在评价各种融资方式时,一般会考虑的因素包括对公司控制权的影响,对投资者吸引力的大小,融资的难易和风险,资本成本的高低等,而资本成本是其中的重要因素,在其他条件相同时,应选择资本成本最低的融资方式。其次,综合资本成本是衡量资本结构是否合理的依据。公司财务目标是公司价值最大化,公司价值在数量上等于公司未来经济利益的现值之和,计算现值时采用贴现率通常选择公司综合资本成本,当综合资本成本最小时,公司价值最大,此时的资本结构是公司理想的最佳资本结构。另外,边际资本成本是选择追加融资的依据。公司为扩大再生产,通常需要增加资本投入,在新增融资时,不论维持原有资本结构还是实现资本结构优化,都可以定量确定边际资本成本来选择追加融资方案。

公司实现经济资源的合理配置和有效使用的具体方式包括将资本投放于生产性长期资产、有价证券和营运资金,此时资本成本是公司对投入资本所要求的收益率,即最低必要报酬率,在进行投资决策的财务可行性分析时,资本成本是投资项目的机会成本。

另外,资本成本还可用作衡量公司经营成果的重要依据。一定时期资本成本的高低不仅反映公司财务的水平,还可评价公司整体的经营业绩。公司总资产报酬率应高于资本成本,否则表明公司业绩欠佳。进一步讲,资本成本还可以促进公司增强和转变观念,充分挖潜革新,节约资本占用,提高资本的使用效率。

(三)影响资本成本高低的因素

市场经济环境下,影响公司资本成本高低的因素多种多样,其中主要包括总体经济环境和状态、证券市场条件、公司内部经营和融资状况以及公司融资规模等。

(1)总体经济环境。总体经济环境变化的影响,反映在无风险报酬率上。如果国民经济保持健康、稳定、持续增长,整个社会经济的资金供给和需求相对均衡,通货膨胀水平低,资金所有者投资的风险小,预期报酬率低,自然融资资本成本就低。相反,如果国民经济不景气或者经济过热,通货膨胀持续居高不下,投资者投资风险大,预期报酬率高,融资公司资本成本就高。

(2)证券市场条件。证券市场条件包括证券市场的效率和风险,如果证券市场缺乏效率,证券的市场流动性低,投资者投资风险大,要求的预期报酬率高,那么通过资本市场融通的资本其成本就高。

(3)公司内部经营和融资状况。公司内部经营风险是公司投资决策的结果,表现为资产报酬率的变动。融资状况导致的财务风险是公司融资决策的结果,表现为权益资本报酬率的变动。两者共同构成公司总体风险,如果公司经营风险高,财务风险大,则公司总体风险水平高,投资者要求的预期报酬率高,公司融资资本成本相应就高。

(4)公司融资规模。在一定时期内,国民经济体系中资金供给总量一定,公司的融资规模引起资金需求增加时,资金的供求发生变化,稀缺资源要求的报酬率高,因此融资规模大,资本成本高。当然,融资规模与资本成本的正向相关性并非线性关系,一般说来,融资规模在一定限度内,并不引起资本成本的明显变化,当融资规模突破一定限度时,才引起资本成本的明显变化。

二、资本成本的测定

资本成本的绝对值是融资费用加上用资费用之和,但由于资本成本一般作为公司融资和投资决策的依据和标准,为了便于分析比较,通常用相对数,即资本成本率表

示。在计算时,将资本的融资费用作为融资金额的一项扣除,扣除融资费用后的金额称为实际融资额或融资余额,通用的计算公式是:

$$资本成本 = \frac{用资费用}{实际融资} \times 100\% = \frac{用资费用}{融资总额-融资费用} \times 100\%$$

债务资本的用资费用表现为借款或债券的利息费用,无论在财务会计上确认为财务费用还是长期资产价值,最终都进入相关的成本费用,在税前列支,因此债务资本的用资费用具有抵税作用。权益资本用资费用表现为股利或潜在收益,在缴纳所得税后列支。

（一）个别资本成本

1. 长期借款成本

长期借款成本包括借款利息和借款费用,借款利息计入税前成本费用,可以起抵税作用,因此,一次还本分期付息借款的成本为:

$$K_L = \frac{I_L(1 - T)}{L(1 - F_L)} \times 100\% = \frac{Li_L(1 - T)}{L(1 - F_L)} = \frac{i_L(1 - T)}{1 - F_L}$$

式中:K_L 为长期借款成本;L 为长期借款本金;I_L 为长期借款利息;F_L 为长期借款费用率;i_L 为长期借款率利率;T 为所得税率。

由于银行借款费用较低,可以忽略不计,则上式简化为:

$$K_L = i_L(1 - T)$$

例 5 - 4　某公司取得 5 年期长期借款 100 万元,年利率 10%,每年付息一次,到期一次还本,借款费用率 1%,公司所得税率 25%,该项借款的资本成本为:

$$K_L = \frac{10\% \times (1 - 25\%)}{1 - 1\%} \approx 7.56\%$$

如果考虑资金的时间价值,长期借款的成本是使这项融资项目现金流量净现值为 0 时的贴现率,计算方式如下:

$$NPV = \sum_{t=1}^{n} \frac{I_t}{(1 + K)^t} + \frac{L}{(1 + K)^n} - L(1 - F_L) = 0$$

$$K_L = K(1 - T)$$

根据例 5 - 4 资料:

$$NPV = 100 \times 10\%(P/A, K, 5) + 100 \times (P/S, K, 5) - 100 \times (1 - 1\%)$$

当 $K_1 = 10\%$ 时,

$$NPV = 100 \times 10\%(P/A, 10\%, 5) + 100 \times (P/S, 10\%, 5) - 100 \times (1 - 1\%) = 0.998$$

当 $K_2 = 12\%$ 时,

$$NPV = 100 \times 10\%(P/A, 12\%, 5) + 100 \times (P/S, 12\%, 5) - 100 \times (1 - 1\%)$$
$$= - 6.212$$

根据插值法原理计算 $K = 10\% + \dfrac{0.998 - 0}{0.998 - (- 6.212)} \times (12\% - 10\%) \approx 10.26\%$

故该项借款的资本成本为 $K_L = K(1 - 25\%) \approx 7.70\%$

2. 债券成本

发行债券融资的成本包括债券利息和债券发行费用,债券成本的计算与长期借款成本计算类似,只不过债券发行费用较高,一般不可忽略。另外,债券发行定价存在折价和溢价的情况,对于一次还本、分期付息方式的债券成本的计算公式为:

$$K_b = \frac{I_b(1-T)}{P_b(1-F_b)} \times 100\% = \frac{B \cdot i_b(1-T)}{P_b(1-F_b)} \times 100\%$$

式中:K_b 为债券成本;B 为债券面值;I_b 为债券利息;P_b 为债券发行价格;i_b 为债券票面利率;F_b 为债券融资费用率;T 为所得税率。

当债券平价发行时,上式中 $P_b = B$,公式变为:

$$K_b = \frac{i_b(1-T)}{1-F_b} \times 100\%$$

例 5 - 5　某公司按面值发行 1 000 万元的 5 年期债券,票面利率 10%,发行费用 1%,公司所得税率 25%,该债券的成本为:

$$K_b = \frac{10\%(1 - 25\%)}{1 - 1\%} \approx 7.56\%$$

如果上例债券发行价格为 1 100 万元,其他条件不变,则债券成本为

$$K_b = \frac{1\,000 \times 10\%(1 - 25\%)}{1\,100 \times (1 - 1\%)} \approx 6.89\%$$

如果上例债券发行价格为 900 万元

$$K_b = \frac{1\,000 \times 10\%(1 - 25\%)}{900(1 - 1\%)} \approx 8.42\%$$

如果考虑资金时间价值,债券资本成本为使债券融资项目现金流量净现值为零时的贴现率,债券成本的计算公式为:

$$NPV = \sum_{t=1}^{n} \frac{I_b}{(1+K)^t} + \frac{B}{(1+K)^t} - P_b(1-F_b) = 0$$

$K_b = K(1-T)$

以上例债券溢价发行为例

NPV = $1\,000 \times 10\%(P/A,K,5) + 1\,000(P/S,K,5) - 1\,100 \times (1 - 1\%)$

当 $K_1 = 8\%$ 时,

NPV = $1\,000 \times 10\%(P/A,K,5) + 1\,000(P/S,8\%,5) - 1\,100 \times (1 - 1\%)$
　　 $= -9.13$

当 $K_2 = 7\%$ 时,

NPV = $1\,000 \times 10\%(P/A,7\%,5) + 1\,000(P/S,7\%,5) - 1\,100 \times (1 - 1\%)$
　　 $= 34.02$

根据插值法原理计算 $K = 8\% - \dfrac{9.13}{9.13 + 34.02} \times (8\% - 7\%) = 7.79\%$

故该项债券的资本成本为 $K_b = K(1 - 25\%) = 5.84\%$

3. 优先股成本

公司发行优先股,既要支付融资费用,又要长期支付股利,它与债务资本不同的是股利在税后支付,且没有到期日,优先股的资本成本计算公式为:

$$K_p = \frac{D}{P(1 - F_p)}$$

式中:K_p 为优先股资本成本,D 为优先股股利,P 为优先股发行价格,F_p 为优先股融资费用率。

例 5 - 6 某公司发行 1 000 万元的优先股,发行价格 1 100 万元,融资费为 100 万元,每年支付 15% 的股利,则优先股的成本为:

$$K_p = \frac{1\ 000 \times 15\%}{1\ 100 - 100} = 15\%$$

公司破产时,优先股股东的求偿权位于债权人之后,优先股股东的风险大于债权人的风险,故优先股股利率一般高于债权人的利息率。另外,优先股股利从净利润中支付,没有减税的作用。因此,优先股成本通常高于债务资本成本。

4. 普通股成本

普通股融资成本包括普通股融资费用和用资费用。普通股用资费用的表现形式是各种股利,股利的支付取决于每股收益和股利政策。一般而言,普通股在收益分配和剩余财产分配上位于优先股之后,投资者投资于普通股风险大于投资于优先股。因此,公司普通股成本大于优先股成本。普通股成本计算方法有以下几种:

(1)股利成长模型法

在前面讨论股票价值时,我们介绍固定成长股票的价值模型为:

$$V_s = \frac{D_0(1 + g)}{R_s - g}$$

在有效资本市场中,资本品的供给双方均衡,此时资本品的价值与市场价格相等,即 $V_s = P_s$。从投资的角度,证券投资获得预期报酬率 R_s,从融资的角度讲,证券融资支付资本成本 K_s,考虑普通股融资费用因素后,普通股成本的计算公式为:

$$K_s = \frac{D_0(1 + g)}{P_s(1 - F_s)} + g,\text{当 } g = 0 \text{ 时},K_s = \frac{D_0}{P_s(1 - F_s)}$$

上式中:K_s 为普通股成本;D_0 为已支付的最近一期股利;g 为股利成长率;P_s 为普通股市价;F_s 为普通股融资费用率。

例 5 - 7 某公司普通股市价 50 元,普通股融资费用率 10%,本年发放现金股利每股 5 元,预期股利年增长率为 10%

则 $K_s = \frac{5 \times (1 + 10\%)}{50(1 - 10\%)} + 10\% = 22.22\%$

如果上例中预期股利保持不变,即资本成本为:

$$K_s = \frac{5}{50 \times (1 - 10\%)} = 11.11\%$$

（2）资本资产定价模型法

普通股的资本成本可以用投资者对发行公司的风险程度与股票投资承担的平均风险水平来评价。根据资本资产价模型计算的普通股的资本成本公式为：

$$K_s = R_s = k_f + \beta(R_m - R_f)$$

例5-8　某公司普通股系数为1.5，此时一年期国债利率为5%，平均风险股票必要报酬率为15%，则该普通股资本成本为：

$$K_s = 5\% + 1.5 \times (15\% - 5\%) = 20\%$$

（3）风险溢价法

普通股股东会在债券投资收益的基础上再要求一定的风险溢价，根据这一原理，普通股资本成本的计算公式为：

$$K_s = K_b + RP_C$$

式中：RP_C为股东比债券债权人承担更大风险所要求的风险溢价；K_b为债券成本。

计算中，债券成本比较容易计算，难点在于确定RP_C即风险溢价。实证研究表明：某公司普通股风险溢价相对其自己发行的债券来讲，大约为3%~5%。当市场利率达到历史高点时，风险溢价较低；当市场利率处于历史低点时，风险溢价较高。通常情况下，采用4%的平均风险溢价。

例5-9　某公司债券成本为10%，则其普通股成本为

$$K_s = 10\% + 4\% = 14\%$$

5. 留存收益成本

留存收益是公司税后净利形成的，是一种所有者权益，其实质是所有者向公司的追加投资。公司利用留存收益融资虽然无需支付融资费用，但留存收益融资也有成本，留存收益成本不是现实或潜在的现金流出，而是一种机会成本，如果公司将留存收益用于再投资所获得的收益率低于股东自己进行另一项风险相似的投资项目的收益率，公司就应该将其分配给股东。因此留存收益也有资本成本，表现为股东追加投资要求的报酬率，其计算与普通股成本类似，不同在于不考虑融资费用。

（二）综合资本成本

公司资本的构成包括多种不同的权益资本和债务资本。虽然债务资本成本一般低于权益资本成本，但债务资本比重的增加会导致公司财务风险的增加。因此，受成本、风险诸因素制约，公司不可能只使用单一的融资方式，往往需要通过多种方式融通所需资金，在评价和衡量单一融资方案时，需要计算个别资本成本。而在分析和评价公司总体融资的经济性时需要计算综合资本成本，确立公司理想的资本结构。

公司综合资本成本也称公司加权平均资本成本，是以各项个别资本在公司总资本中的比重为权数，对各项个别资本成本进行加权平均而得到的资本成本，其计算公

式为:

$$K_w = \sum_{j=1}^{n} K_j W_j$$

式中:K_w 为综合资本成本;K_j 为第 j 种个别资本成本;W_j 为第 j 个别资本在全部资本中的比重。

综合资本成本计算的困难在于权数价值的选择,即多项个别资本成本按什么价值来确定的问题。通常,可供选择的价值形式有账面价值、市场价值、目标价值等。以账面价值计算权重,其资料容易取得,可靠性高,但当资本账面价值与市场价值相差较大时,以历史成本确认的账面价值权重计算的综合资本成本不具备决策相关性。以市场价值计算权重能够反映公司目前的实际情况,资本成本决策相关性高,但市场价值波动大,可靠性低。可行方案是选用市场价值的历史平均值,如 30 日均价、120 日均价。市场均价虽然克服市场价格频繁变动导致的可靠性不高的缺点,但又导致决策相关性问题。以资本的目标价值为权重,能体现预期理想的资本结构,最具决策相关性,但目标价值只是主观愿望的表现,很难客观合理地确定,因而又不具备可靠性。因此,在实践中,如何合理确定资本价值权重依赖于财务经理的价值判断和职业经验。从这一点讲,财务是观念,会计是规范。

例5-10 某公司长期资金 10 000 万元,其中长期借款 1 000 万元,应付债券 2 000 万元,普通股 5 000 万元,留存收益 2 000 万元。其资本成本分别为 7%、8%、15%、14%。

按账面价值计算的综合资本成本为:

$$K_w = 7\% \times \frac{1\,000}{10\,000} + 8\% \times \frac{2\,000}{10\,000} \times 15\% \times \frac{5\,000}{10\,000} + 14\% \times \frac{2\,000}{10\,000} = 12.6\%$$

(三)边际资本成本

1. 边际资本成本的概念

边际资本成本是指增加单位资本而增加的成本。公司追加融资后,可能改变现行的资本结构,也可以保持目前的资本结构。当认为资本结构中各种资本比例不合理时,可以通过追加融资改善资本结构,如负债比重较大时新增融资中加大权益资本比重。公司追加融资时,随着资本规模的扩大,个别资本成本也会增大,即公司不可能用一个固定不变的资本成本融通无限的资金。因此,必须研究融资额在什么数额上便会引起资本成本怎样的变化,这就需要边际资本成本的概念。边际资本成本也是按加权平均法计算,其权数应为市场价值权重,而不应使用账面价值权重。

2. 边际资本成本的计算

例5-11 某公司拥有长期资金 1 000 万元,其中长期借款 100 万元,资本成本 5%,长期债券 200 万元,资本成本 6%,优先股 50 万元,资本成本 8%,普通股 40 万元,资本成本 12%,留存收益 250 万元,资本成本 10%,由于扩大经营规模拟新筹资金,公司认为目前的资本结构合理,经测算随融资增加各种资本成本的变化如表 5-8 所示。

表 5-8　　　　　　　　　　融资增加各种资本成本的变化表

资金种类	目标资本结构	新融资额	资本成本
长期借款	10%	5 万以内 5 万以上	5% 6%
长期债券	20%	15 万以内 15 万以上	6% 7%
优先股	5%	10 万以内 10 万以上	8% 9%
普通股	40%	40 万以内 40 万以上	12% 13%
留存收益	25%	20 万以内 20 万以上	10% 11%

（1）计算融资突破点。

公司以一定的资本成本只能融通一定限度的资金,超过这一限度便会引起资本成本的增加。我们把目前资本结构下,保持某资本成本不变,公司可以融通的资金总限度称为现有资本结构下的融资突破点。其具体计算公式为:

$$BP_i = \frac{TF_i}{W_i}$$

式中:BP_i 为融资突破点;TF_i 为第 i 种融资方式的成本分界点;W_i 为目标资本结构中第 i 种融资方式的比重。

在 5% 的资本成本下长期借款融资限额为 100 万元,其融资突破点为:

$$BP_i = \frac{5}{10\%} = 50(万元)$$

计算资本中各种情况下的融资突破点为:

长期债券融资突破点为 75 万元,优先股融资突破点为 400 万元,普通股融资突破点为 100 万元,留存收益融资突破点为 80 万元。

（2）计算边际资本成本。

根据计算出的融资突破点,可以得到 6 组融资范围:①50 万元以内;②50~75 万元;③75~80 万元;④80~100 万元;⑤100~200 万元;⑥200 万元以上。对以上六组融资范围计算加权平均成本即可得到各种融资总额范围的边际资本成本。

第五节　杠杆效应

一、杠杆效应的含义

物理学中的杠杆效应是指存在固定支点时,人们通过利用杠杆可以用较小的力量撬动较重的物体的现象。公司财务中也存在类似的杠杆效应,表现为由于特定费用

（例如固定经营成本或固定财务费用）的存在而导致的当某一财务变量以较小幅度变动时，另一相关变量会以较大幅度变动。公司财务中的杠杆效应本质上反映不同财务变量间的相互关系，包括经营杠杆、财务杠杆和总杠杆三种形式。

经营杠杆是指由于固定成本的存在而使得公司的总资本报酬的变动大于业务量的变动，反映公司总资本收益的不确定性，可以评价公司的经营风险。财务杠杆指由于债务利息、优先股股息等固定费用的存在导致权益资本报酬变动大于总资本报酬的变动，反映公司权益资本收益的不确定性，可以评价公司的财务风险。经营杠杆和财务杠杆可以独自发挥作用，也可以综合发挥作用，总杠杆就是用来反映两者之间作用结果的，即研究权益资本报酬与业务量之间的变动关系。杠杆效应既能产生杠杆利益，也可能带来杠杆风险。

二、经营风险与经营杠杆效应

经营风险是指公司因经营上的原因而导致的总资本报酬变动的风险。我们用息税前利润表示总资本报酬，则：

$$EBIT = S - VC - F = (P - V_c)Q - F = M - F$$

式中：EBIT 为息税前利润；S 为销售额；VC 为变动成本；F 为固定成本；Q 为生产销售量；P 为销售单价；V_c 为单位变动成本；M 为边际贡献。

式中，影响息税前利润的因素包括产品售价、产品成本、产品需求等因素。当有固定成本存在时，如果其他条件不变，产销业务量的增加虽然不会改变固定成本总额，但会降低单位产品分摊的固定成本，从而提高单位产品利润，使息税前利润的增长率大于产销业务量的增长率，当不存在固定成本时，所有成本都是变动成本，边际贡献等于息税前利润，此时息税前利润变动率与产销业务量的变动率完全一致。

只要公司存在固定成本，就存在经营杠杆效应的作用，但不同公司或同一公司不同产销业务量基础上的经营杠杆效应的大小是不一致的。计量经营杠杆效应，常用指标为经营杠杆系数。所谓经营杠杆系数，是指息税前利润变动率相当于产销业务量变动率的倍数。其计算公式为：

$$DOL = \frac{\Delta EBIT}{EBIT} \bigg/ \frac{\Delta Q}{Q} \text{ 或 } DOL = \frac{\Delta EBIT}{EBIT} \bigg/ \frac{\Delta S}{S}$$

式中：DOL 为经营杠杆系数；$\Delta EBIT$ 为息税前利润变动额；EBIT 为息税前利润；ΔQ 为产销业务量变动额；Q 为产销业务量。

式中：$EBIT = (P - V_c)Q - F$ (5.6)

假设产销业务量由 Q 变动为 Q_1，息税前利润为 EBIT 变动为 $EBIT_1$，则

$$EBIT_1 = (P - V_c)Q_1 - F \tag{5.7}$$

由 (5.7)-(5.6) 得 $\Delta EBIT = (P - V_c)\Delta Q$ (5.8)

由 (5.8)÷(5.6) 得 $\dfrac{\Delta EBIT}{EBIT} = \dfrac{(P - V_c)\Delta Q}{(P - V_c)Q - F}$ (5.9)

(5.9)式两边同除以$\dfrac{\Delta Q}{Q}$得，$\dfrac{\Delta \text{EBIT}}{\text{EBIT}} \bigg/ \dfrac{\Delta Q}{Q} = \dfrac{(P-V_c)Q}{(P-V_c)Q-F}$

故　$\text{DOL} = \dfrac{(P-V_c)Q}{(P-V_c)Q-F} = \dfrac{S-VC}{S-VC-F} = \dfrac{M}{\text{EBIT}} = \dfrac{\text{EBIT}+F}{\text{EBIT}}$

例 5-12　某公司生产某产品，固定成本 100 万元，变动成本率 60%，当销售额分别为 1 000 万元，500 万元，250 万元时，经营杠杆系数分别为：

$$\text{DOL}_{1\,000} = \dfrac{1\,000-1\,000\times 60\%}{1\,000-1\,000\times 60\%-100} = 1.33$$

$$\text{DOL}_{500} = \dfrac{500-500\times 60\%}{500-500\times 60\%-100} = 2$$

$$\text{DOL}_{250} = \dfrac{250-250\times 60\%}{250-250\times 60\%-100} \rightarrow +\infty$$

例 5-12 计算表明：在固定成本不变的情况下，经营杠杆系数说明了销售额（量）增长（减少）所引起利润增长（减少）的幅度，如销售额为 1 000 万元时，销售的增长会引起利润 1.33 倍的增长。当固定成本不变的情况下，销售额越大，经营杠杆系数越小，经营风险也就越小，反之亦然。如销售额为 1 000 万元，DOL 为 1.33，销售额为 500 万元，DOL 为 2，显然后者的不稳定性大于前者，故后者的经营风险大于前者。在销售额处于盈亏临界点时，经营杠杆系数趋于无穷大，如销售额为 250 时，DOL 趋于无穷，此时公司经营只能保本，若销售额稍有增加便可盈利，稍有减少便会亏损。

引起公司经营风险的主要原因是市场需求和生产成本等因素的不确定性，经营杠杆本身并不是利润不确定的根源。但是产销业务量增加时，息税前利润以 DOL 倍数幅度增加；而产销业务量减少的，息税前利润又将以 DOL 倍数的幅度减少。可见，经营杠杆扩大了市场和生产等不确定因素对利润变动的影响，而且经营杠杆系数越高，利润变动越激烈，公司经营风险越大。在其他因素不变时，固定成本越高，经营杠杆系数越大，经营风险越大。固定成本为零时经营杠杆系数为 1，此时没有经营杠杆效应，但经营风险同样存在。公司一般可以通过增加产销业务量，降低产品单位变动成本和固定成本比重等措施使经营杠杆系数下降，降低经营风险，但这往往会受到条件的制约。

三、财务风险与财务杠杆

财务风险是指公司由于融资因素导致的权益资本报酬变动的风险。我们用每股收益表示权益资本报酬。则：

$$\text{EPS} = \dfrac{(\text{EBIT}-I)(1-T)}{N}$$

式中：EPS 为每股收益，I 为债务资本利息，T 为所得税率，N 为普通股股数。

影响每股收益的因素有息税前利润、债务资本利息、公司所得税税率和普通股股数。当有固定利息费用存在时，如果其他条件不变，息税前利润的增加虽然不改变固定利息费用总额,但会降低每一元息税前利润分摊的利息费用,从而提高每股收益,使每股收益的增长率大于息税前利润的增长率。这种由于固定利息费用的存在,使每股收益的增长率大于息税前利润变动幅度的现象称为财务杠杆效应。同样,财务杠杆既有有利的一面,也有不利的一面,运用财务杠杆可以获得杠杆利益,同时也承担相应的财务风险。

只要公司融资方式中存在固定财务支出的债务和优先股,就会存在财务杠杆效应,但不同公司财务杠杆的作用程度是不完全一致的。为此,需要对财务杠杆进行计量,常用指标是财务杠杆系数。所谓财务杠杆系数是普通股每股收益的变动率相当于息税前利润变动率的倍数。其计算公式为:

$$DFL = \frac{\Delta EPS}{EPS} / \frac{\Delta EBIT}{EBIT}$$

式中:DFL 为财务杠杆系数。

式中:
$$EPS = \frac{(EBIT - I)(1 - T)}{N} \tag{5.10}$$

假设息税前利润由 EBIT 变动为 $EBIT_1$,每股收益由 EPS 变动于 EPS_1 则

$$EPS_1 = \frac{(EBIT_1 - I)(1 - T)}{N} \tag{5.11}$$

$(5.11) - (5.10)$ 得
$$\Delta EPS = \frac{\Delta EBIT(1 - T)}{N} \tag{5.12}$$

$(5.12) \div (5.10)$ 得
$$\frac{\Delta EBS}{EPS} = \frac{\Delta EBIT}{EBIT - I} \tag{5.13}$$

(5.13) 式两边同除以 $\frac{\Delta EBIT}{EBIT}$ 则 $\frac{\Delta EPS}{EPS} / \frac{\Delta EBIT}{EBIT} = \frac{EBIT}{EBIT - I}$

故
$$DFL = \frac{EBIT}{EBIT - I} = \frac{S - VC - F}{S - VC - F - I} = \frac{(P - V_c)Q - F}{(P - V_c)Q - F - I}$$

上式只考虑公司存在债务资本的情况,如果考虑优先股因素则

$$DFL = \frac{EBIT}{EBIT - I - \frac{D}{1 - T}}$$

式中:D 为优先股股利。

显然,如果公司无负债融资又没有发行优先股,则 DFL 为 1,表明没有财务杠杆效应。

四、总风险和总杠杆效应

公司总风险是公司管理层生产经营和融资决策导致的权益资本报酬的不确定性,包括经营风险和财务风险,是公司管理决策因素可控的风险。影响权益资本报酬的因素包括产品售价、产品成本、税率和利息费用等。由于固定成本和固定利息费用的存

在,产销业务量的较小变动会引起每股收益更大的变动,这种杠杆效应称为总杠杆效应,又称综合杠杆效应,可用总杠杆系数计量。其计算公式为(考虑优先股因素):

$$DTL = \frac{S-VC}{S-VC-F-I-\dfrac{D}{1-T}}$$

$$DTL = \frac{\Delta EPS}{EPS} \bigg/ \frac{\Delta Q}{Q}$$

$$= DOL \times DFL = \frac{EBIT+F}{EBIT-I} = \frac{S-VC}{S-VC-F-I}$$

式中:DTL 为总杠杆系数。

可见,总杠杆系数是经营杠杆系数和财务杠杆系数的乘积,在总杠杆系数一定的情况下,经营杠杆系数与财务杠杆系数此消彼长。总杠杆效应的意义在于:首先,它能够说明业务量变动对每股收益的影响;其次,它使我们看到了经营杠杆与财务杠杆之间的相互关系,即为了达到某总杠杆系数,经营杠杆和财务杠杆可以有不同的组合。例如,在公司初创阶段,产品市场占有率低,产销业务量小,经营杠杆系数大,此时公司融资主要依靠权益资本,在较低程度上使用财务杠杆;而在公司扩张成熟期,产品市场占有率高,产销业务量大,经营杠杆系数小,此时公司融资结构中可适度增加债务资本,在较高程度上使用财务杠杆。

第六节　资本结构

一、资本结构概述

(一)资本结构的概念

资本结构是指公司各种资本的构成及其比例关系,是公司融资管理的核心问题,公司应综合考虑有关影响因素,运用适当的方法确定最佳资本结构,并在以后追加融资中继续保持。公司现有资本结构不合理,应通过融资活动进行优化调整,使其趋于科学合理。

公司资本结构是公司采用多种融资方式融资而形成的。多种融资方式不同的组合类型决定着公司资本结构及其变化。公司融资方式分为债务资本和权益资本两类,因此资本结构问题总的来说是债务资本的比例问题,即负债在公司全部资本中所占的比重。

(二)资本结构中债务资本的影响

公司的债务资本是公司外部债权人对公司的投资,公司用债权人的投资进行经营就是举债经营。

1. 积极意义

资本结构中债务资本的积极意义在于：

（1）一定程度的负债有利于降低公司资本成本。公司利用债务资本要定期归还本金如期偿还利息。因此，相对股东而言，债权人风险较小，但要求的预期报酬率低，公司融资的资本成本小；另一方面，债务资本成本在税前列支，具有税收屏蔽功能，使得债务资本成本明显低于权益资本成本。在一定限度内增加债务，可以降低公司综合资本成本。

（2）债务资本具有财务杠杆效应。由于债务资本利息一般相对固定，随着息税前利润的增加，单位利润包括的固定利息就会减少，这能给普通股带来更多的收益，这就是前一节所讲的财务杠杆效应。因此，在公司息税前利润较多、增长幅度较大、公司总资本报酬率高于债务资本成本时，适度地利用债务资本，发挥财务杠杆效应，可增加每股收益。

（3）债务资本可以减少货币贬值的损失。存在持续的通货膨胀时，利用举债进行扩大再生产，比利用权益资本更为有利，可以减少通货膨胀导致的货币购买力下降贬值损失。

2. 消极影响

负债经营是把双刃剑，在给公司带来积极意义的同时，也存在消极的一面。其影响主要是：

（1）债务资本比重过大时会使资本成本升高。在债务资本比重较低时，债务资本成本一般低于权益资本成本，但随着债务比重提高，公司资产负债率变大，偿债能力降低，违约风险增大，无论债务资本成本，还是权益资本成本都会升高，使得公司综合资本成本升高，降低公司价值。

（2）债务资本会导致财务杠杆风险出现。公司举债经营后资本配置使用不当，或者出现宏观经济不景气，公司资本报酬率不高甚至低于债务资本利息率，就会导致财务杠杆风险，降低普通股每股收益。

（3）债务资本还可能导致公司资本来源不稳定和现金流量需求的增加。如果公司权益资本比重过低，债务资本比重过大，公司再举债会因风险过大而被贷款方拒绝。公司举债后意味着定期向债权人偿还现金，如果公司财务状况不住，公司的信誉和财务形象将受到损害。

（三）最佳资本结构

公司必须权衡财务风险和资本成本的关系，确定最佳的资本结构。所谓最佳资本结构，是指在一定条件下使公司综合资本成本最低、公司价值最大的资本结构。从理论上讲，最佳资本结构是存在的，但由于公司内部条件和外部环境的经常性变化，动态地保持最佳资本结构十分困难。因此，在实践中，目标资本结构通常是公司结合客观实际，进行适度负债经营所确立的资本结构，是根据满意化原则确定的最佳资本结构。

二、资本结构理论

(一)早期的资本结构理论

早期的资本结构理论只是抽象地探讨公司资本结构与公司价值的关系。美国财务学家杜兰特(David Durand)1952年在美国经济研究局召开的"公司财务学"学术会议提交论文《公司债务与股东权益成本:趋势和计量问题》,第一个系统总结了早期的融资理论(净利理论、营业净收益理论和传统理论)。

1. 净利理论

净利理论认为,公司利用债务,可以降低公司加权平均资本成本。因此,公司利用债务资本总是有利的。如图5-1所示:

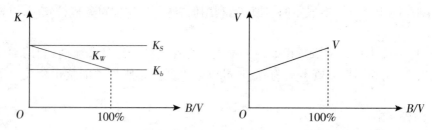

图5-1　公司利用债务资本对比图

当财务杠杆提高时,K_b 和 K_s 均保持不变,这样,会因资本结构中成本较低的债务资本所占比重增加,而使加权平均资本成本 K_w 降低,并逐渐接近 K_b。当公司资本成本最低时,公司的总价值最大,即为最佳资本结构。净利理论认为最佳资本结构为负债100%。

2. 营业净利理论

营业净利理论认为,不论财务杠杆如何,K_w 都是固定的。增加成本较低的债务资本会增加公司的风险,这会使权益资本成本提高,加权平均总成本 K_w 仍保持不变,如图5-2所示。

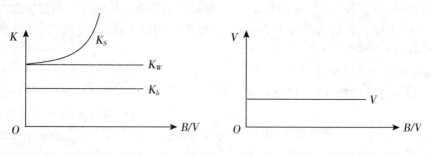

图5-2　营业净理论

根据这种理论,负债的实际成本与自有资金的实际成本是相同的,都是 K_0。负债的成本可分为两部分:明示成本和非明示成本。明示成本可以用利息率来代表,而非明示成本则用因负债增加而使自有资金成本的增加来表示。按营业净利理论,公司的资本成本不受财务杠杆的影响,因而不存在最优资本结构。

3. 传统理论

传统理论认为,每一公司均有一最佳资本结构,公司可以通过财务杠杆的使用来降低其加权平均资本成本,并增加公司的总价值,如图5-3所示:

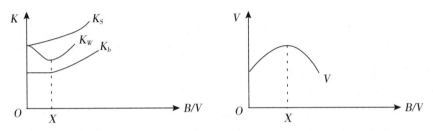

图 5-3 传统理论

从图 5-7 中可以看到,K_s 随财务杠杆的使用而逐渐增加。最初,K_b 是稳定不变的,但当财务杠杆达到一定程度以后,K_b 就会上升。在初期少量增加负债时,加权平均资本成本会下降,这是由于由 K_s 引起的加权平均成本的增加,抵消不了由 K_b 引起的加权平均成本的下降。但是,在达到某一点后,K_s 引起的成本的增加无法为 K_b 引起的成本的下降所抵消,K_w 开始增加,以后,更会因 K_b 的增加,K_w 迅速上升。当 K_w 在最低点时,即为公司最佳资本结构,图中 X 点为最佳结构。

(二)MM 理论

早期的资本结构理论建立在经验判断基础上,三种理论都没有经过科学的数学推导和统计分析。当前主流的资本结构理论是 MM 理论。1958 年,美国财务学家莫迪格莱尼和米勒(France Modigliani & Mertor Miller)发表《资本成本、公司财务和投资理论》,标志现代资本结构理论的诞生。此后,斯蒂格里茨等财务经济学家对 MM 理论进行了更一般条件的证明。

1. 基本符号及其含义

S = 公司普通股市价(每股价格×发行在外股票数);

B = 负债的市价,为简化,略去了优先股,并假设公司只使用固定年金式债券;

$V = S + B$ = 公司总价值; (5.14)

EBIT = 息前税前盈余,为简化,假设预期的 EBIT 为一个常数,实际的 EBIT 可高可低,但预期 EBIT 在未来任何一年都相等;

T = 公司所得税税率

2. 理论假设

最初,MM 理论提出了如下假设条件,其中一些条件后来又有所放宽。

(1)公司的经营风险是可以衡量的,有相同的经营风险的公司处于同类风险级。

（2）现在和将来的投资者对公司未来的 EBIT 估计完全相同，即投资者对公司未来收益和这些收益风险的预期是相等的。

（3）股票和债券在完善市场上进行交易这意味着：没有交易成本；投资者（个人或组织）可同公司一样以同等利率借款。

（4）不论举债多少，公司和个人的负债均无风险。

（5）所有现金流量都是年金，即公司的增长率为零，预期 EBIT 固定不变。

3. 无公司税时的 MM 模型

MM 首先在无公司税的前提下根据有关假设条件，提出并证明了以下命题：

命题一：公司价值模型。用一个适用于公司风险等级的固定比率把公司的 EBIT 转化为资本，据此可以确定公司价值。其公式为：

$$V_L = V_u = EBIT/K = EBIT/Ku$$

V_L 为有负债公司的价值，V_u 为无负债公司的价值。$K = K_u$ 为适合于该公司风险等级的资本化比率，即贴现率。这就是 MM 所说的既定风险等级的公司有相同的适用贴现率。因为 V 可由式（5.6）确定，所以，根据无税的 MM 理论，公司的价值独立于其负债比率，这也就是说，不论公司是否有负债，公司的加权平均资本成本是不变的。

假设 $X = EBIT$，S_u 为无负债公司的股票价值，S_L 为有负债公司的股票价值，a 为购买某一公司的比例，$0 \leqslant a \leqslant 1$。

某公司有下列两个可选择的投资方案：

决　策	投　资	收　益
A. 购买 a 比例负债公司 L 的权益	aS_L	$a(X-K_bB)$
B. 购买 a 比例无负债公司 u 的权益，借入 aB	$aS_u - aB$	$a(X) - aK_bB$ $= a(X - K_bB)$

投资方案 A 是购买一部分负债公司的普通股权益。投资方案 B 是购买相同比例的非负债公司的普通股权益，并且产生一定量的自制杠杆，它等于对负债公司 a 部分权益的投资代表的杠杆。由于这两项投资的 EBIT 相等，所以，投资的市场价值也相等。因此，可使两项投资价值相等：

$$aS_L = aS_u - aB$$

两边同时除以 a 得：$S_L = S_u - B$

即　　　　　　　　$S_L + B = S_u$

因为 $S_u = V_u$　　　$S_L + B = V_L$

则　　　　　　　　$V_L = V_u$

这样，负债公司的价值等于非负债公司的价值。

命题二：公司的股本成本模型。负债公司的股本成本（自有资金成本）等于同一风险等级中某一无负债公司的股本成本加上根据无负债公司的股本成本和负债成本之差以及负债比率确定的风险报酬。其公式为：

$$K_s = K_u + RP = K_u + \frac{B}{S}(K_u - K_b) \tag{5.15}$$

式中:K_s 为负债公司的股本成本;K_u 为无负债公司的股本成本;RP 为风险报酬。

式(5.7)的推导:

由(5.5)可知:$V=S+B=\text{EBIT}/K_u$

则:$\text{EBIT}=(S+B)K_u$

负债公司的股本成本应为:
$$K_s=(\text{EBIT}-K_bB)/S$$
$$=[(S+B)K_u-K_bB]/S$$
$$=K_u+(K_u-K_b)B/S$$

从命题二中可以看出,随着公司负债的增加,其股本成本也增加。把上述两个命题联系起来可以看出,MM 命题意味着,低成本的举债利益正好会被股本成本的上升所抵消,所以,更多的负债将不增加公司的价值。MM 理论的结论是:在无税情况下,公司的资本结构不会影响公司的价值和资本成本。

4. 有公司税时的 MM 模型

因为公司所得税是客观存在的,为了考虑纳税的影响,MM 还提出了包括公司税的第二组模型。在这种情况下,他们的结论是负债会因利息的减税作用而增加公司价值,对投资者来说也意味着更多的可分配经营收入。

命题一:公司价值模型。负债公司的价值等于相同风险等级的无负债公司的价值加上赋税节余的价值。其公式为:

$$V_L=V_u+TB \tag{5.16}$$

为了便于公式推导,首先考虑非负债公司的情况。在有公司所得税的情况下,无负债公司的价值为:

$$V_u=\frac{\text{EBIT}(1-T)}{K_u}\times\frac{X(1-T)}{K_u} \tag{5.17}$$

非负债公司的股本成本为:

$$K_u=\frac{X(1-T)}{V_u} \tag{5.18}$$

下面重复前面的简单套算过程。

决策	投资	收益
A. 购买 a 比例负债公司 L 的权益	aS_l	$a(X\ K_bB)(1-T)$
B. 购买 a 比例无负债公司 u 的权益,借入 $aB(1-T)$	$aS_u-aB(1-T)$	$a(X)(1-T)-a(1-T)K_bB$ $=a(X-K_bB)(1-T)$

投资方案 A 是购买一部分负债公司的普通股权益。投资方案 B 是购买相同比例的非负债公司的普通股权益,并且产生一定量的自制杠杆,借款部分为 $aB(1-T)$。由于这两项投资的 EBIT 相等,所以,投资的市场价值也相等:

即　　　$aS_L=aS_u-aB(1-T)$

两边同时除以 a 得:$S_L=S_u-B(1-T)=S_u-B+BT\Rightarrow S_L+B=S_u+TB$

因为　　　　　　　$S_L+B=V_L$　　　　$S_u=V_u$

则 $V_L = V_u + TB$

可见,当引入公司所得税后,负债公司的价值会超过无负债公司的价值,负债越多,差异越大,负债100%时,公司价值最大。

命题二:公司的股本成本模型。考虑所得税情况下,负债公司的股本成本(自有资金成本)等于同一风险等级中某一无负债公司的股本成本加上根据无负债公司的股本成本和负债成本之差以及公司税率所决定的风险报酬。其公式为:

$$K_S = K_u + (K_u - K_b)(1-T)B/S \tag{5.19}$$

在有负债和所得税情况下,公司的股本成本是税后净利与普通股价值之商,设税后净利为 NI,NI 是税息前盈余减负债利息再减所得税后的差额,则:

$$NI = (X - K_b B)(1-T) = X(1-T) - K_b B(1-T)$$

由式(5.16)和式(5.18)得: $K_u = X(1-T)/(V_L - TB)$

则: $X(1-T) = K_u V_L - K_u TB$

代入前式得: $NI = K_u V_L - K_u TB - K_b B(1-T)$

$$K_S = \frac{NI}{S} = \frac{K_u TB}{S} - \frac{K_b B(1-T)}{S}$$

$$= K_u + (K_u - K_b)(1-T)B/S$$

从上述公式可以看出,公司的股本成本会随财务杠杆扩大而增加,这是因为股东面临更大的财务风险,但由于 $(1-T)$ 总是小于1,税负会使股本成本上升的幅度低于无税负时上升的幅度,正是这一特性产生了命题一的结论,即负债的增加提高了公司价值。

5. 米勒模型

虽然有公司税的模型包括了公司税因素,但却没有考虑个人所得税的影响。1976年,在美国金融学会上,米勒提出了一个把公司所得税和个人所得税都包括在内的模型来估计负债杠杆对公司价值的影响。

设:T_c 为公司所得税税率;T_s 为个人股票所得税税率;T_b 为个人债券所得税税率。

MM 理论的所有假设不变,再加上公司税和个人税,无负债公司的价值可用下式计算:

$$V_u = \frac{EBIT(1-T_c)(1-T_s)}{K_u} \tag{5.20}$$

为了推导上述公式,首先将分配给股东和债券持有人的负债公司年现金流量分解为两部分(设利息为 I):

$$NCF_L = 股东的 NCF + 债权人的 NCF$$

$$= (EBIT - I)(1-T_C)(1-T_S) + I(1-T_b) \tag{5.21}$$

$$= EBIT(1-T_C)(1-T_S) - I(1-T_C)(1-T_S) + I(1-T_b) \tag{5.21'}$$

式(5.21')的第一项同无负债公司的税后现金流量完全相等,其现值可用 K_u 进行贴现而得。后两项反映了公司负债情况,即为与利息支付有关的现金流量。这两部分

现金流量假设与利息支付有同等风险,可用 K_b 进行贴现。把三部分现金流量现值加在一起,可得出负债公司的价值:

$$V_L = \frac{\text{EBIT}(1-T_C)(1-T_S)}{K_u} - \frac{I(1-T_C)(1-T_S)}{K_b} + \frac{I(1-T_b)}{K_b} \qquad (5.22)$$

式(5.22)中的第一项即公式(5.20),等于 V_u,后面两项也可改成如下形式:

$$V_L = V_u + \frac{I(1-T_b)}{K_b}\left[1 - \frac{(1-T_C)(1-T_S)}{1-T_b}\right] \qquad (5.22')$$

在(5.22')中,$\dfrac{I(1-T_b)}{K_b}$ 应该等于负债的市场价值 B,则式(5.22')可变为:

$$V_L = V_u + \left[1 - \frac{(1-T_C)(1-T_S)}{1-T_b}\right] \cdot B \qquad (5.23)$$

这便是包含公司所得税和个人所得税的公司价值模型。

这一模型有如下几个方面是十分重要的:

(1)$\left[1 - \dfrac{(1-T_C)(1-T_S)}{1-T_b}\right] \cdot B$ 代表了负债收益,这一项代替了 MM 模型中的 TB。

(2)如果忽略所有的税率,即 $T_s = T_b = T_c = 0$,那么,括号中的项目为零,这与 MM 无税模型相同。

(3)如果忽略个人所得税,$T_s = T_b = 0$,那么,括号中的项目将为 $[1-(1-T_c)] = T_c$,这与 MM 公司税模型相同。

(4)如果股票和债券收益的个人所得税税率相等,即 $T_s = T_b$,那么 $(1-T_s)$ 和 $(1-T_b)$ 两项可以约掉,括号中项将为 T_c,这也与 MM 公司税模型相同。

(5)如果 $(1-T_c)(1-T_s) = (1-T_b)$,括号中的项目将为零,使用负债杠杆的价值也为零。这意味着使用负债减税好处,正好被股票个人所得税抵消。这种情况下,资本结构对公司价值或资本成本无任何影响,这时回到 MM 无税理论。

米勒模型是在 MM 理论基础上建立起来的,是对 MM 理论的发展,因此,将其放在 MM 理论中说明。

(三)权衡理论

MM 理论只考虑负债带来的纳税利益,却忽略了负债带来的风险和额外费用。既考虑负债带来的利益,又考虑负债带来的各种费用,并对它们进行适当平衡来确定公司价值的理论,叫权衡理论。当然,权衡理论也是在 MM 理论的基础上产生的,但考虑了更多的现实因素,更符合实际情况。

1. 财务拮据成本

财务拮据是指公司没有足够的偿债能力,不能及时偿还到期债务。许多公司都要经历财务拮据的困扰,其中一些公司可能会破产。一个公司出现财务拮据时表现为:

(1)大量债务到期,债权人纷纷上门讨债,公司不得不以高利率借债清偿到期债务。

213

（2）当陷入财务困境公司的客户和供应商意识到公司出现问题时，他们往往不再来购买产品或供应材料，这可能会引起公司破产。

（3）当公司出现严重的财务拮据时，为解燃眉之急，管理人员往往会出现短期行为，如推迟机器的大修，变卖公司有用的资产以获取现金，降低产品质量来节省成本费用。这些短期行为均会降低公司的市场价值。

（4）当破产案件发生时，所有者和债权人长期争执不休，从而导致存货和固定资产的损坏或过时，损害公司资产价值。

（5）当破产案件发生时，律师费、诉讼费和其他行政开支会花费掉公司大量财富，这也会降低公司价值。

总之，当财务拮据发生时，即使最终公司不破产，也会产生大量的额外费用或机会成本，这便是财务拮据成本。

2. 代理成本

在股份制公司中，股东和债权人均把资金交给公司的经理人员，由经理人员代其管理，这便是所谓的代理关系。但经理往往是由股东聘任的，因此，经理人员在管理中更多的是考虑股东利益，其次才是债权人的利益。

债权人贷款给公司时，主要根据以下几方面来确定贷款利率的高低：①公司现有资产的风险程度；②对公司新增资产风险的评估；③公司目前的资本结构；④对公司未来资本结构变化的预测。这些因素决定着一个公司现金流量的风险，因而也决定着给公司贷款的安全程度。

现在假设股东们通过他们所选用的经理决定开始一个实际风险比债权人所预计的风险要大的项目，这时债权人给公司贷款时所要求的报酬率也应提高，同时还会导致公司旧债价值下降。如果这种风险较大的投资计划一旦成功了，则所得好处都将归于股东，因为债权人只能得到固定收益。类似地，如果公司为增加利润而决定增大财务杠杆，则公司旧债的价值将减少，这是因为公司一旦发行新债，则对旧债的破产保护将减少，但利润的增加多数会被股东拿走。

这就是说，股东可以通过其代理人即公司经理从债权人那里获得好处。因为存在这种可能性，债权人必须在贷款时通过各种保护性条款对自己进行保护，这些条款在一定程度上会限制公司的经营，影响公司的活力，降低公司效率。另外，为了保证这些条款的实施，还必须用特定的方法对公司进行监督，这必然会发生额外的监督费用，抬高负债成本。以上两项都会增加公司费用支付或机会成本，这便是代理成本。

3. 权衡理论的数学模型

如果 MM 公司税模型是正确的话，那么，随着负债比率的增加，公司的价值也会不断增加，当负债为 100% 时，TB 和 V_L 达到最大。但当我们把财务拮据成本和代理成本考虑进去后，负债公司价值的计算则有所变化，其公式为：

$$V_L = V_u + TB - (FBV + TPV) \tag{5.24}$$

式中：FPV 为预期财务拮据成本的现值；TPV 为代理成本的现值。

权衡理论的数学模型可以用图 5-4 加以说明。

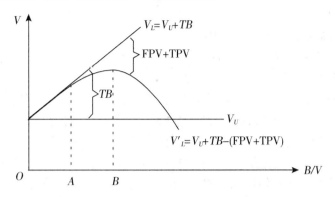

图 5-4　权衡理论模型图

在图 5-4 中,负债量达到 A 点前,减税利益起完全支配作用。超过 A 点,财务拮据和代理成本的作用显著增强,抵消部分减税利益。在 B 点上减税的边际收益完全会被负债损失所抵消,超过 B 点,损失将超过减税收益。式(5.23)中的米勒模型也可像(5.24)一样进行修正。这就是说,权衡理论认为,公司有其最佳资本结构,这就是图中的 B 点,当负债比例在此点时,公司的价值最大。

三、资本结构管理

探讨确定资本结构的方法,可以帮助财务人员确定分析资本结构,但这些方法并不能当作绝对的判别标准,在应用方法时,还应结合其他因素,以使资本结构趋于最优。

(一)融资的每股利润分析

判断资本结构是否合理可以用分析每股利润的变化来衡量,公司提高每股利润的融资方式所确定的资本结构是合理的,反之则不够合理,每股利润受经营决策和财务决策所决定的经营效率和资本结构影响,具体来说,受产销业务量水平和债务资本与权益资本构成的影响,处理这些财务变量的关系,可以运用融资的每股利润分析的方法。

每股利润分析是利用每股利润无差别点进行的,所谓每股利润无差别点是指每股利润不受融资方式影响的产销业务量水平,根据每股利润无差可以分析判断在什么样的产销业务量水平下适于采用何种融资方式,进而确定公司的资本结构。

$$EPS = \frac{(EBIT-I)(1-T)}{N} = \frac{(S-VC-F-I)(1-T)}{N}$$

在每股利润无差别点上,无论是采用债务融资,还是采用权益融资,每股利润都是相等的。若以 EPS_1 代表债务融资,以 EPS_2 代表权益融资,则有:

$$EPS_1 = EPS_2$$

$$\frac{(S_1-\mathrm{VC}_1-F_1-I_1)(1-T)}{N_1}=\frac{(S_2-\mathrm{VC}_2-F_2-I_2)(1-T)}{N_2}$$

在每股利润无差别点上 $S_1=S_2$ 则：

$$\frac{(S-\mathrm{VC}_1-F_1-I_1)(1-T)}{N_1}=\frac{(S_2-\mathrm{VC}_2-F_2-I_2)(1-T)}{N_2}$$

能使上述条件成立的产销业务量水平(以产销额 S 表示)为每股利润无差别点销售额,当产销业务量大于 S 时,运用负债融资,当产销业务量小于 S 时,采用权益融资。

例5-13 某公司原有资本1 000万元,其中债务资本400万元,债务资本每年利息40万元,普通股资本600万元(普通股每股面值1元)公司扩大再生产需增加融资500万元,其融资方式有两种可供选择:一是发行普通股100万股,每股发行价5元,二是全部使用长期借款,借款利率12%。公司变动成本率60%,固定成本200万元,所得税率25%,不考虑融资费用因素,将上述资料有关数据代入条件公式:

$$\frac{(S-0.6S-200-40)\times(1-25\%)}{600+100}=\frac{(S-0.6S-200-40-60)\times(1-25\%)}{600}$$

可得: $S=1\,650$ (万元)

此时的每股利润为: $\dfrac{(1\,650-0.6\times1\,650-200-40)(1-25\%)}{600+100}=0.45$ (元)

上述每股利润无差别分析,可描述如图5-5所示。

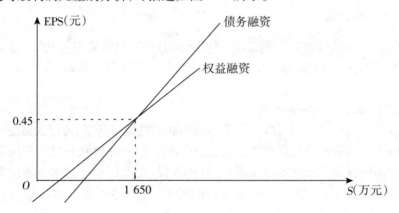

图5-5 EPS无差别分析图

从图5-5中可见,当销售额高于1 650万元时,运用负债融资可获较高的每股利润;当销售低于1 650万元时,运用权益融资可获得较高的每股利润。

需要说明的是:①每股利润无差别点时的产销业务量水平,可以用销售额表示,也可用销售量表示,还可以用息税前利润表示;②以上每股利润无差别点计算,建立在债务永久存在的假设前提下,没有考虑债务本身偿还问题,实际上,尽管公司随时可以借新债还旧债,努力保持债务规模的延续,也不能不安排债务本金的清偿,原因在于很多债务合同要求公司设置偿债基金,设置偿债基金后每股利润称为每股自由收益(VE-PS),是建立偿债基金公司的可供自由分配的资金,既可用于支付股利,也可用于进行其他投资。这种情况下,每股利润无差别点分析公式可改为:

$$\frac{(S-VC_1-F_1-I_1)(1-T)-SF}{N_1}=\frac{(S-VC_2-F_2-I_2)(1-T)-SF}{N_2}$$

式中:SF 为公司每年提取的偿债金额。

(3)如果考虑优先股股利问题,支付优先股股利后的每股利润称为每股盈余。这种情况下,每股盈余无差别分析公式可改为:

$$\frac{(S-VC_1-F_1-I_1)(1-T)-D_1}{N_1}=\frac{(S-VC_2-F_2-I_2)(1-T)-D_2}{N_2}$$

式中:D 为优先股股利。

(二)综合资本成本比较分析

融资的每股利润分析以每股利润的高低作为衡量标准对融资方式进行选择,这种方法的缺陷在于没有考虑风险因素。从根本上讲,公司股价最大化能反映公司财务目标的实现程度,然而只有在风险不变的情况下,每股利润的增长才会直接导致股价上升。在产销业务量超过每股利润无差别点时,采用债务融资会引起每股利润上升,但随着每股利润的增长,公司风险增加,股价仍然会下降。所以,公司的最佳资本结构应当是可使公司总价值高,而不是每股利润最大的资本结构。同时,在公司价值最大的资本结构下,公司的综合资本成本也是最低的。

公司的市场价值应该等于资本的市场价值,即

$$V=S+B \tag{5.25}$$

式中:V 为表示公司价值;B 为表示债务资本价值;S 为表示权益资本价值。

为简化研究,假设债务资本的市场价值等于其面值,权益资本的市场价值可通过下式计算:

$$S=\sum_{t=1}^{+\infty}\frac{(EBIT_t-I_t)(1-T_t)}{(1+K_s)^t}$$

当公司未来经营利益每年相同时

$$S=\frac{(EBIT-I)(1-T)}{K_s} \tag{5.26}$$

而 $K_s=R_s=R_f+\beta(R_m-R_f)$

此时:$W_s=\dfrac{S}{V}$　　$W_b\dfrac{B}{V}$

$$K_w=K_b\cdot\frac{B}{V}+K_s\cdot\frac{S}{V} \tag{5.27}$$

式中 K_b 为债务资本税后成本。

例5-14　某公司年息税前利润为 500 万元,资本全部由权益资本构成,其账面价

值为2 000万元,该公司认为目前的资本结构不尽合理,准备用发行债券购回部分股票的办法予以调整,假设不考虑融资费用,公司所得税率25%,未来若干年内公司不扩张不收缩,经咨询调研目前的债务利率和权益资本成本情况如表5-9所示:

表5-9　　　　　不同债务水平对公司债务资本成本和权益资本成本的影响

债券市场价值 B（万元）	税前债务资本成本 K_b	股票 β 系数	无风险报酬率 R_f	平均风险股票必要报酬率 R_m	权益资本成本 K_s
0	—	1.20	10%	14%	14.8%
2	10%	1.25	10%	14%	15%
4	10%	1.30	10%	14%	15.2%
6	12%	1.40	10%	14%	15.6%
8	14%	1.55	10%	14%	16.2%
10	16%	2.10	10%	14%	18.4%

根据表5-9的资料,运用式(5.25)~式(5.27)即可计算出不同负债情况下公司的价值和综合资本成本,见表5-10。

表5-10　　　　　　　　公司市场价值和资本

债券的市场价值 B（百万元）	权益资本的市场价值 S（百万元）	公司市场价值 V（百分比）	债务资本成本 K_b	权益资本成本 K_s	综合资成本 K_w
0	25.34	25.34	——	14.8%	14.8%
2	24.00	26.00	7.5%	15%	14.42%
4	22.70	26.70	7.5%	15.2%	14.05%
6	20.58	26.58	9%	15.6%	14.11%
8	17.96	25.96	10.5%	16.2%	14.44%
10	13.86	23.86	12%	18.4%	15.72%

从表5-10可见,在没有债务资本情况下,公司的总价值是其权益资本的市场价值。当公司逐步增加债务资本比重时,开始时公司综合资本成本下降,公司价值上升,当债务资本达到400万元时,公司综合资本成本最低,为14.05%,公司价值最大,为26.70百万元;债务资本超过400万元后,公司综合资本成本上升,公司价值下降。因此,债务资本为400万元时的资本结构是该公司的最佳资本结构。

(三)影响资本结构的因素分析

实际工作中准确定量确定最佳资本结构十分困难,公司的财务人员进行定量分析的同时必须进行定性分析,认真考虑影响资本结构的各种因素,并根据这些因素来确定公司合理的资本结构。一般而言,影响公司资本结构的基本因素有:

1. 公司发展能力

公司发展能力表现为未来产销业务量的增长率,决定财务杠杆在多大程度上扩大每股利润,如果产销业务量以较高的水平增长,使用具有固定财务费用的债务资本融资,就会扩大权益资本的报酬。除了产销业务量的成长能力外,公司产销业务量的稳定程度对资本结构也有重要影响。如果产销业务稳定,公司可较多地负担固定的财务费用;如果产销业务量和盈余有周期性,负担固定的财务费用将承担较大的财务风险。

2. 公司所有者和管理当局的态度

从公司所有者的角度看,如果公司股权分散,公司可能更多地采用权益资本融资以分散公司风险。如果公司为少数股东控制,股东通常重视公司控股权问题,为防止控股权稀释,公司一般尽量避免普通股融资,而是采用优先股或债务资本融资。从公司管理层的角度看,高负债比例的资本结构财务风险高,一旦经营失败或者出现财务危机,管理层将面临市场接管的威胁或者被董事会解聘,稳健的管理者偏好于选择低负债比例的资本结构。公司所有者和管理层在资本结构这个重大问题上的矛盾源于各自财务目标的差异,公司财务人员对此无能为力,资本结构最终决定权在公司所有者即股东大会或其代表机构董事会手中。

3. 公司的财务状况和信用等级

公司能否以债务资本融资和公司融多少资本,不仅取决于公司所有者和管理当局的态度,而且取决于公司的财务状况、信用等级和债权人的态度。公司财务状况良好,信用等级高,债权人愿意向公司提供信用,公司容易获得债务资本;如果公司财务情况欠佳,信用等级不高,债权人投资风险大,会降低公司获得信用的能力,提高债务资本融资成本。

4. 公司资产结构

公司资产结构是公司融通资本后进行资源配置和使用后的资金占用结构,包括长短期资产构成和比例,以及长短期资产内部的构成和比例。资产结构对公司资本结构的影响主要包括:拥有大量固定资产的公司主要通过长期负债和发行股票融通资金;拥有较多流动资产的公司更多地依赖流动负债融通资金,资产适用于抵押贷款的公司负债较多,以技术研发为主的公司则负债较少。

5. 公司的行业特征和进化周期

不同行业资本结构差异很大。产品供给稳定的成熟产业经营风险低,因此可提高债务资本比重,发挥财务杠杆效应。高新技术公司产品、技术、市场尚不成熟,经营风险高,可降低债务资本比重,控制财务杠杆风险。

同一公司不同进化阶段上,资本结构安排也不同。在公司初创期,经营风险高,在资本结构安排上应控制负债比例;在公司发展成熟阶段上,产品产销业务量稳定和持续增长,经营风险低,可适度增加债务资本比重,发挥财务杠杆效应;在公司收缩阶段上,产品市场占有率下降,经营风险逐步加大,应逐步降低债务资本比重,保证经营现金流量能够偿付到期债务,保持公司持续经营能力,减少破产风险。

6. 公司所处经济环境的财税政策和货币政策

资本结构决策必然要研究理财环境因素,特别是宏观经济状况,政府调控经济的手段包括财政税收政策和货币金融政策。当所得税税率较高时,债务资本的税收屏蔽作用大,公司应充分利用这种作用以提高公司价值。货币金融政策影响资本供给,从而影响利率水平的变动,当国家执行了紧缩的货币政策时,市场利率较高,公司债务资本成本增大。

影响公司资本结构的因素很多,需要公司财务人员仔细研究,认真分析,并结合专业判断和职业经验来确定。

第六章
收益分配管理

- -

　　收益的形成和分配是企业经济资源合理配置和有效使用的目的,收益分配管理是公司财务的基本内容。股利支付影响着股东的投资收益、公司的资金筹集和公司的市场价值。本章学习利润的形成和利润的分配,公司盈余管理和税收筹划原理,各种主要的股利支付理论和基本的股利政策,股票股利、股票分割、股票回购等特殊的股利分配问题。

第一节　利润的形成和分配

一、利润的形成

　　企业的收益包括会计收益和经济收益。会计收益是按照公认会计原则在权责发生制的基础上确认的一种收益概念,它根据企业一定期间实际发生的经济业务收入和产生这些收入的费用,以及所得和损失之间的差额计算出来。经济收益是通过比较某一会计期间期末期初净资产(所有者权益)计算出来的。净资产的期末期初差额即为会计期间的经济收益。企业的会计收益和经济收益均为企业收益的测量方法,前者称为交易观,后者称为资本保全观。本章从会计收益即会计利润的角度研究利益的形成和分配问题。

　　会计利润是企业在一定时期内相关联的收入与费用配比后的结果。由此,会计利润的确定就转化为收入与费用的计量和配比。收入从广义的角度讲,包括营业收入和利得;从狭义的角度讲,仅指营业收入。费用从广义的角度讲,包括营业费用和损失;从狭义的角度讲,仅指营业费用。会计利润按形成的来源及性质不同,可分为营业利润、投资收益、利得与损失等几个方面。

　　(一)营业利润与投资收益

　　营业利润是指企业在营业活动过程中所实现的收益,它由营业收入与营业成本及费用两个方面构成,在数量上体现为两者的差额。营业利润既是会计利润的主要来源和基本构成内容,也是衡量企业资产收益能力和收益水平的基础性指标。投资收益是指企业对外进行权益性投资(股权投资和债权投资)所获得的收益,具体包括利息收益与股利收益。投资收益是企业会计利润的重要组成内容,反映着企业对外进行资本运作的效率和效益。

要对营业利润与投资收益深入理解,尚需明确以下两点:①营业利润主要体现为产品(商品)经营收益,其形成的前提是经营性资产投资;投资收益则主要体现为资本经营收益,其形成的前提主要是金融性资产投资。由于营业利润也是以特定的投资为其形成的前提,因此,从广义上说,营业利润也是一种投资收益,即对内投资的收益。②营业利润作为企业经营性资产的营运成果,对企业管理者来说,具有直接可控性,即当经营利润的实际数偏离目标或预算时,企业管理人员能够及时采取措施予以调节。这种动态的调节过程也就是资产经营过程。投资收益作为金融性资产的投资报酬,对企业管理者来说,只具有间接可控性,即投资企业的管理者只能按借贷契约的规定或股权原则对被投资企业的经营及财务活动进行控制,而不能对被投资企业的收益形成过程进行直接调节。对企业来说,营业利润是主要的。

（二）利得与损失

企业会计利润除营业利润和投资收益外,还包括利得和损失两个方面。其中利得是指由于非常事项以及非主要活动形成的利润增加,如企业无法支付应付款的收益,诉讼胜诉的赔偿收入,处置营业资产所获的净收益等;损失则指由非正常事项以及非主要活动所导致的收益减少,如自然灾害的净损失,罚款和赔款支出,处置营业资产的净损失。而事实上,从我国的具体会计规范看,营业外收入与利得,以及营业外支出与损失在外延范围上又不尽相同:①出售对外投资的损益属利得与损失范畴,通常称为资本利得或损失,但在我国的会计规范中将其列为投资收益,而不列为营业外收入;②确认潜在损失所形成的损益也属利得与损失范畴,在我国的会计规范中却列入不同的损益项目,其中,坏账准备和存货跌价准备调整管理费用,投资跌价及减值准备调整投资收益,唯有固定资产与无形资产减值准备才列入营业外支出。

二、利润分配

按我国《公司法》规定,利润分配涉及计提法定盈余公积金、任意盈余公积金、法定公益金和股利分配。

（一）法定公积金

公司分配当年税后利润时,应提取利润的10%,列入公司法定盈余公积金,用于公司的积累与发展。具体来讲,法定盈余公积金经公司股东大会决议,可用于弥补上一年度的累计亏损。当本年度累计盈利时,可用于新投资机会。另外,法定盈余公积金累计达到公司注册资本的50%以上的,可不再提取。

（二）法定公益金

法定公益金,即公司在提取法定盈余公积金之后,在税后利润中计提的用于购置或建造公司职工集体福利设施的资金。公司按利润的5%～10%来提取法定公益金。公益金用于购置或建造公司职工宿舍、食堂、浴室等,其资产仍归公司所有,仍属于所有者权益的组成部分。公司的普通资产可以随时变现,而公益金形成的资产不能随意变现,甚至在清算时这部分资产只能低价出售给职工,甚至无偿送让给职工,而无法取得较为公平的市场价格。这是我国现阶段公益金的重要特点。

（三）任意盈余公积金

任意盈余公积金是在计提法定盈余公积金和法定公益金之后,由公司章程规定或股东大会决议提取的公积金。其提取比例或金额由股东大会确定,但要有合理的比例。当公司盈利多时可多提,盈利较少时可以少提或不提,当亏损时,公司应不提;另外,当公司提取的公积金累计额占公司注册资本的比例较少时,可多提,否则应少提或不提;当公司有新的投资机会可多提,否则少提或不提。在提取任意盈余公积金时应注意协调大小股东的利益。

（四）股利

股利是公司在弥补亏损、提取盈余公积金、公益金之后向股东分配的利润。通常情况下,股利原则上应从累计盈利中分派,无盈利不得支付股利,但公司为了维护其股票声誉,经股东大会特别决议,公司也可用盈余公积金支付股利,但其支付额不得超过股票面值的 6%,且在支付股利后公司法定公积金累计不能低于公司注册资本的 25%。

公司在利润分配过程中,应按一定的顺序进行。按照我国有关规定,公司的利润分配应按下列顺序进行。

1. 计算本年累计盈利

公司的上一年度亏损额可用本年度税前利润来弥补,本年度税前利润不足弥补的,可以逐年延续弥补期,弥补期最长不得超过 5 年。公司应计算出年度是累计盈利还是累计亏损,如果是累计亏损,则不能进行后续的分配。此时公司应用有权支配的其他资金来弥补该项亏损,其中最重要的弥补资金是公积金。

2. 计提法定盈余公积金、法定公益金和任意盈余公积金

如果公司本年度累计盈利,则应按抵减年初累计亏损后的本年度净利润计提法定公积金、法定公益金和任意盈余公积金。提取法定盈余公积金和提取法定公益金的基数不是累计盈利,也不一定是本年度的税后利润。只有不存在年初累计亏损时,才能按本年度税后利润计算。

3. 支付股利

公司本年度税后利润加上期初未分配利润和盈余公积转入,减去亏损弥补形成可供分配利润,可供分配利润减去计提的法定公积金、法定公益金和任意盈余公积金形成可供股东分配利润,公司可用其支付股利,支付股利后形成期末未分配利润。

值得注意的是,我国《公司法》规定:股东大会或者董事会违反规定,在公司弥补亏损和提取法定盈余公积金和法定公益金之前向股东分配利润的,必须将违反规定分配的利润退还给公司。

三、股利发放的程序和形式

（一）股利发放的程序

股份制有限公司向股东支付股利有一定的支付程序。其中涉及几个日期，即股利宣告日、股权登记日和股利支付日。

1. 股利宣告日

即公司董事会将股利支付情况予以公告的日期。比如，某公司每年度发放一次股利，公司董事会成员于201×年4月15日举行董事会会议，讨论股利分配问题，会议决定股利分配为每股1元，同时发布公告：公司将在5月15日将上述股利支付给已在201×年5月8日登记为本公司股东的人士。这里201×年4月15日为股利宣告日。

2. 股权登记日

即有权领取股利资格登记的最后日期，只有在股权登记日这一天前列入公司股东名单的股东才能领取股利，以后列入公司股东名单的股东将得不到领取本次股利的资格。这里201×年5月8日为股权登记日。

3. 股利支付日

股利支付日一般在分红通知书上列出，上例201×年5月15日是股利支付日，在这一天公司把股利支付给股权登记日之前登记的股东。

（二）股利的发放形式

股利的发放形式有现金股利、财产股利、负债股利和股票股利等。

1. 现金股利

公司将股东应得的股利收益直接用现金支付给股东，这种形式发放的股利称之为现金股利或红利。现金股利是最常见、最主要的股利发放形式。公司发放现金股利的多少主要取决于公司的股利政策和经营业绩。上市公司发放现金股利主要出于三个原因：投资者偏好、减少代理成本和传递公司的未来信息。公司采用现金股利形式时，必须具备两个基本条件：一是公司要有足够的未指明用途的留存收益（未分配利润）；二是公司要有足够的现金。

2. 股票股利

公司也可以增发股票的方式来支付股利，这种形式发放的股利称之为股票股利或红股。在发放股票股利时，公司往往给所有股东按一定比例增配股票，发放股票股利相当于把公司盈利转化为普通股股票，这样并不导致公司资产的流出或负债的变化，更主要的是不会增加公司现金的流出量。股票股利增加普通流通股数，引起每股盈利的下降，但因为按比例发放，每位股东持股份额不变。另外值得一提的是，按照《征收个人所得税若干问题的规定》，以股票形式向股东个人支付应得的股息、红利，应以派发红股的股票票面金额确定收入额。这样，如果公司的股票价格高于面值的话，股票股利就是一种避税的方式。

3. 财产股利

财产股利是现金股利的替代之一。有时公司可以现金以外的资产支付股利。这种资产可以是公司拥有的其他公司的有价证券,如债券、股票。有时公司还以某些实物作为股利发放,公司往往是以自己的产品作为股利发放的。如美国禁酒令实施之后,酒类产生滞销,许多酿酒公司将其所生产的酒作为股利发放给股东。这种方式目前在我国公司实务中很少使用,但并非是法律禁止。

4. 负债股利

公司可以负债的方式支付股利。通常以公司的应付票据如本票作为股利交付给股东,在未来一定日期再偿付该项负债。有时公司也可以自身债券作为股利支付给股东。这种股利支付形式在公司实务中亦很少使用,但并非是法律禁止。

第二节　盈余管理

一、盈余管理的含义和特征

(一)盈余管理的含义

对盈余管理,国外理论界有较多的论述:戴维森在《商业会计语言》中认为盈余管理是一种"会计戏法",即在公认会计原则限制的范围内为了把报告盈利调整到满意水平而采取的有计划的行动步骤的过程;斯考特在《财务会计理论》中认为只要企业的管理人员有选择不同会计政策的自由,他们就必定会选择使其效用最大化,或使公司价值最大化的会计政策,这就是盈余管理;美国会计学者雪普在《盈余管理的评论》中指出,盈余管理是旨在有目的地干预对外财务报告过程中,以获取某些私人利益的企业"披露管理";赫利和瓦伦在《盈余管理研究回顾及对会计准则建设的启示》中指出盈余管理是发生在管理当局运用职业判断编制财务报告和通过规划交易以变更财务报告时,旨在误导那些以公司的经营业绩为基础的利益相关者的决策或影响那些以报告数字为基础的契约的结果。

一般认为,盈余管理是企业在有选择会计政策和变更会计估计的自由时,选择使自身效用最大化或使企业价值最大化的行为,并且把合法合规作为盈余管理的前提。盈余管理与利润操纵是两个不同的概念,两者的区别表现在以下方面:

(1)法律是否认可。盈余管理产生的很大原因是会计政策的可选择性。无论是国外还是国内,在制定相关的会计规范时,并非一统而就,而是具有一定的灵活性,使企业可以根据自身的需要来选择相应的会计政策,进行会计处理,这使企业以合法的手段调节利润成为可能。而利润操纵则是采用不合法的手段改变企业的盈余信息,其目的是欺骗会计信息的使用者,获得不当收益。

(2)适用的手段不同。由于盈余管理是以会计政策的可选择性为前提,所以手段的应用一般是在会计法律法规和准则的范围内进行的,主要是对会计核算上主要会计估计的项目进行调整,如通过固定资产折旧,无形资产摊销和递延资产的摊销来达到修正企业盈余的目的。利润操纵则是以不合法的手段来粉饰企业的财务报表,如提前确认营业收入与推迟确认本期费用,利用销售退回的会计处理在年终搞假销售,长期潜亏挂账等。利润操纵的有些手段貌似符合企业会计准则和行业会计制度的要求,但是突破了一定的限度,就成为不合法的操纵行为。

(3)行为动机不同。盈余管理和利润操纵都会使企业的会计报表真实性和可靠性受到损害,但两者的动机有很大的不同:盈余管理作为一种符合法规的利益调整,管理者希望通过该管理使企业盈利趋同于预定的管理目标,其目的大致是满足股东财富最大化的要求,合理避税,使自己管理业绩和管理才能得到认可等。而利润操纵则是管理当局利用信息的不对称,采取欺诈手段不合法地调整企业的盈余,实现不当获利的人仅是企业的管理者,而大多数股东和其他信息使用者则成为受害人。

(4)导致的后果不同。盈余管理可能导致正反两方面的结果。在现代委托代理关系下,由于激励与约束机制的作用,企业的管理当局须以股东财富最大化为目标,同时为了自身的利益会采取一些盈余管理措施,这些措施运用得当,会给企业带来一定的正面效应。例如企业处于经营困难且急需资金阶段,往往会采取利润前推管理,如改加速折旧法为直线折旧,减少坏账损失的比例,推迟计提长期股权投资减值准备等,提高企业当期利润,使净资产收益率达到配股线,提高所有者权益份额,使企业易于举债筹资,从而帮助企业渡过难关,为以后加速发展打下良好的基础,有助于实现企业价值最大化。再如对生产经营状况不稳定的企业实施利润平滑管理,向外界传递企业生产经营稳定的信息,增强投资者对企业的信心,稳定股价,有助于股东财富最大化目标的实现。但若运用不当,不但不会增加企业价值,反而会加剧企业的经营困境,对管理者本人和股东利益造成损害。如企业实施盈余管理时,若不能采取切实措施改善生产经营,提高企业业绩,将会使企业以后的收益以更快的速度下滑。因此盈余管理实施不能作为企业的权宜之计,必须站在企业发展的高度,在正确预测企业未来发展后予以合理安排,否则不仅不能带来正面效应,反而会对企业的长远发展以及市场形象造成损害。

利润操纵并不是以企业实际生产经营业绩为基础实施的利润调节,而是凭空对企业的业绩进行人为编造,使会计报表的真实性受到严重损害,导致会计报表使用者做出错误决策,严重损害投资者利益,危及证券市场稳定。因此利润操纵有百害而无一利,为各国法律所不允许。

(5)参与者范围不同。盈余管理作为企业的一种日常管理,渗透到企业财务管理的各个方面和各个层次,因此参与者范围是广泛的,也是多层次的。而企业的利润操纵一般来说是企业的绝对机密,常常只有公司总经理、财务经理和少数财务会计人员知悉并参与。

为进一步区分盈余管理与利润操纵,我们把盈余管理分为合理的盈余管理和投机性盈余管理两类。合理的盈余管理即企业管理当局在会计原则允许的范围内,通过会计政策的选择获取私人利益的理性行为,投机性盈余管理表现为盈余管理与利润操纵的交叉部分,这更多的是利用会计准则与制度规定上的疏漏,打法律法规的"擦边球",即合法不合理,可以避免法律责任的行为。两者关系可用图 6-1 表示:

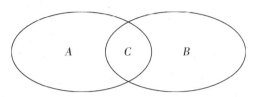

图 6-1 合理盈利管理与利润操纵的关系

其中 A = 盈余管理,B = 利润操纵,$C = A \cap B$ = 投机性盈余管理,$A-C$ = 合理的盈余管理,$B-C$ = 利润造假。

(二)盈余管理的特征

(1)只改变会计利润在各会计期间的分布。从长时间来看(最长为企业的整个生命周期),盈余管理并不会增加或减少盈利,只是改变了盈利在不同会计期间的分布。会计政策的选择、会计政策的运用和会计估计的变更、交易事项发生的时点控制等都是典型的盈余管理。

(2)盈余管理必然涉及经济收益及会计收益和会计数据的信号作用问题。尽管人们并不知道企业究竟有多大的经济收益,但盈余管理最终还是离不开经济收益这一基准。在盈余管理研究中,人们已经开始寻找包括现金流量在内的指标,试图在某种意义和程度上反映经济收益。应当注意,盈余管理无论是在企业的实践中还是在理论研究中都非常关心会计数据的信息含量和信号作用。盈余管理所瞄准的方向正是会计数据的信息含量和信号作用。

(3)盈余管理的主体是企业管理当局。在实际操作过程中,盈余管理中唱主角的无非是公司经理、部门经理和董事会,无论是会计方法的选择、会计方法的运用、会计估计的变更、会计方法运用的时点控制,还是交易事项发生时点的控制,最终的决定权都在他们手中。当然,会计人员也会参与其中,但只是配角。因此,可以明确企业管理当局应该对盈余管理承担责任。

(4)盈余管理的客体是会计原则、会计方法和会计估计,此外,时间特别是时点的选择也是盈余管理的对象之一。在研究盈余管理时,我们必须同时具有时间和空间的概念。会计原则、会计方法和会计估计等属盈余管理的空间因素,会计方法运用时点和交易事项发生的时点控制则可看作是盈余管理的时间因素。但盈余管理的最终对象还是会计数据本身,人们所说的盈余管理,最终也就是在会计数据上做文章。

(5)盈余管理主要目的既明确又非常复杂。盈余管理的主要目的是获取直接私人利益,如经理人员管理报酬的增加;有的则是间接利益,如职务晋升,股价的飙升等。会计数据的信号作用也常常表现在这里,有的是立竿见影的,有的则要潜伏很长的

227

时期。

二、盈余管理的动因

(一)盈余管理产生的客观必然性

(1)会计准则的不完善及会计政策的可选择性。会计准则本身存在缺陷,会计准则之间以及与其他法规之间也有不协调甚至矛盾的地方,势必会导致上市公司进行盈余管理。与其他法规相比,会计准则不仅对会计实务起规范作用,而且给予会计实务大量自由选择的余地,例如,对应收账款可以选择直接转销或计提坏账准备,对固定资产折旧可以选择加速折旧法或直线折旧法等。会计政策之所以具有可选择性,是由会计本身具有的社会性与技术性的双重性决定的,因而有其存在的必然性,但同时这也给上市公司通过会计政策的选择实现盈余管理创造出空间。

(2)契约不完备和企业治理缺陷。按照企业契约理论,企业是一系列契约的联结,通过这些契约,各个具有独立利益关系的个体将其拥有的资源投入到企业中,并希望从中得到相应的回报,这些投入和回报都是由契约来维系的,但是交易费用太大使投资者、债权人、管理者之间的利益冲突不可能全部通过契约来解决,即契约具有不完备性。因此要解决代理问题,就需要一套授权和权力制约的制度性安排,即企业治理结构。在现阶段,我国企业规范的治理结构还未完全建立,不能形成有效的监督约束机制。由于不同契约主体间存在利益冲突,加之契约本身存在不完备性,如果没有相应的制度性约束,企业管理当局就可能利用其对会计信息披露的控制权,为自身利益需要进行盈余管理。

(3)信息不对称。信息不对称是指在商业交易中,一些人可能比其他人具有信息优势。信息不对称可能导致道德风险和逆向选择。在企业中,由于管理层直接控制着企业的经营活动,企业财务状况和经营成果的信息是经过企业的会计系统加工处理而成的,这决定了企业管理者不但清楚了解企业实际的经营成果,而且也控制着关于企业财务状况和经营成果的信息披露,而外部相关利益主体只能依靠企业提供的财务报告判断企业的经营业绩,这种信息不对称会导致管理者进行盈余管理。

(二)盈余管理的动机

(1)筹资动机。从某种意义上讲,上市公司盈余管理的直接动因是筹资,具体经历了三个阶段:①首次发行阶段。《中华人民共和国公司法》对企业上市有着严格的规定,如必须在近三年内连续盈利,才能申请上市。为达到目的,企业便采用盈余管理,进行财务"包装",取得上市资格。同时,经过盈余"粉饰"的报表还有助于企业获得较高的股票定价。②配股阶段。为了达到配股目的,上市公司利用盈余管理调整净资产收益率。③增发新股。上市公司增发新股的定价由承销商与发行公司协商,这也会导致上市公司的盈余管理行为。另外,《中华人民共和国公司法》规定,最近三年连续亏损的上市公司应暂停其股票上市。有关统计数据表明:上市公司在首次出现亏损年度明显地非正常调减盈余,而在扭亏为盈的年度,又明显地存在调增收益的盈余管理行为,其目的只有一个,就是要避免出现连续三年亏损而受到证券监管部门的处罚。

(2)避税动机。合理避税之所以成为可能,一方面是由于税法体系还不十分完善,另一方面是由于公司管理者在会计政策和会计方法的选用上有较大的灵活性。

(3)避免或降低政治成本动机。政治成本是指某些企业面临着与会计数据明显正相关的严格管制和监控,一旦财务成果高于或低于一定的界限,企业就会招致严厉的政策限制,从而影响正常的生产经营。企业面临的政治成本越大,管理者越有可能调整当期报告盈余。特别是战略性产业、特大型企业、垄断性公司,其报告盈余较高时,会引起媒介或消费者的注意,政府迫于政治压力,往往会对其开征新税,进行管理或赋予更多的社会责任。为了避免发生政治成本,管理者通常会设法降低报告盈余,以非暴利的形象出现在社会公众面前。微软公司就曾通过递延确认实际所得收入来下调盈利,以逃避美国反垄断机构的指控。此外,许多私营企业也因害怕"树大招风",而通过盈余管理减少利润。

(4)债务契约动机。债权人与企业签订债务契约是为了限制管理者用债权人的资产为企业获利但却有损于债权人利益的行为。债务契约中通常包含一些保证条款以保护债权人利益,如不能过度发放股利、不进行超额贷款、计提一定比例的偿债准备金等。有些商业银行甚至规定不得向亏损企业贷款。这些都使得企业不敢轻易违反有关条款,因为违反这些条款会招致很高的违约成本。企业的财务状况越接近于违反债务契约,管理者就越有可能调增报告利润,以减少违约风险。如果是长期债务合约,企业管理者通常会将各期收益均衡化,避免偿债能力比率大起大落,从而减少违约的可能性。这样,盈余管理就成为企业减少违约风险的一个工具。

(5)炒作股票动机。上市公司股价与企业经营者、投资者尤其是机构投资者的利益直接相关,公司为了配合"庄家"在二级市场上的股价操作,往往要出台"好看"的会计报表和分配方案。在披露的及时性与规范性上也大量存在盈余管理行为,有关统计表明,我国上市公司信息披露中的信息时滞现象非常严重,业绩变化较大的企业更容易存在这种现象。为了使证券机构赢得"操作"的时间,上市公司往往会故意推迟重大内部信息的披露时间,然后出台精心包装的财务报告,接着滥用临时公告和澄清公告,使庄家从中获利,损害广大投资者的利益。

二、盈余管理的类型及方法

(一)盈余管理的类型

(1)利润最大化。在很多情况下,企业管理当局需要采取利润最大化的盈余管理策略。比如公司为了树立良好的企业形象,突出公司的经营业绩,以吸引更多的投资者,存在红利计划的企业和经理人员为了获得最大的红利收入现值,为了减少债务契约条款的限制,降低违约的可能性,为了争取贷款或投资,为了获得配股资格等,他们往往会采取提前确认收入,推迟确认成本,将长期费用资本化挂在递延资产上等方式,尽量扩大企业盈余。

（2）利润最小化。政治成本过高或政治敏感性较强的企业一般采取最小化会计利润的策略。企业所面临的经营风险往往大大低于政治风险，采取保守的盈余报告策略，避免成为社会公众关注的焦点，以避免或减少政府进行管制或采取不利于企业的措施的可能性。当企业达不到经营目标，或上市公司可能出现连续三年亏损面临被摘牌的危险时，也会采取先在当期降低利润，然后在未来期间抬高利润的方式．在这种类型的盈余管理下，典型的做法是推迟确认收入，提前结转成本，向关联方转出利润，预提利息费用和固定资产修理费用等做法。

（3）利润均衡化。一般而言，股东总是希望企业获得稳定的增长，并且将此与管理人员的工资挂钩，而一个规避风险的管理当局为了获得稳定的奖金，就会通过选择会计政策或其他措施来塑造一个稳定增长的形象。另外，银行与企业之间签订的契约也要求企业的各项财务指标保持在一定的范围内。为了不至于偏离既定的范围，导致银行与企业之间的关系紧张，管理当局也会采取各种措施使得企业利润呈现一种稳定的态势，借以获得良好的信用等级。此外，管理当局为了塑造良好的市场形象，在披露报表时也会调节盈余，使各年度的变动幅度不至于太大。企业管理人员还会通过选择会计方法或改变筹资、投资、经营决策方案，使各期收益保持稳定增长。在这种操作策略下，企业一般采用其他应收款、其他应付款、应收账款、应付账款等往来款项，以及待摊费用、预提费用、递延资产等账项调节利润，精心策划利润稳步增长的趋势。

（二）盈余管理的主要方法

1. 确认收入

收入是指企业在销售商品、提供劳务及让渡资产使用权等日常经济业务中形成的经济利益的流入，主要包括商品销售收入、劳务收入、利息收入、使用费收入、租金收入等，但不包括为第三方或客户代收的款项。实务中企业确认收入主要采用如下手法：

（1）提前确认收入。按会计准则，收入应在收入的赚取过程已完成和交易已发生且风险报酬已转移时确认和记录，但企业往往以销售发票的开具为由，提前确认收入。又如企业销售商品时承诺可在规定期限退货，且无法估计退货比例，在发出商品时即确认为收入。再如企业销售的商品条款中含有部分未来需要提供劳务的款项，企业在发出商品时即全部作为收入入账。

（2）延后确认收入。即将应在本期确认的收入隐藏递延到未来期间确认，这一般在企业当期盈余水平较高，而未来收益存在不确定性时采用。它可以使收入平滑或表现出逐年稳步增加的趋势。这是一种非常严重的盈余管理行为，尤其是到以后期间，当企业实际收益较低而企业将前期收益在当期确认，仍表现出良好的增长时，会严重误导报表使用者，使他们认为公司仍处于经营良好状态，而事实上公司可能已经无法继续经营。一旦公司真的终止经营，将会对这部分人造成巨大的经济损失。

（3）制造收入事项。当企业当年经营业绩达不到年初订立的目标时，这是一种惯用的手法，即采用年底发出商品，制造销售，待到第二年初以退货方式冲减收入，从而达到当年订立的利润及格线或扭亏、保盈等目标，使企业管理当局获得预期的收益。

2. 确认费用

费用是指企业为取得收入发生的各种耗费,表现为资产的减少或负债的增加。会计准则要求费用的确认必须与收入以及对应的期间配比,并遵循权责发生制和谨慎性原则。实务中不少企业任意预提和摊销费用,随意确定预提和摊销的时间,将大额费用资本化,少提准备,潜亏挂账,把费用作为企业利润的"蓄水池"。

(1)费用资本化。即将应计入当期损益的支出计入相关资产的价值中,如企业经常会发生研究开发费用,按照企业会计准则的规定,研发费应于发生当期直接计入管理费用,但许多企业都以研发项目成功后涵盖的期间很长为由,擅自资本化,达到少计费用,虚增资产的目的。

(2)递延当期费用。与(1)类似,不过费用资本化常常以固定资产等"实资产"的形式存在,而递延当期费用则主要以待摊费用、长期待摊费用等"虚资产"存在。如宣传广告费,即使我们知道它可能使未来期间收益,但由于存在很大的不确定性,造成期间长短计量的模糊性,因此会计上要求计入当期费用,而企业则以广告效应的长期性为由,私自列作长期待摊费用。

(3)潜亏挂账。即不确认可能发生的损失,导致账面资产和利润同时虚增,如少转完工产品成本,已报废存货不转销,少转产品销售成本,财产盘亏与损失长期挂账,期末存货跌价准备计提不足,对外投资损失不予冲销,转移期间费用,少提或不提折旧等,从而达到少确认费用,虚增利润的目的。

(4)提前确认费用。若当期利润较丰厚,企业试图"以丰补歉",隐藏一部分利润,或扭亏无望,加大当期亏损,使以后年度少提准备,增加后期盈利。我国上市公司连续3年亏损有退市危险,企业在第二年若认为当年扭亏无望,第三年仍将亏损,则可能在第二年大额确认各种损失准备,使当年巨额亏损,到第三年再将多提的准备冲回,保证第三年的盈利,避免被摘牌。另外当企业管理层变动时,新的管理层常常会将前任的"不良资产"一次冲销,"让我一次亏个够",以待来年盈余增加,显示自己的经营管理水平。如ST长控(600137)在2002年报中显示当年每股亏损达10.996元,四川华信会计师事务所出具了保留意见,称"难以实施审计程序,通过审计,无法有效证实计提减值准备的合理性"。[①]

3. 利用关联交易

关联交易是指在关联方之间转移资源和义务的事项,而不论是否支付款项。关联方则是指在企业的财务和生产经营决策中,一方能直接或间接控制、共同控制另一方或对另一方施加重大影响的有关各方。由于关联方之间在经济上可能不是彼此独立的个体,因此其间的关联交易可能会影响公允性。由于我国上市公司许多是由国有企业改制、剥离一部分资产形成的,与母公司、兄弟公司之间存在千丝万缕的联系,因此上市公司利用关联方交易进行盈余管理已经是"公开的秘密"。

---

① 参见2003年4月25日《上海证券报》,ST长控(600137)2002年报。

（1）商品购销与劳务提供。我国上市公司许多是在改组时由集团中某一优质资产为主进行组合而成的，与母公司在供、产、销及其他方面存在密切联系。从我国上市公司 2000 年报可发现销售环节发生关联交易较频繁的是电力、煤炭、石油化工等公用事业及重工业行业，如新兴铸管（000778）在 1998—2000 年与关联方签订有关生产经营、生活服务、机械加工等系列合同，在最近三年中向关联方销售额占主营业务收入的 80.39%、70.62%、68.79%，使其净资产收益率分别达 13.97%、16.61% 和 16.90%，远远高于配股资格。

（2）托管经营。我国证券市场由于缺乏托管经营方面的法律规范，托管经营偏离惯例成为上市公司进行盈余管理的一个重要手段。如 ST 高斯达（600854）在 2000 年与长春高斯达生化药业集团公司续签"苷必妥"等专用技术及相关资产的委托经营合同，长春高斯达向其支付托管利润 2 975 万元，占 ST 高斯达当年利润的 99.69%。同样重庆港九、神马实业、有色鑫山、峨眉山、公用科技等均从托管经营中取得了可观的收益。

（3）转嫁费用负担。我国上市公司与母公司存在天然的联系，较多存在费用支付与分摊的问题。当上市公司利润水平不理想时，母公司可能人为调低上市公司应交的管理费或直接予以豁免，提高上市公司盈余水平。如春兰股份（600854）2000 年与泰州春兰销售公司签订春兰股份免交销售费用的协议，同时公司经春兰集团公司同意豁免 860 万元研发费，两项合计金额8 401.6万元，占当年利润的 31.52%。

（4）无形资产交易。上市公司购买高价值的无形资产无疑对提高企业品牌，增加公司核心竞争力起重要作用。但我国还没有相应法规规范，使得转让价格具有很大的随意性与人为性。上市公司通过与关联方进行无形资产交易，一方面使关联方从中获得一定的收益，另一方面使上市公司业绩得以平滑，达到盈余管理的目的。如厦华电子、万家乐、美尔雅、粤宏远涉及转让金额均在亿元之巨。在交易的支付方式上，多数则以上市公司应收账款或其他应收款作为抵消。一方面减少上市公司应收款项，改善财务状况；另一方面关联方可摆脱巨额应付债务，将风险转移给上市公司。如美尔雅 2000 年受让湖北美尔雅纺织服装实业集团公司的"美尔雅"商标，涉及金额达 2.36 亿元，美尔雅公司支付现金 1.2 亿元，其余款项则从集团公司债务中抵消。

（5）计收资金占用费。尽管法规规定企业间不允许相互拆借资金，但上市公司与关联方通过收取资金占用费进行盈余管理的现象比比皆是。这主要有三种形式：向母公司收取资金占用费，向被投资企业收取资金占用费和母公司向上市公司收取资金占用费。如悦达投资在 2000 年向江苏悦达集团收取 1 196.1 万元的资金占用费，茂炼转债向中石化股份茂名分公司收取的资金占用费达 1 124.71 万元。

（6）资产重组及债务重组。一般来说，资产与债务重组可以从根本上改变上市公司经营状况，使上市公司获得持续增长的动力。但由于我国上市公司资产与债务重组很大程度上是由有关部门扶持完成的，成为上市公司盈余管理的重头戏。虽然财政部 2001 年初颁布的《债务重组》、《非货币性交易》限制了收益确定的条件及金额，但上市公司通过资产与债务重组在净利润指标上仍有较大改观。如美亚股份在 2000 年与第三大股东四川南充绸厂进行股权置换债权。置换后,美亚股份管理费用减少 1 574.9 万元,远大于当年净利润 612.56 万元。对 ST 板块而言,这更是灵丹妙药:ST 豪盛在 2000 年 11 月与利嘉实业集团公司签订股权转让协议,获得投资收益 5 807.98 万元,避免了被摘牌的厄运。

4. 利用非经常损益

非经常损益指公司正常经营之外的一次性或偶发性损益,主要包括处置资产损益、股权转让损益、诉讼胜诉收益、费用税收利息减免、补贴收入、新股申购冻结资金利息收入等。一般来说,非经常损益在利润总额中占的比例较小,但我国上市公司主营业务利润很少,甚至巨额亏损,公司不是想方设法提高主营业务利润,而是依靠这些偶发的非经常损益进行盈余管理,摆脱困境,达到其期望的目的。

(1)出售转让与置换资产。主要包括出售或处置固定资产、无形资产、股权投资、存货等,以及企业之间的以物易物的交易。虽然财政部颁布了《非货币性交易》准则,限定了收益确认的条件和金额,但现实操作中企业常常把非货币性交易货币化,即 A 将某资产高价转让给 B,计入应收款项,同时将其与账面价值的差额计入损益,同时 B 将另一资产高价转让给 A,同样计入应收款项并确认损益,尔后通过"债务重组",让应收款与应付款互抵,从而达到调高收益,进行盈余管理的目的。

(2)补贴与减免税收。由于上市公司壳资源的稀缺性,地方政府为了保住壳资源,往往不惜牺牲现实利益,通过税收减免或补贴政策,提高上市公司收益率,争取配股资格,募集更多的资金为当地经济服务。如友好集团(600778)1997 年利润总额为 3 225.76 万元,但乌鲁木齐市财政局当年同意以现金形式给予公司补贴 1 550 万元,占税前利润的 48.05%。

5. 变更会计政策和会计估计

经济学理论认为,如果会计政策的选择成本低而变更成本较高,且每次的变更成本都远远高于前次的变更成本,则企业在选择会计政策时会相当慎重。除非法律规定企业变更,否则企业不会轻易变更会计政策。但我国会计政策的变更成本较低,会计准则和相关法规并没有规定太高的变更成本,同时会计政策变更却能带来额外收益。这种低成本高收益的机制诱使企业进行盈余管理。

(1)变更折旧方法和折旧年限。由于固定资产价值较大,且折旧年限有很大的主观成分。因此折旧率起着重要的杠杆作用,折旧基数较大时,折旧率的微小变动会引起折旧额的较大波动,直接影响当期损益。同时,影响固定资产折旧的因素错综复杂,以及随时间推移和所掌握资料的完整程度不同,企业可以找到充分的借口调整折旧费用,从而达到盈余管理的目的。

(2)变更长期股权投资核算方法。会计准则规定当企业能够控制、共同控制另一企业或对另一企业施加重大影响,则企业的股权投资应采用权益法,反之则应采用成本法,并提出了 20% 的参考比例,同时又要遵循实质重于形式的原则。若 A 持有 B

15%的股份,实质上可以重大影响B,但B当年发生重大亏损。此时A可以持股比例不到20%为由采用成本法核算,减少投资损失。反之,若B当年盈利较多,则A可以顺理成章地运用实质重于形式的原则确认投资收益,并且税法规定企业在实际分回利润时才可能补交所得税,因此A也没有税收负担,可谓一举两得。

（3）改变存货计价方法。企业由于存货种类、批次繁多,不可能采用个别计价法核算存货价值,往往采用先进先出、后进先出、加权平均等方法处理。若企业当年利润完成得不理想,且存货市价持续下跌,企业可能改用后进先出法核算,达到提高当期利润和虚增资产的目的。反之,若企业利润较为丰厚,在存货市价持续上涨时,企业采用后进先出法,调低当期利润,把利润转移到以后期间

（4）改变合并报表合并范围。会计报表合并范围从广义上讲仍属于企业的会计政策,同时它的影响比普通的会计政策更大,更具隐秘性和杀伤力。目前越来越多的上市公司采用这一种手法进行盈余管理。如号称中国软件业之谜的托普软件,其1999年报揭示旗下有四家公司:托普科技、长征网络、托雅科技、自贡电脑。而到2001年,托雅科技在2001年中报中还能找到踪影,但2001年报就莫名消失,且毫无解释;托普科技于2001年3月在香港创业板上市,托普软件对自贡电脑不纳入合并范围的解释是:"本公司持有股份由原来直接持有的53.85%和间接持有1.79%摊薄为40.38%和1.47%,虽仍为第一大股东,但在该公司董事会仅有一人,无控制权,根据本公司会计政策规定,本年度不再将其会计报表纳入合并范围中。"[①]

四、盈余管理的识别方法

（1）分析性复核法。分析性复核是通过调查企业重要比率或趋势的异常变动,对与预期数据和相关信息的差异进行分析。常用的方法有:简单比较、比率分析、结构百分比分析和趋势分析等。通过分析性复核,可以发现会计报表中的异常波动,从而识别上市公司的盈余管理行为。

（2）虚拟资产剔除法。将资产负债表中的递延资产、递延税款、待摊费用、开办费、长期待摊费用、三年以上的应收账款、存货跌价损失、投资损失、固定资产损失以及待处理财产损失等项目剔除,然后再进行分析。由于这些项目有的是由于金额较大,需要挂账摊销,有的是作为准备以待以后冲回。但从总体上看,都不符合资产的定义,即不能带来经济利益的流入,因此应该从资产项目中删除。

（3）关联交易剔除法。通过对来自关联方的营业收入和利润总额的分析,判断企业的盈利能力在多大程度上依赖于关联企业。判断企业的盈利基础是否扎实,利润来源是否稳定。若企业收入及利润主要源于关联方,则应关注:①交易是否必需;②交易定价政策是否合理,企业是否存在不等价交换方式进行盈余管理;③关联方交易未结算金额分别占交易总额和未结算总额比例是否适当。若合并报表利润大大低于企业

① 时杰,陈翔编.2003年度中国企业最佳案例——财务管理[M].北京:商务印书馆,2003:67-79.

利润,则表明母公司可能通过关联交易将利润转移进入上市公司。

(4)异常利润剔除法。其他业务利润、投资收益、补贴收入、营业外收入等都属于偶然性收益,在分析时应将其从利润总额中剔除,分析和评价企业利润来源的稳定性。如果企业通过资产或债务重组调节利润时,所产生的利润主要归集在上述异常收益中。若将其从利润中剔除,可以更加真实地认识公司的经营业绩及财务状况,避免受公司盈余管理手法的蒙蔽。

(5)现金流量分析法。通过经营活动产生的现金流量、投资活动产生的现金流量、现金净流量的比较分析,以判断企业的主营业务利润、投资收益和净收益的质量。在"现金为王"的观念中,没有现金流量的利润其质量是不可靠的。如果企业现金净流量长期低于利润,意味着与已经确认利润相对应的资产可能属于不能转化为现金流量的虚拟资产,表明盈利存在盈余管理行为。

(6)特殊报表项目分析法。即对会计报表项目中如应收账款、其他应收款、补贴收入、投资收益、关联交易、资产负债表日后事项、或有事项等,以及会计报表披露的会计政策及其变更进行重点分析,从而发现公司的盈余管理行为。

(7)审计意见分析法。注册会计师作为独立行使鉴证职能的"经济警察",其意见是投资者判断公司是否存在盈余管理行为的线索。如果注册会计师出具的是非标准的审计报告,包括带说明段的无保留意见、保留意见、否定意见以及无法表示意见等审计报告,则应合理怀疑公司存在盈余管理的嫌疑。此外,还应注意:某些注册会计师出具的审计意见可能并不恰当,如应发表保留意见却发表带说明段的无保留意见,应发表否定意见却发表无法表示意见等。有些上市公司披露的注册会计师审计意见可能与注册会计师出具的意见不一致。因此,应仔细关注注册会计师对非标准意见的说明与上市公司的解释说明,从中发现线索。

(8)报表重组识别法。资产重组可分为报表重组和实质重组两类。报表重组并不对企业经营效率产生实质性的改善,只能改变短期内的会计报表数字,如提高利润和净资产收益率等。一般而言,报表重组下的盈余管理有以下特征:①重组的规模不大,一般收购资产低于总资产的50%;②不改变公司主营业务;③重组多发生在关联企业之间或同一地区之间;④多发生在下半年;⑤一般不会伴随高层管理人员的更换;⑥公司通常面临困境,如连续两年亏损,需获取配股资格等。

(9)公司环境信号识别法。从公司环境识别盈余管理的一些信号有:①公司已取得巨大的市场份额,而且比行业增长得还要快;②经常签订企业合并协议;③公司有盈余管理的历史;④经常更换会计师事务所或解聘内部审计人员;⑤公司增长迅速,内部控制乏力;⑥为达到某一目标,以牺牲其他方面的利益为代价;⑦公司业绩太好了,让人难以置信。

(10)公司管理当局说明书分析法。若注册会计师出具了非标准的审计报告,公司管理当局应在公司的财务报告中加以说明。报表使用者在阅读了注册会计师的审计意见后,再结合公司管理当局的解释可以更加清楚地了解公司的经济业务是否真实、公允,公司是否存在盈余管理行为。

第三节　税收筹划

税收筹划在西方国家已深入人心,在公司经营和理财活动中具有举足轻重的作用,而在我国由于长期实行计划经济体制,企业的所得收入完全等同于国家的收入,因此企业缺乏税收筹划的热情和积极性。但随着改革开放的深入,企业逐渐成为独立经营、自负盈亏的市场主体和法人实体,实现公司的税后利润最大化,是现今公司管理的目标之一,因此税收筹划不断地吸引着人们的目光。

一、税收筹划概述

(一)税收筹划的概念

税收筹划指纳税主体在税法规定的许可范围内,针对其自身的特点,为维护自身的权益,通过对企业生产经营过程中筹资活动、投资活动、收益分配活动等进行事先的安排和纳税方案的优化选择,以达到解除税负、减轻税负或推迟纳税的一系列系统的财务管理行为的总称。

税收筹划不同于偷税、避税和漏税。税收筹划与偷税有本质区别,税收筹划强调合法性、事先性、综合性,是一种合法的和超前的涉税行为;而偷税是违法的和滞后的涉税行为。避税是以合理的手段达到减少纳税的经济行为。它立足于税法的漏洞和措辞上的缺陷。虽然在形式上不违法,但行为的实质却与法律的精神相悖,因此从这种意义上避税是不合法的。如:关联企业内部交易、内部低息无息借贷、内部资产无偿租赁等。而税收筹划却以明确的法律条文为依据,在实施中又顺应了法律的意图,所以它是合法的。漏税是指纳税人非故意未缴或少缴税款的行为。比如由于对税法的不了解、不熟悉税法或财务制度的规定,或会计核算差错,或因业务管理差错,或因工作粗心,错用税率,漏报应税项目,少计应税数额以及计算技术上的差错而造成未缴、少缴应纳税款等情况,因此漏税的前提是纳税人主观不存在"故意"而少缴税款。而税收筹划是纳税人充分了解税法的前提下,运用合法的手段,在纳税还未成立的情况下进行统筹规划,以达到税收收益的最大化。

税收筹划会减少国家税收,损害国家利益。虽然从短期来看,企业通过税收筹划会减少纳税,但从长远来看,企业通过税收筹划可以更好地适应国家宏观经济结构的调整,增强企业的竞争能力,推动企业经营秩序与经营机制的完善,从而增强企业长期盈利能力,增加实际纳税水平,有利于国家财政收入的长期稳定增长,可以促使国家税法和税收制度的进一步完善。

(二)税收筹划的目标

公司进行税收筹划是为了消除税负、减轻税负或者推迟纳税,以获得税收收益和财务利益的最大化。消除税负指纳税人运用合理的手段和方法,使应纳税收入不满足税法规定的征收要求,如不满足起征点等;减轻税负指相对减少经济主体的应纳税额,因企业受经营规模的影响,减轻税负只能是相对的;推迟纳税主要指纳税人通过一定的手段将当期的应纳税款延缓到以后年度交纳,以获得资金的时间价值。

企业税收筹划的目标与企业财务管理的目标相互联系、相互影响。科学合理的税收筹划能增加企业收入、提高资金利润率,因而它是实现企业财务管理基本目标的重要途径之一;在税收筹划下的企业有效结构重组,能促进企业迅速走上规模经营之路,规模经营往往是实现利润最大化,也就是企业财务管理最终目标的有效途径;企业的财务策划是使税收筹划得以实现的保证。任何一项税收筹划的实践,都离不开财务策划手段的运用,通过财务策划,可以充分进行税收筹划的可行性分析、收益预测和成本认定,甚至在收入一定的情况下,存在此消彼长的关系。

企业在追求永续发展的过程中既要考虑近期利润增长和市场的扩大,又要考虑长期持续的利润增长;企业在实现效益、利润增长的同时,也要做到与人口、环境、生态相协调、相一致的发展。从税收筹划的角度讲,企业要做到可持续发展,就必须合理地进行纳税规划。比如,在企业的筹资管理中,进行筹资组合和资本结构优化决策时,可以加大负债的比重,以获得抵税收益,但是加大负债规模的同时也增加了企业的破产风险,因此,必须进行收益、风险的权衡,对不同的资本结构方案进行比较,选择最优的方案,形成企业的纳税方案;在投资管理中,企业的类型、投资地点的选择、投资项目的取舍,均涉及企业的税收优惠等纳税问题,最终体现在税后现金流量为依据的投资决策过程之中;在收益分配管理之中,收入、费用是影响利润的两个直接因素,可利用收入确认方法、存货计价方法、折旧方法等会计方法,合理的调节收入与费用,控制流转税支出和所得税支出,以利于企业持续稳定的发展。

税收是国家权力强制下的社会分配,是国家调节经济的重要手段和国家财政的主要来源。税收筹划是由公司财务目标决定并为之服务的,同时单个公司的收入直接影响国家的总收入。公司财务目标的实现应当有利于国家长期税收的良性稳健增长。较高的公司财务收益有利于政府即时税收收入的增加,但由于政府的即时收益的增加是以公司需要承受较大的风险损失为前提的,一旦公司的税负相对于现金支付压力过重而无法缓解时,将对公司资金运行秩序产生扰乱,公司的增值滞缓,这样不仅损害公司的利益,而且损害国家的利益。相反,政府若能通过法律规范纳税主体的价值取向,使他们并非单纯的以账面收益最大化组织经营理财决策,这样尽管可能对政府的即时税收收入的增加产生一定程度的影响(未必减少),但这一微小的代价将为换取公司长期稳定的资金奠定基础。从长远意义上看,政府的税收收入必将随着公司效益的增值而获得更大的增长。

(三)税收筹划的原则

税收筹划是一种综合的管理活动,它要求筹划者要具有预测、决策、规划等方面的知识,包括统计学方法、运筹学方法、数学方法、财务、会计学方法等知识。同时必须坚持主体性、合法性、超前性、整体性、目的性等原则。

税收筹划的主体是进行税收筹划的行为主体,它包括纳税个人和企业法人。纳税人不仅指单个纳税行为主体,如合伙经营企业,还包括集体纳税行为主体,如股份有限责任公司等。税收筹划必须在合法的前提下进行,其关键是看纳税主体的纳税筹划行为是否得到国家的承认或默许,否则将受到国家法律的制裁;税收筹划是否在纳税行为发生或即将发生前进行规划,是区别"合法"与"违法"的界限,若筹划行为发生在经济行为发生之后,为"违法"行为,不仅不能达到税收筹划的目的,而且会给企业带来损失;税收筹划必须注重"整体效应",必须与企业的财务目标——所有者权益最大化以及企业的可持续发展相结合,因为我国的税收同样是国家调节经济的杠杆,公司必须充分考虑在符合国家的产业政策下,尽量使企业的整体负税最小化,即生产成本的最终节约,因此税收筹划必须考虑到其对生产经营成本和管理活动的最终影响;公司进行税收筹划就是利用税收法规的规定,通过合理的财务预测,以达到消除税负、减轻税负或递延纳税的目的,即实现纳税主体的税负最小化,纳税收益最大化的目的。

二、税收筹划实务

(一)税收筹划的内容

目前国内有三种不同的观点:一是认为税收筹划就是特指节税筹划,换句话说是将节税筹划等同于税收筹划的观点;二是将税收筹划的外延延伸到各种类型的少缴税、不缴税的行为,甚至将逃税策划、骗税策划都包括在税收筹划之中;三是税收筹划应包括一切采用合法或非违法手段进行纳税方面的策划或有利于纳税人的财务安排的行为,主要包括节税筹划、避税筹划、转嫁筹划和涉税零风险。这里我们说的税收筹划是指第三种观点。避税筹划是指以非违法的手段达到规避纳税义务的目的。它在相当程度上和逃税一样危及国家税法,直接后果将导致国家财政收入减少,间接后果是税收制度有失公平,导致社会腐败,所以避税需要通过反避税加以抑制,主要通过堵塞税收漏洞进行,如加强税收立法和征管等,一般不能依法制裁。节税筹划是指纳税人不违背税法立法精神前提下,充分利用税法中固有的起征点、减免税等一系列的优惠政策,通过纳税人对筹资活动、投资活动和分配活动的巧妙安排,达到少缴或不缴税的目的。它与避税筹划的最大区别在于避税是违背立法精神的,而节税是顺应立法精神的,同时也是当局利用税收进行宏观调控的手段,所以它具有合法性、政策导向性等特点。转嫁筹划是指在商品流通过程中,纳税人提高销售价格或压低购进价格,将税负转移给购买者或供应者的行为。首先,转嫁和商品价格是直接联系的,与价格无关的问题不能纳入其范畴;其次,转嫁是个客观的过程,没有税收的转移不能算是转嫁;最后,税负转嫁是纳税人的主动行为,与纳税人无关的价格再分配性质的价值转移不是转嫁。

(二)税收筹划的途径

公司进行税收筹划是为了实现直接减轻税收负担、获取资金的时间价值、实现涉税零风险、提高自身的经济效益和维护合法的权益等目标,因此就必须从公司整个经营过程进行,其中包括筹资的筹划、运营的筹划和分配的筹划。

1. 筹资筹划

对于一个企业来讲,要生存和发展,筹资是其进行一系列经营活动的先决条件。筹资作为一个相对独立的行为,主要是通过资本结构的变动对企业经营理财活动产生影响,因此筹资筹划主要从筹资活动对企业的资本结构、经营业绩产生影响入手,从而在节税的同时实现所有者的税后利益最大化的目标。

企业的筹资方式主要有自我积累、向金融机构贷款、向非金融机构或企业借款、企业内部筹资、向社会发行债券和股票及租赁等。若企业通过自我积累资金,可以避免缴纳个人所得税,但不足之处是来源于利润,积累的速度较慢,不适合企业大规模的扩大再生产;向非金融机构贷款有一定的利润操作空间,因为税法规定向非金融机构借款的利息不高于同类金融机构的,可以在税前扣除;企业之间的借款应该是最具有可操作性了,从纳税筹划的角度讲最佳;向社会发行债券,其利息可以税前扣除,可以减小税基,有利于筹划,但市场准入较高;而发行股票是税后支付的股息、利息,因此不具有抵税的作用,相反增加了纳税成本;同时企业也可以维持适当的资本结构来进行税收筹划。

2. 营运筹划

企业运营过程中的税收筹划主要是通过企业的设立方式、纳税人身份、组织形式、投资地点、领域、财务会计政策的选择等来实现,以达到税收筹划的目的。

(1)企业设立方式的筹划。企业设立方式的不同直接影响企业纳税的差异。目前企业设立的方式,组织形式日益多元化,依据财产和法律责任权限,国际上通常将企业分为公司制企业和个人独资企业;从投资资金的来源上看,可将企业分内资企业和外商投资企业(包括中外合资企业、中外合作经营企业和外商独资企业),这是从企业的外部组织形式进行的;从企业内部看,企业在设分支机构时有分公司和子公司可以选择。

例6-1 A先生出资经营一家小型加工厂,预计营业利润200 000元。该加工厂如不组建公司,而按合伙人的形式注册登记,则对营业利润只课征个人所得税,实行五级累进税率,依税法200 000元的利润相应的税率为35%,速算扣除为6 750元,则A先生的纳税和赢利为:

应纳个人所得税=200 000×35%-6 750=63 250(元)

税后净收入=200 000-63 250=136 750(元)

若该厂以公司的形式进行注册登记,就按企业征企业所得税,税率为25%。假定该厂将税后利润全部作为股息分给A先生,则:

应纳企业所得税=200 000×25%=50 000(元)

公司税后利润=200 000-50 000=150 000(元)

应纳个人所得税=150 000×20%=30 000(元)

税后净收入=150 000-30 000=120 000(元)

两者相比,以公司的形式注册登记要多负担所得税 16 750 元(50 000+30 000-63 250),与此相对应其税后净收入少了 16 750 元。鉴于此,A 先生决定兴办合伙制企业,而不组织公司制企业,在纳税行为发生前,减轻税负。

(2)增值税纳税人身份的选择。由于一般纳税人和小规模纳税人实行不同的税款计算和征收管理方式,其税收负担也存在差异。因此企业在注册时应充分认识到这一点,选择有利的增值税纳税人身份。

一般纳税人应纳税额=当期销项税额-当期进项税额

=销售收入×17%-销售收入×17%×(1-增值率)

=销售收入×17%×增值率

小规模纳税人应纳税额=销售收入×6%(或 4%),则应纳税平衡点为:销售收入×17%×增值率=销售收入×6%(或 4%)即增值率=6%(或 4%)÷17%×100%=35.5%(或 23.5%),于是,当增值率为 35.5%(或 23.5%)时,小规模纳税人的税负重于一般纳税人的税负;当增值率高于 35.5%(或 23.5%)时,一般纳税人的税负重于小规模纳税人的税负。

(3)企业会计政策的选择。企业税收筹划会计政策的选择主要指选择最优的存货计价方法、固定资产折价的方法、费用分摊的方法等来达到"合理"纳税的目的,下面仅就存货计价的方法对企业纳税的影响来说明会计政策的选择对税收筹划的影响。

例 6-2 某一生产企业为保证正常生产经营,须有可供一年生产的库存材料,企业每年进货 6 次。20×2 年 6 次进货的数量和价格如表 6-1 所示。

表 6-1   20×2 年企业 6 次进货的数量和价格

项目次数	进货数量/件	单价/元	总价/元
第一次	12 000	13	156 000
第二次	12 000	17	204 000
第三次	5 000	20	100 000
第四次	18 000	19	342 000
第五次	10 000	18	180 000
第六次	12 000	20	240 000

20×2 年底,该企业 10 000 件产品出售,市场价格为 37 元/件,除材料费外,其他开支为 10 元/件,企业适用的税率如表 6-2 所示。

表6-2　　　　　　　　　　　　企业适用的税率

利润收入/万元	适用税率(%)
5以下	5
5 10	15
10-20	25
20-50	40
50以上	55

①先进先出法。材料费用计入成本额：13元/件×10 000件＝130 000元加上其他成本10元/件，共计130 000元+10 000件×10元/件＝230 000元,销售10 000件收入：37元/件×10 000件＝370 000元,扣除成本费用后利润：370 000元－230 000元＝140 000元,应纳税额：（140 000－100 000）元×25%+（100 000－50 000）元×15%+50 000元×5%＝20 000元,税负为：20 000÷140 000×100%＝14.29%。

②后进先出法。材料计入成本额为：10 000件×20元/件＝200 000元加上其他费用10元/件,共计成本为：200 000元+10元/件×10 000件＝300 000元,销售10 000件收入370 000元。扣除成本后利润额为：370 000元－300 000元＝70 000元,应纳税额（70 000－5 000）元×15%+50 000元×5%＝5 500元。税负为：5 500元÷70 000元＝7.86%。

③加权平均法,单位材料购入价为：（12 000×13+12 000×17+5 000×20+18 000×19+10 000×18+12 000×2）÷（12 000×2+5 000+18 000+10 000+12 000）＝17.71（元/件）,材料费用计入成本：10 000×17.71＝177 100（元）,销售收入：37×10 000＝370 000（元）,扣除成本后利润为：370 000－277 100＝92 900（元）,应纳税额：（92 900－50 000）×15%+50 000×5%＝8 935（元）,税负为：8 935÷92 900×100%＝9.6%。因此先进先出法计算材料成本使企业承担的税负最重,加权平均法次之,后进先出法的税负最轻。

（4）分配筹划。第一,企业分配中利息、股息、红利等方式的筹划。企业的利润分配过程中同筹资、投资一样也存在税收筹划。例如税法规定个人因持有某公司的股票、债券而取得的股息、红利所得要征收个人所得税,但为了鼓励企业和个人进行投资和再投资,各国都不对企业留存未分配利润征收所得税。若个人对企业的前景看好,就可以将该领的股息、红利留在企业,作为对公司的再投资,而企业则可以将这部分所得以股票或债券的形式记入个人名下,这样既可以避免缴纳个人所得税,又可以更好地促进企业的发展,使自己的股票价值更加可观。第二,企业之间利润分配的筹划。随着现代企业集团和集团企业的发展,相互控股、参股的现象层出不穷,因此就必须涉及企业利润分配的税收筹划。我国现行企业所得税法规定:纳税人从其他企业分回已缴所得税的利润,其已缴所得税额可以在计算本企业所得税时调整,即投资方企业所

241

得税率低于联营企业的,投资方分回的利润,不退还多缴的所得税;若投资方企业所得税率高于联营企业的,投资方分回的税后利润应按规定补缴所得税款。

例6-3 ABC公司是内地的一家企业,20×2年度ABC公司税前利润为400万元,适用的所得税率为25%,该公司于20×2年在经济特区设立的3M有限公司税前利润为300万元,适用的所得税率为15%。ABC公司适用的税率要比3M有限公司的要高,因此ABC公司分回的利润按税法的规定应以25%的适用所得税率补缴应纳所得税额;但若3M有限公司不向ABC公司分配利润,ABC公司不必补缴所得税,ABC公司和3M公司在同量的利润下今年纳税:

ABC公司应纳企业所得税=400×25%=100(万元)

3M公司应纳企业所得税=300×15%=45(万元)

合计企业所得税额=100+45=145(万元)

3M公司税后利润全部分回ABC公司,则ABC公司应补缴的企业所得税额:

[投资方分回的利润额÷(1-联营企业所得税率)]×(投资方适用税率-联营企业所得税率)=[(300-45)÷(1-15%)]×(25%-15%)=300×10%=30(万元),于是ABC公司应纳所得税额:100+30+45=175(万元),两相比较,保留税后利润于低税区比全部分回少纳税30(175-145)万元。

3. 公司并购税收筹划

公司并购的税收筹划就是并购公司在对并购模式的选择问题上,作好统筹安排,从而使得并购公司、目标公司及各自股东都能够充分利用税法提供的各种纳税优惠措施。公司并购税收筹划的问题将在公司并购财务中再具体讨论。

242

第四节　股利理论与股利政策

一、股利理论

1. 股利相关论

股利相关论的基本观点是:公司的股利政策与公司的股票市价相关,支付的股利越多,股票的价格就越高,反之则越低;公司股利的支付影响着公司的价值。

$P=[D+R(E-D)/S]/S$[①]

式中:P为股票市价;R为投资利润率;D为每股股利;E为每股盈余;S为市场资本化比率。

该公式的含义是:最佳的股利政策应该完全由投资计划的获利能力R来决定。如果公司有充分的获利投资机会(其报酬率大于市场资本化比率时),则不宜发放现金股利,留存的利润可以用来满足投资的资金需要;如果公司没有充分的获利投资机

① JAMES E W. Dividend policies and common stock prices[J].Journal of finance,1956(8).

会(其投资报酬率小于市场资本化比率时),则应发放现金股利,没有留存利润的必要。

持股利相关论观点的人认为,当前的股利收益是确定的,而留存给股东形成的未来资本利得则具有不确定性。每位股东都是风险规避者,偏好于取得现实股利收入,所以股利支付比率高的股票价格高于股利支付比率低的股票价格。因此,股利比率与股价—收益比率是正相关的。股利是投资者能及时把握、按量得到的收入,好比手中之鸟;未来的资本利得需要出售股票后才能实现,然而股票价格总是起伏不定的,如果股价下跌,资本利得就会受到损失,甚至一文不名,好比林中之鸟①。

持股利无关论观点的人认为,股利相关理论混淆了公司的股利政策和投资政策对股票市价的影响。因为公司用留存的利润进行再投资,所形成的资本利得风险,取决于公司的投资决策而非公司的股利政策。

2. 股利无关论

股利无关论的基本观点是:公司的股利支付对公司的股票价格或资金成本不会产生任何影响,公司的股利政策与公司的股票市价不相关,其理论被称为 MM 理论。

该理论的提出基于以下基本假设②:不存在任何股票发行或交易费用;不存在任何个人和公司所得税;股利政策对公司的股本成本没有任何影响;公司的资本投资政策独立于其股利政策;投资者对股利收益与资本利得收益具有同样的偏好;关于公司未来的投资机会,投资者与公司管理者可获得相同的信息。

基于以上假设,MM 理论认为:①股利政策对公司的股票价格或资本成本没有影响。②企业的投资政策和股利政策是可以彼此独立的,公司的股利政策对其股票市价不会产生任何影响,新投资项目的外部筹资将不会改变公司的营业风险,从而也就不会改变普通股的必要收益率。公司的价值完全是由其投资的获利能力和风险组合所决定的,与股利政策无关。③在投资政策确定的条件下,股利政策仅仅影响公司的外部筹资方式和筹资数量,而外部筹资数量和留存盈余的大小,又取决于追加投资和支付股利的需要。④由于没有公司所得税和个人所得税,在资本利得和股利之间没有所得税差异,投资者的股利所得和在股票上的资本所得是无差别的,如果股利支付率太低,投资者可以出售一部分股票,以弥补股利收入的不足;如果股利支付率太高,投资者可以用多余的股利购入股票,以扩大投资,因此,投资者对股利和资本利得并无特别偏好,必要报酬率不会因为股利支付比率的变动而改变。

持股利相关论的人认为,分析某一个因素时,固然要假设其他因素没有变动,但不能否定其他因素的存在。实际上,风险是存在的,筹资费用是存在的,所得税也是存在的。在股利相关理论和 MM 理论的基础上,引入信息传递理论、交易费用理论、资本结构理论和代理成本理论的基本原理,又形成了多种观点,其中以税收差异理论、股东构

① MYRON J G. Optional investment and financial policy[J].Journal of finance,1963(5).

② MERTON H M, FRANCO M. Dividend policy, growth and valuation of shares[J].Journal of business,1961,34 (10):411-433.

成理论和信息传递理论最具有代表性。

3. 税收差异论

在放松了 MM 股利无关论的税收假设和交易费用假设的基础上,产生了税收差异理论。该理论认为①,股东的基本财产价值增值和股利收入是股东投资收益的两种完全不同的来源。前者作为资本利得被课征利得税,后者作为股利所得被课征所得税,通常后者的税率往往高于前者的税率。由此可见,处于不同税收等级的股东在即期收益和远期收益之间将会表现出偏好上的差异。对于边际税率较高的股东而言,他们希望股利支付较少,以便能降低纳税额和减少交易费用,从而通过资本利得的实现来取得远期的投资收益;对于边际税率较低的股东而言,他们一般不会注重资本利得所带来的好处,并且大都采取偏好股利增长的态度,以便可以获得即期的投资收益。因此,税收差异理论认为,公司应当根据股东的偏好和自己的投资政策来制定股利政策。

4. 股东构成理论

与税收差异理论几乎同时出现的股东构成理论,实际上也放松了税收假设、交易费用假设和投资者偏好假设。该理论认为,由于投资者的目的往往不一样,所以他们对于股利支付具有不同的偏好。股东中的退休人员、一些基金组织或低收入阶层,大都比较关心即期收益,喜欢经常性的高额股利,因为他们的应纳税收入较少,税收等级较低或根本无须纳税,较多的股利收入可以弥补其收入的不足,且不会影响其税负。高收入的股东却更加关心远期收益,因为他们不需要用即期收益来维持日常的现金开支,由于其收入较高,其税负已经达到相当高的水平,高额股利经过纳税后虽然可以用于再投资但却增大了其税收负担,使实际的收益额减少,低股利不仅可以降低其税收负担,同时亦可为将来退休累计较多财富。由于股东本身的收入与其税收负担呈线性相关,高收入者的边际税率较高,低收入者的边际税率较低。这在股利分配上形成一对较难调和的矛盾,高收入者偏好低股利,低收入者偏好高股利。因此,如果公司不分配或少分配股利,增大保留利润进行再投资,则不能满足低收入层股东的要求;如果公司分配较高的股利,又不能满足高收入层股东的要求。该理论认为,公司在确定股利分配政策时,有两个方案可供选择:①公司在股利分配上不强求统一,实行多方案自由选择;②采用有利于公司发展的股利政策,"忽视"部分股东的偏好②。

5. 信息传递理论

在 MM 理论的基础上,放松了关于同样信息的假设,并将信息传递理论用于股利政策问题的研究③。该理论认为,股东与公司管理人员对企业未来的投资机会在信息上是不对称的。事实上股东对公司未来的股利支付水平和股利分配稳定性具有不同的看法,而且管理阶层所掌握的公司信息较之于一般股东更多,因此,在股东和管理阶

---

① ELTON E J, GRUBER M J.Marginal stockholders tax rates and the clientele effect[J].Review of economics and statistics,1970(2):68-74.

② MYRON J G. Optional investment and financial policy[J].Journal of finance,1963(4).

③ ROSS S A.The determination of financial structure: the incentive signalling approach[J].Bell journal of business,1977(4):23-40.

层之间存在着"信息不对称"的现象。如果管理阶层预期公司的发展前景良好,未来收益会有较大幅度增长,那么他们将通过提高股利支付率向股东和潜在投资者传递信息,从而可能导致股票价格上涨。如果管理阶层预期公司的发展前景不太好,未来收益不会持续增长,那么他们将通过降低或维持现有的股利支付率来传递信息,从而使股东和潜在投资者产生种种猜测,可能导致股票价格下跌。在这两种情况下,股东或潜在投资者对于股利所得和资本利得的偏好都会发生变化。该理论认为,从信息传递的角度来看,公司的股利分配和股票价格与公司价值具有相关性。

二、股利政策

(一)股利政策的含义

股利政策是以公司发展为目标,以稳定股价为核心,在平衡企业外部相关集团利益的基础上,对于净利润在提取了各种公积金后,如何在股东发放股利或者留在公司再投资这两者之间进行分配而采取的基本态度和方针。股利政策是上市公司重要的财务决策,其主要目标是确定合理的股利支付率[①]和股利分配形式,对其收益进行分配或留存以用于再投资的决策问题。公司的股利政策必须根据企业的总体目标,选择最能够提高公司价值的股利政策。即企业根据市场投资机会,企业的融资渠道、发展规划、股东心态、股市影响等因素综合考虑。

(二)股利发放的限制条件

1. 法规限制

法律为股利政策限定了一个范围,在这个范围内,决策者再根据其他因素决定其具体的股利政策。法律对股利政策的规定是很复杂的,国与国之间的条例也有差别。如美国法律对股利分配的规定有三项原则:①股利必须从公司现在或过去的盈利中付出;②股息不可用公司的资本支付;③当公司的债务超过其资产,而无力偿付债务时,公司不得派发股息。除此之外,一些国家为了防范企业低额发放股利而超额积累利润,帮助股东避税,往往从法律上规定超额累积要加征额外税款。而在我国的法律法规对公司股利政策的影响有如下三种情况:

第一,《公司法》的规定。《公司法》第130条规定股份的发行必须同股同权、同股同利;第177条规定了股利分配的顺序,即公司分配当年税后利润时,应当先提取法定公积金、法定公益金(提取法定公积金和法定公益金之前应当先利用当年利润弥补亏损),然后才可按股东持有的股份比例分配;第179条规定股份有限公司经股东大会决议将法定公积金转为资本时,所留存的该项公积金不得少于注册资本的百分之二十五。

第二,《个人所得税法》的规定。按照《个人所得税法》和国家税务总局《关于征收个人所得税若干问题的通知》,个人拥有的股权取得的股息、红利和股票股利应征收20%的所

---

① 股利支付率＝当年发放的股利/当年利润＝每股股利/每股收益,反映现金股利占其利润的百分比。

得税。

第三,《关于规范上市公司若干问题的通知》的规定。①上市公司确实必须进行中期分红派息的,其分配方案必须在中期财务报告经过具有从事证券业务资格的会计师事务所审计后制定;公布中期分配方案的日期不得先于上市公司中期报告的公布日期;中期分配方案经股东大会批准后,公司董事会应当在股东大会召开两个月内完成股利(或股份)的派发事项。②制定公平的分配方案,不得向一部分股东派发现金股利,而向其他股东派发股票股利。③上市公司制定配股方案,同时制定分红方案的,不得以配股作为分红的先决条件。④上市公司的送股方案必须将以利润送红股和以公积金转为股本明确区分,并在股东大会上分别作出决议,分项披露,不得将两者均表述为送红股。

2. 契约限制

当公司通过长期借款、债券、优先股、租赁合约等形式向外部筹资时,常应对方要求,接受一些约束公司派息行为的限制条款。例如规定只有在流动比率和其他安全比率超过规定的最小值后,才可支付股利。优先股的契约通常也会申明在累积的优先股股息付清之前,公司不得派发普通股股息。这些契约的限制都将影响公司的股利政策。确立这些限制性条款,限制企业股利支付,其目的在于促使企业把利润的一部分按有关条款的要求进行再投资,以增强企业的经济实力,保障债款的如期偿还。

3. 企业内部因素的影响

(1)利润和现金的稳定性。公司具有累计净利润是支付股利的前提基础。利润不稳定的公司一般只能采取低股政策,而利润稳定的公司则在支付时有更大的灵活性。另外,股利通常是由现金支付的,因此现金状况是股利支付的一个重要限制因素,即使企业有巨额利润,也未必有足够的现金。

(2)变现能力。公司的变现能力是影响股利政策的一个重要因素。公司资金的灵活周转是企业生产经营得以正常进行的必要条件。公司现金股利的分配自然也应以不危及企业经营资金的流动性为前提。如果公司的现金充足,资产有较强的变现能力,则支付股利的能力也比较强。如果公司因扩充或偿债已消耗大量现金,资产的变现能力较差,大幅度支付现金股利则非明智之举。由此可见,企业现金股利的支付能力,在很大程度上受其资产变现能力的限制。

(3)筹资能力。公司如果有较强的筹资能力,则可考虑发放较高股利,并以再筹资来满足企业经营对货币资金的需求;反之,则要考虑保留更多的资金用于内部周转或偿还将要到期的债务。一般而言,规模大、获利丰厚的大公司能较容易地筹集到所需资金,因此,它们较倾向于多支付现金股利;而创办时间短、规模小、风险大的企业,通常需要经营一段时间以后,才能从外部取得资金,因而往往要限制股利的支付。

(4)资本结构和资金成本。公司债务和权益资本之间应该有一个最优的比例,即最优化资本结构,在这个比例上,公司价值最大,资金成本最低。由于股利政策不同,留存收益也不同,这便使公司资本结构中权益资本比例偏离最优资本结构,从而对公司股利政策的选择产生制约。另外,不同的股利政策还会影响公司的未来筹资成本。这就要求企业的财务人员权衡股利支付与筹资要求之间的得失,制定出适合企业实际需要的股利政策。

(5)投资机会的制约。从股东财富最大化出发,企业之所以能将税后利润部分或全部留下来用于企业内部积累,其前提是这一部分属于股东的净收益,可以使股东获得高于股东投资必要报酬率的再投资收益。因此,如果公司有较多的有利可图的投资机会,往往采用低股利政策。反之,如果它的投资机会较少,就可采用高股利政策。

4. 股东因素

(1)股权控制要求。如果公司大量支付现金股利,再发行新的普通股以融通所需资金,现有股东的控股权就有可能被稀释。另外,随着新普通股的发行,流通在外的普通股股数必将增加,最终会导致普通股的每股盈利和每股市价下降,从而影响现有股东的利益。

(2)所得税负。公司股东大致有两类:一类是希望公司能够支付稳定的股利,来维持日常生活;另一类是希望公司多留利而少发放股利,以求少缴个人所得税。因此,公司到底采取什么样的股利政策,还应分析研究本公司股东的构成,了解他们的利益愿望。

5. 其他因素

(1)通货膨胀因素。通货膨胀使公司资金购买力下降,维持现有的经营规模尚需不断追加投入,则需要将较多的税后利润用于内部积累。历史成本会计模式所确定的税后利润是以财务资本保全为基础的,在通货膨胀严重时期,以此为标准进行的税后利润分配必然使公司实物资本受到侵蚀,这时,采取相对较低的股利发放政策是必要的。

(2)股利政策的惯性。一方面,一般而言,股利政策的重大调整,会给投资者带来企业经营不稳定的印象,从而导致股票价格下跌;另一方面,股利收入是一部分股东生产和消费资金的来源,他们一般不愿持有股利大幅波动的股票。因此,公司的股利政策要保持一定的稳定性和连续性。

(3)企业的融资环境。当客观上存在一个较为宽松的融资环境时,企业可以发放债务融资性的股利和权益融资性的股利,亦即公司借新债或发新股来为股利融资。一般说来,企业规模越大,实力越雄厚,其在资本市场融资的能力就越强,财务灵活性也越大,当然其支付股利的能力也就越强。对于许多小公司或新成立的公司而言,难以采取融资性的股利政策。

(4)市场的成熟程度。衡量市场的成熟程度,通常可划分为三种形式:弱式有效市场、半强式有效市场和强式有效市场。市场越有效,其成熟度也就越高。实证研究结果显示,在比较成熟的资本市场(半强式有效市场)中,现金股利是最重要的一种股利形式,股票股利则呈下降趋势。我国因尚系新兴的资本市场,和成熟的市场相比,股票股利仍属一种重要的股利形式。

247

（5）企业所在的行业。股利政策具有明显的行业特征。一般说来，成熟产业的股利支付率高于新兴产业，公用事业公司的股利支付率高于其他行业公司。经验证据表明，行业的平均股利支付率同该行业的投资机会呈负相关关系。

（6）企业的生命进化阶段。我们通常把企业的生命进化周期划分为成长阶段、发展阶段和成熟阶段。在不同的阶段，企业的股利政策会受到不同的影响。在成长阶段，企业亟须资金投入，一般来讲，股利支付率相对较低；在发展阶段，公司开始能以较大的股利支付比率把收益转移给股东；至成熟阶段，由于投入产出相对稳定，股利支付率和股票收益率都将几乎保持不变。

总之，确定股利政策要考虑许多因素，而这些因素之间往往是相互联系和相互制约的，其影响也不可能完全用定量方法来分析。所以，股利政策的制定主要依赖对具体企业所处的具体环境进行定性分析，以实现各种利益关系的均衡。

三、股利政策的类型

（一）剩余股利政策

1. 剩余股利政策的含义

剩余股利政策是指公司生产经营所获得的税后利润首先应较多的考虑满足公司有利可图的投资项目的需要，即增加资本或公积金，当增加的资本额达到预定的目标资本结构（最佳资本结构）后，如果有剩余，则派发股利；如果没有剩余，则不派发股利。

2. 剩余股利政策的理论依据是股利无关论

该理论是由美国财务专家米勒（Miller）和莫迪格莱尼（Modigliani）于1961年在他们的著名论文《股利政策，增长和股票价值》中首先提出的，因此被称为MM理论。该理论认为，在完全资本市场中，股份公司的股利政策与公司普通股每股市价无关，公司派发股利的高低不会对股东的财富产生实质性的影响，公司决策者不必考虑公司的股利分配方式，公司的股利政策将随公司投资、融资方案的制定而确定。因此，在完全资本市场的条件下，股利完全取决于投资项目需用盈余后的剩余，投资者对于盈利的留存或发放股利毫无偏好。

3. 剩余股利政策的具体应用程序

（1）根据投资机会计划和加权平均边际资本成本函数的交叉点确定最佳资本预算水平；

（2）利用最优资本结构比例，预计确定企业投资项目的权益资金需要额；

（3）尽可能地使用留存收益来满足投资所需的权益资本数额；

（4）留存收益在满足投资需要后尚有剩余时，则派发现金股利。

4. 剩余股利政策的优缺点及适用性

（1）剩余股利政策的优点。充分利用留存利润这一筹资成本最低的资本来源，保持理想的资本结构，使综合资本成本最低，实现企业价值的长期最大化。

(2)其缺陷表现在:完全遵照执行剩余股利政策,将使股利发放额每年随投资机会和盈利水平的波动而波动。①即使在盈利水平不变的情况下,股利将与投资机会的多寡呈反方向变动;投资机会越多,股利越少;反之,投资机会越少,股利发放越多。②在投资机会维持不变的情况下,股利发放额将因公司每年盈利的波动而同方向波动。

(3)剩余股利政策一般适用于公司初创阶段。

(二)固定股利支付率政策

1. 固定股利支付率政策的含义

固定股利支付率政策是公司确定固定的股利支付率,并长期按此比率从净利润中支付股利的政策。

2. 固定股利支付率政策的理论依据是"一鸟在手"理论

该理论认为,用留存利润再投资带给投资者的收益具有很大的不确定性,并且投资风险随着时间的推移将进一步增大,因此,投资者更倾向获得现在的固定比率的股利收入。股利支付率高的股票价格肯定要高于股利支付率低的股票价格,股利分配模式与股票市价相关。

3. 固定股利支付率政策的优缺点及适用性

(1)固定股利支付率政策的优点:①使股利与企业盈余紧密结合,以体现多盈多分、少盈少分、不盈不分的原则。②保持股利与利润间的一定比例关系,体现了风险投资与风险收益的对称。

(2)固定股利支付率政策的缺点:①公司财务压力较大。根据固定股利支付率政策,公司实现利润越多,派发股利也就应当越多。而公司实现利润多只能说明公司盈利状况好,并不能表明公司的财务状况就一定好。在此政策下,用现金分派股利是刚性的,这必然给公司带来相当的财务压力。②缺乏财务弹性。股利支付率是公司股利政策的主要内容,股利分配模式的选择、股利政策的制定是公司的财务手段和方法。在公司发展的不同阶段,公司应当根据自身的财务状况制定不同的股利政策,这样更有利于实现公司的财务目标。但在固定股利支付率政策下,公司丧失了利用股利政策的财务方法,缺乏财务弹性。③确定合理的固定股利支付率难度很大。一个公司如果股利支付率确定低了,则不能满足投资者对现金股利的要求;反之,公司股利支付率确定高了,就会使大量资金因支付股利而流出,公司又会因资金缺乏而制约其发展。可见,确定公司较优的股利支付率是具有相当难度的工作。

(3)固定股利支付率政策只能适用于稳定发展的公司和公司财务状况较稳定的阶段。

(三)固定股利或稳定增长股利政策

1. 固定股利或稳定增长股利政策的含义

固定股利或稳定的股利政策是公司将每年派发的股利额固定在某一特定水平上,然后在一段时间内不论公司的盈利情况和财务状况如何,派发的股利额均保持不变。

只有当企业对未来利润增长确有把握,并且这种增长被认为是不会发生逆转时,才增加每股股利额。

2. 采用该政策的理论依据是"一鸟在手"理论和股利信号理论

该理论认为:①股利政策向投资者传递重要信息。如果公司支付的股利稳定,就说明该公司的经营业绩比较稳定,经营风险较小,有利于股票价格上升;如果公司的股利政策不稳定,股利忽高忽低,这就给投资者传递企业经营不稳定的信息,导致投资者对风险的担心,进而使股票价格下降。②稳定的股利政策,是许多依靠固定股利收入生活的股东更喜欢的股利支付方式,它更利于投资者有规律的安排股利收入和支出。普通投资者一般不愿意投资于股利支付额忽高忽低的股票,因此,这种股票不大可能长期维持在相对较高的价位。

3. 固定股利或稳定增长股利政策的缺陷及适用性

(1)固定股利或稳定增长股利政策的缺陷表为两个方面:①公司股利支付与公司盈利相脱离,造成投资的风险与投资的收益不对称;②它可能会给公司造成较大的财务压力,甚至侵蚀公司留存利润和公司资本。公司很难长期采用该政策。

(2)固定股利或稳定增长股利政策一般适用于经营比较稳定的企业。

(四)低正常股利加额外股利政策

1. 低正常股利加额外股利政策的含义

低正常股利加额外股利政策是公司事先设定一个较低的经常性股利额,一般情况下,公司每期都按此金额支付正常股利,只有企业盈利较多时,再根据实际情况发放额外股利。

2. 低正常股利加额外股利政策的理论依据是"一鸟在手"理论和股利信号理论

将公司派发的股利固定地维持在较低的水平,则当公司盈利较少或需用较多的保留盈余进行投资时,公司仍然能够按照既定的股利水平派发股利,体现了"一鸟在手"理论。而当公司盈利较大且有剩余现金,公司可派发额外股利,体现了股利信号理论。公司将派发额外股利的信息传播给股票投资者,有利于股票价格的上扬。

3. 低正常股利加额外股利政策的优点

这种股利政策的优点是股利政策具有较大的灵活性。低正常股利加额外股利政策,即可以维持股利的一定稳定性,又有利于企业达到目标资本结构,使灵活性与稳定性较好的相结合,因而为许多企业所采用。

4. 低正常股利加额外股利政策的缺点

(1)股利派发仍然缺乏稳定性,额外股利随盈利的变化,时有时无,给人漂浮不定的印象。

(2)如果公司较长时期一直发放额外股利,股东就会误认为这是"正常股利",一旦取消,极易造成公司财务状况逆转的负面影响,股价下跌在所难免。

(五)上市公司股利分配政策的设计选择与公司的发展阶段

上述四种股利政策各有所长,上市公司在分配股利时应借鉴其基本决策思想,综合考虑诸多限制因素的影响,制定适合自己具体实际情况的股利分配政策。公司的发展阶段的定位决定了公司未来的发展取向,并会间接地带动其他诸多要素相应地变化。因此,上市公司在设计和选择股利分配政策时,其关键的是要充分结合公司目前所处的发展阶段来考虑①。

(1)初创阶段。处于初创阶段的公司,经营风险高,融资能力弱,同时,该阶段是一个纯粹的现金净流出阶段。因此,为降低财务风险,公司应贯彻先发展后分配的思想,剩余型股利政策为最佳选择。

(2)高速增长阶段。进入高速成长阶段后,公司的产品销量急骤的上升,为防止其他竞争者进入,公司要迅速扩大生产能力,达到规模优势。这意味着,公司要进行大量的投资,不宜宣派股利。然而,另一方面,由于公司已度过了初创阶段的艰难,并已有了某种竞争优势,投资者往往有分配股利的要求,此时,为平衡这两方面的要求,应采用低经常性股利加额外股利政策,在支付方式上应尽可能地采用股票股利的方式而避免现金支付。

(3)稳定增长阶段。该阶段的显著特征是,产品的市场容量、销售收入稳定增长,生产能力扩张的投资需求减少,广告费开支比例下降,现金流动表现为净现金流入,每股收益(EPS)值呈上升态势。这些均表明,公司已具备持续的支付较高股利的能力,因此,该阶段理想的股利政策应是稳定增长型的。

(4)成熟阶段。公司一旦进入成熟阶段,市场趋于饱和,销售收入不再增长,利润水平稳定。另外,发展至该阶段,公司通常已积累了相当的盈余和资金,因此,这时公司可考虑由稳定增长型股利政策转为固定型股利政策,以与公司的整个发展阶段相适应。但在确定股利支付的起点标准时,不宜太高,应留有余地。

(5)衰退阶段。有些公司经过成熟期后可能进入衰退阶段,尤其是产品单一的公司更是如此。此时,公司如果不被解散或被其他公司所重组兼并,就要投资进入新的行业和领域,以求新生。这意味着,公司的投资需求增加。另外,此时产品销售收入减少,利润下降,因此,公司已不具备支付股利的能力,应采用剩余型股利政策。

最后尚需说明:①公司发展阶段的划分是相对的,有时公司的经营阶段具有相互重叠和交叉的特征;②公司在某一个发展阶段上也可以采用两种以上的股利政策,相互替换使用并非择一而终②。

251

---

① 张国柱.上市公司股利分配政策的探讨[J].汉江石油学院学报(社会科学版),1999(3).
② 安庆钊,李连华.论股利理论与股利政策选择[J].经济经纬,1999(2).

第五节　股票股利与股票分割

一、股票股利

(一)股票股利的概念及特点

股票股利是企业以发放股票作为股利支付方式。相对于其他股利支付方式,股票股利具有以下特点:

1. 股票股利的发放只改变所有者权益各项目的结构,而不影响所有者权益总额

例6-4　M公司在发放股票股利前的股东权益情况如表6-3所示。

表6-3　　　　　　　　M公司在发放股票股利前的股东权益情况

单位:万元

普通股(每股面值1元,10 000万股)	10 000
资本公积	30 000
留存收益	30 000
股东权益合计	70 000

假定该企业宣布发放10%,即1 000万股的股票股利,股票当前市价为每股20元,则股票股利发放后的所有者权益如表6-4所示。

表6-4　　　　　　　　股票股利发放后的所有者权益表

单位:万元

普通股(面值1元,11 000万股)	11 000
资本公积	49 000
留存收益	10 000
股东权益合计	70 000

可见,企业发放股票股利的实质是股东权益各项目数额的重新分配,即将股票股利按股票市值从留存收益账户转移到普通股股本和资本公积账户中,实际上也就是将股票股利按市场价值予以资本化。

2. 从理论上讲,当企业的盈余总额以及股东的持股比例不变时,每位股东所持股票的市场总值保持不变

例6-5　例6-4中,假定M公司当年盈余为8 800万元,某股东持有5万股普通股,则发放股票股利对该股东的影响如表6-5所示。

表6-5　　　　　　　　　　　发放股票股利对该股东的影响

单位:万元

项目	发放股票股利前	发放股票股利后
每股收益(EPS)	8 800÷10 000 = 0.88	8 800÷11 000 = 0.8
每股市价(元)	20	20÷(1+10%) = 18.18
持股比例	5÷10 000×100% = 5%	5.5÷11 000×100% = 5%
所持股数总市值	5×20 = 100	5.5×18.18 = 100

可见,在企业盈余总额及股东持股比例一定的情况下,发放股票股利会导致每股盈余(EPS)和每股市价下跌,但企业的股票总市值以及每位股东所持股票市值保持不变。

(二)股票股利的财务意义

从企业分配的现实情况看,不仅现金股利与股票股利并存,而且相当多的企业和股东更青睐于股票股利政策或股票股利政策与现金股利政策的联合使用。之所以这样,原因在于股票股利无论是对股东还是对企业,均有诸多相对有利的方面。

1. 股票股利对股东的意义

(1)可以使股东获得股票价格相对上涨的收益。尽管从理论上分析,公司分发股票股利会导致股价等比例下跌,但事实上由于分发股票股利通常意味着公司有良好的获利潜力和发展前景,因而其股价下跌的幅度相对有限,即股价下跌比例通常低于分发股票股利的比例,特别是在公司分发少量股票股利(如2%~3%)的情况下,股价变动无论在数额上,还是在时间上均不会十分明显,这样,对股东来说就无疑能够享受价格相对上涨所带来的收益。例如,某投资者持有M公司股票1 000股,目前市价每股20元,公司按10%的比例分发股票股利,分发股票股利后股票市价下跌5%,即每股约19元,则该投资者所持股票每股价格相对上涨了0.9元(1 100×19÷1 000-20),因价格相对上涨所带来的收益为900元(0.9×1 000)。

(2)可以使股东获得节税收益。在公司分发股票股利的情况下,若股东需要现金,则可将其分得的股票股利出售。由于一些国家(如我国)税法规定,对出售股票所获得的资本利得征收所得税的税率低于现金股利收益的税率,这样股东通过出售股票取得现金流入相对于现金股利收入而言,能够节约所得税支付。

2. 股票股利对企业的意义

(1)有利于企业保留现金。股票股利作为一种分配方式,一方面具有与现金股利类似的市场效应,如向市场传递着公司发展良好的信息,从而稳定或提升股票价格,另一方面又能使企业保留现金用于再投资,从而有利于企业长期发展。

(2)有利于增强企业股票的流动性。发放股票股利能够在一定程度上降低股票价格,从而吸引更多的中小投资者,活跃企业股票的市场交易,增强股票的流动性和可变现性。

3. 股票股利的缺陷

分配股票股利尽管有许多相对的优势,但也存在一些不可忽视的缺陷,如:

(1)由于发放股票股利的手续和程序相对复杂,因而其费用负担也相对较大。

(2)分发股票股利尽管能够减少企业当前的现金支付,但可能加重企业以后的经营压力和财务负担。因为随着股票股利的发放,企业的股本总额不断扩大,在这种情况下,企业的收益水平若没有相对提高,将会导致每股盈余下降,这无疑会损害企业的市场形象,引发股价下跌。另一方面,随着股本规模的扩大,当企业在某一时间需要分配现金股利时,其现金支付压力将会随之加大,甚至可能导致企业陷入财务困境。

二、股票分割

股票分割是指将高面额股票拆分为低面额股票的行为,例如将 1 股面值为 2 元的股票拆换为 2 股面值为 1 元的股票。股票分割与股票股利的经济意义基本相同,不同之处主要在于会计处理方法。具体说,股票股利需通过账务系统调减留存收益和调增股本与资本公积,股票分割则只需在报告系统中增加股份数量。由于会计处理方法不同,其对资产负债表的影响也就不同,股票股利没有改变所有者权益总额,但权益内部各项目的结构将会发生变化,股票分割则是既不改变权益总额,也不改变权益结构。

企业进行股票分割的意义在于:①通过股票分割,可以降低股票的每股价格,从而吸引更多的中小投资者,活跃企业股票的市场交易,增强企业股票的流动性;②由于股票分割常见于成长中的企业,因此,企业进行股票分割往往被视为一种利好消息而影响其股票价格,这样,企业股东就能从股份数量和股票价格的双重变动中获得相对收益。

无论是股票股利还是股票分割,其对企业和股东的利益效应是建立在企业持续发展的基础之上的,如果发放股票股利或进行股票分割后并没有伴随着利润和现金股利的相应增长,那么因此产生的股价上涨不仅是短暂的,甚至可能给企业带来无尽的后患。

三、股票回购

(一)股票回购的含义

公司可以通过发行新股来筹集向老股东支付股利的资金,实际上相当于老股东卖掉部分股票来换取部分现金(相当于股利),同时股票价格下降。这一过程可以反过来进行,也就是说公司可以出资购回本公司的股票,而代替向剩余股东支付股利。这被称之为股票回购。一般地,股票回购使流通股数减少,相应地股价上涨,股东从而获得资本利得,因而股票回购被看作是现金股利的一种替代方式。

例 6-6　假定 M 公司 2004 年每股收益、每股市价等资料如表 6-6 所示。

表 6-6   M 公司 2004 年有关数据

税后利润	22 000 万元
流通股数	11 000 万股
每股收益	2 元/股
每股市价	20 元

公司决定股利支付率为 50%，用 11 000 万元来支付股利，每股股利为 1 元。公司决定用这 11 000 万元来回购股票。招标价格为每股 22 元，假定招标成功，公司回购 500 万股。

公司的市盈率为 20 元/2 元 = 10

回购股票之后每股盈利变为：EPS = 22 000/10 500 = 2.10（元）

新的每股市价 = 市盈率×EPS = 2.10×10 = 21（元）

从上例中，我们看到股东以 2 元的每股盈利换成了 2.05 元的每股资本利得。

在计算过程中，我们做了几点假设：①市盈率保持不变；②股票以 22 元/股被回购。招标价格高于 22 元时，剩余股东的利益就会受到损失，如果低于 22 元，招标可能会失败。

（二）回购股票的途径

公司回购股票有以下三种途径：

（1）在证券市场上收购。这是股票回购的主要方式，但这种收购行为受到种种限制。比如在美国，证券交易委员会规定从公开市场上买进已发行股票不能用私下谈判的方式进行；回购时不能发行新股，因为回购股票伴随着股价上涨，此时发行新股有可能损害投资者利益；购回的股票不能超过公司发行股票总额的一定比例，因为过多回购，公司会过多支付现金，将现金以资本利得转移给股东，有可能影响债权人的利益；等等。

（2）招标。由公司确定合理的招标价格，委托有关金融机构进行回购工作，并向其支付必要的费用。招标价格一般高于当时股票的市场价格，以吸引部分股东尤其是小股东。

（3）与大股东协商回购。用这种方式进行交易时应注意保持公正合理的回购价格，以避免损害剩余股东的利益。股票协商回购方式在企业兼并与反兼并的斗争中经常使用。

（三）股票回购的影响

对股东来说，股东在回购过程处于主动地位，拥有出售或不出售的选择权。当部分股东满意招标价格或协商价格时他们会放弃股权获得资本收益。而剩余股票也会因流通减少而股价上涨，同样可获得资本收益。资本收益往往可使股东减少税负或避税。在这一过程中，关键在于公司出价。公司出价过高，则该价位不能维持，会使剩余股东利益受损，出价过低则交易不能成功。另外价格的波动往往使剩余股东的利益不稳定。

当公司权益资本比例过高时,可通过回购股票减少权益资本调整资本结构,同时财务杠杆的增大以及股数的减少使 EPS 增加,在一定程度上使股东受益。另外,回购股票往往是企业兼并过程中的部分工作,因此回购股票可以为企业兼并打下基础。相应的,回购股票也可以用来防止某些股东的恶性控股或反恶性兼并。

对公司来说,库存股可以作为公司的资金储备。当现金不足时,公司可以抛售库存股来获取现金。在西方国家出售库存股一般不必经过股东认可,也不一定要让老股东认购。

股票回购可能产生某种误会。西方学者实证研究证明许多实行股票回购的公司往往收益增长率下降,投资机会减少。如果公司回购股票的行为传递的是这种信息的话,回购行为会对公司价值产生不利影响。基于这个原因,公司一般在回购股票之前应宣布回购计划,阐明回购股票的原因。

另外,回购股票还会给公司带来一些不利影响。如当政府认为公司的回购行为是为了帮助股东逃税,公司会受到惩罚性税收。还有,回购股票有时会引起操纵股价的嫌疑,可能会受政府的调查或处罚,因此实施股票回购计划须谨慎。

第七章
财务分析与评价

　　财务分析是以公司会计报表信息为主要依据,运用专门的分析方法,对公司财务状况和经营成果进行解释和评价,以便于投资者、债权人、管理者以及其他信息使用者做出正确的经济决策。财务分析是公司财务的重要内容。本章介绍财务分析的基本原理,包括企业偿债能力、营运能力、盈利能力和发展能力的主要财务比率的计算和分析;杜邦系统、沃尔评分法的原理;上市公司的财务分析和财务预警分析的方法。

第一节　财务分析概述

一、财务分析的含义

　　财务分析是相关信息用户以企业财务报告为主要依据,结合相关的环境信息,对企业财务状况、经营业绩和财务状况变动的合理性与有效性进行客观确认,并分析企业内在财务能力和财务潜力,预测企业未来财务趋势和发展前景,评估企业的预期收益和风险,据以为特定决策提供有用的财务信息的经济活动。

　　(1)财务分析的主体是相关信息用户。这些信息用户一般包括现实利益主体、潜在利益主体和各利益主体的决策服务主体。其中,现实利益主体是指目前与企业存在经济利益关系的相关信息用户,主要是股东、债权人、经营者、员工及政府职能部门等;潜在利益主体是指可能与企业发生经济关系的行为主体,包括潜在的股东、债权人、经营者、员工等;各利益主体的决策服务主体是指需利用企业财务报告进行财务分析,据以为企业各利益主体的决策提供信息支持的有关组织或个人,如证券经纪公司、投资研究与咨询机构、股评人士等。

　　(2)财务分析的依据是企业财务报告及相关的环境信息。其中,财务报告包括财务报表和报表附注两个部分;相关环境信息则是指非财务性质的,或受某些条件限制,财务报告所无法披露的,对企业财务状况与经营业绩的现状及其变化趋势存在或将产生影响的各种环境信息,具体又可分为企业内部环境信息和外部环境信息两个方面。

　　(3)财务分析的内容可从不同角度考察。从性质上看,包括财务状况、经营业绩及各项财务能力(主要是偿债能力、获利能力、营运能力和发展能力等);从时间上看,包括财务现状、财务趋势及财务前景;从与投资决策的相关性看,则包括投资的预期收益与风险等。上述各项内容之间相互交叉、相互重叠,例如,无论是财务现状与前景的分析,还是预期收益与风险的分析,均须从财务状况、经营业绩及内在财务能力等方面分析,而财务状况、经营业绩及财务能力的每一个方面均须从现状、趋势、前景以及对预期收益与风险的影响等方面进行考察和分析。

(4)财务分析的目的在于为特定决策提供有用的信息支持。财务报告的目的在于提供决策所需的财务信息,财务报告所提供的信息是对所有信息用户决策有用的通用的一般信息,不同的信息用户有不同的财务目标,利用财务报告信息的角度和重点不尽相同,需要对财务报告等信息进行二次信息加工处理,以为特定决策提供有用的信息支持。

二、财务分析的原则

1. 客观性

一是分析依据的客观性,即分析所依据的各项资料必须内容真实、数字准确,能如实反映企业的财务状况与财务绩效;二是分析结论的客观性,即分析结论能客观地说明企业的财务现状及其在不同期间的变化趋势。根据这一原则,对企业财务进行分析时,应结合注册会计师的审计结论,对各项报表数据及附注资料的可靠性进行分析判断,辨别真伪、去伪存真,对分析结论则应坚持实事求是,不可主观臆断。

2. 可比性

一是行业可比性,即分析结果应能在同行业不同企业之间进行比较。这种可比性要求在对企业财务进行分析时,应尽可能采用行业通用的分析指标和分析方法,对于行业财务制度或有关法规中已规定的指标和计算方法,分析人员应共同遵守,对于财务制度未作规定的,应遵循行业惯例,没有行业惯例的,应在分析报告(或备忘记录)中注明分析办法。二是期间可比性,即分析结果应能就同一企业的不同期间进行比较。这种可比性要求对企业财务进行分析时,应保持分析指标与分析方法在不同期间的稳定性与一致性,对于因财务会计政策变更所产生的差异,应在分析中进行必要的调整,不能调整的,应在分析报告(或备忘记录)中予以说明。

3. 充分性

一是资料搜集的充分性,即搜集的资料要能够满足真实、客观地分析企业财务及经营情况的需要,既要搜集现状资料,又要搜集历史资料,既要搜集企业核算资料,又要搜集宏观环境资料,既要搜集被分析企业的资料,又要搜集同行业其他企业的相关资料;二是分析指标选择与运用的充分性,既分析指标的选择和运用应充分体现分析目的的要求,对于以特定决策为目的的财务分析,应选择和运用与该分析目的相关的所有指标,对于面向非特定信息用户的财务分析(各决策服务主体所进行的分析),则应运用能够反映企业财务状况及财务绩效的所有指标;三是比较标准的充分性,即在进行企业财务的比较分析时,应确保比较标准选择的全面性和完整性,既要运用预算标准来分析企业一定期间财务目标的实现程度,又要运用行业标准和历史标准,揭示企业财务状况与财务绩效的行业差异和动态趋势。

4. 科学性

科学性主要指分析方法的科学性,其基本内容是:以辩证唯物论为依据,采用系统的分析方法。首先,在充分挖掘企业财务各方面、各项指标内在关联的基础上,对各项指标作相互联系的因果分析,以便能深入、综合地揭示企业财务的内在状况和规律;其次,坚持定量分析与定性分析相结合,避免只讲定量计算而不讲定性分析,或只重定性分析而忽视定量计算的现象。一般而言,在分析时应对各项指标先进行定量计算,在确定数量差异基础上,再结合有关因素进行定性分析。

三、财务分析的基本程序与步骤

(一)财务分析信息的搜集整理阶段

财务分析信息搜集整理阶段主要由以下三个步骤组成:

1. 明确财务分析目的

是要分析企业经营业绩? 是要进行投资决策? 还是要制定未来经营策略? 只有明确了财务分析的目的,才能正确地搜集整理信息,选择正确的分析方法,从而得出正确的结论。

2. 制订财务分析计划

在明确财务分析目的的基础上,应制订财务分析的计划,包括财务分析内容及拟采用分析方法、财务分析的人员组成及分工、时间进度安排等。财务分析计划是财务分析顺利进行的保证。

3. 搜集整理财务分析信息

财务分析信息是财务分析的基础。信息搜集整理的及时性、充分性、适当性,对分析的正确性有着直接的影响。信息的搜集整理应根据分析的目的和计划进行。但这并不是说不需要经常性、一般性的信息搜集与整理。其实,只有平时日积月累各种信息,才能根据不同的分析目的及时提供所需信息。

(二)战略分析与会计分析阶段

战略分析与会计分析阶段主要由以下两个步骤组成:

1. 企业战略分析

企业战略分析通过对企业所在行业或企业拟进入行业的分析,明确企业自身地位及应采取的竞争战略。企业战略分析通常包括行业分析和企业竞争策略分析。行业分析的目的在于分析行业的盈利水平与盈利潜力,因为不同行业的盈利能力和潜力大小可能不同。影响行业盈利能力因素有许多,归纳起来主要可分为两类:一是行业的竞争程度,二是市场谈判或议价能力。企业战略分析的关键在于企业如何根据行业分析的结果,正确选择企业的竞争策略,使企业保持持久竞争优势和高盈利能力。企业进行竞争的策略有许多,最重要的竞争策略主要有两种,即低成本竞争策略和产品差异策略。

企业战略分析是会计分析和财务分析的基础和导向。通过企业战略分析,分析人员能深入了解企业的经济环境和经济状况,从而能进行客观、正确的会计分析与财务分析。

2. 财务报表会计分析

会计分析的目的在于分析企业会计报表所反映的财务状况与经营成果的真实程度。会计分析的作用有两方面:一方面,通过对会计政策、会计方法及会计披露的分析,揭示会计信息的质量;另一方面,通过对会计政策和会计估计的调整,修正会计数据,为财务分析奠定基础,保证财务分析结论的可靠性。进行会计分析,一般可按以下步骤进行:第一,阅读会计报告;第二,比较会计报表;第三,解释会计报表;第四,修正会计报表信息。

会计分析是财务分析的基础,通过会计分析,对发现的由于会计原则、会计政策等原因引起的会计信息差异,应通过一定的方式加以说明或调整,消除会计信息的失真问题。

(三)财务分析与实证分析阶段

财务分析与实证分析阶段在战略分析与会计分析的基础上进行,主要包括财务能力指标分析、因素分析和实证分析三个步骤。

1. 财务能力指标分析

对财务能力指标进行分析,特别是进行财务比率指标分析,是财务分析的一种重要方法或形式。财务能力指标能准确反映某方面的财务状况。进行财务分析,应根据分析的目的和要求选择正确的分析指标。债权人要进行企业偿债能力分析,必须选择反映偿债能力的指标或反映流动性情况的指标进行分析,如流动比率指标、速动比率指标、资产负债率指标等;而一个潜在投资者要进行对企业投资的决策分析,则应选择反映企业盈利能力的指标进行分析,如总资产报酬率、资本收益率、股利收益率和股利发放率等。正确选择与计算财务指标是正确判断与分析企业财务状况的关键所在。

2. 基本因素分析

财务分析不仅要解释现象,而且应分析原因。因素分析法就是要在报表整体分析和财务指标分析的基础上,对一些主要指标的完成情况,从其影响因素角度,深入进行定量分析,确定各因素对其影响的方向和程度,为企业正确进行财务分析提供最基本的依据。

3. 实证分析

实证分析是实证研究的方法之一。财务分析中的实证分析属于经验研究。实证分析方法分为截面分析研究和时间序列分析研究。财务分析中的指标分析与因素分析,实际上是运用数学模型分析解释经济现象的变动及其原因,其目的在于分析说明某指标变动的程度、有利性、影响因素及影响程度。实证分析则运用财务数据及其相关性解释经济现象或经济指标与它的某一个或几个影响因素之间的关系,从而验证某理论或应用方法的正确性。

实证分析涉及确定分析目标、建立分析假设、准备分析数据、运用分析技术和解释分析结论五个步骤。

（四）财务综合评价与分析阶段

财务综合评价与分析阶段是财务分析实施阶段的继续，具体可分为三个步骤：

1. 财务综合评价

财务综合评价是在应用各种财务分析方法进行分析的基础上，将定量分析结果、定性分析判断及实际调查情况结合起来，以得出财务分析结论的过程。财务分析结论是财务分析的关键步骤，结论的正确与否是判断财务分析质量的唯一标准。一个正确分析结论的得出，往往需要经过几次反复。

2. 财务预测与价值评估

财务分析既是一个财务管理循环的结束，又是另一财务管理循环的开始。应用历史或现实财务分析结果预测未来财务状况与企业价值，是现代财务分析的重要任务之一。因此，财务分析不能仅满足于事后分析原因，得出结论，而且要对企业未来发展及价值状况进行分析与评价。

3. 财务分析报告

财务分析报告是财务分析的最后步骤。它将财务分析的基本问题、财务分析结论以及针对问题提出的措施建议以书面的形式表示出来，为财务分析主体及财务分析报告的其他受益者提供决策依据。财务分析报告作为对财务分析工作的总结，还可作为历史信息，以供后来的财务分析参考，保证财务分析的连续性。

四、财务分析的方法

企业财务分析有赖于运用一定的分析方法，这些分析方法大致可划分为一般方法与技术方法。

（一）财务分析的一般分析方法

财务分析的一般分析方法主要有：定量分析法与定性分析法；静态分析法与动态分析法；独立分析与相关分析法。

1. 定量分析法与定性分析法

定量分析法是指依据被分析企业以及同行业其他企业各期间财务报告所列的财务数据，借助一定的数学算式或模式，对这些数据进行加工处理，据以解析企业财务各方面之数量联系的分析方法。定性分析法则是财务分析人员根据其所拥有的专业知识和实践经验，借助逻辑思维方法，对企业财务状况、经营业绩以及各项财务能力的现状、趋势和发展前景做出定性解析和判断的分析方法。

2. 静态分析法与动态分析法

静态分析法是指以某一时点或某特定期间的财务数据为依据，通过相关财务数据的计算和比较，据以对该时点或该期间的财务状况、经营业绩等进行解析和分析的分

261

析方法。动态分析法是以不同时点或不同期间的财务数据为依据,通过各个时点或各个期间财务数据的计算和比较,据以提示企业财务状况、经营业绩等在不同时点、不同期间变化趋势和规律的分析方法。

3. 独立分析与相关分析法

独立分析法是指运用某一项或几项指标对企业财务的某一特定方面进行解析和分析的方法。例如,利用资产负债率指标分析企业的长期偿债能力,利用流动比率、速动比率以及现金比率指标分析企业的短期偿债能力,利用资产报酬率指标分析企业的资产获利能力等,均属于独立分析法的范畴。相关分析法则是根据指标之间的内在关联,对企业财务各个方面进行相互联系地比较和分析,以便能相对综合地揭示企业财务的现状或趋势的分析方法。例如,为从市场变化方面揭示企业财务的趋势和前景,可将存货周转率与应收账款周转率联起来进行比较分析。相关分析是财务分析的一种主要分析方法,它有助于实现财务分析信息的"理性化"。

(二)财务分析的技术分析方法

财务分析的技术分析方法主要有比较分析法、比率分析法和因素分析法。

1. 比较分析法

比较分析法是指将同质指标进行比较,从对比中揭露差异,鉴别优劣的一种分析方法,它是财务分析中实施定量分析的基本方法。其分析模式是:

增减变动量=分析期某项指标实际数−基期同项指标实际数

增减变动率=绝对值变动量/基期同项指标实际数

分析模式中比较标准须根据不同比较目的确定:若比较目的在于检查财务预算完成情况,应以预算数为比较标准;若比较目的在于揭示指标在不同期间的变化趋势,应以各历史期间的实际数为比较标准;若比较目的在于揭示与其他企业或行业平均水平的差异,则应以所比较指标的其他企业或行业平均数为比较标准。

(1)水平比较分析法。在运用水平比较分析法时,我们必须注意指标的可比性,即用于比较的指标必须在性质、内容、计价基础、计算时间等方面口径一致,否则比较将会毫无意义。

(2)垂直比较分析。垂直比较分析与水平比较分析不同,它的基本点不是将企业报告期的分析数据直接与基期进行对比求出增减变动量和增减变动率,而是通过计算报表中各项目占总体的比重或结构,反映报表中的项目与总体关系情况及其变动情况。会计报表经过垂直分析法处理后,通常称为同度量报表,或称总体结构报表、共同比报表等,如同度量资产负债表、同度量损益表等。垂直分析的一般步骤是:

第一,确定报表中各项目占总额的比重或百分比。

第二,通过各项目的比重,分析各项目在企业经营中的重要性。一般项目比重越大,说明其重要程度越高,对总体的影响越大。

第三,将分析期各项目的比重与前期同项目比重对比,研究各项目的比重变动情况。也可将本企业报告期项目比重与同类企业的可比项目比重进行对比,研究本企业与同类企业的不同,以及成绩和存在的问题。

(3)趋势比较分析。趋势比较分析是根据企业连续几年或几个时期的分析资料,通过指数或完成率的计算,确定分析期各有关项目的变动情况和趋势的一种财务分析方法。趋势比较分析既可用于财务报表的整体分析,即研究一定时期报表各项目的变动趋势,也可对某些主要指标的发展趋势进行分析。趋势比较分析的一般步骤是:

第一,计算趋势比率或指数。通常指数的计算有两种方法,一是定基指数,二是环比指数。定基指数就是各个时期的指数都是以某一固定时期为基期来计算的。环比指数则是各个时期的指数以前一期为基期来计算的。趋势分析通常采用定基指数。

第二,根据指数计算结果,分析与判断企业各项指标的变动趋势及其合理性。

第三,预测未来的发展趋势。根据企业以前各期的变动情况,研究其变动趋势或规律,从而可预测出企业未来发展变动情况。

例7-1　某企业20×0—20×4年有关销售额、税后利润、每股收益及每股股利资料见表7-2:

表7-2　　　　　　　　　　　某企业20×0—20×4年有关信息资料表

单位:万元

	20×0	20×1	20×2	20×3	20×4
销售额	10 600	10 631	11 550	13 305	17 034
税后利润	923	332	374	1 178	1 397
每股收益	2.34	0.97	1.10	3.52	4.31
每股股利	1.60	1.62	1.63	1.71	1.90

根据表7-2的资料,运用趋势分析法可得出趋势分析表,见表7-3。

表7-3　　　　　　　　　　　　　　趋势分析表

单位:%

	20×0	20×1	20×2	20×3	20×4
销售额	100.0	100.3	109.0	125.5	160.7
税后利润	100.0	36.0	40.5	127.6	151.4
每股收益	100.0	38.2	43.3	138.6	169.7
每股股利	100.0	101.3	101.9	106.9	118.8

从趋势分析表可看出,该企业几年来的销售额和每股股利在逐年增长,特别是20×0年和20×1年增长较快;税后利润和每股收益在20×1年和20×2年有所下降,20×3年和20×4年有较大幅度增长;总体状况看,企业自20×0年以来,20×1年和20×2年的盈利状况有所下降,20×3年和20×4年各项指标完成得都比较好;从各指标之间的关系看,每股收益的平均增长速度最快,高于销售、利润和每股股息的平均增长速度。企业几年来的发展趋势说明,企业的经营状况和财务状况不断改善,如果这个趋势能保持下去,20×5年的状况也会较好。

2. 比率分析法

比率分析是财务分析的最基本、最重要的方法。正因为如此，有人甚至将财务分析与比率分析等同起来，认为财务分析就是比率分析。比率分析实质上是将影响财务状况的两个相关因素联系起来，通过计算比率，反映它们之间的关系，借以分析企业财务状况和经营状况的一种财务分析方法。比率分析以其简单、明了、可比性强等优点在财务分析实践中被广泛采用。

在比率分析中，分析师往往将比率进行各种各样的比较，如时间序列比较，横向比较和依据一些绝对标准比较。不同的比较有着不同的分析目的和作用。标准比率是进行比率分析比较中最常用的比较标准。标准比率的计算方法有三种：

（1）算术平均法。应用算术平均法计算标准比率，就是将若干相关企业同一比率指标相加，再除以企业数所得出的算术平均数。这里所说的相关企业根据分析分析范围而定。如进行行业分析比较，则相关企业为同行业内企业；如进行全国性分析比较，则相关企业为国内企业；而进行国际分析比较，则相关企业为国际范围内的企业。这种方法在计算平均数时，无法消除过高或过低比率对平均数的影响，影响比率标准的代表性。因此，有人在计算平均数时选择中间区域计算。这样计算的标准比率，显然更具有代表性。

（2）综合报表法。综合报表法是指将各企业报表中的构成某一比率的两个绝对数相加，然后根据两个绝对数总额计算的比率。这种方法考虑了企业规模等因素对比率指标的影响，但其代表性可能更差。

（3）中位数法。中位数法是指将相关企业的比率按高低顺序排列；然后再划出最低和最高的各25%，中间50%就为中位数比率，亦可将中位数再分为上中位数25%和下中位数25%；最后依据企业比率的位置进行分析。

虽然比率分析被认为是财务分析的最基本或最重要方法，但应用比率分析时必须了解它的不足：第一，比率的变动可能仅仅被解释为两个相关因素之间的变动；第二，很难综合反映比率与计算它的会计报表的联系；第三，比率给人们不保险的最终印象；第四，比率不能给人们关于会计报表关系的综合观点。

3. 因素分析法。

因素分析法是指为深入分析某一指标，而将该指标按构成因素进行分解，分别测定各因素变动对该项指标影响程度的一种分析方法。其作用在于揭示指标差异的成因，以便更深入、全面地理解和认识企业的财务状况及经营情况。

因素分析法的运用程序是：①确定指标实际数与标准数的差异；②确定指标的构成因素以及各因素之间的相互关系，并根据各因素的相互关系建立分析模型；③运用连环替代法或差额分析法计算各因素变动对指标差异的影响程度；④汇总各因素的影响，形成分析结论。可见，因素分析法是以比较分析法的运用为其前提和基础的，是对比较分析所定的指标差异的进一步解析。

因素分析是依据分析指标与其影响因素之间的关系，按照一定的程序和方法，确定各因素对分析指标差异影响程度的一种技术方法。因素分析是经济活动分析中最重要的方法之一,也是财务分析的方法之一。因素分析根据其分析特点可分为连环替代法和差额计算法两种。这里重点介绍连环替代法。

连环替代法是因素分析法的基本形式,有人甚至将连环替代法与因素分析法看成是同一概念。连环替代法的名称由其分析程序的特点决定的。为正确理解连环替代法,首先应明确连环替代法的一般程序或步骤。

连环替代法的程序由以下几个步骤组成:

(1)确定分析指标与其影响因素之间的关系。确定分析指标与其影响因素之间关系的方法,通常是用指标分解法,即将经济指标在计算公式的基础上进行分解或扩展,从而得出各影响因素与分析指标之间的关系式。如对于总资产报酬率指标,要确定它与影响因素之间的关系,可按下式进行分解:

总资产报酬率=资产产值率×产品销售率×销售利润率

分析指标与影响因素之间的关系式,既说明哪些因素影响分析指标,又说明这些因素与分析指标之间的关系及顺序。如上式中影响总资产报酬率的有总资产产值率、产品销售率和销售利润率三个因素;它们都与总资产报酬率成正比例关系;它们的排列顺序是,总资产产值率在先,其次是产品销售率,最后是销售利润率。

(2)根据分析指标的报告期数值与基期数值列出两个关系式,或指标体系,确定分析对象。如对于总资产报酬率而言,两个指标体系是:

基期总资产报酬率=基期资产产值率×基期产品销售率×基期销售利润率

实际总资产报酬率=实际资产产值率×实际产品销售率×实际销售利润率

分析对象=实际总资产报酬率−基期总资产报酬率

(3)连环顺序替代,计算替代结果。所谓连环顺序替代就是以基期指标体系为计算基础,用实际指标体系中的每一因素的实际数顺序地替代其相应的基期数,每次替代一个因素,替代后的因素被保留下来。计算替代结果,就是在每次替代后,按关系式计算其结果。有几个因素就替代几次,并相应确定计算结果。

(4)比较各因素的替代结果,确定各因素对分析指标的影响程度。比较替代结果是连环进行的,即将每次替代所计算的结果与这一因素被替代前的结果进行对比,两者的差额就是替代因素对分析对象的影响程度。

(5)检验分析结果。即将各因素对分析指标的影响额相加,其代数和应等于分析对象。如果两者相等,说明分析结果可能是正确的;如果两者不相等,则说明分析结果一定是错误的。

连环替代法的程序或步骤是紧密相连、缺一不可的,尤其是前四个步骤,任何一个步骤出现错误,都会出现错误结果。下面举例说明连环替代法的步骤和应用。

例 7-2　某企业 20×3 年和 20×4 年有关总资产报酬率、总资产产值率、产品销售率和销售利润率的资料,见表 7-4。

表 7-4

	20×3	20×4
总资产产值率	82	80
产品销售率	94	98
销售利润率	22	30
总资产报酬率	16.96	23.52

要求:分析各因素变动对总资产报酬率的影响程度。

①根据连环替代法的程序和上述对总资产报酬率的因素分解式,可得出:

实际指标体系:80%×98%×30% = 23.52%

基期指标体系:82%×94%×22% = 16.96%

分析对象是:23.52%-16.96% = 6.56%

②在此基础上,按照第三步骤的做法进行连环顺序替代,并计算每次替代后的结果:

基期指标体系:82%×94%×22% = 16.96%

替代第一因素:80%×94%×22% = 16.54%

替代第二因素:80%×98%×22% = 17.25%

替代第三因素:80%×98%×30% = 23.52%

(或实际指标体系)

③根据第四步骤,确定各因素对总资产报酬率的影响程度:

总资产产值率的影响:16.54%-16.96% = -0.42%

产品销售率的影响:17.25%-16.54% = +0.71%

销售利润率的影响:23.52%-17.25% = +6.27%

④最后检验分析结果:-0.42%+0.71%+6.27% = 6.56%

连环替代法,作为因素分析方法的主要形式,在实践中应用比较广泛。但是,在应用连环替代法的过程中必须注意以下几个问题:

(1)因素分解的相关性问题。所谓因素分解的相关性,是指分析指标与其影响因素之间必须真正相关,即有实际经济意义。各影响因素的变动确实能说明分析指标差异产生的原因。这就是说,经济意义上的因素分解与数学上的因素分解不同,不是在数学算式上相等就行,而要看经济意义。例如,将影响材料费用的因素分解为下面两个等式从数学上都是成立的:

材料费用=产品产量×单位产品材料费用

材料费用=工人人数×每人消耗材料费用

但是从经济意义上说,只有前一个因素分解式是正确的,后一因素分解式在经济上没有任何意义。因为工人人数和每人消耗材料费用到底是增加有利,还是减少有利无法从这个式子说清楚。当然,有经济意义的因素分解式并不是唯一的,一个经济指标从不同角度看,可分解为不同的有经济意义的因素分解式。这就需要我们在因素分解时,根据分析的目的和要求,确定合适的因素分解式,以找出分析指标变动的真正原因。

(2)分析前提的假定性。所谓分析前提的假定性是指分析某一因素对经济指标差异的影响时,必须假定其他因素不变,否则就不能分清各单一因素对分析对象的影响程度。但是实际上,有些因素对经济指标的影响是共同作用的结果,如果共同影响的因素越多,那么这种假定的准确性就越差,分析结果的准确性也就会降低。因此,在因素分解时,并非分解的因素越多越好,而应根据实际情况,具体问题具体分析,尽量减少对相互影响较大的因素再分解,使之与分析前提的假设基本相符。否则,因素分解过细,从表面看有利于分清原因和责任,但是在共同影响因素较多时,反而影响了分析结果的正确性。

(3)因素替代的顺序性。前面谈到,因素分解不仅要因素确定准确,而且因素排列顺序也不能交换,这里特别要强调的是不存在乘法交换律问题。因为分析前提假定性的原因,按不同顺序计算的结果是不同的。那么,如何确定正确的替代顺序呢? 这是一个理论上和实践中都没有很好解决的问题。传统的方法是依据数量指标在前,质量指标在后的原则进行排列;现在也有人提出依据重要性原则排列,即主要的影响因素排在前面,次要因素排在后面。但是无论何种排列方法,都缺少坚实的理论基础。正因为如此,许多人对连环替代法提出异议,并试图加以改善,但至今仍无人们公认的好的解决方法。一般地说,替代顺序在前的因素对经济指标影响的程度不受其他因素影响或影响较小,排列在后的因素中含有其他因素共同作用的成分。从这个角度看问题,为分清责任,将对分析指标影响较大的、并能明确责任的因素放在前面可能要好一些。

(4)顺序替代的连环性。连环性是指在确定各因素变动对分析对象影响时,都是将某因素替代后的结果与该因素替代前的结果对比,一环套一环。这样才既能保证各因素对分析对象影响结果的可分性,又便于检验分析结果的准确性。因为只有连环替代并确定各因素影响额,才能保证各因素对经济指标的影响之和与分析对象相等。

第二节　财务能力分析

财务能力分析主要是运用财务比率分析评价公司的偿债能力、营运能力、盈利能力和发展能力等。财务比率的计算固然重要,但更重要的是理解财务比率的含义及其所揭示的财务问题。为了说明财务指标的计算和分析方法,本章将使用 A 股份有限公司的财务报表数据(表 7-5 至表 7-7)作为举例。

表 7-5

资产负债表

编制单位：A 公司　　　　　　　　　　20×7 年 12 月 31 日　　　　　　　　　　单位：万元

资　　产	年末	年初	负债和所有者权益（或股东权益）	年末	年初
流动资产：			流动负债：		
货币资金	406 077	278 626	短期借款		
交易性金融资产	809	888	交易性金融负债		
应收票据	52 394	66 972	应付票据		
应收账款	679	626	应付账款	3 031	3 630
预付账款	762	285	预收账款	71 159	34 597
应收利息	4 322	2 390	应付职工薪酬	19 336	21 689
应收股利			应交税费	94 173	136 745
其他应收款	2 759	2 506	应付利息		
存货	180 587	150 802	应付股利		
一年内到期的非流动资产			其他应付款	6 593	6 984
其他流动资产			一年内到期的非流动负债		
流动资产合计	648 389	503 094	其他流动负债		
非流动资产：			流动负债合计	194 291	203 646
可供出售金融资产			非流动负债：		
持有至到期投资			长期借款		
长期应收款			应付债券		
长期股权投资	2 639	2 639	长期应付款	250	250
投资性房地产			专项应付款		
固定资产	467 066	519 391	预计负债		
在建工程	32 290	1 818	递延所得税负债		6
工程物资			其他非流动负债		
固定资产清理			非流动负债合计	250	256
生产性生物资产			负债合计	194 541	203 902
油气资产			所有者权益（或股东权益）：		
无形资产	6 249	6 407	实收资本（或股本）	379 597	271 140
研发支出			资本公积	95 320	95 320
商誉			减：库存股		
长期待摊费用		82	盈余公积	180 374	165 671
递延所得税资产	532	584	未分配利润	301 647	294 183
非流动资产合计	508 776	530 921	少数股东权益	5 686	3 799
其他非流动资产			所有者权益（或股东权益）合计	962 624	830 114
资产总计	1 157 165	1 034 015	负债和所有者权益（或股东权益）总计	1 157 165	1 034 015

表 7-6 利润表

编制单位:A 公司 20×7 年 12 月 31 日 单位:万元

	本年金额	上年金额
一、营业收入	732 856	739 701
减:营业成本	337 798	349 400
营业税金及附加	58 263	68 632
销售费用	78 276	100 529
管理费用	49 794	47 834
财务费用	-9 223	-5 050
资产减值损失	-93	-643
加:公允价值变动收益 (损失以"-"号填列)	-19	252
投资收益(损失以"-"号填列)	320	272
其中:对联营企业和合营企业的投资收益	-	-57
二、营业利润	218 342	179 522
加:营业外收入	189	91
减:营业外支出	696	1 022
其中:非流动资产处置净损失	58	158
三、利润总额	217 835	178 591
减:所得税费用	70 556	60 930
四、净利润	147 278	117 661
归属于母公司所有者的净利润	146 892	116 735
少数股东损益	386	926

表 7-7 现金流量表

编制单位:A 公司 20×7 年 12 月 31 日 单位:万元

项 目	金额
一、经营活动产生的现金流量:	
销售商品、提供劳务收到的现金	907 798
收到的税费返还	-

表 7-7（续）

项　目	金额
收到其他与经营活动有关的现金	7 420
经营活动现金流入小计	915 218
购买商品、接受劳务支付的现金	318 699
支付给职工以及为职工支付的现金	69 219
支付的各项税费	255 150
支付其他与经营活动有关的现金	105 595
经营活动现金流出小计	748 663
经营活动产生的现金流量净额	166 555
二、投资活动产生的现金流量：	—
收回投资收到的现金	60
取得投资收益收到的现金	339
处置固定资产、无形资产和其他长期资产收回的现金净额	146
处置子公司及其他营业单位收到的现金净额	—
收到其他与投资活动有关的现金	—
投资活动现金流入小计	545
购建固定资产、无形资产和其他长期资产支付的现金	24 881
投资支付的现金	—
取得子公司及其他营业单位支付的现金净额	—
支付其他与投资活动有关的现金	—
投资活动现金流出小计	24 881
投资活动产生的现金流量净额	−24 335
三、筹资活动产生的现金流量：	—
吸收投资收到的现金	1 500
其中：子公司吸收少数股东投资所收到的现金	1 500
取得借款收到的现金	—
收到其他与筹资活动有关的现金	—
筹资活动现金流入小计	1 500

表7-7(续)

项　目	金额
偿还债务支付的现金	-
分配股利、利润或偿付利息支付的现金	16 268
其中:子公司支付少数股东股利	-
支付其他与筹资活动有关的现金	-
筹资活动现金流出小计	16 268
筹资活动产生的现金流量净额	-14 768
四、汇率变动对现金及现金等价物的影响	-
五、现金及现金等价物净增加额	127 451
加:期初现金及现金等价物余额	278 626
六、期末现金及现金等价物余额	406 077

一、偿债能力分析

偿债能力是指企业偿还到期债务的能力,包括短期偿债能力和长期偿债能力。

(一)短期偿债能力比率及其评价

短期偿债能力是指企业对一年内到期债务的清偿能力,由于企业到期债务一般均应以现金清偿,因此,短期偿债能力本质是一种资产变现能力。

1. 流动比率

流动比率是指企业在一定时点(通常为期末,下同)的流动资产对流动负债的比率。

流动比率=流动资产/流动负债

该项比率从流动资产对流动负债的保障程度的角度说明企业的短期偿债能力。其值愈高,表明企业流动资产对流动负债的保障程度愈高,企业的短期偿债能力愈强;否则反之。但从优化资本结构和提高资本金利用效率方面考虑,该比率值并非愈高愈好,因为比率值过高,可能表明企业的资本金利用效率低下,不利于企业的经营发展。该指标的国际公认标准为2。

例7-3　根据A公司的资料,该公司20×7年的流动比率计算如下:

$$年初流动比率=\frac{503\ 094}{203\ 646}=2.47$$

$$年末流动比率=\frac{648\ 389}{194\ 291}=3.34$$

2. 速动比率

速动比率是指企业一定时点的速动资产(扣除存货后的流动资产)对流动负债的

比率。

速动比率＝（流动资产−存货）÷流动负债

该比率是从速动资产对流动负债的保障程度的角度说明企业的短期偿债能力。其值愈高，表明企业速动资产对流动负债的保障程度愈高，企业的短期偿债能力愈强；否则，反之。该指标的国际公认标准为1。

例7-4　根据A公司的资料，该公司20×7年的速动比率计算如下：

$$年初速动比率 = \frac{503\ 094 - 150\ 802}{203\ 646} = 1.73$$

$$年末速动比率 = \frac{648\ 389 - 180\ 587}{194\ 291} = 2.41$$

在计算速动比率时，之所以将存货从流动资产中剔除，原因在于存货相对于其他流动资产项目来说，不仅变现速度慢，而且可能由于积压、变质以及抵押等原因，而使其变现金额具有不确定性，甚至无法变现。在这种情况下，以剔除存货的流动资产计算速动比率，更能真实地反映企业短期偿债能力。事实上，除存货项目外，还有一些流动资产项目的变现速度也比较慢，甚至不能变现，如预付账款等，因此，为使反映短期偿债能力的财务比率更为可信，这些项目也应从流动资产中扣除，再据以计算保守速动比率。

$$保守速动比率 = \frac{流动资产 - 存货 - 预付账款}{流动负债} \times 100\%$$

$$= \frac{现金 + 短期证券 + 应收账款净额}{流动负债} \times 100\%$$

3. 现金比率

现金比率是指企业在一定时点的现金资产（现金及现金等价物）对流动负债的比率。

$$现金比率 = \frac{货币资金 + 交易性金融资产}{流动负债} \times 100\%$$

现金比率反映企业的即时付现能力，就是随时可以还债的能力。企业保持一定的合理的现金比率是很必要的。现金比率与速动比率一样，可用于进一步补充流动比率指标分析。在测试企业短期偿债能力方面，现金比率比速动比率更为严格。但是，值得注意的是，在企业所有资产类项目中，只有现金资产是一种非获利性资产（或非盈利性资产），企业过多地储备现金或银行活期存款，实际上意味着企业已经失去了正在失去这些资金用于其他项目可获得的盈利。这不仅会给企业带来较高的资金的机会成本，也同时意味着企业盈利能力在未来的下降。因此，一般情况下，企业都会尽量减少现金余额，即保持较低的现金比率。但是，另一方面，保持合理的现金比率，对企业又是至关重要，合理的现金储备及比率，不仅可以使企业有效把握未来获利机会，也是企业偿债时支付的有效手段。因此，企业的现金比率应维持在什么水平，主要应视企业的经营战略和当期的财务状况和经营活动规模而定，并力求全面考虑。

例 7-5 根据 A 公司的资料,该公司 20×7 年的现金比率计算如下:

$$年初现金比率=\frac{278\ 626+888}{203\ 646}=1.37$$

$$年末现金比率=\frac{406\ 077+809}{194\ 291}=2.09$$

4. 现金流动负债比率

现金流动负债比率是指企业在一定期间的经营现金净流量对期末流动负债的比率,表明每 1 元流动负债的经营现金流量保障程度,从现金流量角度来反映企业当期偿付短期负债的能力。其计算公式为:

现金流动负债比率=年经营现金净流量/年末流动负债×100%

该比率是从动态现金支付能力的角度说明企业的短期偿债能力,其值愈高,表明企业的短期偿债能力愈强。但该比率值也并非愈高愈好,因为比率值过高,可能表明企业流动资金的利用不充分,影响收益能力。因此,对该比率的评价应结合企业的现金流转效率与效益分析。

例 7-6 根据 A 公司的资料,该公司 20×8 年的现金流动负债比率计算如下:

$$现金流动负债比率=\frac{166\ 555}{194\ 291}×100\%=86\%$$

上述指标分别用于从不同角度说明企业的短期偿债能力,它们相互联系,相辅相成,共同构成了较为完善的短期偿债能力评价指标体系。

5. 短期偿债能力评价应注意的问题

(1)联系会计政策分析。会计政策是指会计核算所依据的具体会计原则以及企业所采用的具体会计处理方法。企业对相关项目(主要指流动资产项目)运用的会计政策不同,其核算结果也就不同,进而会影响到企业的短期偿债能力指标。一般而言,短期偿债能力评价应考虑的相关会计政策主要有短期投资的期末计价方法、应收账款的计量方法和存货计价方法等。

(2)联系资产质量分析。与短期偿债能力评价相关的资产质量问题,主要包括应收款项的可变现性及其潜在损失风险,存货的可变现性及其价值变动状况,以及短期投资的可变现情况等。从理论上分析,资产变现能力强,损失风险小,表明其质量状况优良,短期偿债能力也相应较强,在这种情况下,根据财务报表数据所计算的短期偿债能力指标较为客观可靠;反之,若资产的变现能力差,价值变动及损失风险大,表明其质量状况不佳,短期偿债能力也将因此下降,在这种情况下,根据财务报表数据计算的短期偿债能力指标将可能被高估。

近年来随着新会计制度有关计提资产跌价、减值准备等规定的执行,企业的财务报告数据能够较为真实、客观地反映资产的实际价值,从而使按财务报告数据计算的短期偿债能力基本上能够反映这一财务能力的实际状况。但也不排除某些企业出于某种目的(如获得配股资格、免入"ST"行列、完成任期经营目标或责任、对外举借债务等），而脱离企业资产质量的客观状况，人为地多提或少提损失准备，以实现利润调节。具体说，在评价企业短期偿债能力时，有以下两个方面需评价者予以透视和警觉：

第一，是否存在有意压低损失计提比例，少提或不提损失准备。这种现象一般可能存在于以下几种情况的企业：①在"ST"的"悬崖"边徘徊的上市公司。这些公司为防步入"ST"，或者为免遭摘牌，会想方设法地实现其扭亏目标，其中一个重要方面就是充分利用计提损失准备这一利润"调节器"，有意压低损失计提比例，少提或不提损失准备。②净资产利润率等于或略高于上市或配股所要求的利润率水平的企业。这些企业可能存在为实现配股或上市目的，而当来源于经营及其他方面的利润不足于配股所要求的净资产利润率时，通过少提或不提损失准备的办法调高利润的情况。③实际利润等于或略高于目标利润或责任利润的企业。这些企业可能存在为完成经营责任书所赋予的利润目标，而当经营及其他方面来源的利润不足目标要求时，通过少提或不提损失准备来调高利润的情况。

第二，是否存在有意提高损失计提比例，不适当地多提损失准备。这种情况一般可能存在于以下几种情况的企业：①当年发生巨额亏损的企业。对于这类企业来说，由于亏损已成定局，加之亏损较大，难以通过不提或少提损失准备来实现扭亏为盈。在这种情况下，其管理人员可能会抱着"要亏就亏个够"的想法，不适当地多提损失准备。②发生大额或巨额追溯调整的企业。这类企业往往当年有利润，甚至利润率较高，但为了确保实现以后年度的盈利目标，可能会充分利用制度规定中的追溯调整条款，不适当地多提损失准备，并实施高额追溯，以便于以后某一年度利润不足时，通过冲减损失准备的办法来调高利润。③当年更换经营班子或主要管理人员的企业。对于这类企业来说，其新的经营班子或主要管理人员为实现其任期内的利润目标（如扭亏为盈或某一规定的利润率指标），可能会在上任的当年不适当地多提损失准备或对以前年度进行高额追溯调整，以便为以后年度的利润调整搞好基础。

（3）联系流动资产周转性分析。资产周转率不仅用于衡量企业资产的营运能力和管理效率，而且也能说明企业资产的变现能力。由于资产变现能力又影响和决定着企业的短期偿债能力，因此在评价企业短期偿债能力时，必须联系资产周转率分析。又由于短期偿债能力评价主要是考察特定流动资产与流动负债的相对关系，因此在分析资产周转性对短期偿债能力的影响时，也应主要从特定流动资产周转率方面考察。考察流动资产周转性对短期偿债能力评价的意义主要在于以下两个方面：

一是对流动比率进行动态评价的需要。流动比率是流动资产对流动负债的比率，用于从流动资产对流动负债的保障程度的角度来说明公司的短期偿债能力。在现行财务评价中，由于据以计算流动比率的流动资产和流动负债均是某一时点上的静态数据，因而使所计算的结果也只能反映某一时点上公司流动资产和流动负债的数量相对状况，即只能说明流动资产对流动负债的静态保障程度，而不能揭示这种保障程度的动态变化和预期状况。事实上，由于企业经营的动态性和持续性以及偿债的时间预期性等原因，决定了流动比率的动态揭示相对于静态评价更有意义。一方面，由于企业经营的动态性和持续性决定了企业资产无论在存在形态上,还是在价值量上,均会不断发生变化,从而使得某一时点的资产存量未必能代表未来时日的债务保障程度;另一方面,由于偿债的时间预期性决定了对流动比率的考察不应只着眼于现时状况,而应重点关注其变化趋势和预期状况,即对流动比率的变化进行动态评价和揭示。

要有效地对流动比率进行动态评价,必须关注流动资产的周转状况,因为流动资产周转状况不仅决定着流动资产的变现能力,而且决定着流动资产的价值变化,进而决定着流动比率指标的变化。为便于充分说明,我们在此构建动态流动比率指标,并设:动态流动比率为 Q,企业期初流动资产为 f_0,流动负债为 g_0,期初至某一时点(可以是任一时点)的流动资产周转次数为 n,每次周转的流动资产平均利润率为 r,流动负债的平均利息率为 r',同一期间的计息期数为 n'。则有:

$$Q = f_0 \times (1+r)^n / g_0 \times (1+r')^{n'}$$

可见,对于盈利性企业来说,当其他因素确定时,流动资产周转率(n)愈高,动态流动比率也就愈高,表明流动资产对流动负债保障程度的动态趋势愈好,否则反之。而对经营亏损的企业来说,情况则完全相反,即流动资产周转率愈高,动态流动比率将会愈低,表明流动资产对流动负债的动态保障程度愈差。

二是对现金支付能力进行动态评价的需要。由于企业到期债务在正常情况下是以现金来清偿的,因此,评价企业短期偿债能力从某种意义上说就是评价企业的现金支付能力。前述的短期偿债能力指标体系中,用于评价现金支付能力的指标主要是现金比率和现金流量比率两项,其中,现金比率是从静态的角度说明公司的现金支付能力,与上述对流动比率的分析一样,由于在持续经营过程中,公司的资产存在形态会不断变化,使得一定时点的现金存量未必能代表债务到期日的支付能力;现金流量比率尽管是从动态的角度说明现金支付能力,但由于这里的现金流量是过去一定期间的既定数据,它本身不能说明这一既定现金流量的成因以及公司获取现金流入的能力,因而也就无法据以揭示现金流量的预期趋势和对现金支付能力进行动态评价。我们认为,根据经营决定财务的逻辑关系,要能合理揭示现金流量的预期趋势,并对现金支付能力进行动态评价,关键在于联系资产周转状况,分析资产周转率与经营现金净流量之间的因果关系。

资产周转率与经营现金净流量之间的因果关系大致可表述为:当流动资产每次周转的现金净流量一定时,流动资产周转率愈高,一定期间的现金净流量就将愈多。为便于说明,不妨将这种因果关系简单地抽象如下:

一定期间的现金净流量=流动资产每次周转的平均现金净流量×流动资产周转率(次数)

可见,当每次周转的现金净流量为净流入时,流动资产周转率愈高,一定期间的现金净流入就将愈多,动态现金支付能力也将因此愈强;反之,当每次周转的现金净流量为净流出时,流动资产周转率愈高,一定期间的现金净流出就将愈大,动态现金支付能力也将因此愈弱。

需加指出的是,上述公式所依据的基本前提是假定每次周转的现金净流量都简单地积累起来,而不相应追加或缩减下一次周转的现金流出规模,即假定作为每次周转起点的现金流出在金额上是固定的。而事实上,公司每次周转的现金流出规模往往会随上一次周转的现金流量情况而变化,即当上一次周转为现金净流入时,下一次周转的现金流出规模将会随之扩大;反之,当上一次周转为现金净流出时,下一次周转的现金流出规模将会随之缩减。在这种情况下,一定期间的现金净流量显然不能按上式确定。为便于说明这种情况下一定期间现金净挣流量的计算,现设某公司在某年度流动资产第一次周转的现金流出为1 000万元,每次周转的净现金流入额为该次周转现金流出额的10%,每次周转所获现金净流入全部用于追加下一次周转的现金流出,该年度的流动资产周转率为3次。则各次周转的现金净流入可计算如下:

第一次周转的现金净流入 = 1 000×10% = 100(万元)

第二次周转的现金净流入 = (1 000+100)×10%

$$= (1\ 000+1\ 000×10\%)×10\%$$
$$= 1\ 000×(1+10\%)×10\%$$
$$= 110(万元)$$

第三次周转的现金净流入 = (1 100+110)×10%

$$= [\ 1\ 000×(1+10\%)+(1\ 000+1\ 000×10\%)×10\%\ ]×10\%$$
$$= [\ 1\ 000×(1+10\%)+1\ 000(1+10\%)×10\%\ ]×10\%$$
$$= 1\ 000(1+10\%)(1+10\%)×10\%$$
$$= 1\ 000×(1+10\%)^2×10\%$$
$$= 121(万元)$$

由于该公司全年度流动资产周转率为3次,因此,上述所计算的第三次周转的现金净流入即为全年综合现金净流入。

一般来说,设一定期间流动资产的周转次数为n,第一次周转的现金流出为k,每次周转的净现金流入量占该次周转现金流出的比例为a,期间综合净现金流量为E,则有:

$$E = k×a×(1+a)^{n-1}$$

可见,当其他因素(k和a)确定时,流动资产周转率(n)愈大,所计算的综合现金净流量(E)的绝对值也就愈大,否则反之。这就充分证实了前述的资产周转率与经营现金净流量之间的因果关系。需进一步说明的是,这里的a可能为正值,也可能为负值。当经营现金净流量为净流入时,a为正值,据以计算的综合现金净流量愈大,表明公司的动态现金支付能力愈强;当经营现金净流量为净流出时,a为负值,据以计算的综合现金净流量的绝对值愈大,表明公司的动态现金支付能力愈弱。

(二)长期偿债能力分析

长期偿债能力,是指公司清偿长期债务(期限在一年或一个营业周期以上的债务)的能力。用于分析长期偿债能力的基本财务指标主要有资产负债率和利息保障倍数两项。

1. 资产负债率

资产负债率是指企业在一定时点(能常为期末)的负债总额对资产总额的比率,或者说负债总额占资产总额的百分比。

资产负债率＝负债总额÷资产总额×100%

该比率是从总资产对总负债的保障程度的角度来说明企业的长期偿债能力,一般情况下,资产负债率越小,表明企业资产对负债的保障程度愈高,企业的长期偿债能力愈强。但是,也并非说该指标对谁都是越小越好。对债权人来说,该指标越小越好,这样企业偿债能力越有保证。从企业所有者来说,如果该指标较大,说明利用较少的自有资本投资形成了较多的生产经营用资产,不仅扩大了生产规模经营,而且在经营状况良好的情况下,还可以利用财务杠杆的原理,得到较多的投资利润;如果该指标过小则表明企业对财务杠杆利用不够。但资产负债率过大,则表明企业的债务负担重,企业资金实力不强,不仅对债权人不利,而且企业有濒临倒闭的危险。此外,企业的长期偿债能力与盈利比率密切相关,因此企业的经营决策者应当将偿债能力指标(风险)与盈利能力指标(收益)结合起来分析,予以平衡考虑。保守的观点认为资产负债率不应高于50%,而国际上通常认为资产负债率等于60%较为适当。

例7-7　根据 A 公司的资料,该公司 20×7 年的资产负债率计算如下:

$$年初资产负债率=\frac{203\ 902}{1\ 034\ 015}\times100\%=19.72\%$$

$$年末资产负债率=\frac{194\ 541}{1\ 157\ 165}\times100\%=16.81\%$$

具体对该比率的认识和运用须把握以下几点:

(1)公式中的负债总额不仅包括长期负债,还包括短期负债。这是因为就单个短期负债项目看,可以认为它与长期性资产来源无关,但若将短期负债作为一个整体,企业却总是长期地占用着,因此,可视其为企业长期性资本来源的一部分。例如,一个应付账款明细科目可能是短期性的,但从持续经营的过程看,企业总是会长期性地保持一个相对稳定的应付账款余额,这部分余额无疑可视为企业的长期性资产米源。

(2)在利用合并资产负债表计算资产负债率时,对于分子是否包括少数股东权益,目前有不同的主张:一种观点认为不应将少数股东权益纳入分子计算,理由是少数股东权益并非将来需偿还债务;另一种观点认为应将少数股东权益纳入分子计算,理由是少数股东权益也是企业的外部筹资,尽管其本身不属负债,但却具有负债的性质。我们认为,少数股东权益是否定纳入资产负债率的分子计算,主要取决于合并报表所依据合并理论。

目前,编制合并会计报表所依据的合并理论主要有母公司理论和主体理论,当依据母公司理论编制合并财务报表时,合并资产负债表中的股东权益仅是反映母公司股东的权益,而不包括少数股东的权益,少数股东权益则在负债与股东权益之间单独列示。由于少数股权所享受的净收益在编制合并报表时,须从合并净收益中扣除(视为费用处理),并且,内部销售收入的抵消处理只抵消多数股权的份额,少数股权的份额则视为已实现收入,因而相对于母公司股东权益来说,少数股东权益更具有负债性质,在这种情况下,根据合并资产负债表计算资产负债率时,无疑应将少数股东权益纳入分子计算。而当依据主体理论编制合并财务报表时,合并资产负债表中的股东权益既包括母公司股东的权益,也包括少数股东的权益,且少数股权所享受的净收益包含在合并损益表的合并净收益中,在这种情况下,根据合并资产负债表计算资产负债率时,无疑不应将少数股东权益视为负债纳入分子计算。

从实务上看,目前英、美等国的会计原则以及国际会计准则所采用的合并理论基本上是母公司理论,我国《合并会计报表暂行规定》中所采用的合并理论也是母公司理论。有鉴于此,可将资产负债率的计算模式重述为:

资产负债率=(负债总额+少数股东权益)/资产总额×100%

(3)企业利益主体的身份不同,看待该项指标的立场也就不同。具体地说:①从债权人的立场看,他们所关心的是贷款的安全程度,即能否按期足额地收回贷款本金和利息,至于其贷款能给企业股东带来多少利益,在他们看来则是无关紧要的。由于资产负债率与贷款安全程度具有反向线性关系,即资产负债率高,其贷款的安全程度低,反之,资产负债率低,则贷款的安全程度高,因此,作为企业债权人,他们总是希望企业的资产负债率越低越好。②从股东的立场看,他们所关心的主要是举债的财务杠杆效益,即全部资本收益率是否高于借入资本的利息率。若全部资本的收益率高于借入资本利息率,则举债愈多,企业收益也就愈多,股东可望获得的利益相应也就愈大;反之,若全部资本的收益率低于借入资本利息率,则举债愈多,企业损失就会愈大,股东因此导致亏蚀也相应愈大。可见,从股东方面看,当全部资本收益率高于借款利率时,资产负债率愈大愈好;否则反之。③从经营者的立场看,他们所关心的通常是如何实现收益与风险的最佳组合,即以适度的风险获取最大的收益。在他们看来,若负债规模过大,资产负债率过高,将会给人以财务状况不佳,融资空间和发展潜力有限的评价;反之,若负债规模过小,资产负债率过低,又会给人以经营者缺乏风险意识,对企业发展前途信心不足的感觉。因此,他们在利用资产负债率进行借入资本决策时,将会全面考虑和充分预计负债经营的收益和风险,并在两者之间权衡利弊得失,以求实现收益和风险的最佳组合。

(4)在对该项比率的适度性进行评价时,应结合以下几个方面分析:①结合营业周期分析。营业周期是指从取得存货开始到销售存货并收回现金为止的这段时间,它包括存货周转天数和应收账款周转天数两个部分。相对而言,营业周期短的企业(如商业企业等),其资产周转快、变现能力强。而且营业周期短使得特定数量的资产在一定期间的获利机会多,当其他条件确定时,企业一定期间的利润总额必然增加,进而使企业流动资产和股东权益额相应增加。因此,这类企业可适当扩大负债规模,维持较高的资产负债率。相反,对于营业周期长的企业(如房地产企业等),其存货周转慢,变现能力差,获利机会少,因此,负债比率不宜过高,否则将会影响到期债务的清偿。②结合资产构成分析。这里的资产构成是指在企业资产总额中流动资产与固定及长期资产各自所占的比例。相对而言,资产总额中流动资产所占比重人的企业,其短期偿债能力较强,不能支付到期债务的风险较小,因此,这类企业的资产负债率可适当高些;相反,资产总额中固定及长期资产所占比重大的企业,其流动比率低,短期偿债能力较差,不能支付到期债务的风险较大,从而决定了这类企业的资产负债率不宜过高。结合各主要行业分析,商业企业的总资产中存货所占比重相对较大,而且其存货的周转一般也快于其他行业,因此,其资产负债率可适当高过其他行业;工业企业相对于其他行业而言,资产总额中固定及长期资产所占比重较大(特别是技术密集型企业),因而其资产负债率不宜维持过高;再从房地产行业看,虽然其资产总额中存货所占比例较大,但因其生产周期长,存货周转慢,资产负债也不宜过高。③结合企业经营状况分析。当企业经营处于兴旺时期,其资本利润率不仅高于市场利率,而且也往往高于同行业的平均利润率水平。这种情况下,债务本息的按期清偿一般不会发生困难,债权投资的风险较小,对于企业来说,也有必要借助负债经营的杠杆作用增加企业盈利。因此,处于兴旺时期的企业可适当扩大举债规模,维持较高的资产负债率。相反,若企业的经营状况不佳,资本利润率低于同行业平均利润率水平,特别是当负债经营的收益不足抵偿负债成本时,债务本息的清偿将会发生困难,债权投资的风险较大,对企业来说,此时举债愈多,损失就会愈大。因此,对于经营状况不佳的企业,应控制负债规模,降低资产负债率。④结合客观经济环境分析。首先,结合市场利率分析。一般而言,当市场贷款利率较低或预计贷款利率将上升时,企业可适当扩大负债规模。具体说,目前贷款利率低意味着举债成本低,企业除维持正常经营所必需的负债规模外,还可以举借新债来偿还旧债,以减少过去负债的利息;而在预计贷款利率上升的情况下扩大举债规模,则可以减少未来负债的利息开支。当市场利率较高或预计贷款利率将下降时,企业不仅不宜扩大举债规模,相反应缩减负债规模,以降低未来的负债成本。其次,结合通货膨胀缩情况分析。在持续通货膨胀或预计物价上涨的情况下,可适当扩大负债规模,因为此时举债能为企业带来购买力利得;相反,在通货紧缩或预计物价下跌的情况下,应控制甚至缩减负债规模,因为此时负债会给企业造成购买力损失。⑤结合企业的会计政策、资产质量等进行分析。与短期偿债能力分析一样,长期偿债能力同样应考虑企业采用的会计政策和资产的质量状况,只不过对长期偿债能力而言,除需要考虑有关流动资产的会计政策和质量状况外,更主要的是应考虑各项长期资产(如固定资产、长期资产、无形资产等)的会计政策选择和质量状况。

2. 已获利息倍数

已获利息倍数是指企业息前税前利润对利息费用的比率。

已获利息倍数=息前税前利润/利息费用

=(利润总额+利息费用)/利息费用

该比率反映企业息前税前利润为所需支付利息的多少倍,用于衡量企业偿付借款利息的能力。相对而言,该比率值愈高,表明企业的付息能力愈强,否则反之。

具体对该指标的认识和运用须把握以下几点:

(1)计算该项比率时,公式中的"利润总额"不包括非常损益及会计政策变更的累积影响等项目,因为这些项目的损益与公司的正常经营无关,且不属于经常性项目,将它们与利息费用比较,能够说明两者相对关系的现状,但却不能借助这种"相对关系"的动态比较来说明其变化规律和未来趋势。而作为一种能力评价,特别是偿债能力评价,揭示预期趋势恰恰是至关重要的。

(2)公式中的"利润总额"不应包括按权益法核算长期股权投资所确认的投资收益。因为在权益法下,投资收益是按权责发生制确认的,所确认的投资收益能否获得相应的现金流入,取决于被投资企业的利润分配政策、预期盈亏状况、现金流量状况以及企业发展对现金的需求等诸多因素,具有高度的不确定性。这表明无论从短期看,还是从长期看,按权责发生制确认的投资收益不能代表企业的实际现金流量,从而也就不能构成企业的现金支付能力。在这种情况下,若将该投资收益纳入利润总额计算付息能力,将会导致付息能力的高估。

(3)在以合并利润表为依据计算该项比率时,公式中的"利润总额"不应剔除少数股权收益,因为一方面,合并利润表中的利息费用包含了合并子公司的所有应予期间化的利息费用,而没有区分母公司和少数股东分别应承担的份额,在这种情况下,若以扣除少数股权收益后的利润计算,就会低估公司的付息能力;另一方面,少数股权收益尽管对母公司来说视为一项费用,但却是子公司税后净利分配所形成的,其实质是税后净利的一个组成部分。由于税后净利在计算过程中,已全额抵减了应予期间化的利息费用,表明子公司少数股权也承担着与母公司相同的利息支付义务。并且,子公司的利息费用愈多,其净利润就越少,少数股权收益也会相应愈少。少数股权收益与利息费用的这种内在数量关系决定了在计算理想保障倍数时,应将少数股权收益包含于"利润总额"中。

(4)公式中的"利息费用"不仅包括计入当期财务费用的利息费用,而且还应包括资本化的利息,因为利息作为企业对债权人的一项偿付义务,其性质并不因为企业的会计处理不同而变更。也就是说,无论是计入财务费用的利息,还是包括在长期资产价值中的利息,到期均须企业偿付,并且在正常情况下,这种偿付的资金来源不是现实的存量资产,而是与经营利润相对应的增量资产。

(5)长期经营性租赁在性质上是一种长期筹资,其租赁费用尽管在会计上不作利息费用处理,但却具有利息费用的性质,即需要根据租赁期的长短确定租赁费用的多少,并定期或到期一次支付。因此,在计算利息保障倍数时,将租赁费用纳入"利息费用"计算,将会使计算结果更符合实际状况。

(6)从长远看,该比率的值至少应大于1(国际上的公认标准为3),也就是说,企业只有在税前、息前利润至少能够偿付债务利息的情况下,才具有负债的可行性,否则就不宜举债经营。但在短期内，即使企业该比率的值低于1，也可能仍有能力支付利息，因为用于计算的某些费用项目不需要在当期支付现金，如折旧费、摊销费等，这些非付现却能从当期的销售收入中获得补偿的费用，是一种短期的营业现金流入，可用于支付利息。然而这种支付是暂时的，随着时间的推移，企业如果不能改观其获利状况或缩减负债规模，则当计提折旧、摊销的资产须重置时，势必会发生支付困难。因此，从长期看，企业应连续比较多个会计年度（国外一般选择5年以上）的利息保障倍数，以说明企业付息能力的稳定性。

上述资产负债率和利息保障倍数是评价公司长期偿债能力的两项基本指标，其中，资产负债率是以资产负债表资料为依据，用于从静态方面评价企业的长期偿债能力，利息保障倍数，则是以利润表资料为依据，用于从动态方面评价企业的长期偿债能力。除此之外，还可构建和运用其他一些长期偿债能力指标，如长期资产对长期负债的比率、长期资本对长期负债的比率、负债总额对股东权益总额的比率、负债总额对有形净资产的比率等等。这些指标均可作为资产负债率指标的辅助性指标，据以从某一特定方而来评价企业的长期偿债能力。

（三）长期偿债能力与短期偿债能力的联系和区别

以上分别讨论了短期偿债能力和长期偿债能力，以下就这两种偿债能力的联系和区别进行分析。

1. 长期偿债能力与短期偿债能力的联系

（1）两者都是从特定资产与特定负债的相对关系的角度揭示企业的财务风险。

首先，无论是短期偿债能力，还是长期偿债能力，反映在财务指标上，均是特定资产与特定负债的比较，尽管纳入比较的资产和负债在范围上有所不同，但就反映资产对负债的相对关系这一点是相同的。

其次，无论是短期偿债能力，还是长期偿债能力，均是与企业财务风险相关的财务范畴。所谓财务风险，可以从狭义和广义两种方向理解，狭义的财务风险是指由资本结构所引起的收益变动风险，这也是一般意义上的财务风险，它通常是以财务杠杆系数来衡量。广义的财务风险则除包括狭义上的财务风险外，还包括由负债所引起的破产风险，这是最高层次的财务风险。从各国法律所规定的破产标准看，主要有两个方面：一是支付不能，即不能支付到期债务；二是资不抵债，即资产总额低于负债总额，或者说所有者权益为负数。其中，前者说明的是短期偿债能力问题，而后者则属长期偿债能力问题，因此说短期偿债能力与长期偿债能力均是与企业财务风险相关的财务范畴。

（2）两者在指标值方面存在着相互影响、相互转化的关系。

首先，企业各种长、短期债务在一定程度上只是一种静态的划分，随着时间的推移，长期负债总会变成短期负债，而部分短期负债又可为公司长期占用。这样，在资产结构及负债规模一定的情况下，当企业长期负债转化为短期负债时，就会导致流动比率、速动比率等指标值下降（短期偿债能力减弱），反之则相反。

其次，在长期借款取得的初期，大多以现金的形式存在，这样，随着长期借款的借入,将会导致长期资产对长期负债比率下降的同时,流动比率、速动比率以及现金比率等短期偿债能力指标上升,即指标所反映的长期偿债能力下降,而短期偿债能力增强。

（3）两者从根本上说,都受制于企业的经营能力。

无论是短期偿债能力,还是长期偿债能力,均是与企业的经营能力息息相关。经营能力强,表明资产周转快,这一方面意味着资产的变现能力强,从而能使企业维持较强的动态支付能力（短期偿债能力）,另一方面,资产周转快,能使特定数量的资产在一定期间的盈利机会增多,经营利润增大,这样,在利润资本化程度一定的情况下,必将使资产和所有者权益同时增加,进而使资产负债率和负债权益比率等指标下降,即所反映出的长期偿债能力增强。

2. 长期偿债能力与短期偿债能力的区别

（1）两者的实质内容不同。由于短期偿债能力反映的是企业保证短期债务有效偿付的程度,而长期偿债能力所反映的是企业保证未来到期债务有效偿付的程度。因此,短期偿债能力的实质内容在于现金支付能力,长期偿债能力的实质内容则在于资产、负债与所有者权益之间的构成及比例关系,也即企业的财务结构和资本结构。

（2）两者的稳定程度不同。短期偿债能力所涉及的债务偿付一般是企业的流动性支出,这些流动性支出具有较大的波动性,从而使企业短期偿债能力也呈现出较大的波动性;而长期偿债能力所涉及的债务偿付一般是企业的固定性支出。只要企业财务结构和盈利水平不发生显著变化,企业的长期偿债能力也将会呈现出相对稳定性的特征。

（3）两者的物质承担者不同。短期偿债能力的物质承担者是企业流动资产,流动资产的量与质是企业短期偿债能力的力量源泉;而长期偿债能力的物质承担者是企业的资本结构及企业的盈利水平,资本结构的合理性及企业能力是企业长期偿债能力的力量源泉。

二、营运能力分析

营运能力比率是用于衡量企业组织、管理和营运特定资产的能力和效率的比率,是反映企业资产变现能力的指标。常用的营运能力比率有存货周转率、应收账款周转率、流动资产周转率和总资产周转率四项。它们通常是以资产在一定期间（如一年）的周转次数或周转一次所需要的天数表示（以下阐述中,若无特殊说明,周转率仅指周转次数）。

（一）存货周转率

存货周转率是用于衡量企业对存货的营运能力和管理效率,并反映存货变现能力的财务比率。其计算公式如下:

存货周转率＝销货成本÷平均存货

存货周转天数＝365÷存货周转率

　　　　　　　＝365÷（销货成本÷平均存货）

$$= (365×平均存货) ÷销货成本$$

式中:平均存货 = (期初存货+期末存货)÷2

依据上述公式计算的存货周转率高,周转天数少,表明存货的周转速度快,变现能力强,进而则说明企业具有较强的存货营运能力和较高的存货管理效率。

例 7-8 根据 A 公司的资料,该公司 20×7 年的存货周转率计算如下:

$$存货周转率 = \frac{337\ 798}{(150\ 802+180\ 587)÷2} = 2.04(次)$$

$$存货周转天数 = \frac{365}{2.04} = 179(天)$$

在具体评价该项指标时,应注意以下两点:

(1)存货周转率的高低与企业的经营特点(如经营周期、经营的季节性等)紧密相关,企业的经营特点不同,存货周转率客观上存在着差异。例如,房地产企业的营业周期相对要长于一般性制造企业,因而其存货周转率通常要低于制造企业的平均水平;制造企业的营业周期又相对长于商品流通企业,使得制造企业的存货周转率又通常要低于商品流通企业的平均水平。由于存货周转率与企业经营特点具有这种内在相关性,因此我们在对该项比率进行比较分析,必须注意行业可比性。

(2)存货周转率能够反映企业管理和营运存货的综合状况,但却不能说明企业经营各环节的存货营运能力和管理效率。因此,分析者(特别是企业内部分析者)除利用该项比率进行综合分析和评价外,有必要按经营环节进行具体分析,以便全面了解和评价企业的存货管理绩效。各环节存货周转率的计算公式如下:

原材料周转率 = 耗用原材料成本÷平均原材料存货

在产品周转率 = 完工产品制造成本÷平均在产品存货

产成品周转率 = 销货成本÷平均产成品存货

(二)应收账款周转率

应收账款周转率是用于衡量企业应收账款管理效率和企业变现能力的财务比率。其计算公式为:

应收账款周转率 = 销货收入÷平均应收账款

应收账款周转天数 = (平均应收账款×365)÷销货收入

式中:平均应收账款 = (期初应收账款+期末应收账款)÷2

依据上式计算的应收账款周转率高,周转天数少,表明企业应收账款的管理效率高,变现能力强。反之,企业营运用资金将会过多的呆滞在应收账款上,影响企业的正常资金周转。

例 7-9 根据 A 公司的资料,该公司 20×7 年的应收账款周转率为:

$$应收账款周转率 = \frac{732\ 856}{(626+679)÷2} = 1\ 123(次)$$

$$应收账款周转天数 = \frac{365}{1\ 123} = 0.33(天)$$

283

在具体运用该项指标时,应注意以下两点:

(1)在计算应收账款周转率指标时,"平均应收账款"应是未扣除坏账准备的应收金额,而不宜采用应收账款净额。因为坏账准备仅是会计上基本稳健原则所确认的一种可能损失,这种可能损失是否转变为现实损失,以及转变为现实损失的程度取决于企业对应收账款的管理效率。也就是说,已计提坏账准备的应收账款并不排除在收款责任之外,相反,企业应对这部分应收账款采取更严格的管理措施。在这种情况下,若以扣除坏账准备的应收账款计算应收账款周转率,不仅在理论上缺乏合理性,在实务上则可能导致管理人员放松对这部分账款的催收,甚至可能导致管理人员为提高应收账款周转率指标而不适当地提高坏账计提比率。关于公式中的"销售收入",从相关性的角度考虑应采用赊销收入,但由于分析者(特别是企业外部分析者)无法获取企业的赊销数据,因而在实际分析时通常是直接采用销售收入计算。

(2)将该比率联系存货周转率分析,可大致说明企业所处的市场环境和管理的营销策略。具体说,若应收账款周转率与存货周转率同时上升,表明企业的市场环境优越,前景看好;若应收账款周转率上升,而存货周转率下降,可能表明企业因预期市场看好,而扩大产、购规模或紧缩信用政策,或两者兼而有之;若存货周转率上升,而应收账款周转率下降,可能表明企业放宽了信用政策,扩大了赊销规模,这种情况可能隐含着企业对市场前景的预期不甚乐观,应予警觉。

（三）流动资产周转率

流动资产周转率是用于衡量企业流动资产综合营运效率和变现能力的财务比率。其计算公式如下:

流动资产周转率=销货收入÷平均流动资产

流动资产周转天数=(平均流动资产×365)÷销售收入

式中:平均流动资产=(年初流动资产+年末流动资产)÷2

通常认为,流动资产周转率越高越好。因为,流动资产周转速度快,会相对节约流动资金,等于扩大资产投入,增强企业盈利能力;而延缓周转速度,需要补充流动资产参加周转,形成资源浪费,降低企业盈利能力。

例 7-10 根据 A 公司的资料,该公司 20×7 年流动资产周转率为:

$$流动资产周转率=\frac{732\ 856}{(503\ 094+648\ 389)÷2}=1.27(次)$$

$$流动资产周转天数=\frac{365}{1.27}=287(天)$$

流动资产周转率与存货周转率及应收账款周转率的关系可表述如下:

流动资产周转率=应收账款周转率×应收账款占流动资产比重　　　　　(7.1)

流动资产周转率=(1+成本利润率)×存货周转率×存货占流动资产比重　　(7.2)

式(7.1)表明,当应收账款占流动资产比率一定时,要加速流动资产周转,有赖于加速应收账款的周转;式(7.2)表明,当存货占流动资产比重一定时,要加速流动资产

284

周转,有赖于在加速存货周转的同时,提高经营的获利水平。

（四）总资产周转率

总资产周转率是用于衡量企业资产综合营运效率和变现能力的比率。其计算公式为:

总资产周转率＝销售收入÷平均总资产

式中:平均总资产＝（年初资产总额+年末资产总额）÷2

根据上式计算的总资产周转率越高,表明企业资产的综合营运能力越强,效率越高;否则反之。

总资产周转率与流动资产周转率的关系如下:

总资产周转率＝流动资产周转率×流动资产占总资产的比重

上式表明,要加速总资产周转,一是加速流动资产周转,二是提高流动资产在总资产中所占比重。但由于资产结构主要由企业的行业性质和经营特点所决定,企业不能随意调整,因此,要加速总资产周转,从根本上说有赖于加速流动资产的周转。

例7-11　根据 A 公司的资料,该公司20×7年的总资产周转率为:

$$总资产周转率＝\frac{732\ 856}{（1\ 034\ 015+1\ 157\ 165）÷2}=0.67（次）$$

三、盈利能力分析

盈利能力是指企业正常经营赚取利润的能力,是企业生存发展的基础。这种能力的大小通常以投入产出的比值来衡量。企业利润额的多少不仅取决于公司生产经营的业绩,而且还取决于生产经营规模的大小,经济资源占有量的多少,投入资本的多少以及产品本身价值等条件的影响。不同规模的企业之间或在同一企业的各个时期之间,仅对比利润额的多少,并不能正确衡量企业盈利能力的优劣。为了排除上述因素的影响,必须从投入产出的关系上分析企业的盈利能力。反映企业盈利能力的指标很多,通常使用的指标如下:

（一）营业利润率

营业利润率是指营业利润对营业收入的比率。

营业利润率＝营业利润÷营业收入×100%

构建该项指标的依据在于企业利润在正常情况下主要来自于营业利润,而营业利润尽管不是由营业收入所创造,但却是以营业收入的实现为前提,并且,当企业的成本水平一定时,营业利润的增减主要取决于营业收入的变化,因此,将营业利润与营业收入比较不仅能够反映营业利润与营业收入的内在逻辑联系,而且能够揭示营业收入对企业利润的贡献程度。不仅如此,由于营业收入的变化取决于销量和价格两个因素,而这两个方面又是由企业的市场营销状况所决定的,因此,通过营业利润率还可以反映市场营销对企业利润的贡献程度,有助于评价营销部门的工作业绩。

该项指标的意义在于从营业收益的角度说明企业的获利水平,其值愈高,表明企业的获利水平愈高,反之,获利水平则低。

公式中的"营业利润"可以从主营业务利润和营业利润两个方面计算,为便于区分,我们将以主营业务利润计算的利润率称为营业毛利率,而将以营业利润计算的利润率称为营业利润率。营业毛利率和营业利润率尽管均可用于说明企业的获利水平,但两者说明问题的侧重性不同,营业毛利率侧重于从主营业务的角度说明企业的获利水平,营业利润率则在于说明企业营业的综合获利水平。这里须强调的是,在计算营业利润率时,应将利息支出加回营业利润中,因为利息费用不属于经营性费用,但在计算营业利润时却作了扣除。

尚需说明,营业毛利率与前述的主营业务成本利润率均是以损益表中的主营业务损益有关构成项目为依据计算的比率,两者即相互联系,又相互区别。联系方面,主要表现在两者在数量上具有决定与制约关系。区别方面表现在两点:①两者的性质不同。成本利润率所反映的是预付价值的增值程度,用于说明企业的获利能力;营业毛利率所反映的是增值额对价值总额的数量相对关系,用于说明企业的获利水平。②两者的作用不同。成本利润率从耗费角度说明企业的获利状况,有利于促进企业加强内部成本控制,降低成本费用;营业利润率从销售对利润的贡献方面说明企业的获利状况,有利于促进企业加强销售管理,做好价格决策和价格控制。

例 7-12　根据 A 公司的资料,该公司的营业利润率计算如下:

$$20\times6\ 年营业利润率 = \frac{179\ 522}{739\ 701}\times100\% = 24.27\%$$

$$20\times7\ 年营业利润率 = \frac{218\ 342}{732\ 856}\times100\% = 29.79\%$$

(二)成本利润率

成本利润率是指利润对成本的比率,它从耗费的角度说明企业的获利能力。该项比率具体又可分为主营业务成本利润率和成本费用利润率两项。

(1)主营业务成本利润率是指企业主营业务利润对主营业务成本的比率,即:

主营业务成本利润率＝主营业务利润÷主营业务成本×100%

构建该项指标的依据在于:①主营业务成本是为取得主营业务利润所付出的代价,将两者比较,能够充分体现因素相关和配比的原则;②在正常情况下,企业的利润主要来自于主营业务,因此以主营业务利润与主营业务成本的比较来衡量企业的获利能力不仅能够体现重要性原则,而且也有利于对企业未来获利状况的预测。

该项比率的意义在于说明每百元的主营业务耗费所得获取的利润,其值越高,表明企业主营业务的获利能力愈强,企业的发展趋势越好,否则反之。

(2)成本费用利润率则是指企业一定时期利润总额与成本费用总额的比率。其计算公式为:

成本利润率＝利润总额÷成本费用总额×100%

其中:成本费用总额＝营业成本＋营业税金附加＋销售费用＋管理费用＋财务费用

该指标越高,表明企业为取得利润付出的代价越小,成本费用控制得越好,盈利能力越强。

例7-13 根据 A 公司的资料,该公司的成本费用利润率计算如下:

20×6 年的成本费用利润率

$$=\frac{178\ 591}{349\ 400+68\ 632+100\ 529+47\ 834+(-5\ 050)}\times100\%=31.81\%$$

20×7 年的成本费用利润率

$$=\frac{217\ 835}{337\ 798+58\ 263+78\ 276+49\ 794+(-9\ 223)}\times100\%=42.31\%$$

(三)总资产报酬率

总资产报酬率是指企业息税前利润对企业平均总资产的比率。

总资产报酬率=息税前利润÷总资产平均占用额×100%

=(利息+所得税+净利润)÷总资产平均占用额×100%

对于以合并报表为依据进行该项计算时,公式的分子中还应包含少数股东收益。

该项比率的构建依据在于:①企业经营的目的在于获利,经营的手段则是合理组织和营运特定资产,因此,将利润与资产比较,能够揭示经营手段的有效性和经营目标的实现程度。从这种意义上说,该指标是用于衡量企业获利能力的一项最基本而又最重要的指标。②企业利润既包括净利润,也包括利润、所得税以及少数股权收益,而所有这些是由企业总资产所创造的,而非仅由部分资产的创造,因此,以息前税前利润与总资产比较,能够充分体现投入与产出的相关性,从而能够真实客观地揭示获利能力。

该指标的意义在说明企业每占用及运用百元资产所能获取的利润,用于从投入和占用方面说明企业的获利能力。其值愈高,表明企业的获利能力愈强;反之,获利能力则弱。

例7-14 根据 A 公司的资料,该公司 20×7 年的总资产报酬率计算如下:

$$总资产报酬率=\frac{217\ 835+(-9\ 223)}{(1\ 034\ 015+1\ 157\ 165)\div2}\times100\%=19\%$$

(四)净资产收益率

净资产收益率是指一定时期净利润对平均净资产的比率。其计算公式为:

净资产收益率=净利润÷平均净资产×100%

构建该项比率的依据在于:①股东财富最大化是企业理财的目标之一,而股东财富的增长从企业内部看主要来源于利润,因此,将净利润与净资产(股东权益)比较能够揭示企业理财目标的实现程度;②企业在一定期间实现的利润中,能够为股东享有的仅仅是扣除所得税后的净利润,而不包括作为所得税及利息开支方面的利润。因此,以净利润与净资产比较才能客观地反映企业股东的报酬状况和财富增长情况。

该比率用于从净收益的角度说明企业的获利水平。其值愈高,表明企业的获利水平愈高,否则反之。

例 7-15　根据 A 公司的资料,该公司 20×7 年净资产收益率计算如下:

$$净资产收益率 = \frac{147\,278}{(830\,114 + 962\,624) \div 2} \times 100\% = 16.43\%$$

净资产收益率与营业利润率尽管均是用于衡量企业获利水平的指标,但两者说明问题的角度不同,营业利润率是从经营的角度说明企业的获利水平,而净资产收益率则从综合性的角度说明企业的获利水平。换言之,影响营业利润率的因素主要限于营业收入、营业成本等经营性方面的因素,而影响净资产收益率的因素除经营性因素外,还包括筹资、投资、利润分配等财务性质的因素,这一点可通过以下分析式得以说明:

$$净资产收益率 = \frac{净利润}{平均净资产} \times 100\%$$

$$= \frac{息税前利润}{平均总资产} \times \frac{净利润}{息税前利润} \times \frac{平均总资产}{平均净资产} \times 100\%$$

$$= \frac{总资产}{报酬率} \times \frac{净利润占息税前}{利润的比重} \times \left(1 + \frac{平均负债}{平均净资产}\right)$$

$$= \frac{营业}{利润率} \times \frac{净利润}{周转率} \times \frac{净利润}{比重} \times \left(1 + \frac{负债对净}{资产比率}\right)$$

该分析式表明,影响净资产收益率的因素有营业利润率、资产周转率、净利润比重和负债对净资产比率四个方面,其中,营业利润率、资产周转率主要属于经营性因素;净利润比重属于利润分配方面的因素;负债对净资产比率则属资本结构因素。

正是由于净资产收益率受多种因素的共同影响,使其相对于其他获利水平指标而言更能综合地反映企业的盈利情况,加之它与企业财务目标的内涵(股东财富最大化)相吻合,使其在企业业绩评价中具有广泛的适用性,它不仅为国际通用,而且在我国目前所颁布的业绩评价指标体系中,也被列为榜首。

(五)企业获利情况评价应注意的几个问题

以上研究了获利情况的评价指标,这些指标为我们进行企业获利情况的定量计算提供了工具。但企业财务评价作为一种理性思维和判断过程,不能只停留在量的方面,尤其是不能仅从几个干巴巴的指标值上定论企业获利情况的优劣,而必须以定量指标为基础,坚持定量计算与定性分析相结合,在综合考虑各种影响因素的基础上,采取联系的、动态的分析方法,以期既能客观地评价企业获利情况的现状,又能合理地预测企业获利的预期趋势。具体说,在对企业获利情况进行评价时,应注意以下方面:

1. 联系利润构成分析

企业利润在构成上主要包括营业利润、投资收益、营业外收支净额等几个部分。尽管不同经营性质的企业具有不同的利润结构,但就一般性经营企业而言,其利润构成在正常情况下应主要是营业利润,其次是投资收益,至于营业外收支所占比重则不会太大,也不应过大。因此,在对企业获利情况进行评价时,应当联系企业的利润构成进行分析,只有这样,才能客观地评价企业内在的获利能力,也才能分析各种偶然的、非正常因素对企业获利状况的影响,确保客观评价业绩的同时,合理揭示企业获利状况的变化规律,正确预测获利状况的预期变化趋势,从而为投资决策提供可靠依据。

如何联系利润构成分析,我们认为主要应从以下几个方面入手:①计算利润构成,考察利润各构成部分所占比重及其在不同期间的变化情况。若营业利润所占比重大(正常情况下应在80%以上)且呈上升趋势,表明企业经营状况优良,发展趋势看好,有较大的获利潜力。反之,若营业利润所占比重不大,或呈下降趋势,表明企业利润主要或大部分来自于非营业事项,经营状况不甚理想,对于这类企业来说,若不及时扭转经营状况,则其获利潜力和趋势将值得怀疑。②考察投资收益的来源及构成。企业投资收益按投资性质划分,有股权投资收益和债权投资收益;按投资目的和期限划分,有短期投资收益和长期投资收益;按收益来源划分,有持有收益和转让收益。一般而言,在企业投资收益的构成中,若长期投资收益和持有收益所占比重较大,表明企业对外投资的质量状况良好,有一定的获利潜力。反之,若短期投资收益或转让收益所占比重较大,表明企业的投资收益可能主要来自于投机性因素,或者可能存在为实现利润目标而以股权转让来操纵利润的嫌疑,对此应结合财务报表附注资料进行深入分析。③考察营业外收支的比例及其构成。营业外收支是指与企业营业活动无关的收支,按其发生的原因大致可划分为两大类:一类是非常性损益,即由企业无力控制或无法抗拒的外界因素(如自然灾害、战争等)所导致的损益;另一类是非正常性损益,即由企业非正常经营活动所导致的损益,如固定及无形资产处置损益、对外捐赠支出、罚款支出、会计政策变更的累积影响等。在进行企业获利情况分析时,对于营业外收支,首先应考察其在利润总额中所占比例,比例过大,表明企业的损益情况失常,若以此为依据计算获利能力及获利水平指标,必然存在着较大水分,不能作为业绩评价和预测的依据,为此,有必要对其进行修正,即从利润中扣除有关的营业外收支项目,再以扣除后的利润为依据计算相关的获利能力及获利水平指标。

当然,若营业外收支净额在利润中所占比重很少(如低于3%),对公司获利情况的评价影响不大,则本着重要性和成本效益原则,可不作上述扣除。

尚需说明,在业绩评价中,若以税后净利润为依据计算获利情况指标时,在扣除营业外收支项目的同时,还应考虑与该营业外收支项目对应的所得税因素。举例说明如下:

例 7-16　某公司 201×年平均净资产额为 3 000 万元,当年利润总额为 500 万元,所得税率为 25%,利润中包含着因水灾发生的净损失 200 万元。则根据报表利润计算净资产收益率如下:

$$净资产收益率 = \frac{500 \times (1-25\%)}{3\ 000} \times 100\% = 12.5\%$$

根据修正后的利润数据计算如下:

$$净资产收益率 = \frac{(500+200) \times (1-25\%)}{3\ 000} \times 100\% = 17.5\%$$

可见，根据报表利润直接计算的净资产收益率能够说明股东权益的实际报酬水平，但却不能据以客观地评价企业的经营业绩，也不利于对企业获利状况的预测。而根据修正后的利润计算的净资产利润率虽然不能说明股东权益的实际报酬水平，但却有利于业绩评价和获利趋势预测。

2. 联系企业的资产经营能力分析

企业获利能力的强弱，获利水平的高低，从经营方面看，除取决于成本、价格、营销等因素外，还取决于资产的经营能力。因为当资产每次周转的获利水平（营业利润率）一定时，资产周转率愈高，表明企业的获利机会愈多，期间利润愈大，从而使据以计算的资产利润率、净资产报酬率等指标值愈高，即企业的获利能力愈强，获利水平愈高，否则反之。这一点我们可从以下分析式一目了然，即：

总资产报酬率＝营业利润率×总资产周转率

该分析式充分表明了当营业利润率一定时，总资产报酬率的高低取决于总资产周转率的高低，两者具有同向变化的关系。不仅如此，由于营业利润率的高低从企业内部看主要取决于成本水平的高低，因此，利用该分析式进行因素分析和动态分析，可以揭示企业加速资产周转在抵消材料和人工成本上升方面的作用。总之，在评价企业获利情况时，只有联系资产经营能力分析，才能对企业的获利状况地行深入地、动态地揭示，从而也才能对企业获利的预期趋势进行合理的评估和预测。

3. 联系企业资产结构分析

如上所述，当销售的获利水平一定时，企业资产利润率的高低主要取决于资产周转率的高低。由于企业总资产是由若干部分构成，包括流动资产、固定资产、无形资产以及其他长期资产等，且不同构成部分的周转率水平不尽相同。这样，资产构成及其变化必然要影响到总资产周转率的变化，进而影响资产报酬率的变化。具体说，在总资产构成中，流动资产所占比重上升，必然会使总资产周转率上升，当其他条件一定时，资产报酬率将因此提高，反之，若固定资产、无形资产及其他长期资产所占比重上升，则总资产周转率将会下降，资产报酬率也将会随之下降。可见，在评价企业获利能力时，联系资产构成分析，有利于从深层次上揭示企业的获利状况，使评价结果客观、可靠。

4. 联系资产质量分析

资产质量是指资产的有效性和可变现性，它是影响企业获利状况的一项重要因素。相对而言，资产质量状况优良，不仅能够确保企业的正常经营效率和效益，而且资产变现性强，潜在损失（如坏账损失、减值损失、削价损失等）小，在这种情况下，不仅现实的账面收益能够反映企业获利的实际水平，而且以此为依据所进行的动态分析和预测也具有真实性和可靠性。反之，若资产质量状况不佳，不仅会影响到预期的经营效率和效益，而且可能存在着大量的潜在损失，这样，不仅现实的账面收益缺乏真实性和稳健性，而且据此所做的动态分析和预测也将是高水分的。因此，在评价企业获利情况，特别是对企业获利趋势进行预测时，必须关注资产的质量状况，合理评估资产质量度对企业预期经营效益的影响,充分预计可能发生的潜在损失,以确保评价结论的真实和稳健。

5. 联系企业的发展时期和经营周期分析

首先,从企业发展过程看,通过都包含着筹建、试营业和稳定发展等几个阶段。在企业发展的不同阶段,客观上存在着获利状况的差异。在筹建阶段,由于只有投入而没有产出,因此还谈不上获利,就获利能力来说,也仅限于可行性研究报告中的预期值,而无法进行现实性的分析和评价;在试营业阶段,一方面经营所需资产已全部或大部分构建完成,企业的财务资产已达到或接近预计规模,另一方面由于产销规模有限,加之要发生大量的市场开发和营销支出以及固定成本分摊等,使得该阶段的利润微薄,乃至亏损,资产报酬率低微或为负数;在稳定发展阶段,一方面资产规模随着折旧、摊销的计提等而呈递减趋势,另一方面,随着产销规模的扩大,单位产销量所分摊的固定成本下降,加之市场营销方面的支出相对减少,使得利润增加,资产报酬率呈上升趋势,或能维持在较高水平。

其次,从产品经营周期看,无论何种产品经营,通常都要经历开发、试制、试销、扩张、饱和和衰退等几个阶段。在经营发展的不同阶段同样客观上存在着获利状况的差异,通常情况下,若产品处于开发、试制、试销阶段,由于产销规模有限,加之要发生大额的营销支出,使得成本高、利润低,甚至是亏本经营,由此所反映出的获利能力也极其微弱;若产品处于经营扩张阶段,则由于产销规模扩大,单位产销量分摊的固定成本和营销支出递减,使得利润增加,由此反映出的获利能力也将呈强式变化;若产品处于市场衰退阶段,则由于产销规模递减,单位产销量所分摊的固定成本和营销支出增大,使得利润水平下降,由此所反映出的获利能力也必将呈递减趋势。因此,在评价企业获利能力时,只有结合企业的发展时期和经营周期分析,才能确保评价的客观性,也才能对企业获利状况的未来趋势进行合理预测。

此外,与前述偿债能力评价一样,对获利情况的评价同样需考虑企业所选用的会计政策、会计估计及其在不同期间的变化,以及这些变化对企业获利情况指标可能产生的影响。

四、发展能力分析

发展能力是企业在生存的基础上,扩大规模、壮大实力的潜在能力。其主要的评价指标如下:

(一)销售(营业)增长率

销售(营业)增长率是指企业本年销售(营业)收入增长额同上年销售(营业)收入总额的比率。它反映企业销售收入的增减变动情况,是评价企业成长情况和发展能力的重要指标。其计算公式为:

销售(营业)增长率=本年销售(营业)增长额÷上年销售(营业)收入总额

该指标若大于 0,表示企业本年销售(营业)收入有所增加,指标值越高,表明增长速度越快,企业市场前景越好;该指标若小于0,表示企业或是产品适销不对路、质次价高,或是在售后服务等方面存在问题,产品销售不出去,市场份额萎缩。该指标在实际操作时,应结合企业历年发展及其他影响企业发展的潜在因素进行前瞻性预测,或者结合企业前三年的销售(营业)收入增长率做出趋势性分析判断。

例7-17 根据A公司的资料,该公司20×7年销售(营业)增长率计算如下:

$$销售(营业)增长率=\frac{732\,856-739\,701}{739\,701}\times100\%=-0.93\%$$

(二)资本积累率

资本积累率是指企业本年所有者权益增长额同年初所有者权益的比率。它可以表示企业当年资本的积累能力,是评价企业发展潜力的重要指标。其计算公式为:

资本积累率=本年所有者权益增长额÷年初所有者权益

该指标是企业当年所有者权益总的增长率,反映了企业所有者权益在当年的变动水平。资本积累率体现了企业资本的积累情况,是企业发展强盛的标志,也是企业扩大再生产的源泉,展示了企业的发展活力。资本积累率反映了投资者投入企业资本的保全性和增长性,该指标越高,表明企业的资本积累越多,企业的资本保全性越强,应付风险、持续发展的能力越大。该指标如为负值,表明企业资本受到侵蚀,所有者权益受到损害,应予以充分重视。

例7-18 根据A公司的资料,该公司20×7年资本积累率计算如下:

$$资本积累率=\frac{962\,624-830\,114}{830\,114}\times100\%=15.96\%$$

(三)总资产增长率

总资产增长率是企业本期总资产增长额同年初资产总额的比率。它可以衡量企业本期资产规模的增长情况,评价企业经营规模总量上的扩张程度。其计算公式为:

总资产增长率=本年总资产增长额÷年初资产总额

该指标是从企业资产总量扩张方面衡量企业的发展能力,表明企业规模增长水平对企业发展后劲的影响。该指标越高,表明企业一个经营周期内资产经营规模扩张的速度越快。但在实际操作时,应注意资产规模扩张的质和量的关系,以及企业的后续发展能力,避免盲目扩张。

例7-19 根据A公司的资料,该公司20×7年总资产增长率计算如下:

$$总资产增长率=\frac{1\,157\,165-1\,034\,015}{1\,034\,015}\times100\%=11.91\%$$

(四)固定资产成新率

固定资产成新率是企业当期平均固定资产净值同平均固定资产原值的比率。其计算公式为:

固定资产成新率=平均固定资产净值÷平均固定资产原值

平均固定资产净值是指企业固定资产净值的年初数同年末数的平均值。平均固定资产原值是指企业固定资产原值的年初数与年末数的平均值。

固定资产成新率反映了企业所拥有的固定资产的新旧程度,体现了企业固定资产更新的快慢和持续发展的能力。该指标高,表明企业固定资产比较新,对扩大再生产的准备比较充足,发展的可能性比较大。运用该指标是应剔除企业应提未提折旧对房屋、机器设备等固定资产真实状况的影响。

(五)三年利润平均增长率

三年利润平均增长率表明企业利润连续三年的增长情况与效益稳定的程度,体现企业的发展潜力。其计算公式为:

$$三年利润平均增长率 = (\sqrt[3]{\frac{年末利润总额}{三年前年末利润总额}} - 1) \times 100\%$$

该指标值越高,表明企业积累越多,企业持续发展能力越强,发展的潜力越大。利用三年利润平均增长率指标,能够反映企业的利润增长趋势和效益的稳定程度,较好体现企业的发展状况和发展能力,避免因少数年份利润不正常增长而对企业发展潜力的错误判断。

(六)三年资本平均增长率

三年资本平均增长率表示企业资本连续三年的积累情况,体现企业的发展水平和发展趋势。其计算公式为:

$$三年利润平均增长率 = (\sqrt[3]{\frac{年末所有者权益}{三年前年末所有者权益}} - 1) \times 100\%$$

该指标越高,表明企业所有者权益得到的保障程度越大,企业可以长期使用的资金越充足,抗风险和保持持续发展的能力越强。

第三节 财务综合分析

财务分析的最终目的在于全方位地了解企业经营理财的状况,并以此对企业经济效益的优劣做出系统的、合理的评价。单独分析任何一项财务指标,都难以全面评价企业的财务状况和经营结果,要想对企业财务状况和经营成果有一个总的评价,就必须进行相互关联的分析,采用适当的标准进行综合性的评价。所谓财务综合分析就是将偿债能力、营运能力、盈利能力和发展能力等诸方面的分析纳入一个有机的整体之中,全面地对企业财务状况、经营成果进行揭示与披露,从而对企业经济效益的优劣做出准确的评价与判断。财务综合分析的方法有很多,其中应用比较广泛的有杜邦财务分析体系和沃尔比重评分法。

一、杜邦财务分析体系

(一)传统的杜邦财务分析体系

传统的杜邦财务分析体系,是由美国杜邦公司的财务经理唐纳德森·布朗

(Donaldson Brown)于1919年创造并使用的,不仅用来衡量生产效率,而且也用来衡量整体业绩。它的主要思想是根据企业对外公开的财务报表计算一系列的财务指标,以此对企业整体财务状况进行综合评价。杜邦分析体系在企业管理中发挥的巨大作用,也奠定了财务指标作为评价指标的统治地位。

1. 传统杜邦财务分析体系的核心比率

权益净利率是杜邦分析体系的核心比率,它有很好的可比性,可以用于不同企业之间的比较。由于资本具有逐利性,总是流向投资报酬率高的行业和企业,使得各企业的权益净利率趋于接近。如一个企业的权益净利率经常高于其他企业,就会吸引竞争者,迫使该企业的权益净利率回到平均水平。如果一个企业的权益净利率经常低于其他企业,就得不到资金,会被市场驱逐,使得幸存企业的股东权益净利率提升到平均水平。

权益净利率不仅有很好的可比性,而且有很强的综合性。为了提高股东权益净利率,管理者有三个可以使用的杠杆:

$$权益净利率 = \frac{净利润}{营业收入} \times \frac{营业收入}{总资产} \times \frac{总资产}{股东权益}$$
$$= 营业净利率 \times 总资产周转率 \times 权益乘数$$

无论提高其中的哪一个比率,权益净利率都会提升。其中,"营业净利率"是利润表的概括,"营业收入"在利润表的第一条,"净利润"在利润表的第四条,两者相除可以概括全部经营成果;"权益乘数"是资产负债表的概括,表明资产、负债和股东权益的比例关系,可以反映最基本的财务状况;"总资产周转率"把利润表的和资产负债表的联系起来,使权益净利率可能综合整个企业的经营活动和财务活动的业绩。

2. 传统杜邦财务分析体系的基本框架

依据A公司的财务报表数据,传统杜邦财务分析体系的基本框架可用图7-1表示。

该体系是一个多层次的财务比率分解体系。各项财务比率,在每个层次上与本企业历史或同业的财务比率比较,比较之后向下一级分解。逐级向下分解,逐步覆盖企业经营活动的每一个环节,可以实现系、全面评价企业经营成果和财务状况的目的。

第一层次的分解,是把权益利率分解为营业净利率、总资产周转率和权益乘数。这三个比率在各企业之间可能存在显著差异。通过对差异的比较,可以观察本企业与其他企业的经营战略和财务政策有什么不同。

分解出来的营业净利率和总资产周转率,可以反映企业的经营战略。一些企业营业收入净利润率较高,而总资产周转率较低;另一些企业与之相反,总资产周转率较高而营业收入净利润率较低。两者经常呈反方向变化。这种现象不是偶然的。为了提高营业收入净利润率,就是要增加产品的附加值,往往需要增加投资,引起周转率的下降。与此相反,为了加快周转,就要降低价格,引起营业收入净利润率下降。通常,营业收入净利润率较高的制造业,其周转率都较低;周转率很高的零售商业,营业收入净利润率很低。采取"高盈利、低周转"还是"低盈利、高周转"的方针,是企业根据外部环境和自身资源做出的战略选择。正因为如此,仅从营业收入净利润率的高低并不能看出业绩好坏,把它与资产周转率联系起来可以考察企业经营战略。真正重要的,是两者共同作用而得到的资产利润率。资产利润率可以反映管理者运用受托资产赚取盈利的业绩,是最重要的盈利能力。

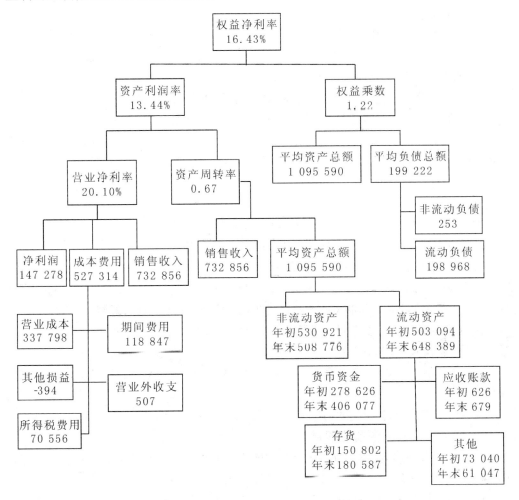

图7-1 传统杜邦财务分析体系的基本框架

分解出来的财务杠杆可以反映企业的财务政策。在资产利润率不变的情况下,提高财务杠杆可以提高权益净利率,但同时也会增加财务风险。一般说来,资产利润率较高的企业,财务杠杆较低,反之亦然。这种现象也不是偶然的。可以设想,为了提高权益净利率,企业倾向于尽可能提高财务杠杆。但是,贷款提供者不一定会同意这种做法。贷款提供者不分享超过利息的收益,更倾向于向预期未来经营现金流量比较稳定的企业提供贷款。为了稳定现金流量,企业的一种选择是降低价格以减少竞争,另一种选择是增加营运资本以防止现金流中断,这都会导致资产利润率下属。这就是说,为了提高流动性,只能降低盈利性。因此,我们实际看到的是,经营风险低的企业可以得到较多的贷款,其财务杠杆较高;经营风险高的企业,只能得到较少的贷款,其财务杠杆较低。资产利润率与财务杠杆呈现负相关,共同决定了企业的权益净利率。企业必须使其经营战略和财务政策相匹配。

3. 财务比率的比较和分解

该分析体系要求,在每一个层次上进行财务比率的比较和分解。通过与上年比较可以识别变动的趋势,通过同业的比较可以识别存在的差距。分解的目的是识别引起变动(或产生差距)的原因,并计量其重要性,为后续分析指明方向。

下面以 A 公司权益净利率的比较和分解为例,说明其一般方法。

权益净利率的比较对象,可以是其他企业的同期数据,也可以是本企业的历史数据,这里仅以本企业的20×7 年与20×6 年的比较为例。(假定 20×5 年末的资产总额为961 409万元,负债总额为 222 812 万元,所有者权益总额为 738 597 万元。)

权益净利率=营业净利率×总资产周转率×权益乘数

故:

20×7 年权益净利率=20. 10%×0. 67×1. 22=16. 43%

20×6 年权益净利率=15. 91%×0. 74×1. 27=15. 00%

权益净利率变动=16. 43%-15. 00%=1. 43%

与20×6 年相比,股东的报酬率增加了,公司整体业绩超过上年。影响权益净利率变动的有利因素是营业收入净利润率的增长;不利因素是资产周转率和权益乘数的减小。

利用连环替代法可以定量分析它们对权益净利率变动的影响程度:

(1)营业收入净利润率变动的影响:

按 20×7 年营业收入净利润率计算的 20×6 年权益净利率=20. 10%×0. 74×1. 27=18. 89%

营业收入净利润率变动的影响=18. 89%-15. 00%=3. 89%

(2)总资产周转率变动的影响:

按 20×7 年营业收入净利润率、资产周转率计算的 20×6 年权益净利率=20. 10%×0. 67×1. 27=17. 10%

总资产周转率变动的影响=17. 24%-18. 89%=-1. 65%

(3)财务杠杆变动的影响:

财务杠杆变动的影响=16. 43%-17. 10%=-0. 67%

通过分析可知,最重要的有利因素是营业收入净利润率的增长,使权益净利率增加了3. 89%。不利的因素是总资产周转率降低,使权益净利率减少1. 65%。其次是权益乘数降低,使权益净利率减少 0. 67%。有利因素超过不利因素,所以权益净利率增长了 1. 43%。由此应重点关注营业收入净利润率增长的原因。

在分解之后进入下一层次的分析,分别考察营业收入净利润率、资产周转率和财务杠杆的变动原因。

二、财务状况综合评分法

综合评分法是财务评价的一种重要方法,它不仅能够获得高度概括综合的评价结论,而且方法本身具有直观、易于理解的优点。以下介绍几种具有代表性的综合评分方法。

1. 沃尔评分法

沃尔评分法是由财务状况综合评价的先驱者亚历山大·沃尔于 20 世纪初基于信用评价所需而创立的一种综合评分法。他在其出版的《信用晴雨表研究》和《财务报表比率分析》中提出了信用能力指数的概念,并把若干个财务比率用线性关系联结起来,据以评价企业的信用水平。他选择了 7 个财务比率,并分别给定了各比率的分值权重(见表 7-12),在此基础上确定各比率的标准值,在评分时,将实际值与标准值比较,计算出每项比率实际得分,然后加总各比率得分,计算总得分。

表 7-12　　　　　　　　　　沃尔的比重评分法

财务比率	比重(分值) 1	标准比率 2	实际比率 3	相对比率 4＝3÷2	实际得分 5＝1×4
流动比率	25	2	2.5	1.25	31.25
净资产/负债	25	1.5	0.9	0.6	15
资产/固定资产	15	2.5	3	1.2	18
销售成本/存货	10	8	10.4	1.3	13
销售额/应收账款	10	6	8.4	1.4	14
销售额/固定资产	10	4	3	0.75	7.5
销售额/净资产	5	3	1.5	0.5	2.5
合计	100				101.25

对于沃尔的综合评分法,一般认为它存在一个理论弱点,即未能证明为何要选择这 7 个指标,以及每个指标所占权重的合理性。同时,还存在一个技术问题,即由于某项指标得分是根据"相对比率"与"权重"的乘积来确立,因此,当某一指标严重异常时,会对总评分产生不合逻辑的重大影响。具体说,财务比率提高一倍,其评分值增加 100%,而财务比率降低一倍,其评分值只减少 50%。但尽管如此,它还是在实践中被广泛应用。

2. 现代综合评分法

现代社会与沃尔的时代相比,已有很大变化。一般认为企业财务评价的内容主要是盈利能力,其次是偿债能力,此外还有成长能力,三者之间大致可按 5:3:2 来分配比重。反映盈利能力的主要指标是资产净利率、销售净利率和净值报酬率。虽然净值报酬率最重要,但由于前两个指标已经分别使用了净资产和净利,为减少重复影响,3个指标可按2:2:1安排。偿债能力有4个常用指标,成长能力有3个常用指标。如果仍以100分为总评分,则评分的标准可分配如表7-13所示。表中的标准比率以本行业平均数为基础,适当进行理论修正。

表7-13   综合评分的标准

指标	评分值	标准比率（%）	行业最高比率（%）	最高评分	最低评分	每分比率的差（%）
盈利能力:						
总资产净利率	20	15	20	30	10	0.5
销售净利率	20	6	20	30	10	1.4
净值报酬率	10	18	20	15	5	0.4
偿债能力:						
自有资本比率	8	50	90	12	4	10
流动比率	8	150	350	12	4	50
应收账款周转率	8	500	1 000	12	4	125
存货周转率	8	600	1 200	12	4	150
成长能力:						
销售增长率	6	20	30	9	3	3.3
净利增长率	6	15	20	9	3	1.7
人均净利增长率	6	15	20	9	3	1.7
合计	100			150	50	

表7-13中,每分比率的差=1%[（行业最高比率-标准比率)/(最高评分-标准评分)],例如总资产报酬率的每分比差率的计算如下:

1%×[（20-15）÷（30-20）]=0.5%

该种综合评分法与沃尔的综合评分法相比,不仅丰富了评价内容,拓宽了运用范围,而且还克服了运用上的技术缺陷。除此之外,还具有以下两个方面的特点:①突出了净利润在财务评价中的重要地位,因而能够体现股东财务最大化这一财务目标赋予财务评价的基本要求。②在内容上兼顾了企业的成长能力,有利于评价者考察对企业投资的预期价值。尽管如此,该方法仍然存在一些不尽合理的方面,如:①过分突出盈利能力比率,而对决定盈利能力的经营能力比率关注不够,这就有悖于企业财务能力的内在逻辑关系。②过分强调企业对股东财富增长（净利润增长）的贡献,而对其他利益主体的利益要求体现不充分,这就使得按该方法评价有利于实现股东财富最大化,而不利于实现企业价值最大化。③将总资产净利率和销售净利润作为评价的首先指标和重头指标,能够突出净利润的重要地位,但这两项指标本身却不伦不类,缺乏实际意义。具体说,由于净利润与总资产和销售收入之间缺乏内在相关性,使得将净利润与总资产和销售收入进行比较,既不能反映企业对股东的贡献程度,也不能说明资产的获利能力和销售的获利水平,这样将该两项指标纳入评价指标体系,难免会影响评价结论的有效价值和说明力。

第四节 财务专题分析和财务分析报告

一、上市公司财务分析

在对上市公司进行财务分析时,除需对前述各基本财务比率进行分析和评价外,还应对反映股票投资价值的特定财务比率进行分析评价,这些比率主要有每股盈余、每股股利、市盈率、股票获利率、每股净资产、市净率等。

（一）每股盈余

每股盈余是指公司一定期间(如半年、一年)的净收益与期末普通股股数之比,计算公式为:

$$每股收益 = \frac{净利润}{期末普通股股数}$$

例7-20 假设B公司的201×年净利润408万元,发行在外的普通股为816万股。则每股收益为:

$$每股收益 = \frac{408}{816} = 0.50(元/股)$$

该比率不仅用以用于衡量公司的获利水平,而且可以反映投资者可望从公司获取股利收益的最高水平,因而是用于衡量公司股票投资价值的一项重要指标。该比率值愈高,表明公司的获利水平愈高,投资者可望从公司获取的股利收益愈大,进而说明公司股票的投资价值愈大。在股份公司的财务评价中,每股收益的分析占有极其重要的地位。每股收益与净资产报酬率、总资产报酬率等指标一样,也是反映企业盈利能力的一项综合性很强的指标。一切影响利润水平的因素同样都可以在每股收益中得到反映;同时,企业股票构成、股利政策、股票分割等有关影响股份数量的因素也都会在每股收益中得到反映,而无论利润水平的高低,或股票数量的多少都会直接影响到每一个股东的切身利益,因而每股收益数据成为股东关心的重点,也是包括股东在内的其他投资人进行投资决策的基本依据。

在具体运用该比率时应注意以下几个问题:

(1)如果公司发行有优先股,则应以剔除优先股股数及其应分享股利后的数额计算该项比率,以使每股盈余仅反映普通股的收益状况。计算公式如下:

$$每股盈余 = \frac{净利润-优先股股利}{期末股份总数-优先股股数}$$

(2)若分析期内,股票数量因增发、配送、减持或债转股等原因而发生变化时,则应以变化后的普通股数量摊薄计算。具体计算时,分母中的普通股股数应采用年内的加权平均股数。例如,某公司年初股东股为 6 000 万股,4 月 15 日增发 1 500 万股,则全年的加权平均股数为 7 000 万股(6 000×4÷12+7 500×8÷12)。

（3）用于计算每股盈余的"净收益"是公司按权责发生制原则确认的账面收益,由于它没有考虑收益的风险性和时间价值,因而不能体现股票投资价值的完整内涵,而只能是从某一侧面来说明股票投资的价值。

（二）每股股利

每股股利是指公司股利总额与期末普通股股数的比率。其计算公式为:

$$每股股利 = \frac{普通股股利}{期末普通股股数}$$

例 7-21   B 公司的 201×年普通股股利 84 万元,发行在外的普通股为 816 万股。则每股股利为:

$$每股股利 = \frac{84}{816} = 0.10(元/股)$$

该比率用于反映企业净利润的对外分配情况。在具体运用该比率时,应注意以下几点:

（1）在计算该项比率时,分母仅限于普通股股数,分子也仅限于普通股股利,而不包括优先股股数及其应分配的股利。

（2）当每股收益一定时,每股股利的高低取决于多种因素,如公司的投资机会、资产流动性、举债能力、现金流量以及累积未分配利润等等。因此,在评价该项比率时,应全面分析,综合考察,以便能客观地评价公司股票的投资价值。

（3）在利用该比率进行投资收益预测时,应注意前后各期的比较,以了解股利分配是否在各个期间具有一贯性和稳定性,谨防以点概面而影响收益预测和投资决策的正确性。

（三）市盈率

市盈率是指股票每股市价对每股盈余的比率。其计算公式为:

$$市盈率 = \frac{每股市价}{每股收益}$$

例 7-22 B 公司的 201×年每股收益为 0.50 元,每股市价为 9 元。则市盈率为:

$$市盈率 = \frac{9}{0.50} = 18(倍)$$

该比率是股票市场上用于反映股票投资价值的首选比率,也是投资者所普遍关注的一项指标。该比率的高低反映了投资者对公司股票的投资收益与投资风险的预期,即投资者对公司预期的收益能力愈看好,其股票的市盈率愈高,表明公司股票的投资价值愈大,反之则为低值股票。在运用该项比率进行评价时,应注意以下几点:

（1）该比率的应用前提是每股盈余维持在一定的水平之上,若每股盈余很小或亏损时,由于市价不会降至零,因此市盈率将会很高,而这种很高的市盈率却不能说明任何问题。

（2）以该比率衡量公司股票的投资价值虽然具有市场公允性,且相关资料易于获取,但也存在以下缺陷:①股票价值的高低取决于多种因素,其中既有公司内在的获利因素,也有诸多投机性的非理性因素,如虚假题材、庄家行为等,这就使得股票市价未必能代表其内在投资价值,甚至可能大幅度地偏离其内在价值。②投资者由于获取信息的有限性和不完整性,可能导致对公司获利潜力的错误预计,从而也使得股票市价偏离其真实价值。

（3）市盈率的高低一方面反映了投资者对公司股票投资价值的预期,另一方面又能说明按现行市价投资于股票的收益性和风险性。具体说,当每股收益一定时,市盈率高,说明投资者的投资风险大,可望获得的投资报酬低;反之,则表明投资风险小,投资者可望获得的投资报酬高。

（4）由于市盈率的高低受多种因素的影响,因此通常难以直接根据某一公司在某一期间的股票市盈率来判断其投资价值,理想的做法是在评价某一公司股票的投资价值时,将该种股票的市盈率在不同期间以及同行业不同公司之间进行比较或与行业平均市盈率比较,从比较的差异中确定其投资价值。

（四）股票获利率

股票获利率是指每股股利与每股市价的比率。其计算公式如下:

$$股票获利率 = \frac{每股现金股利}{每股市价} \times 100\%$$

例 7-23　B 公司的 201× 年的每股现金股利为 0.1 元,则其股票获利率计算如下:

$$股票获利率 = \frac{0.10}{9} \times 100\% = 1.1\%$$

该比率用于衡量投资者按现行市价投资于公司可望从公司获得的投资收益率。但在具体运用该项比率则应注意以下几点:

（1）除非公司采用稳定股利政策,否则该比率可能难以反映股票投资的预期收益率,具体说,若公司因有较好的投资机会而采取低股利政策时,运用该比率评价将会低估股票投资的预期收益。相反,若公司因资金充裕并无投资机会,而采取高股利政策时,据以计算的股票获利率可能高估股票投资的预期收益。

（2）股票获利率仅是从股利的角度说明股票投资收益,而事实上,股票投资收益除股利收益外,还包括股价上涨的收益（资本利得）,因此,在进行股票投资决策和投资收益预测时,不应仅看股票获利率的高低,还应关注股价的预期变化,只有在预期股价上涨的潜力不大时,才能将股票获利率作为衡量股票投资价值的主要依据。

（3）股利获利率最适用于非上市公司少数股东的投资评价。因为对非上市公司的少数股持有者而言,他们既难以出售股票,也没有能力影响所投资公司的股利分配政策。在这种情况下,他们持有股票的主要动机就在于获得稳定的股利收益。

（五）每股净资产

每股净资产是期末净资产（股东权益）与期末普通股股数的比率,也称每股账面价值或每股权益。其计算公式为：

$$每股净资产 = \frac{期末股东权益}{期末普通股股数}$$

例7-24 假定B公司的201×年末的期末股东权益为2 820万元,期末普通股股数为816万股,则每股净资产计算如下：

$$每股净资产 = \frac{2\ 820}{816} = 3.46(元/股)$$

该比率反映公司发行在外的每股普通股的账面权益额,用于说明公司股票的现实财富含量(含金量)。该比率越高,表明公司股票的财富含量越高,内在价值越大;反之,则股票财富含量低,内在价值小。但在具体运用该比率时,应注意以下几点：

(1)在计算该比率时,若公司发行有优先股,应先从账面权益额中减去优先股权益,然后再与发行在外的普通股数量比较计算;若年度内公司普通股数量发生变化,也应同每股盈余一样,采用加权平均后的股票数量计算。

(2)在评价该项比率时,必须结合市价进行分析。一般而言,若每股市价高于该比率值,表明投资者对公司未来的发展前景看好,其股票有投资价值。反之,若每股市价低于该比率值,表明公司的发展前景暗淡,投资者缺乏投资信心,因而其股票也就缺乏投资价值。这里,每股市价与每股净资产的比率关系,称为市净率(市净率=每股市价÷每股净资产)。可见,当每股净资产一定时,股票投资价值的大小可通过市净率的高低予以说明。

(3)由于会计上执行历史成本计量原则,使得该比率可能难以说明公司股票的真实财富含量。具体说,当公司净资产的历史成本低于其现行公允价值时,该比率所反映的股票财富含量将低于其真实财富含量,反之,该比率所反映的股票财富含量将高于股票的真实财富含量。

二、财务预警分析

财务预警分析的方法通常有定性分析法和定量分析法两大类。这两大类方法的区别主要在于：是否将预测的结果加以数量化。采用定性分析法所得出的结果是一种判断,而采用定量分析法则可以测得财务危机的警度数值。

(一)定性分析方法

财务预警的定性分析方法主要有如下几种：

1. 标准化调查法

该方法又称风险分析调查法,即通过专业人员、咨询公司、协会等,就企业可能遇到的问题加以详细调查与分析,并形成报告文件,以供企业经营者参考的一种方法。

2. "四阶段症状"分析法

该方法即把企业财务运营病症大体分为四个阶段,而且每个阶段都有其典型症状。如果企业有相应情况发生,就一定要尽快弄清病因,采取相应措施,以摆脱财务困境,恢复财务正常运作。如图 7-3 所示。

①盲目扩张 ②无效市场营销 ③疏于风险管理 ④缺乏有效的管理制度,企业资源分配不当 ⑤无视环境的重大变化	①自有资本不足 ②过分依赖外部资金,利息负担重 ③缺乏会计的预警作用 ④债务拖延偿付	①经营者无心经营业务,专心于财务周转 ②资金周转困难 ③债务到期违约不支付	①负债超过资产丧失偿付能力 ②宣布倒闭
财务危机潜伏期	财务危机发作期	财务危机恶化期	财务危机实现期

图 7-3　"四阶段症状"分析图

3. "三个月资金周转表"分析法

判断企业"病情"的有力武器之一,就是要看看有没有制定三个月的资金周转表。是否制定资金周转的三个月计划表,是否经常检查结转下月的资金余额对总收入的比率以及销售额对付款票据兑现额的比率和考虑资金周转问题,对维持企业的生存极为重要。该种方法的基本思路是:当销售额逐月上升时,兑现付款票据极其容易;相反,如果销售额每月下降,已经开出的付款票据也就难以支付。该种方法的判断标准有两个:一是如果制定不出三个月的资金周转表,这本身就已经是个问题了;二是倘若已经制好了该表,就要查明转入下一个月的结转额是否占总收入的 20% 以上,付款票据的支付额是否占销售额的 60% 以下(批发商)或 40% 以下(制造业)。可见,该种方法的实质就是企业面临变幻无穷的理财环境,要经常准备好安全度较高的资金周转表,假如连这种应当办到的事也做不到,就说明这个企业已经处于紧张状态了。

4. 流程图分析法

该方法通过制定企业流程图,来识别企业生产经营和财务活动的关键点,以暴露潜在的风险。在整个企业生产经营流程中,即使仅一两处发生意外,都有可能造成损失,使企业难以达到既定目标。如果在关键点上出现堵塞或发生损失,将会导致企业全部经营活动终止或资金运转终止。在这个图中,每个企业都可以找到一些关键点,看到如果在这些关键点上发生故障,损失将怎么样,有无预先防范的措施等,这是一种对潜在风险的判断与分析。当然,企业还可以把类似的流程图画得更详细一些,以便更好地识别可能的风险。一般而言,在关键点处应采取防范措施,才可能降低风险。

5. 管理评分法

美国仁翰·阿吉蒂在对企业的管理特性以及破产企业存在的缺陷进行调查中,对几种缺陷、错误和征兆进行了对比打分,还根据对破产过程产生影响的大小程度对它们作了加权处理。如表 7-14 所示。

303

表 7-14　　　　　　　　　　　管理评分法

项　目		评　分	表　现
缺点	管理方面	8	总经理独断专行
		4	总经理兼任董事长
		2	独断的总经理控制着被动的董事会
		2	董事会成员构成失衡,比如管理人员不足
		2	财务主管能力低下
	财务方面	1	管理混乱,缺乏规章制度
		3	没有财务预算或不按预算进行控制
		3	没有现金流转计划或虽有计划但从未适时调整
		3	没有成本控制系统,对企业的成本一无所知
		15	应变能力差,过时的产品、陈旧的设备、守旧的战略
合　计		43	及格:10分
错误		15	欠债过多
		15	企业过度发展
		15	过度依赖大项目
合计45			及格:15分
症状		4	财务报表上显示不佳的信号
		4	总经理操纵会计账目,以掩盖企业滑坡的实际
		3	非财务反映:管理混乱、工资冻结、士气低落、人员外流
		1	晚期迹象:债权人扬言要诉讼
合计12			
总　计		100	

用管理评分法对企业经营管理进行评估时,每一项得分要么是零分,要么是满分,不容许给中间分。所给的分数就表明了管理不善的程度。参照表中各项进行打分,分数越高,则企业的处境越差。在理想的企业中,这些分数应当为零。如果评价的分数总计超过25分,就表明企业正面临失败的危险;如果得分总数超过35分,企业就处于严重的危机之中;企业的安全得分一般小于18分。因此,在18~35分之间构成企业管理的一个"黑色区域"。如果企业所得评价总分位于"黑色区域"之内,企业就必须提高警惕,迅速采取有效措施,使总分数降低到18分以下的安全区域之内。从上述评价项目可知,管理评分法是基于这样一个前提:即企业失败源于企业的高级管理层。该方法简明易懂、有效。当然,其效果还取决于评分者是否对被评分公司及其管理者有直接、相当的了解。

(二)定量分析法

财务预警的定量分析方法主要有如下几种:

1. 财务指标分析法

该方法通过对企业财务指标的计算与分析,对企业财务状况做出判断。如通过对流动比率、速动比率、现金比率、资产负债率、总资本收益率、利息保障倍数、流动资金周转率、存货周转率、应收账款周转率、应付款项周转率等财务指标的计算与综合分析，了解企业已存在的财务风险。

2. 盈亏平衡分析法

该方法运用量本利原理对企业财务农况进行分析和做出判断。运用这种方法对企业财务状况进行预警，就需要计算经营安全边际率。经营安全边际率的计算公式如下：

经营安全边际率=（现有或预计销售额一保本销售额）/现有或预计销售额

由于企业的安全率是由经营安全边际率和资金安全率两个指标交集而成的，因此运用盈亏平衡分析法对企业财务状况进行预警时，还需要计算资金安全率。

资金安全率的计算公式如下：

资金安全率=资产变现率-资产负债率

其中，资产变现率=资产的变现金额/资产的账面金额

一般说来，当经营安全边际率和资金安全率均大于 0 时，则表明企业经营和财务均处于良好状态，可以适当采取扩张性策略；当资金安全率大于 0，而经营安全边际率小于 0 时，则表明企业的财务状况暂时较好，但营销能力不足，因此应加强营销管理与市场开拓，以增强企业的盈利能力；当企业安全边际率大于 0，而资金安全率小于 0 时，则表明企业财务状况已暴露出险兆，因此积极创造自由资金、开源节流和改善资本结构，就成为企业的首要任务；当这两个安全边际率指标均小于 0 时，表明企业的经营已陷入危险的境地，随时有爆发财务危机的可能。

3. 概率分析法

该方法运用概率原理，通过计算权益资本利润率的期望值、标准离差和标准离差率，对企业财务状况做出判断。权益资本利润率的标准离差和标准离差率越大，企业的安全性就越小，风险就越大；反之，风险就越小。

4. 敏感性分析法

该方法通过分析各种风险因素对企业财务状况影响的程度，对企业财务状况做出判断。如分析价格、产量、成本等因素的变动对企业利润影响的程度，据此对企业财务风险有一个量的解释。

5. 爱德华·尔特曼（Attman）的 z 计分模型

其基本思想是：把所选择的五种财务比率，运用多离差分析法，合并入一个线性方程，以求得 z 值，并据此对企业的安全性作出判断。这一模型的表达式如下：

$$z=0.012\,a+0.014b+0.033c+0.006d+0.999e$$

式中：a=流动资产/总资产；

　　　b=留存收益/总资产；

　　　c=息税前利润/总资产；

　　　d=账面资产净值/总负债；

　　　e=销售额/总资产。

z 值的经济意义是:当 $z<1.81$ 时,则表明企业处于破产状态;当 $1.81<z<2.99$ 时,则表明企业将面临财务危机;当 $z>2.99$ 时,则表明企业经营稳健。

6. 日本开发银行的多变量分析模型

与上述 z 计分模型基本相同,所不同的只是构成模型的各个变量。日本开发银行调查部选择了东京证券交易所 310 家上市公司作为研究对象,建立破产模型,进行财务困境预测。这一模型是:

$$z=2.1a+1.6b-1.7c-d+2.3e+2.5f$$

式中:a 表示销售额增长率;b 表示总资本利润率;c 表示他人资本分配率;d 表示资产负债率;e 表示流动比率;f 表示粗附加值生产率(为折旧费、人工成本、利息与利税之和与销售额之比)。其中,c 和 d 的系数是负数,表明他人资本分配率和资产负债率越小,风险越小。

z 值的经济意义是:z 值越大,企业越是"优秀";相反,则是"不良"的象征,并把 $0\sim10$ 的区间,定为可疑地带,即灰色区域。

三、财务分析报告

(一)财务分析报告的含义与作用

财务分析报告是指财务分析主体对企业在一定时期筹资活动、投资活动、经营活动中的盈利状况、营运状况、偿债状况等进行分析与评价所形成的书面文字报告。

财务分析的主体可能是经营者,也可能是财务分析师或其他与企业利益相关者。企业的投资者、债权人和其他部门在进行投资、借贷和其他决策时,并不能完全依据经营者财务分析报告的结论。这些部门的财务分析人员或聘请的财务分析专家,会提供自己的财务分析报告,为其决策者进行决策提供更客观的资料。例如政府部门的财务分析报告可为国家进行国民经济宏观调控和管理提供客观依据。当然,应当指出,企业外部分析主体的财务分析报告并不一定针对一个企业进行全面分析,它可能针对某一专题对许多企业进行分析。如银行可根据对众多企业偿债能力的分析,形成关于企业偿债能力状况的财务分析报告,为领导者进行借贷决策提供依据。

总之,财务分析报告是对企业财务分析结果的概括与总结,它对企业的经营者、投资者、债权人及其他有关单位或个人了解企业生产经营与财务状况,进行投资、经营、交易决策等都有着重要意义。

第一,财务分析报告为企业外部潜在投资者、债权人、政府有关部门评价企业经营状况与财务状况提供参考。企业外部潜在投资者、债权人和政府部门等从各自分析目的出发,经常对企业进行财务分析。他们分析的最直接依据是企业财务报表,但企业财务分析报告能提供许多财务报表所不具备的资料,因此企业财务分析报告也就成为企业外部分析者的重要参考资料。

第二,财务分析报告为企业改善与加强生产经营管理提供重要依据。企业财务分析全面揭示了企业的盈利能力、运营效率、支付及偿债能力等方面取得的成绩和存在的问题或不足,为企业改善经营管理指明了方向,提供了信息依据。企业可针对财务分析报告中提出的问题,积极采取相应措施加以解决,这对于改善企业经营管理,提高财务运行质量和经济效益有着重要作用。

第三,财务分析报告是企业经营者向董事会和股东会或职工代表人会汇报的书面材料。财务分析报告全面总结了经营者在一定时期的生产经营业绩,说明了企业经营目标的实现程度或完成情况,揭示了企业生产经营过程中存在的问题,提出了解决问题的措施和未来的打算。董事会和股东会根据财务分析报告对经营者进行评价和奖惩。

(二)财务分析报告的格式与内容

财务分析报告的格式与内容,根据分析报告的目的和用途的不同可能有所不同。如专题分析报告的格式与内容和全面分析报告的格式与内容就不同;月度财务分析报告与年度分析报告的格式与内容也可能有区别。这里仅就全面财务分析报告的一般格式与内容加以说明。

全面财务分析报告的格式比较正规,内容比较完整。一般来说,全面财务分析报告的格式与内容如下:

1. 基本财务情况反映

这一部分主要说明企业各项财务分析指标的完成情况,包括:①企业盈利能力情况,如利润额及增长率、各种利润率等;②企业营运状况,如存货周转率、应收账款周转率、各种资产额的变动和资产结构变动、资金来源与运用状况等;③企业权益状况,如企业负债结构、所有者权益结构的变动情况以及企业债务负担情况等;④企业偿债能力状况,如资产负债率、流动比率、速动比率的情况等;⑤企业产品成本的升降情况等。对于一些对外报送的财务分析报告,还应说明企业的性质、规模、主要产品、职工人数等情况,以便财务分析报告使用者对企业有比较全面的了解。

2. 主要成绩和重大事项说明

这一部分在全面反映企业总体财务状况的基础上,主要对企业经营管理中取得的成绩及原因进行说明。例如:利润取得较大幅度的增长,主要原因是通过技术引进和技术改造提高了产品质量、降低了产品消耗、打开了市场销路等;企业支付能力增强、资金紧张得以缓解、主要原因是由于产品适销对路、减少了产品库存积压、加快了资金周转速度;等等。

3. 存在问题的分析

这是企业财务分析的关键所在。一个财务分析报告如果不能将企业存在的问题分析清楚,分析的意义和作用就不能很好发挥,至少不能认为这个分析报告是完善的。问题分析,一要抓住关键问题,二要分清原因。例如,假设某企业几年来资金一直十分紧张,经过分析发现,问题的关键在于企业固定资产投资增长过快,流动资产需求加大,即资产结构失衡。又如企业产品成本居高不下,主要原因在于工资增长水平快于劳动生产率的增长水平等。另外,对存在的问题应分清是主观因素引起的,还是客观原因造成的。

4. 提出改进措施意见

财务分析的目的是为了发现问题并解决问题。财务分析报告对企业存在的问题必须提出切实可行的改进意见。如对于企业资产结构失衡问题，解决的措施是或减少固定资产，或增加流动资产。在企业资金紧张、筹资困难的情况下，可能减少闲置固定资产是可行之策。因为在资金本来十分紧张的情况下，再要加大流动资产，势必加剧资金紧张，不利于问题的解决。

应当指出，财务分析报告的结构和内容不是固定不变的，根据不同的分析目的或针对不同的服务对象，分析报告的内容侧重点可以不同。有的财务分析报告可能主要侧重于第一部分的企业财务情况反映，有的则可能侧重于存在问题分析及提出措施意见。

(三)财务分析报告的编写要求

明确了财务分析报告的格式与内容，并不意味着能编写出合格的财务分析报告。编写财务分析报告人员不仅需要具备财务分析的知识，而且要具有一定的文学写作水平。在此基础上，编写财务分析报告还要满足以下基本要求：

1. 突出重点、兼顾一般

编写财务分析报告，必须根据分析的目的和要求，突出分析的重点，不能面面俱到。即使是编写全面分析报告，也应有主有次。但是突出重点并不意味着可以忽视一般，企业经营活动和财务活动都是相互联系、互相影响的，在对重点问题的分析时，兼顾一般问题，有利于做出全面正确的评价。

2. 观点明确、抓住关键

对财务分析报告的每一部分的编写，都应观点明确，指出企业经营活动和财务活动中取得的成绩和存在的问题，并抓住关键问题进行深入分析，搞清主观原因和客观原因。

3. 注重时效、及时编报

财务分析报告具有很强的时效性，尤其对一些决策者而言，及时的财务分析报告意味着决策成功了一半，过时的财务分析报告将失去意义，甚至产生危害。在当今信息社会中，财务分析报告作为一种信息媒体，必须十分注重其时效性。

4. 客观公正、真实可靠

财务分析报告编写得客观公正、真实可靠，是充分发挥财务分析报告作用的关键。如果财务分析报告不能做到客观公正，人为地夸大某些方面，缩小某些方面，甚至搞弄虚作假，则会使财务分析报告使用者得出错误结论，造成决策失误。财务分析报告的客观公正、真实可靠，既取决于财务分析基础资料的真实可靠，又取决于财务分析人员能否运用正确的分析方法，客观公正地进行分析评价，两者缺一不可。

5. 报告清楚、文字简练

报告清楚主要包括三个方面：一是指财务分析报告必须结构合理、条理清晰；二是指财务分析报告的论点和论据清楚;三是指财务分析报告的结论要清楚。文字简练是指在财务分析报告编写中,要做到言简意赅,简明扼要。当然,报告清楚与文字简练应相互兼顾,做到简练而又清楚,清楚而又简练。既不能为了清楚搞长篇大论,又不能为了简练而使报告不清楚。

第八章
财务预算与控制

　　全面预算管理是利用全面预算对企业内部各部门、各单位的各种财务及非财务资源进行分配、考核、控制,以便有效地组织和协调企业的各种经济活动,完成既定的经营目标的管理工作。全面预算管理是公司财务的重要内容。本章介绍全面预算管理的原理和技术方法,重点阐述全面预算管理的含义和意义,全面预算管理的系统构成,全面预算的编制等问题。

第一节　全面预算管理

一、预算管理概述

（一）预算管理的含义

1. 预算管理的起源和发展

　　早在 18 世纪,英国和美国就先后出现了预算管理方式,但当时主要是为了配合政府部门控制开支的需要,还缺乏一套科学管理的办法。直到 20 世纪初,随着标准成本会计的出现,在企业内部推行预算管理才有了可靠的基础,预算管理逐渐发展成为一套科学管理的办法。1921 年美国颁布《预算与会计法案》,进一步扩大了预算控制思想的影响。1922 年,美国学者麦金西出版了《预算控制》,第一次系统地阐述了实行科学的预算控制方面的问题。如今,预算控制已成为企业管理的基本工具,美国几乎所有的大型公司都运用了这一方法。

　　我国早在周王朝的官厅会计中就已经存在预算制度,当时主要是用以计划王室收支,这一制度为以后的历代王朝所效仿。19 世纪 60 年代后,预算管理的做法也被广泛地应用于民族工业企业,许多早期的民族工业先驱对预算管理有着深刻的认识和理解,如:张謇认为,"制定预算,以专责成,事有权限";穆藕初认为,"事前无预算、临事无研究、事后无觉察、谓之无管理";卢作孚认为,"无计划勿行动、无预算勿开支""预算为事业中的财务问题之一,但涉及事业的全部财务问题"。

　　随着我国市场经济的健全和完善,越来越多的企业在不断摸索中逐渐认识到预算管理是行之有效的企业管理模式,因而借鉴西方企业的做法,建立起预算控制制度。

近年来,全面预算管理在企业制度建设中的意义,受到政府和业界的广泛关注。2002年,财政部颁发了《关于企业实行财务预算管理的指导意见》,以促进企业建立、健全内部约束机制,进一步规范企业财务管理行为。但是,从多数已开始实施预算管理的企业来看,实际运行中在预算组织、预算观念、预算制度、管理环节、预算编制方法和预算监控等方面还存在不少缺陷,有待进一步在实践中健全和完善。

2. 预算管理的含义

财务预算是指在财务预测、财务决策的基础上,围绕企业战略目标,对一定时期内企业资金的取得和投放、各项收入和支出、企业经营成果及其分配等资金运动所做的具体安排。利用财务预算对企业内部各部门、各单位的各种财务及非财务资源进行分配、考核、控制,以便有效的组织和协调企业的各种经济活动,完成既定的经营目标,称为全面预算管理。完整、科学地把握全面预算的内涵应当注意:

(1)企业预算尽管形式上表现为一系列的价值指标和财务表格,但它并不仅仅是财务方面的预算,更不只是财务部门一家的预算。预算不是会计师为会计目的准备的会计工具,而是为确保企业战略目标实现的组织手段。全面预算管理是现代企业管理的基本制度之一,管理对象包容了企业的所有部门和所有经济活动,因此,需要得到全体员工的重视和参与。

(2)一个完善、有效的企业全面预算管理系统,通常包括预算管理的目标、组织体制、预算范围和内容、预算编制方法和预算保障制度等要素。

(3)在预算管理实践中,应坚持三个原则:坚持效益优先原则,实行总量平衡,进行全面预算管理;坚持积极稳健原则,确保以收定支,加强财务风险控制;坚持权责对等原则,确保切实可行,围绕经营战略实施。

(二)全面预算管理的功能和作用

1. 全面预算管理的基本功能

全面预算管理的基本功能,归纳起来大致有以下四个方面:

(1)确立目标。编制预算,实质上是根据企业的经营目标与发展规划制定近期(预算期)各项活动的具体目标。通过目标的建立,引导企业的各项活动按预定的轨道运行。

(2)整合资源。通过编制预算,可以使企业围绕既定目标有效的整合资金、技术、物资、市场渠道等各种资源,以取得最大的经济效益。

(3)沟通信息。预算管理过程,是企业各层次、各部门信息互相传达的过程。全面预算管理为企业内部各种管理信息的沟通提供了正式和有效的途径,有助于上下互动、左右协调,提高企业的运作效率。

(4)评价业绩。各项预算数据提供了评价部门和员工实绩的客观标准。通过预算与实绩的差异分析,还有助于发现经营和管理的薄弱环节,从而改进未来工作。

2. 全面预算管理的作用

在市场经济条件下,全面预算管理除了以上四方面的基本功能外,还能发挥以下重要作用：

（1）有助于现代企业制度的建设。预算是通过企业内部各个管理层次的责任和权利安排，以及相应的利益分配来实施的管理机制。全面预算管理对规范出资者和经营者的关系，提供了制度保障。通过预算制约来有效的规范企业的财务关系，正体现了现代企业制度的内在要求。预算管理机制能体现公司内部决策、执行与监督权的适度分离：股东会和董事会批准预算实际上是对决策权的行使，管理层实施预算方案是对公司决策的执行，内审机构、审计委员会、监事会等则行使监督权，对预算实施进行事中监督和事后分析，这就理顺了决策制定与决策控制的关系。预算管理的重要环节，如预算编制、预算审批、预算协调等，还明确界定了各个层次的管理权限与责任。同时，全面预算制度也为出资者对经营者履行受托责任的考核提供了依据。

（2）有助于企业战略管理的实施。全面预算管理是现代企业战略管理的重要形式。通过预算管理，可以统一经营理念，明确奋斗目标，激发管理的动力、增强管理的适应能力，确保企业核心竞争能力的提高。

（3）有助于现代财务管理方式的实现。实施预算管理，是企业实现财务管理科学化、规范化的重要途径。全面预算把现金流量、利润、投资收益率等指标作为管理的出发点与归宿，强调价值管理和动态控制，为财务管理目标的实现奠定了坚实的基础。同时，实行全面预算管理，将成本控制和财务预算有机结合起来，由孤立单项的从企业内部降低费用支出，转向通过市场化的方式和资源共享的方式降低费用支出，树立了成本控制的新理念。此外，健全的预算制度增强了财务管理的透明度，更好地树立了现代财务管理的形象。

（4）有助于强化内部控制和提高管理效率。在企业实施分权管理的条件下，全面预算管理既保证了企业内部目标的一致性，又有助于完善权力的规范管理，强化内部控制，提高管理效率。

二、全面预算管理系统

一个完善、有效的企业全面预算管理系统，通常包括预算管理的目标、预算范围和内容、组织体制、预算编制方法和预算保障制度等要素。

（一）预算目标

1. 预算目标的意义

预算目标是全面预算体系的第一要素，从形式上看，预算目标表现为由多个单项预算组成的责任指标体系。但从本质上说，预算目标是企业战略目标的体现，预算管理是对未来战略的管理，一定时期内的预算管理是企业实现长期发展战略的基石。企业一旦选择了战略重点，同时也就决定了预算目标的基础目标，它是各个管理层次做出的各种决策的财务数量说明，也是各个责任单位经济责任的约束依据。为了使企业稳定持续发展，预算管理就应重视制定长期、连续的规划，避免急功近利。

企业实施全面预算管理，首先要确定预算的目标。确定预算目标能将企业的努力方向具体化、数量化,变成各部门、各层次职工的行动准则。其结果是不仅明确了企业的工作重点,而且提供了评价工作绩效的标准。预算目标的确定恰当与否,关系到全面预算管理体系是否有效,其重要性是不言而喻的。由于预算是决策结果的具体化,因此,预算目标应该是决策目标的具体化,必须服从决策目标的要求。

2. 预算目标的特性

预算目标应具有以下特性:

(1)可行性。预算目标应该反映企业未来可能实现的最佳水平,既先进又合理。应避免两种倾向:一是定位过高。这容易导致预算难以实现,缺乏可操作性;二是定位过低。太容易实现,丧失了预算的作用。如果将预算目标比喻成树上的苹果,那么它应该是跳起来可以摘到的,而不是不用跳就可以摘到,或是无论怎么跳也摘不到。

(2)客观性。在确定预算目标时必须以客观存在的市场环境、技术发展状况等为背景,以现实参数为依据,不能脱离现实、单凭拍脑袋想当然乱定目标。

(3)有效性。预算目标应起到明确责任、有效激励的作用。企业通过责任中心的建立,将企业的总预算目标层层分解为责任单位的责任预算目标,最终将责任落实到每个人的身上,使每个人都明确自身的责任,把握努力的方向。预算目标确立后,既是预算执行的控制标准,又是业绩考核的标准,根据实际数与预算目标的对比,进行差异分析,确定预算执行单位的业绩好坏并实施相应的奖惩措施,从而实现有效的激励。

(4)全面性。预算目标应既包括财务预算目标又包括非财务预算目标。从能使企业竞争成功的角度看,企业开发和提升自身无形资产的能力,有时比投资和管理有形资产的能力更加重要。新产品生产线、雇员的技术和积极性、客户的忠诚度、数据库和信息系统的可靠性等,往往是企业取得竞争成功的关键因素,但是它们通常被排除在财务报表之外,因为很难准确予以计量。竞争成功是企业的战略目标之一,作为战略目标的阶段性体现,预算目标理应考虑这些能使企业竞争成功的关键因素,确定相应的非财务目标。另外,在企业的不同发展阶段,由于其战略取向不同,预算目标必然会有所差异。

3. 预算目标的内容

预算目标包括财务目标与非财务目标两大类,处理好这两者的关系非常重要。财务目标是预算目标体系的核心,但同时也不能忽视对非财务目标的控制。为了有效地构建预算目标体系,可以借鉴平衡记分卡原理,综合考虑四个关键领域——财务绩效、顾客满意度、内部营运效率和学习与成长。这四个领域实际上是给企业认识自我和认识经营环境提供了多种角度。对财务绩效目标而言,实际上是从财务管理认识企业如何满足股东;对顾客满意度目标而言,是从内部环境的角度认识企业擅长什么;对学习与成长目标而言,是从创新和学习角度来认识企业能否继续提高价值。在财务绩效目标中,还要对盈利目标、资产负债目标、现金流量目标和综合财务目标等方面的具体指标做有效的设计。确定财务目标的困难之处在于采用哪些具体指标最能充分体现预算管理的本质要求。无论安排哪些预算指标,都要兼顾企业增长、投入回报(盈利)和风险控制三者的平衡,使它们相辅相成、互相促进,而不是顾此失彼,从而保证企业可持续发展,降低经营和管理风险。

（二）预算的范围和内容

全面预算管理的一个基本原则是:企业一切经济活动都应纳入预算管理的范畴。因此,企业的预算内容十分丰富,可以根据不同的特征进行区分。

一是根据预算管理的功能,预算可以分为经营预算和管理预算。其中:经营预算是企业高层次的、宏观的、确定基本政策的预算;管理预算是企业低层次的、微观的、具体执行性的预算。

二是根据预算的对象,企业预算可分为综合预算和分项预算。其中:综合预算以公司总体经营、投资和财务活动为对象;分项预算以公司下属部门(分公司、子公司、职能处理室等)为对象。综合预算由分项预算汇总而成。

三是根据预算涉及时间的长短,企业预算有长期、中期和短期预算之分。为避免短期预算使管理人员过分局限于短期经营业绩的倾向,在编制短期预算的同时,还应编制三到五年的长期预算。但由于未来的变数太大,需要注意长期预算的有效性。

四是根据预算涉及的时期,企业预算又有期间预算和项目预算之分。其中项目预算是指对于每个项目都确定出相应的金额,并且授权管理人员对于特定项目其花费的费用不能超过所确定的金额的预算方式。通过项目预算可以有效地实施决策分权后的行为控制。

五是根据预算影响范围的大小,企业预算可分为资本预算、业务预算、部门预算和综合预算。

通常,全面预算体系构成是指:①业务预算,包括销售预算、生产预算、直接材料预算、直接人工预算、制造费用预算、销售和管理费用预算、产品成本预算等;②资本预算,包括投资预算和融资预算;③现金预算,包括现金收支预算、现金余缺处置预算;④预计财务报表,包括预计资产负债表、预计利润表、预计现金流量表。预计财务报表又称总预算。全面预算体系的构成及其内在关系如图8-1所示。

（三）预算编制的程序

预算编制是全面预算管理过程中的一个重要环节。预算编制质量的好坏直接影响预算的执行结果,也影响对预算执行者的业绩考评。预算编制流程大致上可以分为以下两种基本类型:

1. 自上而下模式

这种模式按照"上下结合、分级编制、逐级汇总"的原则,"两下一上"的程序进行预算编制。其基本步骤是:

(1)下达目标。企业董事会或经理办公会根据企业发展战略和预算期经济形势的预测,做出相关决策,提出企业预算期的财务和非财务目标,并确定预算编制的政策,由预算管理委员会下达各预算执行单位。

(2)编制上报。各预算执行单位按照预算管理委员会下达的预算目标和编制政

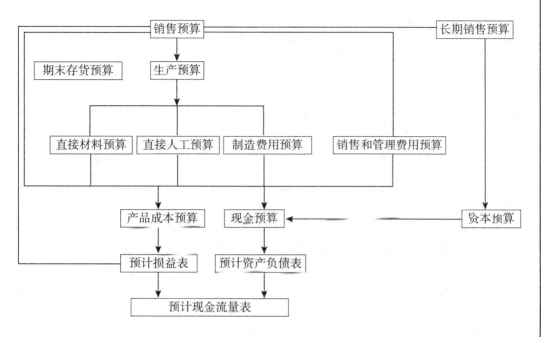

图 8-1　全面预算体系

策,结合自身特点以及预测的执行条件,提出详细的本单位预算实施方案,上报预算管理委员会。

（3）审查平衡。预算管理委员会对各预算执行单位上报的预算实施方案进行审查、汇总,提出综合平衡的建议。在审查、平衡过程中,预算管理委员会进行充分协调,对发现的问题提出初步调整的意见,并反馈给有关预算执行单位予以修正。

（4）审议批准。在讨论、调整的基础上,预算管理委员会将企业年度预算草案提交董事会或股东大会审议批准。

（5）下达执行。预算管理委员会将已获董事会或股东大会批准的年度总预算,分解成各部门、分公司预算。

（6）各部门、分公司将下达的预算指标分解到各基层预算单位,逐级下达执行。

自上而下模式的优点是:企业决策的集中度较高,编制过程耗用时间较少。但由于预算执行单位的决策参与性较弱,各职能部门之间的信息交流和沟通也不够,影响了预算管理功能的发挥。

2. 自下而上模式

这种模式实际上按"两上一下"的程序进行预算编制。其基本步骤是:

（1）董事会或经理层组织预算工作讨论会,确定预算目标。

（2）预算管理委员会拟订并发布预算大纲。

（3）基层预算单位拟订预算并逐级汇总。

（4）预算管理委员会根据各部门、分公司编制的预算草案,组织预算协调会议,汇总成全企业的预算草案。

（5）董事会或经理办公会初审集团预算草案，决定是否再次调整预算。

（6）股东大会或董事会审定通过预算。

（7）预算管理委员会发布预算执行指令。

自下而上式预算来自下属预算主体的预测，总部只设定目标和监督目标的执行结果，而不过多的介入过程的控制。这种模式能发挥下级单位的积极性，强化其参与意识，使部门和员工具有管理的认同感。

在实务中，往往将上述两种模式结合起来，形成"两上两下"的流程。此外，还可以见到其他形式。在预算的编制流程方面，并没有一个适合所有企业的"最佳"模式，只能根据企业的管理基础和经营特点选择最理想的程序，并随着内外部环境的改变进行相应的调整。

关于预算编制流程问题，还要说明几点：①在预算编制前，一般首先由企业最高决策层提出预算编制方针，在预算编制方针和目标利润的指引下，按着一定的程序和方法进行预算编制。②预算编制可能要经过自上而下和自下而上的多次反复，这样才能使最终的预算既符合企业的整体利益，利于各部门之间的互相协调，又适合基层单位的具体情况，避免由于高层管理人员的主观决定造成脱离实际的结果。预算的编制不只是某一部门的责任，它涉及企业每一个部门、每一位员工，企业每一个部门和每一位员工都应关心并积极支持、参与预算的编制。③对于负责某责任中心支出和收入的经理人员，是否参与编制部门预算的问题，理论界和实务界都存在着许多争论。但在通常情况下，这些责任中心的经理或多或少的对预算的内容会有所影响，影响的程度因企业的特点和管理方式的不同而不同。例如，有的企业的高层管理者接受的是强制性的管理观念，对下属进行的是压迫式的管理，这样下属就很少能直接参与到预算编制中，因此，对预算的内容影响就小。如果由经理人员对本部门的预算负全责的话，那么他编制的预算很有可能对本部门是有利的，却不一定为整个公司带来最大利益。如销售部门自己制定预算，很有可能将销售目标定位在最容易实现的水平上，显然这一水平不能给企业带来最佳经济效益，高层管理者是不会满意的。虽然目前对经理人员是否参与本部门的预算编制并无定论，但有一点是肯定的，一个责任中心的管理者对本责任中心的了解程度和控制能力应该强于责任中心外的其他管理人员，责任中心的管理者至少应当在本部门的预算编制过程中有一定程度的参与，这样才是合理的。④各部门预算是在预算编制方针的指引下，根据预算管理委员会的要求编制，编制后经过自下而上的协商，最后形成综合预算。综合预算通常以预计资产负债表和预计损益表的形式体现，综合预算中的信息是各个分预算的高度概括和总结。它以浅显易懂的形式表明了公司的目标，而且能够与实际的资产负债表和收益表进行比较。

（四）预算管理组织体制

企业预算管理组织体系由预算管理网络和预算责任网络构成，它们在预算管理过程中起着主导作用。

1. 预算管理网络

公司制企业中股东大会、董事会、监事会、总经理层这四个法定机构为预算管理提供了基本的组织框架,但还必须在这一组织框架下设立满足企业预算管理需要的职能机构。在西方企业中,大致有专门预算部门、独立的预算协调机构、预算管理委员会、机动的专项小组和首席预算官五种形式,最常见的是设立预算管理委员会,并建立相应的辅助机构。

预算管理委员会是企业内部涉及预算事项的最高权力机构,通常由董事长或总经理任主任,吸纳企业内各相关部门的主管,如主管销售、生产、财务的副总经理或重要部门负责人等人员组成。委员会的大小取决于企业规模、内部单位的预算参与程度及高层管理人员的管理风格等。预算管理委员会在预算管理组织体系中居于领导核心地位,受董事会领导,对董事会负责。预算管理委员会的主要职能是设定和批准整个企业及主要经营部门的预算目标,解决预算编制过程中可能出现的冲突和分歧,监控预算的实施并在预算期末评价经营成果,并审批预算期内对预算的重大调整。

预算委员会的具体职责是:①根据董事会决定的经营方针,制定预算规划;②确定预算期内的预算管理重点内容及其责任单位;③批准下达各部门预算定额,督促各部门根据公司预算编制程序规定,按时编制部门预算草案和定期提供预算执行结果;④审定公司年度预算,报董事会(股东大会)批准实施;⑤协调公司预算管理有关问题,向董事会提交公司预算报告;⑥审查年内重大预算调整项目和预算追加项目;⑦评价认定预算执行情况,审定公司年度决算,并提出考核奖惩意见,报董事会(股东大会)批准。

除预算管理委员会外,企业还需要设置预算专职部门,通常由财务部承担预算专职部门的职责。预算专职部门直接隶属于预算管理委员会,以确保预算机制的有效运作。设立预算专职机构的必要性在于:①预算管理委员会的成员大部分是由各责任中心的负责人兼任,预算草案由各部门分别提供,在提交企业最高管理当局批准前,需要进行必要的审查、协调与综合平衡,因此需要预算专职机构来具体负责预算的汇总编制,并处理日常管理事务;②在预算执行过程中,需要及时发现可能存在的提高经济效益的方法,以及责任单位为完成预算目标而采取短期行为的现象;③预算执行的控制、差异分析、业绩考评等职责不可能由责任单位或预算管理委员会来承担。在所有需要参与预算编制的责任单位,都应设预算员。预算员对所在责任单位负责,其业务则受预算管理委员会及预算专职机构指导。作为公司内部最高监督机构的监事会,应对预算的确定和执行承担监控职责。

需要指出的是:全面预算是由企业不同部门的当事人共同组织执行的,是一个综合性的管理系统,不能将财务计划视为全面预算,更不能以财务管理部门取代全面预算管理组织。在全面预算管理体系中,财务部门以外的其他职能部门具体负责本部门业务涉及的预算的编制、执行、分析、控制等工作,并配合预算委员会做好企业总预算的综合平衡、协调、分析、控制、考核等工作。其主要负责人参与企业预算委员会的工作,并对本部门预算执行结果承担责任。

317

2. 预算责任网络

预算责任网络以企业组织结构为基础,本着高效、经济、权责分明的原则建立,是预算的责任主体。它由投资中心、利润中心、成本中心组成。确定责任中心是预算管理的一项基础工作,企业根据其组织结构形式,形成适合自身特点的预算责任网络,并明确网络内各管理层次的预算职责,使预算责任网络有效运转。

预算责任网络的构成与企业组织结构的类型直接相关。企业组织结构一般可分为纵向组织结构和横向组织结构两种,在这两种不同的组织结构下,预算责任网络也有不同的形式。

(1)纵向组织结构的预算责任网络。纵向组织结构,即直线职能制组织结构,其特点是以整个企业作为投资中心,总经理对企业的收入、成本、投资全面负责,所属各部门、分公司及基层预算单位均为成本中心,只对各自的责任成本负责。这种组织结构权力较集中,下属部门自主权较小。

在纵向组织结构下,企业预算自上而下逐级分解为各成本中心责任预算,各成本中心的责任人对其责任区域内发生的责任成本负责。基层成本中心定期将成本发生情况向上级成本中心汇报,上级成本中心汇总下属成本中心情况后逐级上报,直至最高层次的投资中心。投资中心定期向预算管理委员会汇报情况。

(2)横向组织结构的预算责任网络。横向组织结构,即事业部制组织结构,其特点是经营管理权从企业最高层下放,各事业部具有一定的投资决策权和经营决策权,成为投资中心。其下属分公司对成本及收入负责,成为利润中心。分公司下属的基层预算单位均为成本中心,对各自的责任成本负责。

在横向组织结构下,企业预算也逐级分解为各责任中心的责任预算。最基层的成本中心定期、逐级的将实际成本发生情况上报给上级成本中心,直至汇总到利润中心;利润中心则将成本中心责任成本与收入汇总上报至上级投资中心,各投资中心将责任预算完成情况汇总报告最高投资中心——总公司,由总公司的预算管理专门机构向预算管理委员会汇报。

不论是纵向组织结构还是横向组织结构,基层单位都应在企业预算管理机构的指导下,负责本单位责任预算的编制、控制和分析工作,并接受企业的检查和考核,基层单位负责人对本单位预算的执行结果承担责任。建立预算管理的组织体制预算编制的组织形式、编制程序和编制方法的设计,决定着预算组织工作的效率。

构筑预算保障制度,实施全面预算管理,关键是硬化预算执行,提高预算的控制力和约束力。而提高预算的控制力和约束力的关键,是落实管理制度。对此,许多企业采取了很多切实有效的措施:编制预算手册,详细载明谁应对提供各种形式的信息负责,何时提供信息,向谁提供信息以及信息应采取什么形式;建立资金调度会、预算执行情况分析会等例会制度;按照预算方案跟踪实施预算控制,严格执行预算政策;期终决算与预算相衔接,实施绩效考核;等等。为提高预算的控制力和约束力,还要增强预算的预见力和适应性。因此,在预算编制中,应量入为出、开源节流、综合平衡、留有余地。在预算执行过程中,要及时分析预算报告差异的主客观因素,适时提出纠正预算差异的对策,必要时调整个别预算方案。建立责任会计制度、完善内部核算体系,也是提高预算的控制力和约束力的重要途径。实施全面预算管理,需要全面提升各级、各类管理人员的素质,对财务人员也提出了更高的要求。预算管理从本质上要求财务人员必须在财务管理的广度、深度和力度上下功夫,树立"大财务"的观念,走出就"账"论"账"的狭小天地,尽力使企业每一种有限的资源都得到充分利用。

(五)财务预算的编制方法

企业应根据不同的预算项目,选择相应的预算编制方法。预算的编制方法很多,如固定预算、弹性预算、滚动预算、零基预算、概率预算等。其中固定预算是传统的预算编制方法,在日常预算工作中运用最广泛。但为提高预算编制的可靠性,还应积极的探索各种先进的预算编制方法:采用弹性预算,可以增加预算与实际执行结果的可比性,明确预算差异的责任;采用滚动预算,可以增强预算的动态性;采用零基预算,可以提高预算经费使用的有效性;采用概率预算,可以提高不确定条件下预算值的准确性。

1. 固定预算的方法

固定预算,又称静态预算,是指将预算期内正常的、可实现的某一业务量(如生产量、销售量)水平作为唯一基础来编制预算的方法。传统预算大多采用固定预算的方法。

固定预算方法的缺点:第一,过于机械呆板,因为编制预算的业务量基础是事先假定的某个业务量。在此方法下,不论预算期内业务量水平发生哪些变动,都只按事先确定的某一个业务量水平作为编制预算的基础。第二,可比性差,这是该方法的致命缺点。当实际的业务量与编制预算所依据的业务量发生较大差异时,有关预算指标的实际数与预算数就会因业务量基础不同而失去可比性。

固定预算只能适用于那些业务量水平较为稳定的企业或非营利组织编制预算时采用。

2. 弹性预算的方法

弹性预算,是为克服固定预算的缺点而设计的,又称变动预算或滑动预算。它是指在成本习性分析的基础上,以业务量、成本和利润之间的依存关系为依据,按照预算期可预见的各种业务量水平,编制能够适应多种情况的预算的方法。编制弹性预算所依据的业务量可以是产量、销售量、直接人工工时、机器工时、材料消耗量和直接人工工资等。

与固定预算相比,弹性预算具有两个显著的优点:第一,预算范围宽。弹性预算能够反映预算期内与一定相关范围内的可预见的多种业务量水平相对应的不同预算额,从而扩大了预算的适用范围,便于预算指标的调整。因为弹性预算不再是只适应一个业务量水平的一个预算,而是能够随业务量水平的变动作机动调整的一组预算。第二,可比性强。在预算期实际业务量与计划业务量不一致的情况下,可以将实际指标与实际业务量相应的预算额进行对比,从而能够使预算执行情况的评价与考核建立在更客观和可比的基础上,便于更好的发挥预算的控制作用。

弹性预算的适用范围:由于未来业务量的变动会影响到成本费用、利润等各个方面,因此,弹性预算从理论上讲适用于编制全面预算中所有与业务量有关的各种预算,但从实用角度看,主要用于编制弹性成本费用预算和弹性利润预算等。在实务中,由于收入、利润可按概率的方法进行风险分析,直接材料、直接人工可按标准成本制度进行标准预算,只有制造费用、推销及行政管理费等间接费用应用弹性预算频率较高,以至于有人将弹性预算误认为只是编制费用预算的一种方法。下面以弹性成本预算的编制来说明弹性预算的编制原理。

弹性成本预算需要在事先选择适当的业务量计量单位并确定其有效变动范围的基础上,按该业务量与有关成本费用项目之间的内在关系来编制。

(1)业务量的选择。编制弹性成本预算首先要选择适当的业务量。选择业务量包括选择业务量计量单位和业务量范围两部分内容。业务量计量单位应根据企业的具体情况进行选择。一般来说,生产单一产品的部门,可以选用产品实物量;生产多品种产品的部门,可以选用人工工时、机器工时等;修理部门可以选用修理工时等。以手工操作为主的企业应选用人工工时;机械化程度较高的企业选用机器工时更为适宜。

业务量范围是指弹性预算所适用的业务量范围。业务量范围的选择应根据企业的具体情况而定。一般来说,可定在正常生产能力的 70% ~ 110% 之间,或以历史上最高业务量和最低业务量为其上下限。

(2)弹性成本预算的编制方法。弹性成本预算的编制通常采用的常见方法有公式法、列表法、图示法三种。

①公式法,是通过确定公式中的和来编制弹性成本预算的方法。在成本习性分析的基础上,可将任何成本近似地表示为:$y=a+bx$(当 $b=0$ 时,y 为固定成本项目;当 $a=0$ 时,y 为变动成本项目;当和均不为零时,y 为混合成本。x 可以为多种业务量指标如产销量、直接人工工时等)。在公式法下,如果事先确定了有关业务量的变动范围,只要根据有关成本项目的和参数,就可以很方便地推算出业务量在允许范围内任何水平上的各项预算成本。

例 8-1 表 8-1 所列的是 MC 公司 20×4 年按公式法编制的制造费用弹性预算指标(部分),其中较大的混合成本项目已经被分解。

表 8-1 MC 公司 20×4 年制造费用弹性预算(公式法)

直接人工工时:22 596-35 508(小时)　　　　　　　　　　　　　　　　单位:元

项目	a	b	项目	a	b
管理人员工资	8 700		辅助材料	1 075.6	0.18
保险费	2 800		燃油		0.05
设备租金	2 680		辅助工工资		0.55
维修费	1 661.2	0.21	检验员工资	300	0.22
水费	500	0.12	……	……	……

该法的优点是在一定范围内不受业务量波动影响,缺点是逐项甚至按细目分解成

本比较麻烦,同时又不能直接查出特定业务量下的总成本预算额,并有一定误差。

尽管如此,我们还是应当看到:预算本身就是对未来的推算,允许出现误差;另外,在成本水平变动不大的情况下,也不必在每个预算期都进行成本分解。

②列表法,是指通过列表的方法,在相关范围内每隔一定业务量间隔,计算相关数值预算来编制弹性成本预算的方法。此方法在一定程度上能克服公式法无法直接查到不同业务量下总成本预算的弱点。

例 8-2　表 8-2 是按列表法编制的 MC 公司 20×4 年制造费用弹性预算。

表 8-2　　　　　　　MC 公司 20×4 年制造费用弹性预算(列表法)

单位:元

直接人工工时	22 596	24 210	25 824	…	32 280	33 894	35 508
生产能力利用(%)	70%	75%	80%	…	100%	105%	110%
1. 变动成本项目	13 629	14 600	15 576	…	19 470	20 444	21 417
燃油	1 129.8	1 210.5	1 291.2	…	1 614	1 694.7	1 775.4
辅助工人工资	12 427.8	13 315.5	14 203.2	…	17 754	18 641	19 529.4
……				…			
2. 混合成本项目	21 512	25 703	27 300	…	30 770	35 500	38 650
辅助材料	5 142.88	5 433.4	5 723.92	…	6 886	7 176.53	7 467.04
维修费	6 406.36	6 745.3	7 084.24	…	8 440	8 778.94	9 117.88
检验员工资	751.92	784.2	816.48	…	945.6	977.88	1 010.16
水费	3 211.52	3 405.2	3 598.88	…	4 373.6	4 567.28	4 760.96
……	……	……	……	…	……	……	……
3. 固定成本项目	26 180	26 180	26 180	…	26 180	26 180	26 180
管理人员工资	8 700	8 700	8 700	…	8 700	8 700	8 700
保险费	2 800	2 800	2 800	…	2 800	2 800	2 800
设备租金	2 680	2 680	2 680	…	2 680	2 680	2 680
……				…			
制造费用预算额	61 321	66 483	69 056	…	76 420	82 124	86 247

该表按 5% 为业务量间距,实际上可再大些或再小些。总的说来,这种方法工作量较大,但结果会比公式法更精确些。

③图示法,是指在平面直角坐标系上把各种业务量的预算成本用描绘图像的形式表示出来,以反映弹性预算水平的方法。此方法不仅能反映变动成本、固定成本项目,而且能在一定程度上反映混合成本,能够在坐标图上直观地反映不同业务量水平上的预算成本,但精度相对差一些。

3. 增量预算的方法

增量预算,是指以基期成本费用水平为基础,结合预算期业务量水平及有关降低成本的措施,通过调整有关原有费用项目而编制预算的方法。

增量预算的基本假定:①现有的业务活动是企业必需的。只有保留企业现有的每项业务活动,才能使企业的经营过程得到正常发展。②原有的各项开支都是合理的。既然现有的业务活动是必需的,那么原有的各项费用开支都是合理的,必须予以保留。

③增加费用预算是值得的。

增量预算的缺点:增量预算以过去的经验为基础,实际上是承认过去所发生的一切都是合理的,主张不需在预算内容上做较大改进,而是因循沿袭以前的预算项目。这种方法可能导致以下不足:①受原有费用项目限制,可能导致保护落后。由于按这种方法编制预算,往往不加分析的保留或接受原有的成本项目,可能使原来不合理的费用开支继续存在下去,形成不必要开支合理化,造成预算上的浪费。②滋长预算中的"平均主义"和"简单化"。采用此法,容易鼓励预算编制人凭主观臆断按成本项目平均削减预算或只增不减,不利于调动各部门降低费用的积极性。③不利于企业未来的发展。按照这种方法编制的费用预算,对于那些未来实际需要开支的项目可能因没有考虑未来情况的变化而造成预算的不足。

4. 零基预算的方法

零基预算的方法全称是"以零为基础编制计划和预算的方法",简称零基预算。它是指在编制成本费用预算时,不考虑以往会计期间所发生的费用项目或费用数额,而是以所有的预算支出均为零为出发点,一切从实际需要与可能出发,逐项审议预算期内各项费用的内容及开支标准是否合理,在综合平衡的基础上编制费用预算的一种方法。此方法是为克服增量预算的缺点而设计的,最初是由美国德州仪器公司彼得·派尔在 20 世纪 60 年代末提出来的,现已被西方国家广泛采用作为管理间接费用的一种新的有效方法。

零基预算编制的程序如下:

第一,动员与讨论。动员企业内部所有部门,在充分讨论的基础上提出本部门在预算期内应当发生的费用项目,并确定其预算数额,而不考虑这些费用项目以往是否发生以及发生额多少。

第二,划分不可避免项目和可避免项目。将全部费用划分为不可避免项目和可避免项目,前者是指在预算期内必须发生的费用项目,后者是指在预算期通过采取措施可以不发生的费用项目。在预算编制过程中,对不可避免项目必须保证资金供应,对可避免项目则需要逐项进行成本—效益分析,按照各项目开支必要性的大小确定各项费用预算的优先顺序。

第三,划分不可延缓项目和可延缓项目。将纳入预算的各项费用进一步划分为不可延缓项目和可延缓项目,前者是指必须在预算期内足额支付的费用项目,后者是指可以在预算期内部分支付或延缓支付的费用项目。在预算编制过程中,必须根据预算期内可供支配的资金数额在各费用项目之间进行分配。应优先保证满足不可延缓项目的开支,然后再根据需要和可能,按照项目的轻重缓急确定可延缓项目的开支标准。

零基预算的优点是:

(1)不受现有费用项目限制。这种方法可以促使企业合理有效地进行资源分配,将有限的资金用在刀刃上。

(2)能够调动各方面降低费用的积极性。这种方法可以充分发挥各级管理人员的积极性、主动性和创造性,促进各预算部门精打细算,量力而行,合理使用资金,提高资金的利用效果。

(3)有助于企业未来发展。由于这种方法以零为出发点,对一切费用一视同仁,有利于企业面向未来发展考虑预算问题。

零基预算的缺点在于这种方法一切从零出发,在编制费用预算时需要完成大量的基础工作,如历史资料分析、市场状况分析、现有资金使用分析和投入产出分析等,这势必带来繁重的工作量,搞不好会顾此失彼,难以突出重点,而且也需要比较长的编制时间。

为了克服零基预算的缺点,简化预算编制的工作量,不需要每年都按零基预算的方法编制预算,而是每隔几年才按此方法编制一次预算。

此法特别适用于产出较难辨认的服务性部门费用预算的编制。

5. 定期预算的方法

定期预算,是指在编制预算时以不变的会计期间(如日历年度)作为预算期的一种编制换算的方法。

定期预算的优点是能够使预算期间与会计年度相配合,便于考核和评价预算的执行结果。

按照定期预算方法编制的预算主要有以下缺点:

第一,盲目性。由于定期预算往往是在年初甚至提前两三个月编制的,对于整个预算年度的生产经营活动很难做出准确的预算,尤其是对预算后期的预算只能进行笼统的估算,数据笼统含糊,缺乏远期指导性,给预算的执行带来很多困难,不利于对生产经营活动的考核与评价。

第二,滞后性。由于定期预算不能随情况的变化及时调整,当预算中所规划的各种经营活动在预算期内发生重大变化时(如预算期临时中途转产),就会造成预算滞后过时,使之成为虚假预算。

第三,间断性。由于受预算期间的限制,致使经营管理者们的决策视野局限于本期规划的经营活动,通常不考虑下期。例如,一些企业提前完成本期预算后,以为可以松一口气,其他事等来年再说,形成人为的预算间断。因此,按定期预算方法编制的预算不能适应连续不断的经营过程,从而不利于企业的长远发展。

为了克服定期预算的缺点,在实践中可采用滚动预算的方法编制预算。

6. 滚动预算的方法

滚动预算,又称连续预算或永续预算,是指在编制预算时,将预算期与会计年度脱离开,随着预算的执行不断延伸补充预算,逐期向后滚动,使预算期永远保持为12个月的一种方法。

其具体做法是:每过一个季度(或月份),立即根据前一个季度(或月份)的预算执行情况,对以后季度(或月份)进行修订,并增加一个季度(或月份)的预算。这样以逐期向后滚动、连续不断的预算形式规划企业未来的经营活动。

与传统的定期预算相比,按滚动预算方法编制的预算具有以下优点:

(1)透明度高。由于编制预算不再是预算年度开始之前几个月的事情,而是与日常管理紧密衔接,可以使管理人员始终能够从动态的角度把握住企业近期的规划目标和远期的战略布局,使预算具有较高的透明度。

(2)及时性强。由于滚动预算能根据前期预算的执行情况,结合各种因素的变动影响,及时调整和修订近期预算,从而使预算更加切合实际,能够充分发挥预算的指导和控制作用。

(3)连续性、完整性和稳定性突出。由于滚动预算在时间上不再受日历年度的限制,能够连续不断地规划未来的经营活动,不会造成预算的人为间断,同时可以使企业管理人员了解未来 12 个月内企业的总体规划与近期预算目标,能够确保企业管理工作的完整性与稳定性。

采用滚动预算的方法编制预算的唯一缺点是预算工作量较大。

滚动预算按其预算编制和滚动的时间单位不同可分为逐月滚动、逐季滚动和混合滚动三种方式。

(1)逐月滚动方式。逐月滚动方式是指在预算编制过程中,以月份为预算的编制和滚动单位,每个月调整一次预算的方法。如在 20×4 年 1 月至 12 月的预算执行过程中,需要在 1 月份末根据当月预算的执行情况,修订 2 月至 12 月的预算,同时补充 20×5 年 1 月份的预算;2 月份末根据当月预算的执行情况,修订 20×4 年 3 月至 20×5 年 1 月的预算,同时补充 20×5 年 2 月份的预算……以此类推。

逐月滚动编制的预算比较精确,但工作量太大。逐月滚动预算示意图如图 8-2 所示。

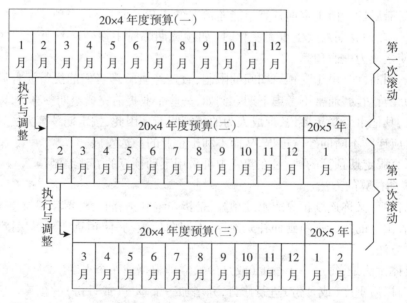

图 8-2　逐月滚动预算示意图

（2）逐季滚动方式。逐季滚动是指在预算编制过程中,以季度为预算的编制和滚动单位,每个季度调整一次预算的方法。如在20×2年第一季度至第四季度的预算执行过程中,需要在第一季末根据当季预算的执行情况,修订第二季度至第四季度的预算,同时补充20×3年第一季度的预算;第二季度末根据当季预算的执行情况,修订第二季度至20×3年第一季度的预算,同时补充20×3年第二季度的预算……以此类推。逐季滚动编制的预算比逐月滚动的工作量小,但预算精度较差。

（3）混合滚动方式。混合滚动方式是指在预算编制过程中,同时使用月份和季度作为预算的编制和滚动单位的方法。它是滚动预算的一种变通方式。这种方式的理论根据是:人们对未来的了解程度具有对近期的预计把握较大,对远期的预计把握较小的特征。为了做到长计划短安排、远略近详,在预算编制的过程中,可以对近期预算提出较高的精度要求,使预算的内容相对详细;对远期预算提出较低的精度要求,使预算的内容相对简单。这样可以减少预算工作量。

如对20×4年1月份至3月份的头3个月逐月编制详细预算,其余4月份至12月份分别按季度编制粗略预算;3月末根据第一季度预算的执行情况,编制4月份至6月份的详细预算,并修订第三至第四季度的预算,同时补充20×5年第一季度的预算;6月末根据当季预算的执行情况,编制7月份至9月份的详细预算,并修订第四季度至20×5年第一季度的预算,同时补充20×5年第二季度的预算……以此类推。混合滚动预算示意图如图8-3所示。

7. 概率预算

概率预算是对具有不确定性的预算项目,估计其发生各种变化的概率,根据可能出现的最大值和最小值计算其期望值,从而编制的预算。该方法一般适用于难以预测变动趋势的预算项目,如销售新产品、开拓新业务等。

（六）预算保障制度

1. 财务预算的执行与控制

（1）企业财务预算一经批复下达,各预算执行单位就必须认真组织实施,将财务预算指标层层分解,从横向到纵向落实到内部各部门、各单位、各环节和各岗位,形成全方位的财务预算执行责任体系。

（2）企业应当将财务预算作为预算期内组织、协调各项经营活动的基本依据,将年度预算细分为月份和季度预算,以分期预算控制确保年度财务预算目标的实现。

（3）企业应当强化现金流量的预算管理,按时组织预算资金的收入,严格控制预算资金的支付,调节资金收付平衡,控制支付风险。对于预算内的资金拨付,按照授权审批程度执行。对于预算外的项目支出,应当按财务预算管理制度规范支付程序。对于无合同、无凭证、无手续的项目支出,不予支付。

（4）企业应当严格执行销售或营业、生产和成本费用预算,努力完成利润指标。在日常控制中,企业应当健全凭证记录,完善各项管理规章制度,严格执行生产经营月度计划和成本费用的金额、定率标准,加强适时的监控。对预算执行中出现的异常情

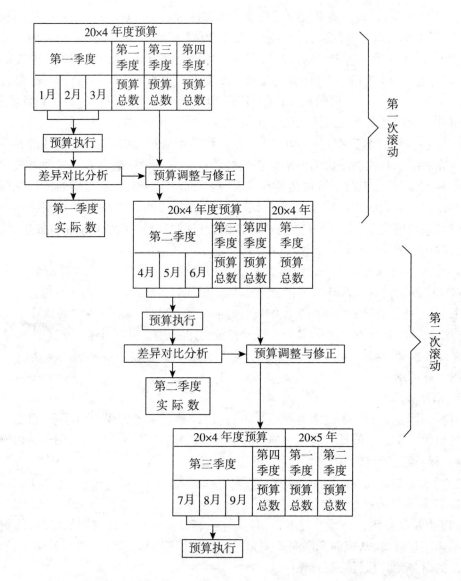

图 8-3 混合滚动预算示意图

况,企业有关部门应及时查明原因,提出解决办法。

(5)企业应当建立财务预算报告制度,要求各预算执行单位定期报告财务预算的执行情况。对于财务预算中发生的新情况、新问题及出现偏差较大的重大项目,企业财务管理部门以至财务预算委员会应当责成有关预算执行单位查找原因,提出改进经营管理的措施和建议。

(6)企业财务管理部门应当利用财务报表监控财务预算的执行情况,及时向预算执行单位、企业财务预算委员会以至董事会或经理办公会提供财务预算的执行进度、执行差异及其对企业财务预算目标的影响等财务信息,促进企业完成财务预算目标。

2. 财务预算的调整

(1)企业正式下达执行的财务预算,一般不予调整。财务预算执行单位在执行中由于市场环境、经营条件、政策法规等发生重大变化,致使财务预算的编制基础不成立,或者将导致财务预算执行结果产生重大偏差的,可以调整财务预算。

(2)企业应当建立内部的弹性预算机制,对于不影响财务预算目标的业务预算、资本预算、筹资预算之间的调整,企业可以按照内部授权批准制度执行,鼓励预算执行单位及时采取有效的经营管理对策,保证财务预算目标的实现。

(3)企业调整财务预算,应当由预算执行单位逐级向企业财务预算委员会提出书面报告,阐述财务预算执行具体的情况、客观因素变化情况及其对财务预算执行造成的影响程度,提出财务预算调整幅度。

企业财务管理部门应当对预算执行单位的财务预算调整报告进行审核分析,集中编制企业年度财务预算调整方案,提交财务预算委员会以至企业董事会或经理办公会审议批准,然后下达执行。

对于预算执行单位提出的财务预算调整事项,企业进行决策时,一般应当遵循以下要求:①预算调整事项不能偏离企业发展战略和年度财务预算目标;②预算调整方案应当在经济上能够实现最优化;③预算调整重点应当放在预算执行中出现的重要的、非正常的、不符合常规的关键性差异方面。

3. 财务预算的分析与考核

(1)企业应当建立财务预算分析制度,由财务预算委员会定期召开财务预算执行分析会议,全面掌握财务预算的执行情况,研究、落实解决财务预算执行中存在问题的政策措施,纠正财务预算的执行偏差。

(2)开展财务预算执行分析,企业财务管理部门及各预算执行单位应当充分收集有关财务、业务、市场、技术、政策、法律等方面的有关信息资料,根据不同情况分别采用比率分析、比较分析、因素分析、平衡分析等方法,从定量与定性两个层面充分反映预算执行单位的现状、发展趋势及其存在的潜力。

针对财务预算的执行偏差,企业财务管理部门及各预算执行单位当充分、客观的分析产生的原因,提出相应的解决措施或建议,提交董事会或经理办公会研究决定。

(3)企业财务预算委员会应当定期组织财务预算审计,纠正财务预算执行中存在的问题,充分发挥内部的监督作用,维护财务预算管理的严肃性。

财务预算审计可以全面审计,或者抽样审计,在特殊情况下,企业也可组织不定期的专项审计。

审计工作结束后,企业内部审计机构应当形成审计报告,直接提交财务预算委员会以至董事会或经营办公会,作为财务预算调整、改进内部经营管理和财务考核的一项重要参考。

(4)预算年度终了,财务预算委员会应当向董事会或者经理办公会报告财务预算执行情况,并依据预算完成情况和财务预算审计情况对预算执行单位进行考核。

企业内部预算执行单位上报的财务预算执行报告,应经本部门、本单位负责人按照内部议事规范审议通过,作为企业进行财务考核的基本依据。母公司财务预算执行报告应当在年度财务会计报告编妥后 20 日内报送主管财政机关备案。

企业财务预算按调整后的预算执行,财务预算完成情况以企业年度财务会计报告为准。

企业财务预算执行考核是企业效绩评价的主要内容,应当结合年度内部经济责任制考核进行,与预算执行单位负责人的奖惩挂钩,并作为企业内部人力资源管理的参考。

第二节　全面预算编制

企业编制财务预算应当按照先业务预算、资本预算、筹资预算,后财务预算的流程进行,并按照各预算执行单位所承担经济业务的类型及其责任权限,编制不同形式的财务预算。

业务预算是反映预算期内企业可能形成现金收付的生产经营活动(或营业活动)的预算,一般包括销售或营业预算、制造费用预算、产品成本预算、营业成本预算、采购预算、期间费用预算等,企业可根据实际情况具体编制。

一、业务预算

1. 销售或营业预算

销售或营业预算是预算期内预算执行单位销售各自产品或提供各种劳务可能实现的销售量或者业务量及其收入预算,主要依据年度目标利润、预测的市场销量或劳务需求及提供的产品结构以及市场价格编制。销售预算是编制全面预算的出发点,也是日常业务预算的基础。在编制过程中,应根据有关年度内各季度市场预测的销售量和售价,确定计划期销售收入(有时要同时预计销售税金),并根据各季现销收入与收回赊销货款的可能情况反映现金收入,以便为编制现金收支预算提供信息。

例 8-3　已知 MC 公司经营多种产品,预计 20×4 年各季度各种产品销售量及有关售价的部分资料见表 8-3 的上半部分。据估计,每季销售收入中有 80% 能于当期收到现金,其余 20% 要到下季收回,假定不考虑坏账因素。该企业销售的产品均为应交纳消费税的产品,税率为 10%,并于当季用现金完税。20×3 年末应收账款余额为40 000元。假设本例不考虑增值税因素。根据题意,可计算分季销售收入和与销售业务有关的现金收支数据,见表 8-3 的下半部分。

表 8-3 　　　　　　　　　　　MC 公司 20×4 年销售预算

单位:元

项目	第一季度	第二季度	第三季度	第四季度	本年合计
销售量(预计)					
A 产品(件)	800	1 000	1 200	1 000	4 000
B 产品(盒)	…	…	…	…	…
…	…	…	…	…	…
销售单价					
A 产品	100	100	100	100	—
B 产品	…	…	…	…	—
…	…	…	…	…	—
①销售收入合计	195 000	290 000	375 000	220 000	1 080 000
②销售环节税金现金支出	19 500	29 000	37 500	22 000	108 000
③现销收入	156 000	232 000	300 000	176 000	864 000
④回收前期应收货款	40 000	39 000	58 000	75 000	212 000
⑤现金收入小计	196 000	271 000	358 000	251 000	1 076 000

注:②=①×10%;③=①×80%;④=前期①×20%;⑤=③+④

2. 生产预算

生产预算是从事工业生产的预算执行单位在预算期内所要达到的生产规模及其产品结构的预算,主要是在销售预算的基础上,依据各种产品的生产能力、各项材料及人工的消耗定额及其物价水平和期末存货状况编制。为了实现有效管理,还应当进一步编制直接人工预算和直接材料预算。编制生产预算的主要依据是预算期各种产品的预计销售量及存货量资料。具体计算公式为:

预计生产量=预计销售量+预计期末存货量-预计期初存货量

由于预计销售量可以直接从销售预算中查到,预计期初存货量等于上季期末存货量,因此,编制生产预算的关键是正确确定各季预计期末存货量。在实践中,可按事先估计的期末存货量占一定时期销售量的比例进行估算,当然还要考虑季节性因素的影响。

例 8-4 　假定 MC 公司各季末的 A 成品存货按下季预计销售量的 10%估算,预计 20×4 年第四季度期末存货量为 120 件,已知 20×3 年年末实际存货量为 80 件。

则依题意编制的 A 产品生产预算如表 8-4 所示。

表 8-4 MC 公司 20×4 年 A 产品生产预算

单位:件

项目	第一季度	第二季度	第三季度	第四季度	本年合计
①本期销售量	800	1 000	1 200	1 000	4 000
②期末存货量	100	120	100	120	120
③期初存货量	80	100	120	100	80
④本期生产量	820	1 020	1 180	1 020	4 040

注:④=①+②-③

3. 直接材料消耗及采购预算

直接材料消耗及采购预算简称直接材料预算,它是为规划预算期直接材料消耗情况及采购活动而编制的,用于反映预算期各种材料消耗量、采购量、材料消耗成本和采购成本等计划信息的一种业务预算。

这种预算的主要编制依据是生产预算、材料单耗和材料采购单价等资料。其编制程序如下:

(1)计算各季各种直接材料的消耗量预算。

例 8-5 根据 A 产品耗用各种直接材料的消耗定额(单耗)和 A 产品预计产量,可计算出 MC 公司预算期内各种材料消耗量预算值,如表 8-5 所示。

表 8-5 MC 公司 20×4 年 A 产品耗用材料预算

单位:千克

项目	第一季度	第二季度	第三季度	第四季度	本年合计
A 产品生产量(件)	820	1 020	1 180	1 020	4 040
材料消耗定额					
甲材料	2	2	2	2	—
乙材料	…	…	…	…	—
…					
材料消耗数量					
甲材料	1 640	2 040	2 360	2 040	8 080
乙材料	…	…	…	…	…
…	…	…	…	…	…

(2)计算每种直接材料的总耗用量。

(3)计算每种直接材料的当期采购量及采购成本。

（4）计算预算期材料采购总成本

例 8-6　MC 公司 20×4 年各季消耗的甲材料总量、该材料期末期初存量及其单价如表 8-6 有关栏目所示，进而可计算出各种材料的本期采购量及采购成本，最后计算出各种材料的采购成本总额。假定每季材料采购总额的 60% 用现金支付，其余 40% 在下季付讫。20×3 年末应付账款余额为 52 000 元。根据题意计算的与材料采购业务有关的现金支出项目如表 8-6 的下半部分所示。

表 8-6　　　　　　　　　MC 公司 20×4 年直接材料耗用及采购预算

单位：元

材料种类	项目	第一季度	第二季度	第二季度	第四季度	全年合计
甲材料	A 产品耗用	1 640	20 40	2 360	2 040	8 080
	B 产品耗用	…	…	…	…	…
	…	…	…	…	…	
	甲材料总耗用量	7 600	8 040	8 240	8 400	32 280
	加：期末材料存量	1 608	1 648	1 680	1 640	—
	减：期初材料存量	1 520	1 608	1 648	1 680	—
	本期采购量	7 688	8 080	8 272	8 360	32 400
	甲材料单价	5	5	5	5	—
	甲材料采购成本	38 440	40 400	41 360	41 800	162 000
乙材料	…	…	…	…	…	…
	乙材料采购成本	…	…	…	…	…
…	…	…	…	…	…	…
各种材料采购成本总额		141 100	146 000	148 400	151 900①	587 400
当期现购材料成本		84 660	87 600	89 040	91 140	352 440
偿付前期所欠材料款		52 000	56 440	58 400	59 360	226 200
当期现金支出小计		136 660	144 040	147 440	150 500	578 640

注：①其中包括为下年开发产品准备的丁材料成本 5 800 元。

4. 直接工资及其他直接支出预算

直接工资及其他直接支出预算，又称直接人工预算，是一种既反映预算期内人工工时消耗水平，又规划人工成本开支的业务预算。

该预算的编制程序如下：

（1）计算预算期各产品有关直接人工工时预算值（参见表 8-7）。

（2）计算各种产品的直接工资预算额。

（3）计算各种产品的其他直接支出预算额。

表 8-7 **MC 公司 20×4 年 A 产品直接人工工时预算**

单位:小时

项目	第一季度	第二季度	第三季度	第四季度	本年合计
A 产品生产量(加工量)	820	1 020	1 180	1 020	4 040
单位产品定额人工工时					6[①]
一车间	2	2	2	2	2
二车间	3	3	3	3	3
…	…	…	…	…	—
A 产品直接人工总工时					
一车间	1 640[②]	2 040	2 360	2 040	8 080
二车间	2 460	3 060	3 540	3 060	12 120
…	…	…	…	…	—
合计	4 920	6 120	7 080	6 120	24 240

注:①单位 A 产品定额工时 = 24 240÷4 040;②820×2。

(4)计算企业直接工资及其他直接支出总预算(参见表 8-8)。

表 8-8　　　　　　　　**MC 公司 20×4 年直接人工成本预算**

单位:元

项目	第一季度	第二季度	第三季度	第四季度	本年合计
直接人工总工时					
①A 产品	4 920	6 120	7 080	6 120	24 240
B 产品	…	…	…	…	…
…	…	…	…	…	…
②合计	7 600	8 040	8 240	8 400	32 280
③单位工时人工成本	3	3	3	3	3
单位产品人工成本					
④A 产品	18	18	18	18	—
B 产品	…	…	…	…	…
…					
直接人工成本总额					
⑤A 产品	14 760	18 360	21 240	18 360	72 720
B 产品	…	…	…	…	…
…					
⑥合计	22 800	24 120	24 720	25 200	96 840

注:⑤=①×③;④=⑤÷产量;③=∑⑥÷∑②。

5. 制造费用预算

制造费用预算是指用于规划除直接材料和直接人工预算以外的其他一切生产费用的一种业务预算。在编制制造费用预算时,可按变动成本法将预算期内除直接材料、直接人工成本以外的预计生产成本(制造费用)分为变动部分与固定部分:确定变动性制造费用分配率标准,以便将其在各产品间分配,从而确定变动成本;固定部分的预算总额作为期间成本,可以不必分配。有关公式为:

$$预算分配率 = \frac{变动性制造费用}{相关分配标准预算}$$

式中分母可在生产量预算或直接人工工时总额预算中选择,多品种条件下,一般按后者进行分配。

例 8-7 表 8-9 为 MC 公司 20×4 年制造费用预算。

表 8-9   MC 公司 20×4 年制造费用预算

单位:元

固定性制造费用	金额	变动性制造费用	金额
1. 管理人员工资	8 700	1. 间接材料	8 500
2. 保险费	2 800	2. 间接人工成本	18 800
3. 设备租金①	2 680	3. 水电费	14 500
4. 维修费	1 820	4. 维修费	6 620
5. 折旧费	12 000	合计	48 420
合计	28 000	直接人工总工时	32 280
其中:付现费用	16 000	预算分配率	1.5

项目	第一季度	第二季度	第三季度	第四季度	全年合计
变动性制造费用②	11 400	12 060	12 360	12 600	48 420
付现的固定性制造费用③	4 000	4 000	4 000	4 000	16 000
现金支出小计	15 400	16 060	16 360	16 600	64 420

①年初租入生产 B 产品的专用设备一台,按季付租金 670 元;

②=预算分配率×各季度预计总工时;

③=全年付现费用÷4。

6. 产品生产成本预算

该预算又称产品成本预算,它是反映预算期内各种产品生产成本水平的一种业务预算。这种预算是在生产预算、直接材料消耗及采购预算、直接人工预算和制造费用预算的基础上编制的,通常应反映各产品单位生产成本与总成本,有时还要反映年初年末产品存货预算。也有人主张分季反映各期生产总成本和期初期末存货成本的预算水平。在这种情况下,各季期末存货计价的方法应保持不变。

例 8-8 MC 公司按变动成本法确定的产品生产成本预算如表 8-10 所示。

333

表 8-10　　　　　　　MC 公司 20×4 年产品生产成本预算

单位:元

成本项目	A 产品全年产量 4 040 件				B	…	总成本合计
	单耗	单价	单位成本	总成本			
直接材料							
甲材料	2	5	10	40 400	…	…	161 400
乙材料	…	…	…	…	…	…	…
…	…	…	…	…	…	…	…
小计			22	88 880	…	…	583 500
直接工资及其他直接支出	6	3	18	72 720	…	…	96 840
变动性制造费用	6	1.5	9	36 360	…	…	48 420
变动生产成本合计			49	197 960	…	…	728 760
产成品存货	数量		单位成本	总成本			合计
年初存货	80		50	4 000	…	…	28 500
年末存货	120		49	5 880	…	…	81 660

7. 经营及管理费用预算

该预算是以价值形式反映整个预算期内为推销商品和维持一般行政管理工作而发生的各项费用支出计划的一般预算。它类似于制造费用预算,一般按项目反映全年预计水平,这是因为经营费用和管理费用多为固定成本,它们的发生是为保证企业维持正常的经营服务,除折旧、销售人员工资和专设销售机构日常经费开支定期固定发生外,还有不少费用属于年内待摊或预提性质,如一次性支付的全年广告费就必须在年内均摊,又如年终报表审计费应在各期中预提,这些开支的时间与受益期间不一致,只能按全年反映,进而在年内平均摊配。有人主张将这些费用也划分为变动和固定两部分(尤其是经营费用),对变动部分按分期销售业务量编制预算,固定部分全年均摊,认为这样有助于编制分期现金支出预算。实际上除非将所有费用项目逐一分期编制现金开支预算,否则对于那些跨期摊配的项目来说,任何平均费用都不等于实际支出,因此,对后者必须具体逐项编制预算。表 8-11 是 MC 公司 20×4 年经营费用及管理费用预算表。

表 8-11　　　　　　　　MC 公司 20×4 年经营费用及管理费用预算

单位:元

费用项目	全年预算	费用项目	全年预算
1. 销售人员薪金	4 500	10. 行政人员薪金	3 500
2. 专设销售机构办公费	2 000	11. 差旅费	1 500
3. 代理销售佣金	1 200	12. 审计费	2 000
4. 销货运杂费	650	13. 财产税	700
5. 其他销售费用	950	14. 行政办公费	3 000
6. 宣传广告费	4 000	15. 财务费用	500
7. 交际费	1 000	费用合计	29 600
8. 土地使用费	3 300	每季平均 = 29 600÷4 = 7 400	
9. 折旧费	800		

季度	1	2	3	4	全年合计
现金支出	6 450	7 400	8 250	6 700	28 800

二、资本预算

资本预算是企业在预算期内进行资本性投资和筹资的预算。

1. 资本性投资预算

它主要包括固定资产投资预算、权益性资本投资预算和债券投资预算。

(1)固定资产投资预算是企业在预算期内购建、改建、扩建、更新固定资产进行资本投资的预算,应当根据本单位有关投资决策资料和年度固定资产投资计划编制。企业处置固定资产所引起的现金流入,也应列入资本预算。企业如有国家基本建设投资、国家财政生产性拨款,应当根据国家有关部门批准的文件、产业结构调整政策、企业技术改造方案等资料单独编制预算。

(2)权益性资本投资预算是企业在预算期内为了获得其他企业单位的股权及收益分配权而进行资本投资的预算,应当根据企业有关投资决策资料和年度权益性资本投资计划编制。企业转让权益资本投资或者收取被投资单位分配的利润(股利)所引起的现金流入,也应列入资本预算。

(3)债券投资预算是企业在预算期内为购买国债、企业债券、金融债券等所做的预算,应当根据企业有关投资决策资料和证券市场行情编制。企业转让债券收回本息所引起的现金流入,也应列入资本预算。

2. 筹资预算

筹资预算是企业在预算期内需要新借入的长短期借款、经批准发行的债券以及对原有借款、债券还本付息的预算,主要依据企业有关资金需求决策资料、发行债券审批文件、期初借款余额及利率等编制。企业经批准发行股票、配股和增发股票,应当根据股票发行计划、配股计划和增发股票计划等资料单独编制预算。股票发行费用,也应

335

当在筹资预算中分项做出安排。

例 8-9 MC 公司为稳定 B 产品质量，20×4 年需增设一台专用检测设备，取得方案有三个：①花 10 000 元购置，可用 5 年；②花半年时间自行研制，预计成本 5 000 元；③采用经营租赁形式，每季支付 670 元租金向信托投资公司租借。经反复研究决定采取第三方案，于是，该项决策预算被纳入制造费用预算（见表 8-9 注解）。

例 8-10 为开发新产品 D，MC 公司决定于 20×4 年上马一条新的生产线，年内安装调试完毕，并于年末投入使用，有关投资及筹资预算如表 8-12 所示。

表 8-12　　　　MC 公司 20×4 年 D 产品生产线投资总额和资金筹措表

单位：元

项目	第一季度	第二季度	第三季度	第四季度	全年合计
固定资产投资					
1. 勘察设计费	500				500
2. 土建工程	5 000	5 000			10 000
3. 设备购置		65 000	15 000		80 000
4. 安装工程			3 000	5 000	8 000
5. 其他				1 500	1 500
合计	5 500	70 000	18 000	6 500	100 000
流动资金投资					
丁材料采购				5 800	5 800
合计				5 800	5 800
投资支出总计	5 500	70 000	18 000	12 300	105 800
投资资金筹措					
1. 发行优先股[①]	20 000				20 000
2. 发行公司债[②]		50 000			5 000
合计	20 000	50 000			70 000

①优先股股利率为 15%；
②公司债券利息率为 12%。

该预算中只有丁材料采购纳入业务预算中的直接材料采购预算，其余只计入现金收支预算和预计资产负债表。

三、现金预算和预计财务报表的编制

1. 现金预算

例 8-11 MC 公司 20×4 年现金预算如表 8-13 所示。

表 8-13 　　　　　　　　　　　MC 公司 20×4 年现金预算

单位:元

项目	第一季度	第二季度	第三季度	第四季度	全年合计	备注
①期初现金余额	21 000	22 690	23 270	24 138	21 000	
②经营现金收入	196 000	271 000	358 000	251 000	1 076 000	表 8-3
③经营性现金支出	228 810	248 620	262 270	24 900	988 700	
直接材料采购	136 660	144 040	147 440	150 500	578 640	表 8-6
直接工资及其他支出	22 800	24 120	24 720	25 200	96 840	表 8-8
制造费用	15 400	16 060	16 360	16 600	64 420	表 8-9
销售及管理费用	6 450	7 400	8 250	6 700	28 800	表 8-11
产品销售税金(消费税)	19 500	29 000	37 500	22 000	108 000	表 8-3
预交所得税	20 000	20 000	20 000	20 000	80 000	估计
预分股利	8 000	8 000	8 000	8 000	32 000	估计
④资本性现金支出	5 500	70 000	18 000	6 500	100 000	表 8-12
⑤现金余缺	(17 310)	(24 930)	101 000	19 638	8 300	
⑥资金筹措及运用	40 000	48 200	(76 862)	5 320	16 658	
流动资金借款	20 000				20 000	*
归还流动资金借款		(1 000)	(10 000)	(9 000)	(20 000)	*
发行优先股	20 000				20 000	表 8-12
发行公司债		50 000			50 000	表 8-12
支付各项利息		(800)	(1 880)	(1 680)	(4 360)	
购买有价证券			(64 982)	16 000	(48 982)	
⑦期末现金余额	22 690	23 270	24 138	24 958	24 958	

注:⑤=①+②-③-④;⑦=⑤+⑥

* 假定借款在期初、还款在期末发生,利息率8%。

2. 预计利润表

例 8-12 表 8-14 是 MC 公司 20×4 年按变动成本法编制的全年预计利润表。

MC 公司 2004 年度预计利润表

销售收入	1 080 000
减:销售税金及附加	108 000
减:本期销货成本①	675 600
贡献毛利总额	296 400
减:期间成本②	61 960
利润总额	234 440
减:应交所得税	80 000
净利润	154 440

①= 28 500+728 760-81 660   （表 8-10）

②= 28 000+29 600+4 360   （表 8-9、表 8-11、表 8-13）

3. 预计资产负债表

例 8-13 表 8-15 是 MC 公司编制的 20×4 年 12 月 31 日预计资产负债表。

MC 公司预计资产负债表

资产	年末数	年初数	负债与股东权益	年末数	年初数
现金	24 958	21 000	负债		
应收账款	44 000①	40 000	应付账款	60 760⑤	52 000
材料存货	31 900②	28 000	应付公司债	50 000	
产成品存货	81 660	28 500	应交所得税	0	0
土地	120 000	120 000	股东权益		
厂房设备	275 000③	175 000	普通股	280 000	280 000
减:累计折旧	40 000④	27 200	优先股	20 000	
有价证券投资	48 982		留存收益	175 740⑥	53 300
资产总计	586 500	385 300	负债与股东权益总计	586 500	385 300

①= 220 000-176 000=40 000+1 080 000-1 076 000   （表 8-3）

②= 28 000+587 400-583 500   （表 8-6、表 8-10）

③= 175 000+100 000   （表 8-12）

④= 27 200+（12 000+800）   （表 8-9、表 8-11）

⑤= 151 900-91 140=52 000+587 400-578 640   （表 8-6）

⑥= 53 300+154 440-32 000   （表 8-13、表 8-14）

第三节　财务控制与内部控制

本章讨论财务控制的一般原理,包括财务控制的产生与发展,财务控制的原则、方法、程序和控制基础;重点探讨内部控制制度、标准成本控制和责任中心业绩控制。

财务控制是公司财务体系中的重要环节,是公司财务重要职能之一,财务控制对于实现资金、成本、利润目标具有重要意义。

一、财务控制的含义

(一)财务控制的产生与发展

财务控制是经济控制的重要组成部分,而经济控制又是控制论的一个分支。控制论是揭示复杂的动态系统中的指挥、控制和通信等问题,并从整体的角度来强调系统的运用和演进规律的一门科学。其基本特点在于它是多学科的综合,应用范围极广,并有其复杂的研究方法和研究手段,其中包括系统理论、建模方法、最优化方法、运筹学、模拟技术和计算机数据处理系统等。经济控制是指把控制论的基本概念、理论和方法应用于经济活动和经济管理领域而形成的一门边缘科学。经济控制论具有两大突出特点:一是把控制论的基本理论和方法运用于社会经济领域;二是要对社会经济系统进行定量的描述和处理,以求达到最优控制。经济控制论首先大多运用于宏观经济管理方面,例如,用于分析和研究国家社会经济发展模式、经济过程的结构和强度等。近年来,经济控制论也逐渐在微观活动中得到运用。公司运用经济控制论的方法对整个财务工作进行事前、事中以及事后的控制,从而形成了财务控制。

财务控制是公司财务体系中的重要环节,是公司财务的重要职能之一,对于实现资金、成本、利润目标具有重要意义。公司财务控制的内容取决于公司财务对象及企业公司财务的范畴,虽然在不同的社会制度下,体现不同的财务控制特点,但其基本部分是一致的,即资金、成本、利润及与之相关的财务活动。

(二)财务控制的原则

财务控制的原则是指财务控制必须遵循的基本要求,具体包括:

1. 控制目标的合理性

合理的控制目标表现为目标的可能性和可实现性。控制目标的可能性是指目标必须建立在财务系统发展变化的可能性之间;可实现性是指经过有效的控制,目标是可以实现的。

2. 控制信息的准确、及时性

财务控制对信息有如下要求:及时性,以最少的时间,最快的速度捕捉、记载、收集、加工、传递信息;准确性,要求输入信息真实可靠,加工整理信息科学合理,传递信息误差最小。

3. 控制环境的适应性

财务控制必须以党和国家的方针、政策、法令为依据；必须与企业生产经营过程的特点相适应，针对生产经营特点制定适当的财务控制方法、程序、标准；财务控制必须跟踪和适应外部市场环境的变化。

4. 控制手段的先进性

财务人员要精通现代管理理论和方法，并在实践中善于运用现代管理原理和方法。同时，加强计算机在财务控制中的运用。

(三)财务控制的基本程序

财务控制是一个过程，它的程序可概括为四个阶段：

1. 建立财务控制标准

在深入调查研究和财务预测的基础上，对各项财务指标进行可行性论证，事先确定财务控制标准。标准是多种形态的，有定性的、定量的，有中间的，也有总结性的。

2. 实施标准

在实施阶段，财务人员要注意观察、了解财务活动的实际状况，并按流程顺序分口控制，传递信息，疏导指引。

3. 测量结果，分析偏差

把实际状况与目标标准进行比较，分析偏差的大小和确定偏差的原因。

4. 采取校正行为

根据偏差大小和控制能力，制定纠正偏差的计划，或修订目标，或改变控制方式，或提高控制能力，并认真执行纠正计划，执行后再与目标进行比较，这就完成了一次财务控制程序。

二、财务控制的方法

财务控制方法是以财务控制标准为依据，以信息反馈为中心，测定财务活动的状态，校正偏差所运用的手段和措施的总和。财务控制方法主要有制度控制法、预算控制法、定额控制法、目标控制法、责任控制法等。

1. 制度控制

制度控制是以国家的方针、政策、法令和企业制定的内部管理制度为依据，监督企业财务活动，使之符合制度规定的运行轨道。财务制度从内容上讲，包括资金、成本、收入、利润等方面的制度；从制定者与适用范围看，有国家财务制度、部门财务制度和企业财务制度。企业财务制度控制包括如何贯彻执行国家与部门法令、制度的具体实施办法和根据企业需要制定内部管理制度两个方面。制度一经制定，就具有严肃性，应坚持执行，发现制度存在问题，也要经过一定程序才能修改，这样才能发挥财务制度调控作用。

2. 预算控制

预算控制为计划的制定和实施提供良好的秩序，使各单位遵守和执行计划，预防和纠正计划编制和执行中的失误和偏差,确保计划的正确和全面完成。财务计划按内容分有资金计划、成本计划、利润计划和财务收支计划等。按时间分有长期计划、中期计划、短期计划;按形式分有固定型计划、滚动型计划、弹性型计划、零基型计划。财务计划控制的基本做法包括制定财务计划、计划指标分解和落实、指标承包、指标检查、指标考核等步骤。

3. 定额控制

定额控制是以定额为依据,测量定额与实际情况的差异,分析产生差异的原因,及时校正偏差,建立健全企业财务定额体系,把定额的实施与责任制结合起来,坚持按定额组织生产经营和财务活动,加强对定额执行情况的考核、分析。

4. 目标控制

目标控制,亦称随动控制。目标管理原埋和方法在财务控制中的运用,一般分为三个步骤:①确立目标及反映目标的各项指标,并把它输入受控系统;②受控系统根据目标和自身控制能力,决定达到目标的具体行动方案;③方案实施中,通过反馈把结果与目标方向比较,如有偏差立即调整,使行动方案与目标要求保持一致。在目标控制中,系统行动的方案,是按系统当前所处的状态而决定的,受控系统可以根据干扰的作用,不断改变行动方案,它具有在变化着的环境下发挥最佳功能的适应性。目标控制法是对我国一直实行的计划控制法的进一步发展和完善,它更突出重点,强调自我控制和责任制相结合,可普遍用于对各种财务活动的控制。

5. 责任控制

责任控制是通过员工履行岗位责任对财务活动所进行的控制,是实行专业控制与群众控制相结合的组织保证。上述各种控制方式,如果各工作岗位不认真执行,是徒具其名的。责任控制的实质是贯彻岗位责任制。

首先,要划分责任单位,企业一般实行分级分口管理。如制造业分厂部、车间和班组三级实行内部经济核算制,厂部各职能部门实行内部经济核算制;非制造业分为分店、商品部、柜组三级实行内部经济核算制,分店职能部门实行内部经济核算制。责任部门的划分,要使每个部门是可以分割的,划分后具有相对独立性,也便于检查。其次,要明确职责和权限。对划分的内部责任中心,根据内部经济核算制要求,实行责任会计,确定每个单位所承担的责任和应有的权限,以便检查和考核。

三、财务控制的基础

财务控制的基础是指进行财务控制所必须具备的基本条件,主要包括:组织保证、制度保证、预算目标、会计信息等。

1. 组织保证

控制必然涉及控制主体和被控制对象。就控制主体而言,应围绕财务控制建立有效的组织保证。如为了确定财务预算,应建立相应的决策和预算编制机构;为了组织和实施日常财务控制应建立相应的监督、协调、仲裁机构;为了便于内部结算应建立相应的内部结算组织;为了考核预算的执行结果应建立相应的考核机构。在实践过程中,可根据需要,将这些机构的职能分工到公司的常设机构中,或者将这些机构的职能进行归并。就被控制对象而言,应本着有利于将财务预算分解落实到公司内部部门、各层次和各岗位的原则,建立各种执行预算的责任中心,使各责任中心对分解的预算指标既能控制,又能承担责任。

2. 制度保证

控制制度包括组织机构的设计和公司内部采取的所有相互协调的方法和措施。这些方法和措施用于保护公司的财产,检查公司会计信息的准确性和可靠性,提高经营效率,促使有关人员遵循既定管理方针。围绕财务预算的执行,也应建立相应的保证措施或制度,如人事制度、奖罚制度等。

3. 预算目标

财务控制应以建立健全的财务预算为依据,面向整个公司的财务预算是控制公司经济活动的依据。财务预算应分解落实到各责任中心,使之成为控制各责任中心经济活动的依据。若财务预算所确定的目标严重偏离实际,财务控制就无法达到预定的目的。

4. 会计信息

无论什么控制都离不开真实、准确的信息,财务控制也必须以会计信息为基础。它包括两个方面的内容:

(1)财务预算总目标的执行情况必须通过公司的汇总会计核算资料予以反映,透过这些会计资料可以了解、分析公司财务预算总目标的执行情况、存在的差异及其原因,并提出相应的纠偏措施。

(2)各责任中心甚至各岗位的预算目标的执行情况必须通过各自的会计核算资料予以反映,透过这些会计资料可以了解、分析各责任中心以至各岗位预算目标的完成情况,将其作为各责任中心以至岗位改进工作和考核业绩的依据。

正由于会计信息或资料对财务控制如此重要,因此,必须健全会计核算基础工作,确保会计信息或资料真实、准确、及时提供,并应建立按责任中心设置的会计核算体系。

5. 信息反馈系统

财务控制是一个动态的控制过程,要确保财务预算的贯彻实施,必须对各责任中心执行预算的情况进行跟踪监控,不断调整执行偏差。为此,必须建立一个信息反馈系统,该系统应具备以下特征:

(1)它是一个双向流动系统。它不仅能由下至上反馈财务预算的执行情况,也能由上至下传输调整预算偏差的要求,做到下情上报、上情下达。

(2)它是一个传输程序和传输方式都十分规范的系统。就传输程序而言,应明确规定传输的路径、环节以及每一环节的信息内容;就传输方式而言应明确规定传输的媒介及其标准样式,如报告的格式等。

(3)该系统应灵敏有效。它既要求信息传输及时、迅速,也要求确保传输的信息真实、可靠,并建立起相应的信息审查机构和责任制度。

6. 奖罚制度

财务控制的最终效率取决于是否有切实可行的奖罚制度,以及是否严格执行这一制度。否则,即使有符合实际的财务预算,也会因为财务控制的软化而得不到贯彻落实。奖罚制度及其执行包括以下内容:

(1)奖罚制度必须结合各责任中心的预算责任目标制定,体现公平、合理、有效的原则。

(2)要形成严格的考评机制。是否奖罚决定于考评的结果,考评是否正确直接影响奖罚制度的效力。严格的考评机制包括建立考评机构、确定考评程序、审查考评数据、依照制度进行考评和执行考评结果。

(3)要把过程考核与结果考核结合起来,把即时奖罚与期间奖罚结合起来。这一方面要求在财务控制过程中随时考核各责任中心的责任目标和执行情况,并根据考核结果当即奖罚;另一方面要求一定时期终了时(一般为年度),根据财务预算的执行结果,对各责任中心进行全面考评,并进行相应的奖罚。

四、财务控制的种类

财务控制可以根据不同的标准进行分类:

1. 按控制的时间分类

财务控制按控制的时间分为事前财务控制、事中财务控制和事后财务控制。

事前财务控制是财务收支活动尚未发生之间所进行的控制,如财务收支活动发生之前的申报审批制度,产品设计成本的规划等。事中财务控制是指财务收支活动发生过程中所进行的控制,如按财务预算要求监督预算的执行过程,对各项收入的去向和支出的用途进行监督,对产品生产过程中发生的成本进行约束等。事后财务控制是指按照财务预算的要求对各责任中心的财务收支结果进行评价,并以此实施奖罚标准,在产品成本形成之后进行综合分析与考核,以确定各责任中心和公司的成本责任。

2. 按控制的主体分类

财务控制按控制主体分为出资者财务控制、经营者财务控制和财务部门的财务控制。

出资者财务控制是为了实现其资本保全和资本增值目标而对经营者的财务收支活动进行控制,如对成本开支范围和标准的规定等。经营者财务控制是为了实现财务预算目标而对公司及各责任中心的财务收支活动所进行的控制,这种控制是通过经营者制定财务决策目标,并促使这些目标被贯彻执行而实现的。如公司的筹资、投资、资产运用、成本支出决策及其执行等。财务部门的财务控制是财务部门为了有效地组织现金流动,通过编制现金预算,执行现金预算,对公司日常财务活动所进行的控制。如对各项货币资金用途的审查等。通常认为出资者财务控制是一种外部控制,而经营者和财务部门的财务控制是一种内部控制。

343

3. 按控制的依据分类

财务控制按控制的依据分为预算控制和制度控制。

预算控制是指以财务预算为依据,对预算执行主体的财务收支活动进行监督、调整的一种控制形式。预算表明了执行主体的责任和奋斗目标,规定了预算执行主体的行为。制度控制是指通过制定公司内部规章制度,并以此为依据约束公司和责任中心财务收支活动的一种控制形式。制度控制通常规定只能做什么,不能做什么。与预算控制相比较,制度控制具有防护性的特征,而预算控制主要具有激励性的特征。

4. 按控制的对象分类

财务控制按控制的对象分为收支控制和现金控制(或货币资金控制)。

收支控制,是对公司和各责任中心的财务收入活动和财务支出活动所进行的控制。控制财务收入活动,旨在达到高收入的目标;控制财务支出活动,旨在降低成本,减少支出,实现利润最大化。现金控制是对公司和责任中心的现金流入和现金流出活动所进行的控制。由于公司财务会计采取权责发生制,导致利润不等于现金净流入,所以,对现金有必要单独控制。并且,日常财务活动主要是组织现金流动的过程,现金控制就十分重要。通过现金控制应力求实现现金流入流出的基本平衡,既要防止因现金短缺而可能出现的支付危机,也要防止因现金沉淀而可能出现的机会成本增加。

5. 按控制的手段分类

财务控制按控制的手段分定额控制和定率控制,也可称为绝对控制和相对控制。

定额控制是指对公司和责任中心的财务指标采用绝对额进行控制。一般而言,对激励性指标确定最低控制标准,对约束性指标确定最高控制标准。定率控制是指对公司和责任中心的财务指标采用相对比率进行控制。一般而言,定率控制具有投入与产出对比、开源与节流并重的特征。比较而言,定额控制没有弹性,定率控制具有弹性。

五、内部控制

(一)内部控制的含义

1. 内部控制的概念

内部控制是指单位为了保护资产的安全、完整,提高会计信息质量,确保有关法律法规和规章制度以及单位经营管理方针政策的贯彻执行,避免或降低风险,提高经营管理效率,实现单位经营管理目标而制定和实施的一系列控制方法、措施和程序。

2. 内部控制的目标

内部控制的目标是:①保护单位各项资产的安全和完整,防止资产流失;②保证单位经营管理信息和财务会计资料的真实、完整;③避免或降低各种风险,提高经营管理效率;④实现管理层的经营方针和目标;⑤保证国家法律、法规在本单位的贯彻执行。

3. 内部控制的原则

内部控制的原则是:①内部控制应当符合国家有关法律法规以及本单位的实际情况。②内部控制应当约束单位内部涉及会计工作的所有人员,任何人都不得拥有超越内部控制的权力。③内部控制应当涵盖单位内部涉及会计工作的各项经济业务和相关岗位,明确业务处理过程中的基本控制点,使内部控制落实到决策、执行、监督、反馈等各个环节。④内部控制应当保证单位内部涉及会计工作的机构、岗位的合理设置及其职责权限的合理划分,坚持不相容职务相互分离,确保不同机构和岗位之间的权责分明、相互制约、相互监督。⑤内部控制应当遵循成本效益原则,以合理的控制成本达到最佳的控制效果。⑥内部控制应随着外部环境的变化、单位业务职能的调整和管理要求的提高,不断修订和完善。⑦单位负责人对本单位内部控制的建立健全及有效实施负责。

(二)内部控制的主要方法

(1)不相容职务相互分离控制。按照不相容职务相分离的要求,合理设计会计及相关工作岗位,明确职责权限,形成相互制衡机制。不相容职务主要包括授权批准、业务经办、会计记录、财产保管、稽核检查等职务。

(2)授权批准控制。对涉及会计及相关工作的授权批准的范围、权限、程序、责任等内容,单位内部的各级管理层必须在授权范围内行使职权和承担责任,经办人员也必须在授权范围内办理业务。

(3)会计系统控制。依据《会计法》和国家统一的会计制度,制定适合本单位的会计制度,明确会计凭证、会计账簿和财务会计报告的处理程序,建立和完善会计档案保管和会计工作交接办法,实行会计人员岗位责任制,充分发挥会计的监督职能。

(4)预算控制。加强预算编制、执行、分析、考核等环节的控制,明确预算项目,建立预算标准,规范预算的编制、审定、下达和执行程序,及时分析和控制预算差异,采取改进措施,确保预算的执行。预算内资金实行责任人限额审批,限额以上资金实行集体审批,严格控制无预算的资金支出。

(5)财产保全控制。限制未经授权的人员对财产的直接接触,采取定期盘点、财产记录、账实核对、财产保险等措施,确保各种财产的安全完整。

(6)风险控制。针对各个风险控制点,建立风险管理系统,通过风险预警、风险识别、风险评估、风险分析、风险报告等措施,对财务风险和经营风险进行全面防范和有效控制。

(7)内部报告控制。建立内部报告制度,全面反映经济活动情况,及时提供业务活动中的重要信息,增强内部管理的时效性和针对性。

(8)电子信息技术控制。运用电子信息技术手段建立内部控制系统,减少和消除人为操纵因素,确保内部控制的有效实施;同时加强对财务会计电子信息系统开发与维护、数据输入与输出、文档储存与保管、网络安全等方面的控制。

(三)内部控制的内容

1. 货币资金控制

(1)岗位分工控制:①建立货币资金业务的岗位责任制,明确相关部门和岗位的职责权限。②出纳人员不得兼任稽核、会计档案保管和收入、支出、费用、债权债务账目的登记工作。③配备合格人员,进行岗位轮换。④建立回避制度。单位负责人的直系亲属不得担任本单位会计机构负责人,会计机构负责人的直系亲属不得担任本单位出纳人员。

(2)授权批准控制:①明确审批人对货币资金业务的授权批准方式、权限、程序、责任和相关控制措施;审批人不得超越审批权限。②明确经办人办理货币资金业务的职责范围和工作要求。③严格按照申请、审批、复核、支付的程序办理货币资金的支付业务,并及时准确入账。④重要货币资金支付业务,实行集体决策和审批。

(3)现金控制:①实行现金库存限额管理制度。②明确现金开支范围并严格执行。③现金收入及时存入银行,严格控制现金坐支;严禁擅自挪用、借出货币资金。④货币资金收入及时入账,不得私设"小金库",不得账外设账,严禁收款不入账。⑤定期盘点现金,做到账实相符。

(4)银行存款控制:①加强银行账户管理,按规定办理存款、取款结算;定期检查、清理银行账户的开立和使用情况。②严格遵守银行支付结算纪律。③定期获取银行对账单,查实银行存款余额,编制银行存款余额调节表。

(5)票据控制:明确各种票据的购买、保管、领用、背书转让、注销等环节的职责权限和程序,防止空白票据遗失和被盗用。

(6)印章控制:①财务专用章应由专人保管,个人名章应由本人或其授权人员保管。严禁一人保管支付款项所需的全部印章。②严格履行签字或盖章手续。

(7)监督检查:①定期检查货币资金业务相关岗位及人员的设置情况。②定期检查货币资金授权批准制度的执行情况。③定期检查印章保管情况。④定期检查票据保管情况。

2. 采购与付款控制

(1)岗位分工控制:①建立采购与付款的岗位责任制,明确相关部门和岗位的职责、权限,确保办理采购与付款业务的不相容岗位相互分离、制约和监督。②采购与付款业务的不相容岗位:请购与审批;询价与确定供应商;采购合同的订立与审查;采购与验收;采购、验收与相关会计记录;付款审批与付款执行。③不得由同一部门或个人办理采购与付款业务的全过程。

(2)授权批准控制:①明确审批人对采购与付款业务的授权批准方式、权限、程序、责任和相关控制措施;审批人不得越权审批。②明确经办人的职责范围和工作要求;严禁未经授权的机构和人员办理采购与付款业务。③对于重要和技术性较强的采购业务组织专家进行可行性论证,并实行集体决策和审批。④加强对请购手续、采购订单、验收证明、入库凭证、采购发票等的管理和相互核对工作。

(3)请购控制:①建立采购申请制度。明确相关部门或人员的职责权限及相应的请购程序。②加强采购业务的预算管理。对于超预算和预算外采购项目,由具有请购权的部门在对需求部门提出的申请进行审核后办理请购手续。

(4)审批控制:建立请购审批制度,明确审批权限,并由审批人根据其职责、权限以及单位实际需要等对请购申请进行审批。

（5）采购控制：①根据物品或劳务的性质以及供应情况等确定相应的采购方式（订单采购、合同订货或直接购买等）。②制定例外紧急需求的特殊采购处理程序。③经过比质比价和规定的授权批准程序确定供应商。

（6）验收控制：①建立健全验收制度。根据制度规定验收所购物品或劳务的品种、规格、数量、质量等，并出具验收单据或验收报告。②实行验收与入库责任追究制。验收过程中发现的异常情况，应查明原因，及时处理。

（7）付款控制：①严格核对采购发票、验收单、入库单、合同等有关凭证，检查其真实性、完整性、合法性，对符合付款条件的采购项目及时办理付款。②建立预付账款和定金的授权批准制度。③加强应付账款和应付票据的管理，已到期的应付款项经批准后办理结算与支付。④建立退货管理制度，发生采购退货的，及时收回货款。

（8）监督检查：①定期检查采购与付款业务相关岗位及人员的设置情况。②定期检查采购与付款业务授权批准制度的执行情况。③定期检查应付账款和预付账款的管理情况。④定期检查有关单据、凭证和文件的使用和保管情况。

3. 销售与收款控制

（1）岗位分工控制：①建立销售与收款业务的岗位责任制，明确相关部门和岗位的职责和权限，确保办理销售与收款业务的不相容岗位相互分离、制约和监督。②将办理销售、发货、收款三项业务的部门分别设立，明确各自的职责和权限；建立专门信用管理部门（或岗位）的单位，应将信用管理岗位与销售业务岗位分设。③不得由同一部门或个人办理销售与收款业务的全过程。

（2）授权批准控制：①明确审批人员对销售业务的授权批准方式、权限、程序、责任和相关控制措施；审批人不得越权审批。②明确经办人员的职责范围和工作要求。③金额较大或情况特殊的销售业务和特殊信用条件，实行集体决策。④未经授权人员审批不得经办销售与收款业务。

（3）销售与发货控制：①建立销售预算管理制度，制定销售目标，确立销售管理责任制。②建立销售定价控制制度，制定价目表、折扣政策、收款政策并严格执行。③加强赊销管理，超出销售政策和信用政策的赊销业务，实行集体决策审批。④明确规定销售谈判、合同订立、合同审批、销售、发货等环节的岗位责任、职责权限及管理措施，并严格执行。⑤建立销货退回管理制度。销售退回须经销售主管审批。⑥建立完整的销售登记制度，加强销售合同、销售计划、销售通知单、发货凭证、运货凭证、销售发票等的核对工作；销售部门应当设置销售台账。

（4）收款控制：①销售收入及时入账，不得账外设账，不得擅自坐支现金。销售与收款职能应当分开，销售人员应当避免接触现款。②建立应收账款账龄分析制度和逾期应收账款催收制度。③按客户设置应收账款台账。④加强应收账款的管理，及时足额收回款项，对于可能成为坏账的应收账款应当报告有关决策机构，以确定是否确认为坏账，发生的坏账应查明原因，明确责任。⑤对已注销的坏账进行备查登记，做到账销案存;收回已注销的坏账应及时入账。⑥加强对应收票据的管理,其取得和贴现必须由保管票据以外的主管人员书面批准。⑦定期与客户核对往来款项,如有不符,应查明原因及时处理。

（5）监督检查:①定期检查销售与收款业务相关岗位及人员的设置情况。②定期检查销售与收款业务授权批准制度的执行情况。③定期检查销售的管理情况。④定期检查收款的管理情况。⑤定期检查销售退回的管理情况。

4. 工程项目控制

（1）岗位分工控制:①建立工程项目业务岗位责任制,明确相关部门和岗位的职责权限。②工程项目业务的不相容岗位:项目建议、可行性研究与项目决策;概预算编制与审核;项目实施与价款支付;竣工决算与竣工审计。

（2）授权批准控制:①明确审批人的授权批准方式、权限、程序、责任及相关控制措施,规定经办人的职责范围和工作要求。②严禁未经授权的机构或人员办理工程项目业务。③制定工程项目业务流程,明确项目决策、概预算编制、价款支付、竣工决算等环节的控制要求。

（3）项目决策控制:①建立工程项目决策环节的控制制度,对项目建议书、可行性研究报告的编制、项目决策程序等环节作出规定。②建立工程项目的集体决策制度,决策过程应有完整的书面记录。③建立工程项目决策及实施的责任制度,落实责任,定期检查。

（4）概预算控制:①建立工程项目概预算控制制度,对概预算的编制、审核等作出规定。②加强对概预算编制的审核,审查编制依据、项目内容、工程量计算、定额套用等是否真实、完整、正确。

（5）价款支付控制:①建立工程项目价款支付环节的控制制度,对价款支付的条件、方式以及会计核算程序作出规定。②办理价款支付手续前,应严格审核工程合同、支付申请、相关凭证及审批人意见等。③因工程变更等原因造成价款支付方式及金额发生变动的,应有完整的书面文件和其他相关资料,并经财会部门审核后方可付款。④加强对工程项目资金筹集与运用、物资采购与使用、财产清理与变动等业务的会计核算。

（6）竣工决算控制:①建立竣工清理制度。②依据有关法规规定及时编制竣工决算,并进行认真审核。③建立竣工决算审计制度,及时组织竣工决算审计。④及时组织工程项目竣工验收。验收合格的工程项目,及时办理财产移交手续。

（7）监督检查:①定期检查工程项目业务相关岗位及人员的设置情况。②定期检查工程项目业务授权批准制度的执行情况。③定期检查工程项目决策责任制的建立及执行情况。④定期检查概预算控制制度的执行情况。⑤定期检查各类款项支付制度的执行情况。⑥定期检查竣工决算制度的执行情况。

5. 对外投资控制

（1）岗位分工控制:①建立对外投资业务的岗位责任制。②对外投资业务的不相容岗位:对外投资预算的编制与审批;对外投资项目的分析论证与评估;对外投资的决策与执行;对外投资处置的审批与执行;对外投资业务的执行与相关会计记录。

(2)授权批准控制:①明确审批人的授权批准方式、权限、程序、责任及相关控制措施,规定经办人的职责范围和工作要求。②严禁未经授权的部门或人员办理对外投资业务。③制定对外投资业务流程,明确投资决策、资产投出、投资持有、对外投资处置等环节的内部控制要求,如实记录各环节业务开展情况。

(3)对外投资决策控制:①加强对外投资预算的管理,保证对外投资预算符合国家产业政策、单位发展战略要求和社会需要。②编制对外投资建议书,并组织分析论证以及对被投资单位的资信调查、实地考察等,在此基础上决定是否立项。③对已立项的对外投资项目进行评估,比较选择投资方案,提出对外投资建议。④对重大投资项目进行可行性研究。财会部门对投资项目所需资金、预期现金流量、投资收益以及投资的安全性等进行测算和分析。⑤建立对外投资决策及实施的责任制度。重大投资项目决策实行集体审议联签。

(4)资产投出控制:①需要签订合同的对外投资业务,应先进行谈判并经审查批准后签订投资合同,相关谈判须由两人以上参加。②编制投资计划,严格按照计划确定的项目、进度、时间、金额和方式投出资产,提前或延迟投出资产、变更投资额、改变投资方式、中止投资等,应当经决策机构审批。

(5)对外投资持有控制:①指定专门部门或人员对投资项目进行跟踪管理,及时掌握被投资单位的财务状况和经营情况。②加强对投资收益收取的控制,及时足额收取投资收益。③加强对外投资有关权益证书的管理,指定专门部门或人员保管权益证书,建立详细的记录;财会部门与相关管理部门和人员应定期核对有关权益证书。④加强对外投资业务的会计核算,严禁账外设账。

(6)对外投资处置控制:①投资收回的资产,应及时足额收取,提前或延期收回对外投资的,应经集体审议批准。②转让、核销对外投资,应经集体审议批准。核销对外投资应取得被投资单位破产等不能收回投资的法律文书和证明文件。③正确进行对外投资资产处置的相关会计处理,保证收回资产的安全和完整。④加强对审批文件、投资合同或协议、投资计划书、对外投资处置等文件资料的管理。

(7)监督检查:①定期检查对外投资业务相关岗位及人员配备情况。②定期检查对外投资业务授权批准制度的执行情况。③定期检查对外投资业务的决策情况。④定期检查对外投资资产投出情况。⑤定期检查对外投资持有的管理情况。⑥定期检查对外投资的处置情况。⑦定期检查对外投资的会计处理情况。

6. 成本费用控制

(1)岗位分工控制:①建立成本费用业务的岗位责任制,明确相关部门和岗位的职责、权限。②成本费用业务的不相容岗位:成本费用预算的编制与审批;成本费用支出的审批与执行;成本费用支出的执行与相关会计记录。

(2)授权批准控制:①明确审批人对成本费用的授权方式、权限、程序、责任和相关控制措施,审批人不得越权审批。②明确经办人办理成本费用业务的职责范围和工作要求,经办人在职责范围内按审批人批准意见办理成本费用业务。

(3)成本费用支出控制:①建立成本费用预算制度。根据成本费用预算内容,分解成本费用指标、落实成本费用责任主体,考核成本费用指标完成情况,制定奖惩措施,实行成本费用责任追究制度;需追加的成本费用预算,应重新办理审批手续。②结合单位经营管理实际,选择恰当的成本控制方法。③加强对材料采购和耗用的成本控制,将材料成本控制在预算范围内。④建立人工成本控制制度,合理设置工作岗位,以岗定责,以岗定员,以岗定酬。⑤明确制造费用支出范围和标准,采用弹性预算等方法,加强对制造费用的控制。⑥制定其他费用的开支范围、标准和费用支出的申请、审批、支付程序,严格控制费用开支。⑦正确进行成本费用的计算和分配。

(4)内部报告控制:建立成本费用内部报告制度,实时监控成本费用的支出情况,对于发生的超预算的成本费用差异及时查明原因,做出相应处理。

(5)监督检查:①定期检查成本费用业务相关岗位及人员的设置情况。②定期检查成本费用业务授权批准制度的执行情况。③定期检查成本费用预算制度的执行情况。④定期检查相关会计核算制度的执行情况。

7. 担保控制

(1)岗位分工控制:①建立担保业务岗位责任制,明确相关部门和岗位的职责权限。②担保业务的不相容岗位:担保业务的评估与审批;担保业务的审批、执行与监督;担保财产的保管与担保业务记录。③不得由同一部门或个人办理担保业务的全过程。

(2)授权批准控制:①明确审批人对担保业务的授权批准方式、权限、程序、责任和相关控制措施,以及经办人办理担保业务的职责范围和工作要求。②严禁未经授权的机构或人员办理担保业务。③制定担保政策,明确担保的范围或禁止担保的事项。④制定规范的担保业务操作程序。

(3)担保评估控制:①建立担保业务评估制度,确保担保业务符合相关政策。②对申请担保单位的主体资格,申请担保项目的合法性,申请担保单位的资产质量、财务状况、经营情况、行业前景或信用状况等进行全面评估。③被担保项目发生变更时,应重新组织评估。

(4)担保审批控制:①建立担保业务审批责任制,对重要的担保业务实行集体决策审批。②加强对担保合同订立的管理,确保签订合同符合国家法律法规和单位内部制度。

(5)担保执行控制:建立担保业务监测报告制度,对被担保单位、被担保项目资金流向等采取不同的方式进行监测。

(6)担保财产保管控制:建立担保财产保管制度,妥善保管担保财产和权利证明,定期对财产的存续状况和价值进行复核,发现问题及时处理。

(7)担保业务记录控制:建立担保业务记录制度,对担保的对象、金额、期限和用于抵押和质押的物品、权利及其他事项进行全面的记录。

（8）监督检查：①定期检查担保业务相关岗位及人员的设置情况。②定期检查担保业务授权批准制度的执行情况。③定期检查担保业务监测报告制度的执行情况。④定期检查担保财产保管和担保业务记录制度的执行情况。

8. 预算控制

（1）岗位分工控制：①建立预算工作岗位责任制，明确相关部门和岗位的职责、权限。②预算工作的不相容岗位：预算编制（含预算调整）与预算审批；预算审批与预算执行；预算执行与预算考核。

（2）授权批准控制：①明确审批人的授权批准方式、权限、程序、责任和相关控制措施，规定经办人办理预算的职责范围和工作要求。②制定预算管理业务流程，明确预算编制、预算执行、预算调整、预算分析与考核等各环节的控制要求，设置相关的记录，确保预算工作全过程得到有效控制。

（3）预算编制控制：①根据各单位业务特点和工作重点编制相应的业务预算和年度预算方案。②预算编制应符合本单位发展战略、经营目标、投资及筹资计划和其他重大决议。③编制经营预算应以上一年度生产经营的实际状况为基础，综合考虑经济政策变动、市场竞争状况、产品竞争能力等因素，严格控制经营风险。④编制投资预算应当符合成本效益原则和风险控制要求，严格控制投资风险。⑤编制筹资预算应以筹资计划和资金需求决策为基础，合理安排筹资规模和筹资结构，选择恰当的筹资方式，严格控制财务风险。

（4）预算执行控制：①建立预算执行责任制度，明确相关部门及人员的责任。②层层分解预算指标，落实到各部门、各单位和各岗位。③将年度预算分解为季度预算和月度预算。④建立预算执行情况内部报告制度、预算执行情况预警机制和预算执行结果质询制度。

（5）预算调整控制：正式下达执行的预算一般不予调整。特殊情况需要调整的，应由预算执行单位逐级提出书面报告，并经单位决策机构批准。

（6）预算分析控制：采用不同的方法分析预算执行情况及存在的问题，重点分析预算执行差异产生的原因，提出解决措施或建议。

（7）预算考核控制：建立预算执行情况考核制度和奖惩制度，按照公开、公平、公正的原则对预算执行情况进行考核，认真落实奖惩措施。

（8）监督检查：①定期检查岗位分工和授权批准情况。②及时检查预算编制情况。③及时检查预算执行情况。④及时检查预算调整情况。⑤及时检查预算分析与考核情况。

第四节　成本控制

一、成本控制的含义

成本控制就是运用科学的方法对公司生产经营过程中实际所发生的各种成本费用进行严格的审查和限制,以降低公司成本费用的一项管理工作。公司成本费用控制可按不同标准予以划分,如按成本费用的形成过程划分,营业成本控制包括设计成本控制、采购成本控制、生产成本控制、销售成本控制和售后服务成本控制等;按营业成本的组成要素划分,营业成本控制包括材料成本控制、工资成本控制、制造费用控制以及废品损失控制等。营业费用控制则包括购销费用控制和管理费用控制两个方面。开展成本与费用控制工作必须具备以下几项前提条件:

(1)必须要有成本与费用计划资料。成本与费用控制的主要目的是尽可能地降低实际成本费用开支,以实现成本与费用计划,完成各项计划指标。没有成本与费用计划,成本与费用控制就失去了目标。

(2)必须要在计划执行过程中进行。成本与费用控制的对象是各环节、各部门的实际费用支出。因此,必须在计划执行过程开始以后才能开展成本与费用控制工作。

(3)必须要以成本与费用分析为基础。成本与费用分析就是根据成本与费用计划或历史资料与成本费用的实际耗费水平进行比较分析,揭示出计划与实际之间的差异,分析引起差异的原因。通过成本与费用分析,才能为进行成本与费用控制找到工作目标,从而有效的开展控制。

二、成本控制的程序和方法

1. 成本费用的控制程序

成本控制的基本程序包括制定标准、执行标准和检查考评三个步骤。

(1)制定标准属于事前控制。制定标准即确定生产经营过程各阶段各部门、各经营环节的成本费用标准、目标、预算或定额,对各种资源消耗和各项费用开支规定数量界限,作为衡量实际消耗和支出是否合理的依据。成本控制标准包括目标成本、费用预算、材料定额、工时定额、工序成本、零件成本、责任成本等。

(2)执行标准属于过程控制或事中控制。执行标准即在生产经营过程中根据预定的标准控制各项消耗与支出,随时发现节约还是超支,并预测其发展趋势,采取措施,把差异控制在允许的范围内。执行过程控制,主要依靠成本及费用信息的及时反馈和数据的统计分析,建立严格的责任制,实现全员控制和全过程控制。

(3)检查考评属于事后控制。检查考评即阶段性的集中查找和分析产生成本差异的原因,判明责任归属,对成本目标和标准的执行情况做出考核评价,奖优罚劣,并采取措施,防止不利因素重复产生,总结和推广经验,为修订标准提供可靠的参数,把成本控制的科学方法标准化。

以上三个步骤相互联系,循环往复,构成成本控制循环。每一次循环,成本控制标准都应有所改变,成本控制手段也更加科学。

2. 成本控制的方法

成本控制的方法多种多样,并可按不同标准予以分类。从成本控制依据的标准看,有目标成本控制法、标准成本控制法、定额成本控制法、责任成本控制法等。目标成本控制法以目标成本作为成本控制的依据,定额成本控制法以定额成本作为控制成本的依据,责任成本控制法以责任成本作为控制成本的依据。

从成本控制的技术方法来看,有对比法、差异因素分析法、本量利分析法、回归分析法、ABC 分析法、功能成本分析法等等。成本控制的方法主要根据成本控制的不同对象、不同要求和不同目的来选择,因此,除上述方法外,还可采用预算(固定预算、弹性预算)控制法、绝对成本控制法、相对成本控制法、限额领料控制法,以及采用预算、流通券、内部支票、本票等形式控制费用和实行成本归口分级管理等方法。为了保证成本的有效性,还应把定量分析和定性分析结合起来,并注意各种方法的选择运用和结合运用。

三、标准成本控制

标准成本系统是为了克服实际成本计算系统的缺陷,尤其是不能提供有助于成本控制的确切信息的缺点而研究出来的一种会计信息系统和成本控制系统。

实施标准成本系统一般有以下几个步骤:①制定单位产品标准成本;②根据实际产量和成本标准计算产品的标准成本;③汇总计算实际成本;④计算标准成本与实际成本的差异;⑤分析成本差异的发生原因,如果标准成本纳入账簿体系的,还要进行标准成本及其成本差异的账务处理;⑥向成本负责人提供成本控制报告。

(一)标准成本的概念

标准成本是通过精确的调查、分析与技术测定而制定的,用来评价实际成本、衡量工作效率的一种预计成本。在标准成本中,基本上排除了不应该发生的"浪费",因此被认为是一种"应该成本"。标准成本和估计成本同属于预计成本,但后者不具有衡量工作的尺度性,主要体现可能性,供确定产品销售价格使用。标准成本要体现公司的目标和要求,主要用于衡量产品制造过程的工作效率和控制成本,也可用于存货和销货成本计价。

"标准成本"一词在实际工作中有两种含义:

一种是指单位产品的标准成本,它是根据单位产品的标准消耗量和标准单价计算出来的成本,准确地说应称为"成本标准"。

成本标准=单位产品标准成本=单位产品标准消耗量×标准单价

另一种指实际产量的标准成本,是根据实际产品产量和单位产品成本标准计算出来的成本。

标准成本＝实际产量×单位产品标准成本

（二）标准成本的种类

1. 理想标准成本和正常标准成本

标准成本按其制定所根据的生产技术和经营管理水平，分为理想标准成本和正常标准成本。

理想标准成本是指在最优的生产条件下，利用现有的规模和设备能够达到的最低成本。制定理想标准成本的依据，是理论上的业绩标准、生产要素的理想价格和可能实现的最高生产经营能力利用水平。这里所说的理论业绩标准，是指在生产过程中毫无技术浪费时生产要素消耗量，最熟练的工人全力以赴工作，不存在废品损失和停工时间等条件下可能实现的最优业绩。这里所说的最高生产经营能力利用水平，是指理论上可能达到的设备利用程度，只扣除不可避免的机器修理、改换品种、调整设备等时间，而不考虑产品销路不佳、生产技术故障等造成的影响。这里所说的理想价格，是指原材料、劳动力等生产要素在计划期间最低的价格水平。因此，这种标准是"工厂的极乐世界"，很难成为现实，即使暂时出现也不可能持久。它的主要用途是提供一个完美无缺的目标，揭示实际成本下降的潜力。因其提出的要求太高，不能作为考核的依据。

正常标准成本是指在效率良好的条件下，根据下期一般应该发生的生产要素消耗量、预计价格和预计生产经营能力利用程度制定出来的标准成本。在制定这种标准成本时，把生产经营活动中一般难以避免的损耗和低效率等情况也计算在内，使之切合下期的实际情况，成为切实可行的控制标准。要达到这种标准不是没有困难，但它们是可能达到的。从具体数量上看，它应大于理想标准成本，但又小于历史平均水平，实施以后实际成本更大的可能是逆差而不是顺差，是要经过努力才能达到的一种标准，因而可以调动职工的积极性。

在标准成本系统中，广泛使用正常的标准成本。它具有以下特点：它是用科学方法根据客观实验和过去实践，经充分研究后制定出来的，具有客观性和科学性；它排除了各种偶然性和意外情况，又保留了目前条件下难以避免的损失，代表正常情况下的消耗水平，具有现实性；它是应该发生的成本，可以作为评价业绩的尺度，成为促使职工去努力争取的目标，具有激励性；它可以在工艺技术水平和管理有效性水平变化不大时持续使用，不需要经常修订，具有稳定性。

2. 现行标准成本和基本标准成本

标准成本按其适用期，分为现行标准成本和基本标准成本。

现行标准成本指根据其适用期间应该发生的价格、效率和生产经营能力利用程度等预计的标准成本。在这些决定因素变化时，需要按照改变了的情况加以修订。这种标准成本可以成为评价实际成本的依据，也可以用来对存货和销货成本计价。

基本标准成本是指一经制定，只要生产的基本条件无重大变化，就不予变动的一种标准成本。所谓生产的基本条件的重大变化是指产品的物理结构变化，重要原材料和劳动力价格的重要变化,生产技术和工艺的根本变化等。只有这些条件发生变化,基本标准成本才需要修订。由于市场供求变化导致的售价变化和生产经营能力利用程度的变化,由于工作方法改变而引起的效率变化等,不属于生产的基本条件变化,对此不需要修订基本标准成本。基本标准成本与各期实际成本对比,可反映成本变动的趋势。由于基本标准成本不按各期实际修订,不宜用来直接评价工作效率和成本控制的有效性。

(三)标准成本的制定

制定标准成本,通常先确定直接材料和直接人工的标准成本,其次确定制造费用的标准成本,最后确定单位产品的标准成本。

在制定时,无论是哪一个成本项目,都需要分别确定其用量标准和价格标准,两者相乘后得出成本标准。用量标准包括单位产品材料消耗量、单位产品直接人工工时等,主要由生产技术部门主持制定,吸收执行标准的部门和职工参加。价格标准包括原材料单价、小时工资率、小时制造费用分配率等,由会计部门和有关其他部门共同研究确定。采购部门是材料价格的责任部门,劳资部门和生产部门对小时工资率负有责任,各生产车间对小时制造费用率承担责任,在制定有关价格标准时要与他们协商。

无论是价格标准还是用量标准,都可以是理想状态的或正常状态的,据此得出理想的标准成本或正常的标准成本。下面介绍正常标准成本的制定。

1. 直接材料标准成本

直接材料的标准消耗量,是用统计方法、工业工程法或其他技术分析方法确定的。它是现有技术条件下生产单位产品所需的材料数量,其中包括必不可少的消耗,以及各种难以避免的损失。

直接材料的价格标准,是预计下一年度实际需要支付的进料单位成本,包括发票价格、运费、检验和正常损耗等成本,是取得材料的完全成本。

2. 直接人工标准成本

直接人工的用量标准是单位产品的标准工时。确定单位产品所需的直接生产人工工时,需要按产品的加工工序分别进行,然后加以汇总。标准工时是指在现有生产技术条件下,生产单位产品所需要的时间,包括直接加工操作必不可少的时间以及必要的间歇和停工,如工间休息、调整设备时间、不可避免的废品耗用工时等。标准工时应以作业研究和工时研究为基础,参考有关统计资料来确定。

直接人工的价格标准是指标准工资率。它可能是预定的工资率,也可能是正常的工资率。如果采用计件工资制,标准工资率是预定的每件产品支付的工资除以标准工时,或者是预定的小时工资;如果采用月工资制,需要根据月工资总额和可用工时总量来计算标准工资率。

3. 制造费用标准成本

制造费用的标准成本是按部门分别编制,然后将同一产品涉及的各部门单位制造费用标准加以汇总,得出整个产品制造费用标准成本。

各部门的制造费用标准成本分为变动制造费用标准成本和固定制造费用标准成本两部分。

(1)变动制造费用标准成本。变动制造费用的数量标准通常采用单位产品直接人工工时标准,它在直接人工标准成本制定时已经确定。有的企业采用机器工时或其他用量标准。作为数量标准的计量单位,应尽可能与变动制造费用保持较好的线性关系。

变动制造费用的价格标准是每一工时变动制造费用的标准分配率,它根据变动制造费用预算和直接人工总工时计算求得。

$$\frac{\text{变动制造费用}}{\text{标准分配率}} = \frac{\text{变动制造费用预算总数}}{\text{直接人工标准总工时}}$$

确定数量标准和价格标准之后,两者相乘即可得出变动制造费用标准成本。

$$\frac{\text{变动制造费用}}{\text{标准成本}} = \frac{\text{单位产品直接人工的}}{\text{标准工时}} \times \frac{\text{每小时变动制造费用的}}{\text{标准分配率}}$$

各车间变动制造费用标准成本确定之后,可汇总出单位产品的变动制造费用标准成本。

(2)固定制造费用标准成本。如果企业采用变动成本计算,固定制造费用不计入产品成本,因此单位产品的标准成本中不包括固定制造费用的标准成本。在这种情况下,不需要制定固定制造费用的标准成本,固定制造费用的控制通过预算管理来进行。如果采用完全成本计算,固定制造费用要计入产品成本,还需要确定其标准成本。

固定制造费用的用量标准与变动制造费用的用量标准相同,包括直接人工工时、机器工时、其他用量标准等,并且两者要保持一致,以便进行差异分析。这个标准的数量在制定直接人工用量标准时已经确定。

固定制造费用的价格标准是其每小时的标准分配率,它根据固定制造费用预算和直接人工标准总工时计算求得。

$$\frac{\text{固定制造费用}}{\text{标准分配率}} = \frac{\text{固定制造费用预算总额}}{\text{直接人工标准总工时}}$$

确定了用量标准和价格标准之后,两者相乘即可得出固定制造费用标准成本。

$$\frac{\text{固定制造费用}}{\text{标准成本}} = \frac{\text{单位产品直接人工}}{\text{标准工时}} \times \frac{\text{每小时固定制造费用的}}{\text{标准分配率}}$$

各车间的固定制造费用标准成本确定之后,可汇总出单位产品的固定制造费用标准成本。

将以上确定的直接材料、直接人工和制造费用的标准成本按产品加以汇总,就可确定有关产品完整的标准成本。通常,公司编成“标准成本卡”,反映产成品标准成本的构成。在每种产品生产之前,它的标准成本卡要送达有关人员,包括各级生产部门负责人、会计部门、仓库等,作为领料、派工和支出其他费用的依据。

四、标准成本的差异分析

标准成本是一种目标成本,由于种种原因,产品实际成本会与目标不符。实际成本与标准成本之间的差额,称为标准成本的差异,或称为成本差异。成本差异反映实际成本脱离预定目标的信息。为了消除这种偏差,要对产生的成本差异进行分析,找出原因和对策,以便采取措施加以纠正。

（一）变动成本差异的分析

直接材料、直接人工和变动制造费用都属于变动成本,其成本差异分析的基本方法相同。由于它们的实际成本高低取决于实际用量和实际价格,标准成本的高低取决于标准用量和标准价格,所以其成本差异可以归结为价格脱离标准造成的价格差异与用量脱离标准造成的数量差异两类。

成本差异＝实际成本-标准成本＝实际数量×实际价格-标准数量×标准价格

$$= 实际数量×实际价格-实际数量×标准价格+实际数量×标准价格-标准数量×标准价格$$

$$= 实际数量×(实际价格-标准价格)+(实际数量-标准数量)×标准价格$$

$$= 价格差异+数量差异$$

1. 直接材料成本差异分析

直接材料实际成本与标准成本之间的差额,是直接材料成本差异。该项差异形成的基本原因有两个:一是价格脱离标准;二是用量脱离标准。前者按实际用量计算,称为价格差异;后者按标准价格计算,称为数量差异。

材料价格差异＝实际数量×（实际价格-标准价格）

材料数量差异＝（实际数量-标准数量）×标准价格

例 9-1 本月生产产品 1 000 件,使用材料 5 000 千克,材料单价为 0.60 元/千克;直接材料的单位产品标准成本为 3 元,即每件产品耗用 6 千克直接材料,每千克材料的标准价格为 0.50 元。根据上述公式计算:

直接材料价格差异＝5 000×（0.60-0.50）＝500（元）

直接材料数量差异＝（5 000-1 000×6）×0.5＝-500（元）

直接材料价格差异与数量差异之和,应当等于直接材料成本的总差异。

直接材料成本差异＝实际成本-标准成本

$$= 5 000×0.60-1 000×6×0.5$$

$$= 0（元）$$

直接材料成本差异＝价格差异+数量差异＝500+（-500）＝0（元）

材料价格差异是在采购过程中形成的,不应由耗用材料的生产部门负责,而应由采购部门对其做出说明。采购部门未能按标准价格进货的原因有许多,如供应厂家价格变动、未按经济采购批量进货、未能及时订货造成的紧急订货、采购时舍近求远使运费和损耗增加、不必要的快速运输方式、违反合同被罚款、承接紧急订货造成额外采购等等,需要进行具体分析和调查,才能明确最终原因和责任归属。

材料数量差异是在材料耗用过程中形成的,反映生产部门的成本控制业绩。材料数量差异形成的具体原因有许多,如操作疏忽造成废品和废料增加、工人用料不精心、操作技术改进而节省材料、新工人上岗造成多用料、机器或工具不适用造成用料增加等。有时多用料并非生产部门的责任,如购入材料质量低劣、规格不符也会使用料超过标准;又如工艺变更、检验过严也会使数量差异加大,因此,要进行具体的调查研究才能明确责任归属。

2. 直接人工成本差异分析

直接人工成本差异,是指直接人工实际成本与标准成本之间的差额。它也被区分为"价差"和"量差"两部分。价差是指实际工资率脱离标准工资率,其差额按实际工时计算确定的金额,又称为工资率差异。量差是指实际工时脱离标准工时,其差额按标准工资率计算确定的金额,又称人工效率差异。

工资率差异＝实际工时×(实际工资率－标准工资率)

人工效率差异＝(实际工时－标准工时)×标准工资率

例9-2　本月生产产品 1 000 件,实际使用工时 800 小时,支付工资 12 000 元;直接人工的标准成本是 10 元/件,即每件产品标准工时为 1 小时,标准工资率为 10 元/小时。按上述公式计算:

$$工资率差异 = 800 \times (\frac{12\ 000}{800} - 10) = 800 \times (15 - 10) = 4\ 000(元)$$

$$人工效率差异 = (800 - 1\ 000 \times 1) \times 10 = -2\ 000(元)$$

工资率差异与人工效率差异之和,应当等于人工成本总差异,并可据此验算差异分析计算的正确性。

人工成本差异＝实际人工成本－标准人工成本＝12 000－1 000×10＝2 000(元)

人工成本差异＝工资率差异＋人工效率差异＝4 000＋(－2 000)＝2 000(元)

工资率差异形成的原因,包括直接生产工人升级或降级使用、奖励制度未产生实效、工资率调整、加班或使用临时工、出勤率变化等,原因复杂而且难以控制。一般说来,应归属于人事劳动部门管理,差异的具体原因会涉及生产部门或其他部门。

直接人工效率差异的形成原因,包括工作环境不良、工人经验不足、劳动情绪不佳、新工人上岗太多、机器或工具选用不当、设备故障较多、作业计划安排不当、产量太少无法发挥批量节约优势等,它主要是生产部门的责任,但这也不是绝对的。例如,材料质量不好,也会影响生产效率。

3. 变动制造费用的差异分析

变动制造费用的差异,是指实际变动制造费用与标准变动制造费用之间的差额,它也可以分解为"价差"和"量差"两部分:价差是指变动制造费用的实际小时分配率脱离标准,按实际工时计算的金额,反映耗费水平的高低,故称为耗费差异。量差是指实际工时脱离标准工时,按标准的小时费用率计算确定的金额,反映工作效率变化引起的费用节约或超支,故称为变动制造费用效率差异。

变动制造费用耗费差异=实际工时×(变动制造费用实际分配率-变动制造费用标准分配率)

变动制造费用效率差异=(实际工时-标准工时)×变动制造费用标准分配率

例9-3　本月实际产量 1 000 件,使用工时 800 小时,实际发生变动制造费用 4 000元,变动制造费用标准成本为 6 元/件,即每个产品标准工时为 1 小时,标准的变动制造费用分配率为 6 元/小时。按上述公式计算:

变动制造费用耗费差异=800×(4 000/800 -6)=800×(5-6)=-800(元)

变动制造费用效率差异=(800-1 000×1)×6=-1 200(元)

验算:

变动制造费用成本差异=实际变动制造费用-标准变动制造费用
$$=4\ 000-1\ 000×6=-2\ 000(元)$$

变动制造费用成本差异=变动制造费用耗费差异+变动制造费效率差异
$$=(-800)+(-1\ 200)=-2\ 000(元)$$

耗费差异是部门经理的责任,他们有责任将变动制造费用控制在弹性预算限额之内。变动制造费用效率差异,是由于实际工时脱离了标准,多用工时导致的费用增加,因此其形成原因与人工效率差异相同。

(二)固定制造费用的差异分析

固定制造费用的差异分析与各项变动成本差异分析不同,其分析方法有"二因素分析法"和"三因素分析法"两种。

1. 二因素分析法

二因素分析法,是将固定制造费用差异分为耗费差异和能量差异的差异分析方法。

耗费差异是指固定制造费用的实际金额与固定制造费用预算金额之间的差额。固定费用与变动费用不同,不因业务量而变,故差异分析有别于变动费用。在考核时不考虑业务量的变动,以原来的预算数作为标准,实际数超过预算数即视为耗费过多。其计算公式为:

固定制造费用耗费差异=固定制造费用实际数-固定制造费用预算数

能量差异是指固定制造费用预算与固定制造费用标准成本的差额,或者说是实际业务量的标准工时与生产能量的差额用标准分配率计算的金额。它反映未能充分使用现有生产能量而造成的损失。其计算公式如下:

$$\begin{aligned}
\text{固定制造费用能量差异} &= \text{固定制造费用预算数} - \text{固定制造费用标准成本} \\
&= \text{固定制造费用标准分配率} × \text{生产能量} - \text{固定制造费用标准分配率} × \frac{\text{实际产量}}{\text{标准工时}}
\end{aligned}$$

$$=\left(\frac{\text{生产}}{\text{能量}}-\frac{\text{实际产量}}{\text{标准工时}}\right)\times\frac{\text{固定制造费用}}{\text{标准分配率}}$$

例 9-4 本月实际产量 1 000 件,发生固定制造成本 5 600 元,实际工时为 800 小时,公司生产能量为 900 件即 900 小时,每件产品固定制造费用标准成本为 5 元/件,即每件产品标准工时为 1 小时,标准分配率为 5. 0 元/小时。

固定制造费用耗费差异 = 5 600 - 900×5 = 1 100(元)

固定制造费用能量差异 = (900 - 1 000)×5 = -500(元)

验算:

固定制造费用成本差异 = 实际固定制造费用 - 标准固定制造费用

$$= 5\ 600 - 1\ 000\times5 = 600(元)$$

固定制造费用成本差异 = 耗费差异 + 能量差异 = 1 100 + (-500) = 600(元)

2. 三因素分析法

三因素分析法,是将固定制造费用成本差异分为耗费差异、效率差异和闲置能量差异三部分的成本差异分析方法。该法耗费差异的计算与二因素分析法相同。不同的是要将二因素分析法中的"能量差异"进一步分为两部分:一部分是实际工时未达到标准能量而形成的闲置能量差异;另一部分是实际工时脱离标准工时而形成的效率差异。其计算公式如下:

$$\frac{\text{固定制造费用}}{\text{闲置能量差异}}=\frac{\text{固定制造费用}}{\text{预算}}-\frac{\text{实际}}{\text{工时}}\times\frac{\text{固定制造费用}}{\text{标准分配率}}$$

$$=\left(\frac{\text{生产}}{\text{能量}}-\frac{\text{实际}}{\text{工时}}\right)\times\frac{\text{固定制造费用}}{\text{标准分配率}}$$

$$\frac{\text{固定制造费用}}{\text{效率差异}}=\frac{\text{实际}}{\text{工时}}\times\frac{\text{固定制造费用}}{\text{标准分配率}}-\frac{\text{实际产量}}{\text{标准工时}}\times\frac{\text{固定制造费用}}{\text{标准分配率}}$$

$$=\left(\frac{\text{实际}}{\text{工时}}-\frac{\text{实际产量}}{\text{标准工时}}\right)\times\frac{\text{固定制造费用}}{\text{标准分配率}}$$

依例 9-4 资料计算:

固定制造费用闲置能量差异 = (900 - 800)×5 = 500(元)

固定制造费用效率差异 = (800 - 1 000×1)×5 = -1 000(元)

三因素分析法的闲置能量差异(500 元)与效率差异(-1 000 元)之和为(-500)元,与二因素分析法中的"能量差异"数额相同。

第五节　责任中心业绩控制

一、责任中心的含义与特征

公司为了实行有效的内部协调与控制,通常都按照统一领导、分级管理原则,在其内部合理划分责任单位,明确各责任单位应承担的经济责任、应有的权利和利益,促使各责任单位尽其责任协同配合。责任中心就是承担一定经济责任,并享有一定权利和利益的公司内部(责任)单位。

公司为了保证预算的贯彻落实和最终实现,必须把总预算中确定的目标和任务,按照责任中心逐层进行指标分解,形成责任预算,使各个责任中心据以明确目标和任务,责任预算执行情况的揭示和考评可以通过责任会计来进行。责任会计围绕各个责任中心,把衡量工作成果的会计同公司生产经营的责任制紧密结合起来,成为公司内部控制体系的重要组成部分。由此可见,建立责任中心是实行责任预算和责任会计的基础。

责任中心通常具有以下特征:

1. 责任中心是一个责权利结合的实体

每个责任中心都要对一定的财务指标承担完成的责任,同时,赋予责任中心与其所承担责任的范围和大小相适应的权力,并规定出相应的业绩考核标准和利益分配标准。责任中心具有承担经济责任的条件。它有两方面的含义:一是责任中心具有履行经济责任中各条款的行为能力;二是责任中心一旦不能履行经济责任,能对其后果承担责任。

2. 责任中心所承担的责任和行使的权力都应是可控的

每个责任中心只能对其责权范围内可控的成本、收入、利润和投资负责,在责任预算和业绩考核中也只应包括他们能控制的项目。可控是相对于不可控而言的,不同的责任层次,其可控的范围并不一样。一般而言,责任层次越高,其可控范围也越大。

3. 责任中心具有相对独立的经营业务和财务收支活动

相对独立的经营业务和财务收支活动,是确定经济责任的客观对象,是责任中心得以存在的前提条件。

4. 责任中心便于进行责任会计核算或单独核算

责任中心不仅要划清责任而且要单独核算,查清责任是前提,单独核算是保证。只有既划清责任又能进行单独核算的公司内部单位,才能作为一个责任中心。

根据公司内部责任中心的权责范围及业务流动的特点不同,它可以分为成本中心、利润中心、投资中心三大类。

二、成本中心及其业绩评价

(一)成本中心的含义

成本中心是指对成本或费用承担责任的责任中心。它不会形成可用货币计量的收入,因而不对收入、利润或投资负责。成本中心一般包括负责产品生产的生产部门、劳务提供部门以及给予一定费用指标的管理部门。

成本中心的应用范围最广,从一般意义出发,公司内部凡有成本发生,需要对成本负责,并能实施成本控制的单位,都可以成为成本中心。工业公司上至工厂一级,下至车间、工段、班组,甚至个人都有可能成为成本中心。成本中心的规模不一,各个较小的成本中心共同构成一个较大的成本中心。各个较大的成本中心又共同构成一个更大的成本中心。从而,在公司形成一个逐级控制,并层层负责的成本中心体系。规模大小不一和层次不同的成本中心,其控制和考核的内容也不尽相同。

(二)成本中心的类型

成本中心分为技术性成本中心和酌量性成本中心。技术性成本是指发生的数额通过技术分析可以相对可靠的估算出来的成本,如产品生产过程中发生的直接材料、直接人工、间接制造费用等,其特点是这种成本的发生可以为公司提供一定的物质成果,在技术上投入量与产出量之间有着密切的联系。技术性成本可以通过弹性预算予以控制。

酌量性成本是否发生以及发生数额的多少是由管理人员的决策所决定的,主要包括各种管理费用和某些间接成本项目,如研究开发费用、广告宣传费用、职工培训费用等。这种费用发生主要是为公司提供一定的专业服务,一般不能产生可以用货币计量的成果。在技术上,投入量与产出量之间没有直接关系。酌量性成本的控制应着重于预算总额的审批上。

(三)成本中心的特点

成本中心相对于利润中心和投资中心有自身的特点,主要表现在:

1. 成本中心只考评成本费用而不考评收益

成本中心一般不具备经营权和销售权,其经济活动的结果不会形成可以用货币计量的收入。有的成本中心可能有少量的收入,但整体上讲,其产出与投入之间不存在密切的对应关系,因而,这些收入不作为主要的考核内容,也不必计算这些货币收入。概括地说,成本中心只以货币形式计量投入,不以货币形式计量产出。

2. 成本中心只对可控成本承担责任

成本费用依其责任主体是否能控制分为可控成本与不可控成本。凡是责任中心能控制其发生及其数量的成本称为可控成本;凡是责任中心不能控制其发生及其数量的成本称为不可控成本。具体来说,可控成本必须具备以下四个条件:①可以预计,即成本中心能够事先知道将发生哪些成本以及在何时发生;②可以计量,即成本中心能够对发生的成本进行计量;③可以施加影响,即成本中心能够通过自身的行为来调节成本;④可以落实责任,即成本中心能够将有关成本的控制责任分解落实,并进行考核评价。

凡不能同时具备上述四个条件的成本通常为不可控成本。属于某成本中心的各项可控成本之和即构成该成本中心的责任成本。从考评的角度看,成本中心工作成绩的好坏,应以可控成本作为主要依据,不可控成本核算只有参考意义。在确定责任中心成本责任时,应尽可能使责任中心发生的成本成为可控成本。

成本的可控与不可控是以一个特定的责任中心和一个特定的时期作为出发点的,这与责任中心所处管理层次的高低、管理权限及控制范围的大小和经营期间的长短有直接关系。首先,成本的可控与否,与责任中心的权力层次有关。某些成本对于较高层次的责任中心或高级领导来说是可控的,对于其下属的较低层次的责任中心或基层领导而言,就可能是不可控的。反之,较低层次责任中心或基层领导的不可控成本,则可能是其所属较高层次责任中心或高级领导的可控成本。对公司来说,几乎所有的成本都是可控的,而对于公司下属各层次,各部门乃至个人来说,则既有各自的可控成本,又有各自的不可控制成本。其次,成本的可控与否,与责任中心的管辖范围有关。某项成本就某一责任中心看是不可控的,而对另一个责任中心可能是可控的,这不仅取决于该责任中心的业务内容,也取决于该责任中心所管辖的业务内容的范围。如产品试制费,从产品生产部门看是不可控的,而对新产品试制部门来说,就是可控的。但如果新产品试制也归口由生产部门进行,则试制费又成了生产部门的可控成本。最后,某些从短期看属不可控的成本,从较长的期间看,又成了可控成本。现有生产设备的折旧,在设备原价和折旧方法既定的条件下,该设备继续使用时,就具体使用它的部门来说,折旧是不可控的;但当现有设备不能继续使用,要用新的设备来代替它时,新设备的折旧则取决于设备更新所选用设备的价格及正常使用寿命,从这时看,折旧又成为可控成本了。

另外,在责任控制中,应尽可能把各项成本落实到各成本中心,使之成为各成本中心的可控成本。而对那些一时难以确认为某一特定成本中心的可控成本,则可以通过各种方式与成本中心协商,共同承担风险,借以克服由于风险责任难以控制而产生的种种问题,避免出现相互推诿扯皮现象,对确定不能确认为某一成本中心的成本费用,则由公司控制或承担。

一般说来,成本中心的变动成本大多是可控成本,而固定成本大多是不可控成本。但也不完全如此,还应结合有关情况具体分析。管理人员工资属固定成本,但其发生额可以在一定程度上为部门负责人所决定或影响,因而,也可能作为可控成本。从成本发生同各个成本中心的关系看,各成本中心直接发生的成本是直接成本,其他部门分配的成本是间接成本,一般而言,直接成本大多是可控成本,间接成本大多是不可控成本。但具体分析,一个成本中心所使用的固定资产所发生的折旧费是直接成本,但不是可控成本。从其他部门分配来的间接成本又可分为两类:一是某些服务部门为生产部门提供服务,与生产活动本身并无直接联系,如人事部门所提供的服务;二是某些服务部门提供的服务是生产部门在生产中"耗用"的,可随生产部门的生产需要而改变,如动力电力部门提供的服务。一般而言,前一种间接成本属于不可控成本,后一种间接成本如采用按各成本中心实耗量进行分配,就是各成本中心的可控成本。

3. 成本中心只对责任成本进行考核和控制

责任成本是各成本中心当期确定或发生的各项可控成本之和。又可分为预算责任成本和实际责任成本。前者是指由预算分解确定的各责任中心应承担的责任成本;后者是指各责任中心从事业务活动实际发生的责任成本,对成本费用进行控制,应以各成本中心的预算责任成本为依据,确保实际责任成本不会超过预算责任成本;对成本中心进行考核,应通过各成本中心的实际责任成本与预算责任成本进行比较,确定其成本控制的绩效,并采取相应的奖惩措施。

(四)成本中心的考核指标

成本中心的考核指标主要采用相对指标和比较指标,包括成本(费用)变动额和变动率两指标,其计算公式分别是:

$$\begin{array}{l}\text{成本(费用)}\\ \text{变动额}\end{array} = \begin{array}{l}\text{实际责任成本}\\ \text{(或费用)}\end{array} - \begin{array}{l}\text{预算责任成本}\\ \text{(或费用)}\end{array}$$

$$\begin{array}{l}\text{成本(费用)}\\ \text{变动率}\end{array} = \frac{\text{成本(费用)变动额}}{\text{预算责任成本(费用)}} \times 100\%$$

在进行成本中心考核时,如果预算产量与实际产量不一致,应注意按弹性预算的方法先行调整预算指标,然后,再按上述指标计算。

例9-5 某公司内部一车间为成本中心,生产 A 产品,预算产量 10 000 件,单位成本 100 元;实际产量 8 000 件,单位成本 95 元。可以计算该成本中心的成本变动额和变动率是:

成本变动额 $= 95 \times 8\,000 - 100 \times 8\,000 = -40\,000$(元)

成本变动率 $= \dfrac{-40\,000}{100 \times 8\,000} \times 100\% = -5\%$

计算结果表明,该成本中心的成本降低额为 40 000 元,降低率为 5%。

三、利润中心及其业绩评价

(一)利润中心的含义

利润中心是指对利润负责的责任中心,由于利润是收入扣除成本费用之差,利润中心还要对成本和收入负责。这类责任中心一般是指有产品或劳务生产经营决策权的公司内部部门。

利润中心往往处于公司内部的较高层次,如分厂、分店、分公司,一般具有独立的收入来源或能视同为一个有独立收入的部门,一般还具有独立的经营权。利润中心与成本中心相比,其权力和责任都相对较大,它不仅要绝对的降低成本,而且更要寻求收入的增长,并使之超过成本的增长。换言之,利润中心对成本的控制是联系着收入进行的,它强调相对成本的节约。

（二）利润中心的类型

利润中心分为自然利润中心与人为利润中心两种。

自然利润中心是指可以直接对外销售产品并取得收入的利润中心。这种利润中心本身直接面向市场,具有产品销售权、价格制定权、材料采购权和生产决策权。它虽然是公司内的一个部门,但其功能同独立公司相近。最典型的形式就是公司内的事业部,每个事业部均有销售、生产、采购的机能,有很大的独立性,能独立的控制成本、取得收入。

人为利润中心是指只对内部责任单位提供产品或劳务而取得"内部销售收入"的利润中心。这种利润中心一般不直接对外销售产品。成立人为利润中心应具备两个条件:一是该中心可以向其他责任中心提供产品(含劳务);二是能为该中心的产品确定合理的内部转移价格,以实现公平交易、等价交换。工业公司的大多数成本中心都可以转化为人为利润中心。人为利润中心一般也应具备相对独立的经营权,即能自主决定本利润中心的产品品种(含劳务)、产品质量、作业方法、人员调配、资金使用等。

（三）利润中心的业绩评价

利润中心对利润负责,必然要考核和计算成本,以便正确计算利润,作为对利润中心业绩评价与考核的可靠依据。对利润中心的成本计算,通常有两种方式可供选择:

（1）利润中心只计算可控成本,不分担不可控成本,亦即不分摊共同成本。这种方式主要适应于共同成本难以合理分摊或无须进行共同成本分摊的场合,按这种方式计算出的盈利不是通常意义上的利润,而是相当于"边际贡献总额"。公司各利润中心的"边际贡献总额"之和,减去未分配的共同成本,经过调整后才是公司的利润总额。采用这种成本计算方式的"利润中心",实质上已不是完整和原来意义上的利润中心,而是边际贡献中心。人为利润中心适合采取这种计算方式。

（2）利润中心不仅计算可控成本,也计算不可控成本,这种方式适合于共同成本易于合理分摊或不存在共同成本分摊的场合。这种利润中心在计算时,如果采用变动成本法,应先计算出边际贡献,再减去固定成本,才是税前利润;如果采用完全成本法,就是全公司的利润总额。自然利润中心适合采取这种计算方式。

（四）利润中心的考核指标

利润中心的考核指标为利润,通过比较一定期间实现的利润与责任预算所确定的利润,可以评价其责任中心的业绩。但由于成本计算方式不同,各利润中心的利润指标的表现形式也不同。

（1）当利润中心不计算共同成本或不可控成本时,其考核指标是:

$$\text{利润中心边际贡献总额} = \text{该利润中心销售收入总额} - \text{该利润中心可控成本总额（或变动成本总额）}$$

值得说明的是,如果可控成本中包含可控固定成本,就不完全等于变动成本总额。但一般而言,利润中心的可控成本是变动成本。

（2）当利润中心计算共同成本或不可控成本，并采取变动成本法计算成本时，其考核指标主要是以下几种：

$$\begin{array}{c}\text{利润中心}\\ \text{边际贡献总额}\end{array} = \begin{array}{c}\text{该利润中心}\\ \text{销售收入总额}\end{array} - \begin{array}{c}\text{该利润中心}\\ \text{变动成本总额}\end{array}$$

$$\begin{array}{c}\text{利润中心负责人}\\ \text{可控利润总额}\end{array} = \begin{array}{c}\text{该利润中心}\\ \text{边际贡献总额}\end{array} - \begin{array}{c}\text{该利润中心负责人}\\ \text{可控固定成本}\end{array}$$

$$\begin{array}{c}\text{利润中心}\\ \text{可控利润总额}\end{array} = \begin{array}{c}\text{该利润中心负责人}\\ \text{可控利润总额}\end{array} - \begin{array}{c}\text{该利润中心负责人}\\ \text{不可控固定成本}\end{array}$$

$$\begin{array}{c}\text{公司}\\ \text{利润总额}\end{array} = \begin{array}{c}\text{各利润中心}\\ \text{可控利润总额之和}\end{array} - \begin{array}{c}\text{公司不可分摊的各种}\\ \text{管理费用、财务费用等}\end{array}$$

为了考核利润中心负责人的经营业绩，应针对经理人员的可控成本费用进行评价和考核。这就需要将各利润中心的固定成本进一步区分为可控成本和不可控成本。这主要是考虑有些成本费用可以划归、分摊到有关利润中心，却不能为利润中心负责人所控制，如广告费、保险费等。在考核利润中心负责人业绩时，应将其不可控的固定成本从中剔除。

例 9-6 某公司的甲车间是一个人为利润中心。本期实现内部销售收入 800 000 元，销售变动成本为 550 000 元，该中心负责人可控固定成本为 50 000 元，中心负责人不可控应由该中心负担的固定成本为 70 000 元。

则该中心实际考核指标分别为：

利润中心边际贡献总额 = 800 000 - 550 000 = 250 000（元）

利润中心负责人可控利润总额 = 250 000 - 50 000

$$= 200\ 000（元）$$

利润中心可控利润总额 = 200 000 - 70 000 = 130 000（元）

四、投资中心及其业绩评价

（一）投资中心的含义

投资中心是指既对成本、收入和利润负责，又对投资效果负责的责任中心。可见，投资中心同时也是利润中心，它与利润中心的区别主要有二：一是权利不同，利润中心没有投资决策权，它只是在公司投资形成后进行具体的经营；而投资中心则不仅在产品生产和销售上享有较大的自主权，而且能相对独立的运用所掌握的资产，有权购建或处理固定资产，扩大或缩减现有的生产能力。二是考核办法不同，考核利润中心业绩时，不联系投资多少或占用资产的多少，即不进行投入产出的比较；相反，考核投资中心业绩时，必须将所获得的利润与所占用的资产进行比较。

投资中心是最高层次的责任中心，它具有最大的决策权，也承担最大的责任，投资中心的管理特征是较高程度的分权管理。一般而言，大型集团所属的子公司，分公司，事业部往往都是投资中心，在组织形式上，成本中心一般不是独立法人，利润中心可以是也可以不是独立法人,而投资中心一般是独立法人。

由于投资中心独立性较高,它一般应向公司的总经理或董事会直接负责。对投资中心不应干预过多,应使其享有投资权和较为充分的经营权;投资中心在资产和权益方面应与其他责任中心划分清楚。如果对投资中心干预过多,或者其资产和权益与其他责任中心划分不清,出现互相扯皮的现象,也无法对其进行准确的考核。

（二）投资中心的考核指标

为了准确的计算各投资中心的经济效益,应对各投资中心共同使用资产划定界限:对共同发生的成本按适当的标准进行分配,各投资中心之间相互调剂使用的现金、存货、固定资产等,均应计息清偿,实行有偿使用。在此基础上,根据投资中心应按投入产出之比进行业绩评价与考核的要求,除考核利润指标外,更需要计算、分析利润与投资额的关系指标,即投资利润率和剩余收益。

1. 投资利润率

投资利润率又称投资报酬率,是指投资中心所获得的利润与投资额之间的比率。计算公式是:

投资利润率＝利润/投资额×100%

投资利润率这一指标,还可进一步展开:

$$投资利润率=\frac{销售收入}{投资额}\times\frac{成本费用}{销售收入}\times\frac{利润}{成本费用}$$
$$=资本周转率\times销售成本率\times成本费用利润率$$

以上公式中投资额是指投资中心的总资产扣除负债后的余额,即投资中心的净资产。所以,该指标也可以称为净资产利润率,它主要说明投资中心运用"公司产权"供应的每一元资产对整体利润贡献的大小,或投资中心对所有者权益的贡献程度。

为了考核投资中心的总资产运用状况,也可以计算投资中心的总资产息税前利润率。它等于投资中心的息税前利润除以总资产占用额。总资产是指生产经营中占用的全部资产,因资金来源中包含了负债,相应分子也要采用息税前利润,它是利息加利润总额之和。投资利润率按总资产占用额计算,主要用于评价和考核由投资中心掌握、使用的全部资产的盈利能力。值得说明的是,由于利润或息税前利润是期间性指标,故上述投资额或总资产占用额应按平均投资额或平均占用额计算。

投资利润率是广泛采用的评价投资中心业绩的指标,优点如下:

（1）投资利润率能反映投资中心的综合盈利能力。从投资利润率的分解公式可以看出,投资利润率的高低与收入、成本、投资额和周转能力相关,提高投资利润应通过增收节支、加速周转,减少投入来实现。

（2）投资利润率具有横向可比性。投资利润率将各投资中心的投入与产出进行比较,剔除了因投资额不同而导致的利润差异的不可比因素,有利于进行各投资中心经营业绩比较。

（3）投资利润率可以作为选择投资机会的依据,有利于调整资产的存量,优化资源配置。

(4)以投资利润率作为评价投资中心经营业绩的尺度,可以正确引导投资中心的经营管理行为,使其行为长期化。由于该指标反映了投资中心运用资产并使资产增值的能力,如果投资中心资产运用不当,会增加资产或投资占用规模,也会降低利润。因此,以投资利润率作为评价与考核的尺度,将促使各投资中心盘活闲置资产,减少不合理资产占用,及时处理过时、变质、毁损资产等。

但是该指标也有其局限性。一是世界性的通货膨胀,使公司资产账面价值失真、失实,以致相应的折旧少计,利润多计,使计算的投资利润率无法揭示投资中心的实际经营能力。二是使用投资利润率往往会使投资中心只顾本身利益而放弃对整个公司有利的投资项目,造成投资中心的近期目标与整个公司的长远目标的背离。三是投资利润率的计算与资本支出预算所用的现金流量分析方法不一致,不便于投资项目建成投产后与原定目标的比较。最后,从控制角度看,由于一些共同费用无法为投资中心所控制,投资利润率的计量不全是投资中心所能控制的。为了克服投资利润率的某些缺陷,应采用剩余收益作为评价指标。

2. 剩余收益

剩余收益是一个绝对数指标,是指投资中心获得的利润扣减其最低投资收益后的余额。最低投资收益是投资中心的投资额(或资产占用额)按规定或预期的最低报酬率计算的收益。其计算公式如下:

剩余收益=利润−投资额×规定或预期的最低投资报酬率

如果考核指标是总资产息税前利润率时,则剩余收益计算公式应作相应调整,其计算公式如下:

剩余收益=息税前利润−总资产占用额×规定或预期的总资产息税前利润率

这里所说的规定或预期的最低报酬率和总资产息税前利润率通常是指公司为保证其生产经营正常、持续进行所必须达到的最低报酬水平。

以剩余收益作为投资中心经营业绩评价指标,各投资中心只要投资利润率大于规定或预期的最低投资报酬率(或总资产息税前利润率大于规定或预期的最低总资产息税前利润率),该项投资(或资产占用)便是可行的。剩余收益指标具有两个特点:

(1)体现投入产出关系。由于减少投资(或降低资产占用)同样可以达到增加剩余收益的目的,因而与投资利润率一样,该指标也可以用于全面评价与考核投资中心的业绩。

(2)避免本位主义。剩余收益指标避免了投资中心的狭隘本位倾向,即单纯追求投资利润而放弃一些有利可图的投资项目。这是因为以剩余收益作为衡量投资中心工作成果的尺度,投资中心将尽量提高剩余收益,也即只要有利于增加剩余收益绝对额,投资行为就是可取的,而不只是尽量提高投资利润率。两个指标的差别,可以举例说明如下:

例9-7 某公司下设投资中心 A 和投资中心 B,该公司加权平均最低投资利润率为 10%,现两中心追加投资。有关资料如表 9-1 所示。

表 9-1　　　　　　　　投资中心指标计算表

单位:万元

项目		投资额	利润	投资利润率	剩余收益
追加投资前	A	20	1	5%	$1-20\times10\% = -1$
	B	30	4.5	15%	$4.5-30\times10\% = +1.5$
	Σ	50	5.5	11%	$5.5-50\times10\% = +0.5$
投资中心 A 追加投资 10	A	30	1.8	6%	$1.8-30\times10\% = -1.2$
	B	30	4.5	15%	$4.5-30\times10\% = +1.5$
	Σ	60	6.3	10.5%	$6.3-60\times10\% = +0.3$
投资中心 B 追加投资 20	A	20	1	5%	$1-20\times10\% = -1$
	B	50	7.4	14.8%	$7.4-50\times10\% = +2.4$
	Σ	70	8.4	12%	$8.4-70\times10\% = +1.4$

根据表 9-1 中的资料评价 A、B 两个投资中心的经营业绩可知:如以投资利润率作为考核指标,追加投资后 A 的利润率由 5%提高到了 6%,B 的利润率由 15%下降到了 14.8%,则向 A 投资比向 B 投资好;如以剩余收益作为考核指标,A 的剩余收益由原来的-1 万变成了-1.2 万元,B 的剩余收益由原来的 1.5 万元增加到 2.4 万元,应当向 B 投资。如果从整个公司进行评价,就会发现 A 追加投资时全公司总体投资利润由 11%下降到 10.5%,剩余收益由 0.5 万元下降到 0.3 万元;B 追加投资时全公司总体投资利润率由 11%上升到 12%,剩余收益由 0.5 万元上升到 1.4 万元,这和以剩余收益评价各投资中心的业绩的结果一致。所以,以剩余收益作为评价指标可以保持各投资中心获利目标与公司总的获利目标达到一致。

在以剩余收益作为考核指标时,所采用的规定或预期最低投资报酬率的高低对剩余收益的影响很大,通常可用公司的平均利润率(或加权平均利润率)作为基准收益率。

随着市场竞争日趋激烈,市场销售工作也日趋重要。为了强化销售功能,加强收入管理、及时收回账款、控制坏账,在不少公司设置了以推销产品为主要职能的责任中心——收入中心。这种中心只对产品或劳务的销售收入负责,如公司所属的销售分公司或销售部。尽管这些从事销售的机构也发生销售费用,但由于其主要职能是进行销售,因此,以收入来确定其经济责任更为恰当。对销售费用,可以采用简化的核算,只需根据弹性预算方法确定即可。

综上所述,责任中心根据其控制和权责范围的大小,分为成本中心,利润中心和投资中心三种类型。它们各自不是孤立存在的,每个责任中心承担经管责任。最基层的成本中心应就其经营的可控成本向其上层成本中心负责;上层的成本中心应就其本身的可控成本和下层转来的责任成本一并向利润中心负责;利润中心应就其本身经营的收入、成本（含下层转来成本）和利润（或边际贡献）向投资中心负责；投资中心最终就其经管的投资利润率和剩余收益向总经理和董事会负责。所以，公司各种类型和层次的责任中心形成一个"连锁责任"网络，这就促使每个责任中心为保证经营目标一致而协调运转。

五、责任预算、责任报告与业绩考核

（一）责任预算

1. 责任预算的含义

责任预算是以责任中心为主体，以其可控成本、收入、利润和投资等为对象编制的预算。通过编制责任预算可以明确各责任中心的责任，并通过与公司总预算的一致性，以确保其实现。通过编制责任预算也为控制和考核责任中心经营管理活动提供了依据，责任预算是公司总预算的补充和具体化。

责任预算由各种责任指标组成。这些指标分为主要责任指标和其他责任指标。在上述责任中心中所提及的各责任中心的考核指标都是主要指标，也是必须保证实现的指标。这些指标反映了各种不同类型的责任中心之间责任和相应的权利的区别。其他责任指标是根据公司其他总奋斗目标分解而得到的或为保证主要责任指标完成而确定的责任指标，这些指标有劳动生产率、设备完好率、出勤率、材料消耗率和职工培训等等。

2. 责任预算的编制

责任预算的编制程序有两种：一是以责任中心为主体，将公司总预算在各责任中心之间层层分解而形成各责任中心的预算。它实质是由上而下实现公司总预算目标。这种自上而下、层层分解指标的方式是一种常用的预算编制程序。其优点是使整个公司浑然一体，便于统一指挥和调度，不足之处是可能会遏制责任中心的积极性和创造性。二是各责任中心自行列示各自的预算指标、层层汇总，最后由公司专门机构或人员进行汇总和调整，确定公司总预算。这是一种由下而上，层层汇总、协调的预算编制程序，其优点是有利于发挥各责任中心的积极性，但往往各责任中心只注意本中心的具体情况或多从自身利益角度考虑，容易造成彼此协调困难、互相支持少，以致冲击公司的总目标。而且，层层汇总、协调，工作量大，协调难度大，影响预算质量和编制时效。

责任预算的编制程序与公司组织机构设置和经营管理方式有着密切关系。因此，在集权组织结构形式下，公司的总经理大权独揽，对公司的成本、收入、利润和投资负责。他既是利润中心，也是投资中心。而公司下属各部门、各工厂、各车间、各工段、各地区都是成本中心，它们只对其权责范围内控制的成本负责。因此，在集权组织结构形式下，首先要按照责任中心的层次，从上至下把公司总预算（或全面预算）逐层向下分解，形成各责任中心的责任预算，然后建立责任预算执行情况的跟踪系统，记录预算执行的实际情况并定期由下至上把责任预算的实际执行数据逐层汇总，直到最高层的

利润中心或投资中心。

在分权组织结构形式下,经营管理权分散在各责任中心,公司下属各部门、各工厂、各地区与公司自身一样,可以都是利润中心、投资中心,它们既要控制成本、收入、利润,也要对所占用的全部资产负责。而在它们之下还有许多成本中心,只对它们所控制的成本负责。在分权组织结构形式下,首先也应按责任中心的层次,将公司总预算(或全面预算)从最高层向最底层逐级分解,形成各责任单位的责任预算。然后建立责任预算的跟踪系统,记录预算实际执行情况,并定期从最基层责任中心把责任成本的实际数,以及销售收入的实际数,通过编制业绩报告逐层向上汇总,一直达到最高的投资中心。

(二)责任报告

责任会计以责任预算为基础,对责任的执行情况进行系统的反映,以实际完成情况同预算目标对比,可以评价和考核各个责任中心的工作成果。责任中心的业绩评价和考核应通过编制责任报告来完成,责任报告也称业绩报告、绩效报告,它是根据责任会计记录编制的反映责任预算实际执行情况,揭示责任预算与实际执行差异的内部会计报告。

责任报告的形式主要有报表、数据分析和文字说明等。将责任预算、实际执行结果及其差异用报表列示是责任报告的基本形式。在揭示差异时,还必须对重大差异予以定量分析和定性分析。定量分析旨在确定差异的发生程度,定性分析旨在分析差异产生的原因,并根据这些原因提出改进建议。

在公司的不同管理层次上,责任报告的侧重点应有所不同。最低层次的责任中心的责任报告应当最详细,随着层次的升高,责任报告的内容应以更为概括的形式表现,这一点与责任预算由上至下的分解过程不同,责任预算是由总括到具体,责任报告是由具体到总括。责任报告应能突出产生差异的重要影响因素。为此,应遵循"例外管理"原则,突出重点,使报告的使用者能把注意力集中到少数严重脱离预算的因素或项目上来。

责任报告是对各个责任中心执行责任预算情况的系统概括和总结。根据责任报告,可进一步对责任预算执行差异的原因和责任进行具体分析,以充分发挥反馈作用,使上层责任中心和本责任中心对有关生产经营活动实行有效控制和调节,促使各个责任中心根据自身特点,卓有成效地开展有关活动以实现责任预算。

为了编制各责任中心的责任报告,必须进行责任会计核算,也即要求以责任中心为对象组织会计核算工作,具体做法两种:一是由各责任中心指定专人把各中心日常发生的成本、收入以及各中心相互间的结算和转账业务计入单独设置的责任会计的编号账户内。然后根据管理需要,定期计算盈亏。因其与财务会计分开核算,称为"双轨制"。二是简化日常核算,不另设专门的责任会计账户,而是在传统财务会计的各明细账户内,为各责任中心分别设账户进行登记、核算,这称为"单轨制"。

(三)业绩考核

业绩考核是以责任报告为依据,分析、评价各责任中心责任预算的实际执行情况,找出差距,查明原因,借以考核各责任中心工作成果,实施奖罚,促使各责任中心积极纠正行为偏差,完成责任预算的过程。

责任中心的业绩考核有狭义和广义之分。狭义的业绩考核仅指对各责任中心的价值指标,如成本、收入、利润以及资产占用等责任指标的完成情况进行考评。广义的业绩考核除这些价值指标外,还包括对各责任中心的非价值责任指标的完成情况进行考核。责任中心的业绩考核还可以分为年终考核与日常考核。年终考核通常是指一个年度终了(或预算期终了)时对责任预算执行结果的考评,旨在进行奖罚和为下年(或下一个预算期)的预算提供依据。日常考核通常是指在年度内(或预算期内)对责任预算执行过程的考评,旨在通过信息反馈,控制和调节责任预算的执行偏差,确保责任预算的最终实现。业绩考核可根据不同责任中心的特点进行。

1. 成本中心业绩考核

成本中心没有收入来源,只对成本负责,因而也只考核其责任成本。由于不同层次成本费用控制的范围不同,计算和考评的成本费用指标也不尽相同,越往上一层次,计算和考评的指标越多,考核内容也越多。

成本中心业绩考核是以责任报告为依据,将实际成本与预算成本或责任成本进行比较,确定两者差异的性质、数额以及形成的原因,并根据差异分析的结果,对各成本中心进行奖罚,以督促成本中心努力降低成本。

2. 利润中心业绩考核

利润中心既对成本负责,又对收入和利润负责,在进行考核时,应以销售收入、贡献毛利和息税前利润为重点进行分析、评价。特别是应通过一定期间实际利润与预算利润进行对比,分析差异及其形成原因,明确责任,借以对责任中的经营得失和有关人员的功过做出正确评价,奖罚分明。

在考核利润中心业绩时,也只是计算和考评本利润中心权责范围内的收入和成本。凡不属于本利润中心权责范围内的收入和成本,尽管已由本利润中心实际收进或支付,仍应予以剔除,不能作为本利润中心的考核依据。

3. 投资中心业绩考核

投资中心不仅要对成本、收入和利润负责,还要对投资效果负责。因此,投资中心业绩考核,除收入、成本和利润指标外,考核重点应放在投资利润率和剩余收益两项指标上。

从管理层次看,投资中心是最高一级的责任中心,业绩考核的内容或指标涉及各个方面,是一种较为全面的考核。考核时通过将实际数与预算数的比较,找出差异,进行差异分析,查明差异的成因和性质,并据以进行奖罚。由于投资中心层次高、涉及的管理控制范围广、内容复杂,考核时应力求原因分析深入、依据确凿、责任落实具体,这样才可以达到考核的效果。

无论哪种责任中心的业绩考核都必须重事实、重原因、重奖罚,不能走过场。

六、内部转移价格和责任结算

（一）内部转移价格

1. 内部转移价格的含义

内部转移价格是指公司内部各责任中心之间转移中间产品或相互提供劳务而发生内部结算和进行内部责任结转所使用的计价标准。采用内部转移价格进行内部结算，可以使公司内部的两个责任中心处于类似市场交易的买卖两极，起到与外部市场价格相似的作用。责任中心作为卖方即是提供产品或劳务的一方必须不断改善经营管理，降低成本费用，以其收入低偿支出，取得更多的利润；而买方即产品或劳务的接受一方也必须在竞价后所形成的一定买入成本的前提下，千方百计降低自身成本费用，提高产品或劳务的质量，争取获得更多的利润。

在其他条件不变的情况下，内部转移价格的变化，会使买卖双方或供求双方的收入或内部利润呈现相反方向变化。但是，从整个公司角度看，　方增加的收入或利润正是为一方减少的收入或利润，一增一减，数额相等，方向相反，因此，从公司总体看，内部转移价格无论怎样变动，公司利润总额不变，变动的只是公司内部各责任中心的收入或利润的分配份额。

2. 内部转移价格的制定原则

制定内部转移格有助于明确划分各责任中心的经济责任，有助于使责任中心的业绩建立在客观、可比的基础上，有助于协调各责任中心的业务活动，有助于调节公司内部的各项业务活动，也有助于公司经营者做出正确的经营决策。正因为内部转移价格如此重要，所以，制定内部的转移价格应按以下原则进行：

（1）全局性原则。制定内部转移价格必须强调公司整体利润高于各责任中心的利润。内部转移价格直接关系到各责任中心的经济利益的大小，每个责任中心必然会为本责任中心争取最大的价格好处，在利益彼此冲突的情况下，公司和各责任中心应本着公司利润最大化要求，制定内部转移价格。

（2）公平性原则。内部转移价的制定应公平合理，应充分体现各责任中心的经营努力或经营业绩，防止某些责任中心因价格优势而获得额外的利益，防止某些责任中心因价格劣势而遭受额外的损失。所谓公平性，就是指各责任中心所采用的内部转移价格能使其经营努力与所得到的收益相适应。

（3）自主性原则。在确保公司整体利益的前提下，只要可能，就应通过各责任中心的自主竞争或讨价还价来确定内部转移价格，真正在公司内部实现市场模拟，使内部转移价格能为各责任中心所接受。

（4）重要性原则。内部转移价格的制定应当体现"大宗细，零星简"的要求，对原材料、半成品、产成品等重要物资的内部转移价格制定从细，而对劳保用品、修理用备件等数量繁多、价值低廉的物资，其内部转移价格制定从简。

3. 内部转移价格的类型

（1）市场价格。市场价格是根据产品或劳务的市场价格作为基价的价格。采用市场价格，一般假定各责任中心处于独立自主的状态，可自由决定从外部或内部进行购销，同时产品或劳务有客观的市价可采用。

以市场价格作为内部转移的价格时，应注意以下两个问题：一是在中间产品有外部市场，可向外部出售或从外部购进时，可以市场价格为内部转移价格，但并不等于直接将市场价格用于内部结算，而应在此基础上，对外部价格作一些必要调整。外部售价一般包括销售费、广告费以及运输等，这是内部转移价格中所不包含的。当公司各责任中心不是独立核算分厂，而是车间或部门时，产品的内部转移价格不必支付销售税金，这些税金一般也是外部销售价格的组成部分。在制定内部转移价格时，如不在市场价格中做出扣除，这两方面的好处都会为供应方获得，不利于利润分配的公平性。二是以市场价格为依据制定内部转移价格，一般假设中间产品有完全竞争的市场，或中间产品提供部门无闲置生产能力。

在采用市场价格作为内部转移价格时，应尽可能使各责任中心进行内部转让，除非责任中心有充分理由说明对外交易比内部转让更为有利。为此，要遵循以下原则：①当供应方愿意对内销售，且售价不高于市价时，使用方有购买的义务，不得拒绝购进；②当供应方售价高于市场价格，使用方有转向市场购入的自由；③当供应方宁愿对外界市场销售，则应有尽量不对内销售的权利。

但是，②、③条原则必须以不影响公司整体利益为前提。

在西方国家，通常认为市价是制定内部转移价格的最好依据，市价意味着客观公平，意味着在公司内部引进了市场机制，形成竞争气氛，使各责任中心各自经营、相互竞争，最终通过利润指标考核和评价其业绩。以市场价格作为内部转移价格也有局限性，即公司内部转移的中间产品往往没有相应的市价为依据。

（2）协商价格。协商价格也可称为议价，是公司内部各责任中心以正常的市场价格为基础，通过定期共同协商所确定的为双方所接受的价格。采用协商价格的前提是责任中心转移的产品应有在非竞争性市场买卖的可能性，在这种市场内买卖双方有权自行决定是否买卖这种中间产品。如果买卖双方不能自行决定，或当价格协商的双方发生矛盾而不能自行解决，或双方协商定价不能导致公司最优决策时，公司高一级的管理层要进行必要干预，这种干预应以有限、得体为原则，不能使整个谈判变成上级领导完全决定一切。

协商价格的上限是市价，下限是单位变动成本，具体价格应由各相关责任中心在这一范围内协商议定。当产品或劳务没有适当的市价时，也只能采用议价方式来确定。通过各相关责任中心讨价还价，形成公司内部的模拟"公允市价"，作为计价的基础。

协商价格也存在一定的缺陷：一是协商定价的过程要花费人力、物力和时间；二是协商定价各方往往会相持不下，需公司高层领导裁定，这样，弱化了分权管理的作用。

（3）双重价格。双重价格就是针对责任中心各方面分别采用不同的内部转移价格，如对产品（半成品）的供应方，可按协商的市场价格计价；对使用方则按供应方的产品（半成品）的单位变动成本计价，其差额由会计最终调整。之所以采用双重价格是因为内部转移价格主要是为了对公司内部责任中心的业绩进行评价、考核，故各相关责任中心所采用的价格并不需要完全一致，可分别选用对责任中心最有利的价格为计价依据。

双重价格有两种形式：

①双重市场价格，就是当某种产品或劳务在市场上出现几种不同价格时，供应方采用最高市价，使用方采用最低市价。

②双重转移价格，就是供应方按市场价格或议价作为基础，而使用方按供应方的单位变动成本作为计价的基础。

双重价格的好处是既可较好满足供应方和使用方的不同需要，也能激励双方在经营上充分发挥其主动性和积极性。

采用双重价格的前提条件是：内部转移的产品或劳务有外部市场，供应方有剩余生产能力，而且其单位变动成本要低于市价。特别当采用单一的内部转移价格不能达到激励各责任中心的有效经营和保证责任中心与整个公司的经营目标达成一致时，应采用双重价格。

（4）成本转移价格。成本转移价格就是以产品或劳务的成本为基础而制定的内部转移价格。由于成本的概念不同，成本转移价格也有多种不同形式，其中用途较为广泛的成本转移价格有三种：

①标准成本，即以产品（半成品）或劳务标准成本作为内部转移价格。它适应于成本中心产品（半成品）的转移。其优点是将管理和核算工作结合起来，可以避免供应方成本高低对使用方的影响，有利于调动供需双方降低成本的积极性。

②标准成本加成，即按产品（半成品）或劳务的标准成本加计一定的合理利润作为计价的基础。它的优点是能分清相关责任中心的责任，但确定加成利润率时，也难免带有主观随意性。

③标准变动成本，它是以产品（半成品）或劳务的标准变动成本作为内部转移价格，它符合成本习性，能够明确揭示成本与产量的关系，便于考核各责任中心的业绩，也利于经营决策。不足之处是产品（半成品）或劳务中不包含固定成本，不能反映劳动生产率变化对固定成本的影响，不利于调动各责任中心提高产量的积极性。

（二）内部结算方式

公司内部各责任中心之间发生经济业务往来，需要按照一定的方式进行内部结算，按照内部对象不同，通常采取以下结算方式：

1. 内部支票结算方式

内部支票结算方式是指由付款一方签发内部支票通告内部银行从其账户中支付款项的结算方式。这种方式分为签发、收受和银行转账三个环节。签发就是由付款一方根据有关原始凭证或业务活动证明签发内部支票交付收款一方;收受是收款一方经过审核无误后接受付款一方的支票;银行转账就是收款一方将支票送存内部银行办理收款转账。内部支票一式三联,第一联为收款凭证,第二联为付款凭证,第三联为内部银行记账凭证。

内部支票结算方式主要适用于收、付款双方直接见面进行经济往来的业务结算。它可使收付双方一手"钱",一手"货",双方责任明确。

2. 转账通知单方式

转账通知单方式是由收款一方根据有关原始凭证或业务活动证明签发转账通知单,通知内部银行将转账通知单转给付款一方,让其付款的一种结算方式。转账通知单一式三联,第一联为收款一方的收款凭证,第二联为付款一方的付款凭证,第三联为内部银行的记账凭证。

这种结算方式适用于经常性的质量与价格较稳定的往来业务,它手续简便,结算及时,但因转账通知单是单向发出指令,付款一方若有异议,可能拒付,需要交涉。

3. 内部货币结算方式

内部货币结算方式是使用内部银行发行的限于公司内部流通的货币(包括内部货币、资金本票、流通券、资金券等)进行内部往来结算一种方式。这种结算方式是一种典型的一手"钱"一手"货"的结算方式。

这一结算方式比银行支票结算方式更为直观,可强化各责任中心的价值观念、核算观念、经济责任观念。但是,它也带来携带不便,清点麻烦,保管困难的问题。所以一般情况下,小额零星往来业务以内部货币结算,大宗业务以内部银行支票结算。

上述各种结算方式都与内部银行有关,所谓内部银行是将商业银行的基本职能与管理方法引入公司内部管理而建立的一种内部资金管理机构。它主要处理公司日常的往来结算和资金调拨、运筹,旨在强化公司的资金管理,更加明确各责任中心的经济责任,完善内部责任核算,节约资金使用,降低筹资成本。内部银行的主要业务内容是:设立内部结算账户,公司每一责任中心均在内部银行开立账户;发放内部贷款,就是内部银行根据财务部门核定的资金和费用定额及有关规定,对各责任中心所需的资金实行有偿放贷或全额贷款有偿使用,或只是超定额贷款有偿使用;筹措资金,就是从各种渠道,运用各种融资手段取得所需资金;发行内部支票和货币等结算工具,就是内部银行根据公司实际需要印制发行各种结算凭据;制定结算制度,进行内部控制,就是内部银行制定统一的内部结算方式、规定统一的结算程序和时间,使各责任中心的结算行为规范化;建立信息反馈系统,就是内部银行定期或不定期的将公司资金流通状况以报表的形式反馈给责任中心和公司管理部门。

(三)责任成本的内部结转

责任成本的内部结转又称责任转账,是指在生产经营过程中,对于因不同原因造成的各种经济损失,由承担损失的责任中心对实际发生或发现损失的责任中心进行损失赔偿的账务处理过程。

公司内部各责任中心在生产经营过中,常常会发生责任成本发生的责任中心与应承担责任成本的中心不是同一责任中心的情况,为划清责任,合理奖罚,就需要将这种责任成本相互结转。最典型的实例是公司内的生产车间与供应部门都是成本中心,如果生产车间所耗用的原材料系供应部门购入不合格的材料,则多耗材料的成本或相应发生的损失,应由生产车间成本中心转给供应中心负担。

责任转账的目的的是为了划清各责任中心的成本责任,使不应承担损失的责任中心在经济上得到合理补偿。进行责任转账的依据是各种准确的原始记录和合理的费用定额。在合理计算出损失金额后,应编制责任成本转账表,作为责任转账的依据。

责任转账的方式有直接的货币结算方式和内部银行转账方式。前者是以内部货币直接支付给损失方,后者只是在内部银行所设立的账户之间划转。

各责任中心在往来结算和责任转账过程中,有时因意见不一致而产生一些责、权、利不协调的纠纷,为此,公司应建立内部仲裁机构,从公司整体利益出发对这些纠纷做出裁决,以保证各责任中心正常、合理行使权力,保证其权益不受侵犯。

参考文献

----

[1]郭复初,等.财务通论[J].上海:立信会计出版社,1997.

[2]王庆成,郭复初.财务管理[J].北京:高等教育出版社,2000.

[3]彭韶兵.财务管理[J].北京:高等教育出版社,2003.

[4]郭复初.财务管理[J].北京:首都经济贸易大学出版社,2003.

[5]欧阳令南.公司理财[J].北京:中国经济出版社,1997.

[6]齐寅峰.公司财务学[J].北京:经济科学出版社,2002.

[7]张先治,等.现代财务分析[J].北京:中国财政经济出版社,2003.

[8]财政部 CPA 考试委员会.财务成本管理[J].北京:经济科学出版社,2004.

[9]SHPIRO C A. Fundamentals of Multinational Financial Management [M].3th. New Jersey:Prentice-Hall International,1998.

[10]BRIGHAM E,GAPENSKI L. Intermediate Financial Management. 5th. Sachsen-Anhalt:Dresden Press,2001.

[11]BREALEY A R, MYERS C S. Principles of Corporate Finance[M].New York:McGraw-Hill Press,2000.

[12]HIGGINS C R. Analysis for Financial Management[M].5th. New York:McGraw-Hill Press,1998

[13]ROSS, WESTERFIELD,JAFF. Corporate Finance[M].6th. New York:McGraw-Hill Press,2001.

[14]ROSS, WESTERFIELD,JORDAN. Fundamentals of Corporate Finance[M].5th. McGraw-Hill Press,2000.

附录

- -

附录